西郷隆盛・大久保利通・薩摩藩年表帖 上巻

その時、勤王志士・朝廷・慶喜政権・江戸幕府らは、

ペリー来航から王政復古まで、時系列でわかる！

目次	はじめに………………………………………………………… 2
	目次年表……………………………………………………… 3〜18
	九州概略図・鹿児島県の離島図 …………………………… 19
	維新期の日本国図…………………………………………… 20
	西郷隆盛・大久保利通・薩摩藩年表……………… 22〜247
	主な参考文献………………………………………………… 248
	あとがき、奥付……………………………………………… 256

はじめに〜この本の使い方〜

この本(上巻)は、嘉永6年(1853)ペリー来航による幕末の騒動(攘夷・勤王・佐幕騒動)から慶応3年(1868)12月9日の「王政復古」までを取扱っております。

この激動の時代、西郷隆盛、大久保利通をどうしていたのか、薩摩藩主、藩士の事歴、そして薩摩藩は如何に動いたのか、そして朝廷は、諸藩の勤王志士は、江戸幕府は、慶喜政権はと、その動静を編年年譜で追っています。

既刊の龍馬・中岡慎太郎・土佐藩・新選組・江戸幕府中心の『幕末年表帖』、長州藩中心の『維新年表帖』(上巻)と合わせ御覧頂ければ、西南雄藩、徳川幕府等の動静等、その背景も垣間見えるものと思います。

一部を除き日付までを記載しています。なお、不明な月・日付に関しては「―」で割愛、または「夏」「下旬」などと表記している箇所もございます。ご了承下さい。薩摩藩の動向や特に重要と思われる事項(歴史的流れのために必要と思われた事件等)は、太字で記載しております。

本体となる西郷どん・大久保利通・薩摩藩年表は226頁とそこそこの分量となっております。目次年表は、この期間を16頁に圧縮しており、その項目の掲載番号が記載されております。索引の一助となれば幸いです。

目次

西暦（和暦）	月日	出来事	No.
1809（文化6）	3月14日	■島津斉彬(薩摩藩の第11代藩主、島津氏第28代当主)、第10代藩主・島津斉興の長男として江戸薩摩藩邸で生まれる。	0002
1817（文化14）	10月24日	■島津久光、第10代藩主・島津斉興の五男として鹿児島城に生まれる。	0003
1820（文政4）	7月10日	■喪が伏せられた伊能忠敬の『大日本沿海輿地全図』が完成。	0007
1824（文政7）	7月8日	■英国捕鯨船、トカラ列島に属する薩摩藩領宝島に上陸。	0011
1825（文政8）	2月18日	■幕府、異国船打払令発令。	0015
1827（文政10）	12月7日	■西郷隆永(西郷隆盛)(通称は吉之助)、薩摩藩・御勘定方小頭の西郷九郎隆盛(西郷吉兵衛隆盛)の家に長男として生まれる。	0024
1828（文政11）	11月23日	■「シーボルト事件」。和蘭商館医師シーボルト、禁制品(伊能忠敬の『大日本沿海輿地全図』)国外持出し発覚により、この日、長崎出島に拘禁される。	0027
1830（文政13）	8月10日	■大久保正助(一蔵・利通)、琉球館附役の薩摩藩士・大久保次右衛門利世と皆吉鳳徳の次女・福の長男として生まれる。	0030
1830（天保1）	12月10日	■江戸の大火や京都の地震などの災異のため、天保と改元。	0031
1833（天保4）	1月15日	■島津氏第25代当主、薩摩藩の第8代藩主・島津重豪、江戸高輪邸大奥寝所にて死去。	0037
	6月11日	■和蘭人が海外風説書を江戸幕府に提出する。	0039
	—	■「天保の大飢饉」はじまる。翌年から天保8年(1837)にかけて最大規模化した。	0042
1835（天保6）	10月14日	■肝付尚五郎(小松帯刀)、薩摩国喜入領主・肝付兼善の三男(四男とも)として生まれる。	0048
1837（天保8）	2月19日	■「大塩平八郎の乱」起こる。	0061
	6月28日	■「モリソン号事件」。米船モリソン号が浦賀に出現、無二念打払い令(異国船打払令)により、砲撃を受ける。	0063
1838（天保9）	2月19日	■幕府、諸国の大名・旗本の監視と情勢調査のために「巡見使」を送る。	0067
1839（天保10）	5月15日	■「蛮社の獄」はじまる。	0073
	9月28日	■「アヘン戦争勃発」。	0074
1840（天保11）	4月11日	■島津忠義、島津氏分家の重富家当主・島津忠教(久光)の長男として生まれる。	0076
1841（天保12）	1月7日	■土佐国宇佐浦の漁民・中浜(ジョン)万次郎らの乗った漁船、土佐湾沖で遭難。	0081
	5月15日	■「天保の改革布令」。老中首座水野忠邦(遠州浜松藩主)、幕臣・在府諸大名に対し享保・寛政期への政体復古を宣言。	0088
	10月24日	■第9代藩主・島津斉宣、江戸の薩摩藩下屋敷にて死去。	0091
1842（天保13）	6月21日	■幕府、アヘン戦争終結後、英国艦隊が開国を迫るとの情報を得る。	0094
	7月22日	■幕府(水野忠邦)、「異国船打払い令」を緩和し、「天保の薪水給与令」を制定。	0096
1843（天保14）	3月26日	■「天保の改革—人返し令」。老中水野忠邦・幕府、他国出身者に帰郷を厳命。	0109
	5月14日	■西郷従道、生まれる。兄の西郷隆盛を「大西郷」と称するのに対し、従道を「小西郷」と呼ぶ。	0111

3

西暦 和暦	月日	出来事	No.
1843 (天保14)	閏9月11日	■阿部正弘(備後福山藩第7代藩主)、若干25才で老中就任。	0115
	閏9月13日	■腹心の鳥居耀蔵の寝返りで、水野忠邦、「天保の改革」の失敗の責めを負って老中を罷免される(天保改革終了)。	0116
1844 (弘化1)	12月2日	■弘化に改元。	0128
1845 (弘化2)	2月22日	■阿部正弘(備後福山藩第7代藩主)、老中首座就任。	0129
	3月11日	■米国捕鯨船「マンハッタン号」、日本人遭難者を引き渡しに来ていて、ようやく浦賀に来航。マンハッタン号は、平和裡に浦賀に入港した始めての米国船となる。	0131
	6月1日	■幕府、和蘭の開国勧告を拒絶。	0134
1846 (弘化3)	2月13日	■121代孝明天皇践祚。	0140
	閏5月25日	■薩摩藩、琉球貿易の黙認を、江戸幕府に要請。	0143
	閏5月27日	■米国東インド艦隊司令長官ジェームズ・ビッドル、軍艦コロンバス号・ビンセンス号2隻を率いて浦賀に来航。	0145
	6月7日	■幕府、米国の通商要求を拒否。	0149
	8月8日	■幕府、異国船打払令復活を延期する。	0159
	8月29日	■朝廷、幕府に海防の海防の御沙汰を命ずる勅書を下し、対外情勢の報告を求める(実に220年ぶりの幕政介入)。	0162
	10月3日	■幕府、京都所司代を通じて、朝廷に、諸国の軍艦が琉球・浦賀・長崎に渡来した状況を初奏上。	0165
1848 (弘化5)	1月13日	■弘化3年(1846)より藩の記録所書役助として出仕した大久保一蔵(利通)、系図御家譜編別勤改役役となる。	0178
1848 (嘉永1)	2月28日	■嘉永に改元。	0184
1849 (嘉永2)	12月3日	■お由羅騒動(高崎くずれ・嘉永朋党事件)。 ■大久保一蔵(利通)が、記録所助を免ぜられ謹慎。	0199
	12月5日	■幕府、打払令復活のため、諸大名に海防強化を命じる(海防厳重令)。	0200
1850 (嘉永3)	12月1日	■第10代薩摩藩主島津斉興、幕閣(老中阿部正弘)の圧力により隠居願いを提出。	0217
1851 (嘉永4)	1月3日	■漂流民中浜(ジョン)万次郎、薩摩藩領の琉球に帰国。薩摩藩は万次郎を長崎に送る。	0221
	2月2日	■島津斉彬(43才)、襲封。島津家28代当主、11代薩摩藩主就任。	0222
1852 (嘉永5)	―	■西郷吉之介(隆盛)、父母の勧めで伊集院直五郎兼善の娘、伊集院兼寛の姉・須賀と結婚。	0230
	9月29日	■西郷吉之介(隆盛)、家督を相続。	0239
1853 (嘉永6)	5月11日	■大久保正助(一蔵・利通)、「お由羅騒動」の罪を許され、記録所に復職し、御蔵役に任ぜられる。	0251
	6月3日	■「ペリー来航」。米国東インド艦隊指令官マシュー・ペリー率いる米国軍艦、4隻(蒸気船2隻、帆船2隻)の艦隊で浦賀に初来航。	0255
	6月19日	■幕府(阿部正弘)、軍艦7隻を蘭国から購入することを決定。	0264
	7月8日	■海防参与徳川斉昭、「十条五事」を幕府に建議し、軍艦、汽船の建造を和蘭へ註文し、又造船技師及び高級海員の招聘を説く。	0270
	7月22日	■松平慶永(春嶽)、営中にて島津斉彬と会し、共に一橋慶喜を将軍の継嗣となすに尽力せんことを約す。	0273

西暦 和暦	月日	出来事	No.
	8月21日	■江戸内海に11基の台場計画での築造始まる。	0283
	9月15日	■幕府、「武家諸法度」内の大船建造禁止令を解除。	0289
	10月23日	■家定に将軍宣下。徳川家定、第13代将軍に就任。	0296
	11月1日	■幕府、徳川斉昭と阿部正弘の連携で、「海防の大号令」を発布。	0297
	11月6日	■島津斉彬、軍艦15隻(内蒸気船3隻)の建造計画を立て、12月、幕府の許可を得る。	0299
1854 (嘉永7)	1月16日	■前年の予告通り、14日に輸送艦「サザンプトン」(帆船)が現れ、米国東インド艦隊司令官マシュー・ペリーが率いて、この日までに7隻の艦隊で神奈川沖に再来。	0312
	1月21日	■薩摩藩主島津斉彬、参勤のため江戸に向かう。西郷善兵衛(隆盛)27才、上書が認められ、「中御小姓・定御供・江戸詰」に任ぜられ、随行、初めて江戸に出る。	0314
	3月3日	■幕府、勅許を得られないまま約1ヶ月にわたる協議の末、神奈川の応接所において「日米和親条約(神奈川条約)」を締結。約200年間続いた鎖国政策は終わりを告げる。	0328
	3月27日	■吉田松陰と弟子金子重輔、下田で偽名を使い、米艦に乗船を求めるが断られる。	0331
	4月―	■この月、西郷善兵衛(隆盛)、薩摩藩庭方役となり、当代一の開明派大名であった島津斉彬から直接教えを受けるようになる。	0334
	5月25日	■和親条約の細則を定めた日米和親条約附録協定(下田条約13箇条)締結。蘭、露とも締結。	0345
	6月5日	■幕府、老中首座阿部正弘(備後福山藩主)の主導で「安政の改革」を開始。幕府三大改革といわれる享保の改革・寛政の改革・天保の改革に次ぐ改革といわれる。	0348
	7月9日	■幕府、島津斉彬と徳川斉昭の言を採用し、日の丸を日本惣船印とする事を決定する。	0354
	11月4日	■「安政東海地震」。駿河湾から遠州灘、紀伊半島南東沖一帯を震源とするM8.4という巨大地震が発生。	0371
	11月5日	■32時間後、「土佐大地震(寅の大変、安政南海地震)」起こる。	0372
	11月―	■貧窮を見かねた妻の実家・伊集院家が、西郷家から善兵衛(吉之助、隆盛)妻・須賀を引き取り、以後、二弟の吉二郎が一家の面倒をみる。	0373
1854 (安政1)	11月27日	■安政に改元	0374
1855 (安政2)	3月9日	■踏絵の制(切支丹宗取調のため二百年来の制度)、漸く廃せられる。	0387
	7月29日	■幕府、長崎西役所に「海軍伝習所」を設ける。	0400
	8月23日	■薩摩藩、江戸で日本初の蒸気船「雲行丸」、試運転成功。	0406
	10月2日	■「安政の大地震」、起こる。	0413
	10月24日	■幕府海軍伝習所が長崎に開校。	0420
	12月12日	■西郷家の財政は一層窮迫した。西郷吉兵衛(隆盛)は、江戸在任中に下加治屋町の生家を売却し、4人の弟妹(すでに嫁いでいた長妹の琴と次妹の鷹を除く)は、上之園の借家に移る。	0422
	12月27日	■越前福井藩士橋本左内、薩摩藩士西郷吉兵衛(隆盛)らと会し、時事を議す。	0426
1856 (安政3)	7月21日	■日米和親条約の取り決めに従い、タウンゼント・ハリス、初代の駐日米国総領事として下田に到着、会見を要求。	0449
	8月6日	■老中阿部正弘、交易互市を富国の大方針とすることを宣言。	0451
	9月10日	■「アロー事件」発生。第二次アヘン戦争に繋がる。	0455
	9月16日	■朝廷(武家伝奏)、所司代を無視し、水戸藩京都留守居・鵜飼吉左衛門に諮問。	0456
	9月25日	■第二次アヘン戦争勃発。	0458
	11月10日	■島津斉彬、藤原敬子(篤姫)に、一橋慶喜将軍就任に尽力を説得。	0466

西暦 和暦	月日	出来事	No.
1856 (安政3)	12月18日	■将軍徳川家定と右大臣近衛忠煕養女・藤原敬子(篤姫)の婚儀が行われる。篤姫、御台所となる。	0473
1857 (安政4)	2月24日	■幕府、貿易和親に決定。	0479
	2月29日	■大久保正助(一蔵・利通)、近在諸地方検者(軍奉行下役)に任命される。	0480
	5月24日	■西郷吉兵衛(隆盛)、3年ぶりに鹿児島に帰る。御小姓与に復帰。	0491
	5月26日	■日米和親条約修補条約(下田協約)を締結、在留米人の居留権と領事裁判権の特権が認められる。長崎が開港。	0492
	6月17日	老中阿部正弘、急死。	0496
	8月29日	■幕府、和蘭と40ヶ条の追加条約を締結。通商条約としては初めてである。	0502
	10月1日	■西郷吉兵衛(隆盛)、徒目付・鳥預・庭方兼務・江戸詰に任命される。	0507
	10月21日	■駐日米国総領事タウンゼント・ハリス、江戸城にて13代将軍徳川家定に謁見し、米国大統領の国書を渡す。	0512
	11月1日	■大久保正助(一蔵・利通)、徒目付に任命される。 ■西郷吉兵衛(隆盛)、藩主斉彬の一橋慶喜擁立を受け、再度、江戸に向け鹿児島を出立。一緒の大久保正助(一蔵・利通)、最初の藩外旅に発つ。	0513
	12月13日	■幕府、朝廷に対し「日米通商条約」に調印することを上奏。	0526
	12月―	■大久保正助(一蔵・利通)、薩摩藩大坂御留守居役・早崎七郎右衛門の次女満寿と結婚。	0528
	12月26日	■幕府、日米条約調印のため林大学頭復斎を入京させる。	0531
1858 (安政5)	1月5日	■幕府、朝廷の許可を得るために、日米修好通商条約締結の2ヶ月延期を、ハリスに求める。	0539
	1月16日	■将軍家定、次期将軍を紀州の慶福(のちの家茂)とすることを、老中に告げる。	0545
	1月26日	■孝明天皇、関白九条尚忠に、開港反対の意の宸翰を下す。	0549
	3月―	■この月、西郷吉兵衛(隆盛)、将軍御台所篤姫から左大臣近衛忠煕宛の書簡を携え、江戸を出立、京都に向かう。	0563
	3月11日	■孝明天皇、関白九条尚忠の上奏を受け入れ、外交は幕府に委任することを裁可。	0571
	3月12日	■「廷臣八十八卿列参事件」。88名の堂上公卿たちが、関白九条尚忠邸前に集まる。攘夷派公卿らは、条約の幕府委任(外交措置を幕府に委任するとの勅裁案)に反対した。	0572
	3月20日	■「朝廷、勅許不可」。それは、2月23日の朝旨に戻り、更に衆議し言上せよという内容であった。条約勅許についての幕府の願いは完全に拒絶されこととなった。 ■西郷吉兵衛(隆盛)、左大臣近衛忠煕から将軍御台所篤姫宛の書状を携えて、京都を出立。	0580
	4月23日	■彦根藩主井伊直弼、大老職に就く。	0587
	5月17日	■西郷吉兵衛(隆盛)、松平慶永(春嶽)の書翰を携え、鹿児島に向けて江戸を出立。	0602
	6月18日	■西郷吉兵衛(隆盛)、藩主島津斉彬から福井藩主松平慶永(春嶽)宛の書状を携え、鹿児島を出立、江戸に向かう。	0615
	6月19日	■幕府、勅許がないまま、江戸湾でハリスと「日米修好通商条約と貿易章程」に調印。神奈川、長崎、新潟、兵庫の開港を取り決める。	0617
	6月24日	■前水戸藩主徳川斉昭・水戸藩主徳川慶篤・尾張藩主徳川慶恕(のち慶勝)、不時登城し、大老井伊直弼に、条約の無断調印を面責。直弼は、これに弁明。	0625
	6月28日	■孝明天皇は譲位の宸翰を示す。天皇は、幕府の朝廷の存在無視を怒った。	0629
	7月5日	■幕府、前水戸藩主徳川斉昭に急度慎を、尾張藩主徳川慶恕(のち慶勝と改名)に隠居・急度慎を、越前藩主松平慶永(春嶽)に隠居・急度慎を命じ、美濃国高須藩主松平義比に命じて慶恕の後を、糸魚川藩主松平直廉に命じて慶永の後を各継がしむ。一橋慶喜の登城を停めらる。	0633

西暦 和暦	月日	出来事	No.
	7月6日	■13代将軍徳川家定、死去。	0635
	7月14日	■西郷吉兵衛(隆盛)、住居「鴨浜小隠」の梁川星巌を訪問し、聞いた情勢を藩主島津斉彬に手紙で報告。のち、儒学者頼三樹三郎・長州藩士・大楽源太郎らと会う。	0643
	7月16日	■第11代薩摩藩主島津斉彬、突然急逝。	0646
	7月19日	■島津斉彬遺命により、異母弟・島津忠教(のちの久光)の子、忠徳(茂久(のちの忠義))を養子とし、後継に指名。	0648
	7月27日	■西郷吉兵衛(隆盛)、藩主島津斉彬の訃報に接し、帰藩の上、殉死しようとするが、清水寺成就院住職・月照らに説得されて、斉彬の遺志を継ぎ、国事に尽くすことを決意。	0654
	8月2日	■西郷吉兵衛(隆盛)、近衛家から、孝明天皇の水戸・尾張両藩宛の内勅を携え、江戸に向け、京都を出立。	0658
	8月8日	■「戊午の密勅」。孝明天皇、幕府の匡輔を命じる勅諚を水戸藩に下す(条約調印批判と攘夷決行、水戸と尾張に対する処分の撤回)。	0661
	8月25日	■西郷吉兵衛(隆盛)、越前福井藩士橋本左内を訪問後、江戸を出立し、京都に向かう。	0676
	8月26日	■薩摩藩隠居島津斉興、藩政を掌握すべく、江戸より鹿児島に向かう。	0677
	9月7日	■「安政の大獄」はじまる。条約反対と外人排斥による攘夷運動を訴えた元若狭国小浜藩士・儒学者梅田雲浜、逮捕される。	0698
	9月10日	■西郷吉兵衛(隆盛)、近衛家から月照の保護を依頼される。	0703
	9月10日	■大老井伊直弼、老中間部詮勝に、京都奸賊の一網打尽を指示。	0704
	9月24日	■再び上洛して諸志士らと挙兵を図った西郷吉兵衛(隆盛)、捕吏の追及が厳しいため、西郷・月照ら、大坂から乗船、下関へ向かう。	0717
	10月1日	■薩摩藩士西郷吉兵衛(隆盛)、有村俊斎(海江田信義)らに月照を託し、月照受入れ工作のため一行に先立ち下関を出立。	0721
	10月8日	■西郷吉兵衛(隆盛)、捕吏の目を誤魔化すために藩命により「西郷三助」と改名。	0724
	10月11日	■薩摩藩隠居・島津斉興、鹿児島に至り、藩政の実権を握る。	0725
	10月25日	■「徳川家茂に将軍宣下」。家茂、内大臣兼右近衛大将に叙任。徳川家茂、14代征夷大将軍に就任。	0734
	10月27日	■朝廷、兵庫開港不可の勅を下す。	0736
	11月16日	■「安政の大獄」で追われる身となった月照(忍向)(46才)と西郷三助(隆盛)(30才)、別れの宴ののち薩摩錦江湾に入水。月照は死亡し、西郷は、福岡藩浪士平野国臣に助けられ蘇生。	0747
	12月14日	■西郷三助(隆盛)、徒目付・鳥預・庭方兼務を罷免される。	0759
	12月24日	■孝明天皇、条約調印への疑念氷解の勅書を下す。	0763
	12月28日	■島津忠徳(茂久、忠義)、家督を相続し第12代薩摩藩主となる。島津斉興(10代藩主)、薩摩藩の実権を掌握。	0764
1859 (安政6)	1月10日	■「安政の大獄」。四公落飾請願。(4月22日に勅許。)左大臣近衛忠煕・右大臣鷹司輔煕、辞官落飾。太閤鷹司政通・前内大臣三条実万、落飾。	0772
	1月11日	■菊池源吾(西郷吉之助(隆盛))32才、潜居地の奄美大島到着。	0773
	2月26日	■幕府、江戸評定所で安政の大獄の糺問開始。	0789
	5月28日	■幕府、6月以降、神奈川(横浜)、長崎、箱館の開港を命令し露・仏・英・蘭・米の5ヶ国人と交易売買することを許す旨を一般に布告。長崎は鎖国の特権を失う。	0803
	9月12日	■隠居の島津斉興(第10代薩摩藩主)、死去。69才。島津忠教(のちの久光)が、子の第12代薩摩藩主島津忠徳(茂久、忠義)の政治後見人となる。	0823
	11月5日	■薩摩藩士大久保正助(一蔵・利通)・有馬新七ら精忠組49名、幕府の専断を憤り脱藩して義挙を決行せんとするが、藩主父・島津忠徳(久光)、藩主島津茂久(忠義)の自筆論書を下し軽挙を戒める。大久保が、久光を説得し、精忠組の士へ諭告書を下賜させた。	0839

西暦 和暦	月日	出来事	No.
1859 (安政6)	11月8日	■奄美大島の菊池源吾(西郷隆盛)、龍郷一の名家である龍家の一族・佐栄志の娘・とま(のちの愛加那)を島妻とする。	0843
1860 (安政7)	1月19日	■16日横浜出帆の「咸臨丸」、浦賀を米国へ向けて出港。	0856
	3月3日	■「桜田門外の変」(桜田事変)。大老井伊直弼(46才)、水戸尊攘激派浪士関鉄之介・薩摩藩浪士有村次左衛門ら18名に暗殺される。	0868
	3月11日	■藩士大久保正助(一蔵・利通)、初めて、藩主父・島津忠教(久光)に拝謁し、精忠組の心情を説く。	0875
	3月13日	■薩摩藩主島津茂久(忠義)、参勤交代で鹿児島を出立。大久保正助(一蔵・利通)、随行。	0877
1860 (万延1)	3月18日	■万延と改元。	0881
	閏3月1日	幕府に久世・安藤連立内閣が発足。	0887
	閏3月—	■薩摩藩士大久保正助(一蔵・利通)、御勘定方小頭格に抜擢される。	0892
	4月1日	■幕府、所司代酒井忠義を通じ、皇妹和宮の降嫁を内願。幕府、老中連署で和宮降嫁を奏請。	0893
	6月20日	■孝明天皇、「攘夷を実行し鎖国の体制に戻すならば、和宮の降嫁を認める」旨の勅書を、関白九条尚忠を通じて京都所司代酒井忠義に伝える。	0906
	7月18日	■幕府、4老中連署により「7年から10年以内に外交交渉・場合によっては武力をもって破約攘夷を決行する」を、朝廷に奉答。	0910
	7月22日	■「水長密約・丙辰丸盟約」。	0911
	8月18日	■孝明天皇、条約破棄・公武の融和を条件に、関白九条尚忠を通じて、皇妹和宮の降嫁勅許の旨を、幕府に内達。	0917
	9月4日	■幕府、徳川慶恕(慶勝)、一橋慶喜、松平春嶽、山内容堂の謹慎を解除。	0919
	11月1日	■幕府、皇妹和宮降嫁を公布。幕府は、公武合体を願うばかりに攘夷の期限を明言することとなる。	0923
	11月28日	■朝廷、和宮東下を2、3年延期とする(幕府が通商許可を要請)。	0929
	12月5日	■「ヒュースケン暗殺事件」。	0930
1861 (万延2)	1月—	■薩摩藩、弁天波止台場の守備隊長小松帯刀(清廉)、同北郷作左衛門(久信)に、長崎遊学を命じる。	0935
	2月1日	■大久保正助(一蔵・利通)、堀仲左衛門(伊地知貞馨)と共に、有馬新七、是枝柳右衛門らを諌めて長崎襲撃計画をあきらめさせる。	0940
	2月18日	■島津忠教(のちの久光)が、島津茂久(忠義)の補佐となり「国父」となる(幕命)。	0942
1861 (文久1)	2月19日	■文久と改元。	0943
	3月23日	■将軍徳川家茂、江戸・大坂の開市と兵庫・新潟の開港の7ヶ年延期を求める親書を蘭・露・仏・米・英に送る。	0949
	4月19日	■島津忠教(のちの久光)、宗家へ復帰。久光は、養家重富家を出て、本籍に復した。	0956
	5月18日	■吉利領主・小松帯刀(清廉)、薩摩藩御側役になる。	0964
	6月19日	■幕府、庶民の大船建造と外国商船購入を解禁し、国内運輸使用を認める。	0967
	9月3日	■薩長士、江戸にて会談。	0980
	9月26日	■西郷隆盛の弟・龍庵、茶坊主から還俗して信吾(のちの従道)と改名。	0984
	10月20日	■薩摩藩、側役小松帯刀(清廉)を改革方内用掛に任命。	0989
	10月23日	■島津久光、御勘定方小頭格・大久保正助(一蔵、利通)を御小納戸役に抜擢し藩政に参与させ、家格も一代新番に昇格させる。	0990

西暦 和暦	月日	出来事	No.
1861 （文久1）	10月―	■この頃薩摩藩国父島津久光、公武周旋に乗り出す決意をして重臣たちの更迭を行う。が、京都でのつてが無く、精忠組の中心であった奄美大島の菊池源吾（西郷隆盛）に召還状を出す。	0992
	11月21日	■造士館訓導・有馬新七、4月建言の同様趣旨を、また建言。これが取り上げられないで、精忠（誠忠）派内部は、有馬らを中心とする過激派グループと大久保一蔵（利通）らを中心とする穏健派グループとの溝が深まる。	0999
	12月7日	■薩摩藩主島津茂久（忠義）、参勤交代中止の口実で江戸三田薩摩藩邸を焼く。	1002
	12月28日	■大久保一蔵（利通）、上京の途に就く。	1018
	12月30日	■老中久世広周（下総国関宿藩主）、萩藩直目付・長井雅楽を召し将軍家茂の内意を伝え、長州藩主毛利慶親（敬親）の建白を容れ、公武間周旋を依頼する旨を伝達。	1019
1862 （文久2）	1月14日	■召喚状を受け取った菊池源吾（西郷隆盛）、奄美大島を出立。	1024
	1月15日	■「坂下門外の変」老中安藤信正（陸奥国磐城平藩主）、尊攘派水戸浪士平山平介ら6名に襲われ負傷、失脚する。	1027
	2月1日	■薩摩藩御小納戸役・大久保一蔵（利通）、前左大臣近衛忠熙に書を持ち、京を発つ。	1032
	2月11日	■将軍徳川家茂と親子（和宮）内親王の婚儀が挙行され、朝廷に奏上。	1036
	2月12日	■菊池源吾（西郷隆盛）、妻子を流刑地奄美大島に残して、約3年ぶりに鹿児島に帰る。	1037
	2月15日	■徒目付・鳥預かり・庭方に復職した菊池源吾（西郷隆盛）は、幕府に発覚しないように、さらに「大島三右衛門」と改名。薩摩藩国父島津久光に拝謁し、上洛に強硬反対の趣旨を述べ、久光の不興を買う。	1040
	2月17日	■大島三右衛門（西郷隆盛）、上洛計画に関して、島津久光に上下二策（参府を中止または延期・海路江戸）を提出。	1044
	3月12日	■岩倉具視、京入りした、薩摩藩国父島津久光の側近・堀次郎（小太郎、伊地知貞馨）と会見。	1054
	3月13日	■大島三右衛門（西郷隆盛）、赤間関（下関）で待機する命を受けて、村田新八を伴って長州藩の動向を探るため、鹿児島を先発。	1055
	3月16日	■事変上京の藩是に従い、薩摩藩国父島津久光は、洋式銃隊含む薩摩藩兵1,200名を率い、公武合体運動推進のため上洛すべく鹿児島出発。	1059
	3月23日	■薩摩の上洛計画で浪士らの不穏な動きを察知した大島三右衛門（西郷隆盛）は、薩摩藩国父島津久光の待機命令を無視し、村田新八・森山新蔵・を伴い京に向かう。	1064
	3月25日	■薩摩藩、久光上洛前の暴発を恐れ、多数の浪士を大坂蔵屋敷二十八番長屋に収容。	1066
	3月30日	■大久保一蔵（利通）、島津久光より先行し、西郷が久光の命令に違反して久光を下関で待たずに西下した理由を問いただすため、下関で乗船大坂に向かう。	1076
	4月6日	■大久保一蔵（利通）、伏見薩摩藩邸に入り、大島三右衛門（西郷吉之助（隆盛））に主命を待たずして上坂したことを詰問。久光の怒りを伝える。	1083
	4月7日	■孝明天皇、攘夷断行の勅旨を出す。	1084
	4月8日	■大久保一蔵（利通）は、大蔵谷に到着、島津久光を待つ。西郷の捕縛の命、既に下っていた。 ■久光、下関で待てという久光の指示を無視して、勝手に京都入りしたことに対して怒りを買った大島三右衛門（西郷隆盛）と、村田新八・森山新蔵の捕縛と鹿児島護送を命じる。	1086
	4月11日	■大久保一蔵（利通）、大坂川口に至り、西郷との会談は、夜を徹して行われ、西郷らを見送る、大久保は、国父島津久光に進退伺を提出。 ■大島三右衛門（西郷隆盛）、鹿児島に送られるため薩摩藩船「天佑丸」で大坂を出港。村田新八、森山新蔵らも、鹿児島に送られる。	1093
	4月16日	■「島津久光、上京」。長州藩への公武周旋任命に危機感を募らせた薩摩藩国父島津久光、非公式に入京して東洞院の藩邸に入る。	1098

西暦 和暦	月日	出来事	No.
1862 (文久2)	4月17日	■藩主名代として、久光、正式に入京。浪士鎮撫の勅命を受ける。	1099
	4月23日	■「寺田屋騒動」。討幕挙兵と思い違いし、薩摩藩国父島津久光の公武合体路線に不満を持った薩摩藩急進尊攘派志士有馬新七・橋口壮介らを鎮撫派同藩士8名が上意討ち。	1110
	4月25日	■幕府、薩摩藩国父島津久光の建白を受け、一橋慶喜・徳川慶勝(前尾張藩主)・松平春嶽(前越前福井藩主)・山内容堂(前土佐藩主)らの面会、信書往復の禁を解く。	1117
	4月30日	■朝廷、幕府の要請を受けて、「安政の大獄」の処罰を解く。前関白鷹司政通・前左大臣近衛忠煕の参朝を許し、獅子王院宮(青蓮院宮、中川宮)の永蟄居と、前右大臣鷹司輔煕の謹慎解き、故三条実万を追賞。	1128
	5月6日	■大久保一蔵(利通)、左近衛権少将岩倉具視と初めて会見。	1136
	5月7日	■謹慎が解かれた一橋慶喜、松平春嶽(福井)、徳川慶勝(尾張)が登城、将軍家茂に初めて謁した。家茂は、三人に幕政に参与を命じる。	1138
	5月20日	■薩摩藩、大久保一蔵(利通)を小納戸役頭に任命。ついに、小松帯刀(清廉)、中山中左衛門と並んで島津久光の側近となった。	1151
	5月22日	■勅使大原重徳、京都出立。島津久光(薩摩藩国父)、朝命により兵を率いて之に従う。	1154
	5月26日	■幕議、将軍上洛を決定。	1157
	6月2日	■5月26日、勝手掛および外国御用取扱御役御免となった、首席老中久世広周(下総国関宿藩主)が、この日、老中罷免となる。板倉勝静(備中松山藩主)、幕閣の中心に就く。	1162
	6月5日	■護送され山川港で待命中の大島三右衛門(西郷隆盛)、「大島吉之助」へ改名させられ、徳之島へ遠島、村田新八は喜界島へ遠島が命ぜられた。	1165
	6月10日	■「文久の改革」、はじまる。勅使大原重徳、江戸城登城、白書院で将軍に勅旨を伝達。	1169
	6月28日	■幕府、ようやく、前一橋当主慶喜の登用を議決。	1180
	7月4日	■幕府、諸藩に外国船購入の制限を解除。	1186
	7月6日	■「文久の改革」。幕府により、慶喜、一橋家再相続。将軍より、将軍後見職就任の直命。	1190
	7月14日	■徳之島の大島吉之助(西郷隆盛)に、さらに南の沖永良部島への遠島替命令が出る。	1194
	7月18日	■越後浪士本間精一郎、関白近衛忠煕に、左近衛権中将岩倉具視ら「四奸二嬪」排斥を主張。	1195
	7月20日	■「天誅のはじまり」。九条家家来・島田左近(正辰)、木屋町二条下ルで薩摩の田中新兵衛、鵜木孫兵衛、志々目献吉に殺害される。	1197
	8月7日	■江戸幕府、朝廷に対して従来の失政を謝し、新政を行うことを奏する。	1210
	8月20日	■尊王攘夷派台頭の朝廷、公武合体派の岩倉具視・千種有文・富小路敬直の蟄居・辞官・落飾を請願させる。「四奸二嬪」が排斥された。	1218
	8月21日	■「生麦事件」。江戸から京へ戻る久光の行列を乱した英国商人リチャードソンを薩摩藩士奈良原喜左衛門らが殺害。	1222
	閏8月14日	■天皇の「公武一和の思召」が公卿・堂上に触れられる。	1234
	閏8月23日	■政局は一変して、長州藩ら尊攘激派に有利となった京都より、薩摩藩国父島津久光、帰藩に向けて発つ。大久保一蔵(利通)、随従。	1241
	9月20日	■朝儀、薩摩・長州・土佐の3藩の建言を受け、攘夷を決定。朝廷、攘夷勅諚の伝達のため三条実美を別勅使、姉小路公知を副使に任命。	1259
	9月30日	■薩摩藩、大久保一蔵(利通)を御用取次見習いに任命。	1263
	9月30日	■将軍後見職一橋慶喜、幕議において攘夷奉勅問題について、政事総裁職松平春嶽らの破約攘夷を断固退け、開国論を主張。	1264
	10月20日	■幕議、開国上奏から攘夷奉勅に一転、勅使優待を内決。	1276
	11月27日	■勅使三条実美・姉小路公知、江戸城に入り将軍家茂に対面。攘夷督促・親兵設置の勅旨を伝達。	1294

西暦 和暦	月日	出来事	No.
	12月5日	■幕府、攘夷を奉答。「臣家茂」と奉答書に署名する。親兵設置は拒否。	1300
	12月7日	■朝廷役職の叙任権、朝廷に移る。	1301
	12月12日	■「英国公使館焼き討ち事件」。	1307
	12月―	■この月、帰藩していた小松帯刀(清廉)、28才で薩摩藩家老に昇進。	1310
	12月22日	■薩摩藩士大久保一蔵(利通)、前日、入京し、関白近衛忠熙・尊融入道親王(青蓮院宮、中川宮)に、島津久光(薩摩藩国父)の建白書を提出。	1316
	12月24日	■京都守護職松平容保、入京。	1317
1863 (文久3)	1月3日	■大久保一蔵(利通)、江戸に入る。松平春嶽、山内容堂らに謁見し、将軍の上洛延期を建策する。	1323
	1月15日	■薩摩藩士大久保一蔵(利通)・福井藩士中根靭負、入京。大久保、近衛関白に復命。	1330
	2月4日	■「浪士組結成」。尊王攘夷論者清河八郎の提唱で、将軍・徳川家茂の上洛の際の警護を目的として、幕府直轄隊編成のための会合が、江戸小石川伝通院付属大信寮行われる。	1341
	2月10日	■京から戻った薩摩藩士大久保一蔵(利通)、御側役兼御小納戸頭に就任。薩摩藩の最高幹部となる。	1347
	2月22日	■「足利三代木像梟首事件」。	1353
	2月23日	■「浪士組入洛」。234名の浪士組、京都の壬生村に入り、新徳寺ほかはじめ、各所に分宿。	1354
	3月4日	■将軍家茂、井上松五郎など八王子千人同心ら3,000人を率いて入洛、二条城に入る(将軍上洛、寛永11年(1634)家光以来229年振り)。	1367
	3月11日	■孝明天皇、御所清和院門から加茂社(上賀茂社・下鴨社)に行幸し攘夷祈願。天皇の御所の外への行幸は、寛永3年(1626)の後水尾天皇の二条城行幸以来である。	1374
	3月14日	■薩摩藩国父・島津久光、入京。久光は、旅寓として用意された知恩院にも立ち寄らず、小松帯刀と共に、直接近衛邸に向かった。そこには、中川宮朝彦親王・関白鷹司輔熙・一橋慶喜らも待っていた。	1377
	3月17日	■島津久光、帰国の旨を届け捨てのごとくに近衛家に送る。	1381
	3月19日	■幕府、攘夷勅諚を列藩に達する。	1387
	4月8日	■幕府、英仏公使よりの軍事援助の申し出を断る。英仏は、日本との通商関係を維持するためには、朝廷支配を打倒する必要がある、と考えるようになった。	1397
	4月20日	■将軍徳川家茂、参内、朝廷に攘夷期日を5月10日とする旨、上奉させられる。	1408
	4月26日	■将軍後見職一橋慶喜、熱田にて江戸の老中に破約攘夷・開戦覚悟の訓令を発する。生麦事件償金の事態は流動化する。	1416
	5月9日	■老中格・外国御用掛小笠原長行、将軍名代徳川慶篤の反対にも拘らず、軍艦「蟠竜」で横浜に赴き、英国に対し「生麦事件」等の賠償金44万ドルを英国代理公使ジョン・ニールに支払う。また、各国公使に対し、鎖港を通知する文書を発す。	1425
	5月10日	■「長州藩下関砲撃事件(5月10日〜6月5日)―第一回馬関攘夷戦」、はじまる。	1426
	5月20日	■「朔平門外の変・猿ヶ辻の変」。国事参政姉小路公知、御所築地の朔平門外(猿ヶ辻)で3人の賊に襲われ暗殺される。	1435
	5月25日	■老中格小笠原長行ら、英国艦などを借り、1,600名もの大軍を率いて横浜出発、海路大坂に向かう。	1437
	5月29日	■薩摩藩、「姉小路暗殺事件」らで、京都政界から排除される。	1440
	6月5日	■「四国艦隊下関砲撃事件(5月10日〜6月5日)―第五回馬関攘夷戦」終わる。	1444
	6月7日	■幕府大軍の上洛に驚いた朝廷、将軍家茂の江戸帰府を承認。	1449
	6月9日	■孝明天皇の島津久光召命勅書、薩摩に届く。	1451
	7月2日	■「薩英戦争」。前年に起きた生麦事件の賠償と実行犯の処罰を求めて艦隊が鹿児島湾に侵入。	1472

西暦 和暦	月日	出来事	No.
1863 (文久3)	7月16日	■朝廷は徹夜の朝議。国事御用掛三条実美、島津久光(薩摩藩国父)の上洛要請を取り消す。	1481
	7月23日	■薩摩藩、英国との和睦使節を、横浜に派遣。	1489
	8月12日	■将軍家茂、諸侯と鎖港を議す。幕府、鎖港交渉開始を奏上。	1505
	8月13日	■「大和行幸」。孝明天皇の神武天皇陵・春日神社参拝、「攘夷親征の詔勅」が発せられる。	1507
	8月14日	■「天誅組蜂起─8月14日～9月27日」、はじまる。	1510
	8月18日	■「八月十八日の政変─会津、薩摩によるクーデター」。「公武合体派」の会津藩と薩摩藩が共謀して、「尊攘派」の長州藩を京都から追放。 ■孝明天皇、転換して公武合体を表明。	1514
	8月19日	■「七卿落ち」。三条中納言実美27才ら七卿、岩国領主吉川経幹(監物)率いる兵600名と清末藩主毛利元純に護衛され、総勢2,000名で都落ち。	1515
	8月21日	■壬生浪士組、武家伝奏より「新選組」の隊名を拝命、市中取締りを下命される。	1516
	8月28日	■朝廷、薩摩藩国父島津久光、前土佐藩主山内容堂、前佐賀藩主鍋島斉正に、上洛の勅を下す。	1519
	10月3日	■公武合体・開国派の島津久光(薩摩藩国父)、鹿児島より京に入り、二本松藩邸に到着。	1534
	10月5日	■第三回薩英和平会談。生麦事件実行犯の捜査と逮捕次第死罪(逃亡中のため処罰不能)。2万5千ポンドの賠償支払は、幕府から借用して11月1日に支払う。幕府と薩摩は対長州政策で協力。	1536
	10月12日	■「生野の変」勃発。	1540
	11月16日	■孝明天皇、薩摩藩国父島津久光に、近衛前関白を通して宸翰(密勅21ヶ条)を下す。	1559
	11月29日	島津久光、近衛前関白を通じて、基本的に天皇の意見を支持する奉答書(但し、攘夷については鎖港反対を主張)を提出。	1565
	12月30日	■「参predict会議成立」。将軍後見職一橋慶喜・雄藩諸侯(松平春嶽、伊達宗城、山内容堂、松平容保)、朝議参預に任ぜられる。	1576
1864 (文久4)	1月13日	■朝廷、無位無官だった島津久光(薩摩藩国父)に官位(従四位下左近衛権少将)を与え、朝議参預に加える。	1580
	1月15日	■将軍家茂、二度目の入京、二条城へ入る。	1582
	2月11日	■「第一次征長準備令」。幕府、藩主毛利慶親(敬親)を糾問と、長州藩討伐の準備を始める。第一次征長軍の出陣準備が西日本諸藩に命ぜられた。	1592
1864 (元治1)	2月20日	■元治に改元。	1598
	2月21日	■沖永良部島にいた大島吉之助(西郷隆盛)に、吉井幸輔(友実)・西郷信吾(従道)ら赦免の使者が蒸気船「胡蝶丸」で到着。	1600
	3月9日	■「参預解体」。一橋慶喜、参預諸侯の朝議参預辞退を願い出る。鎖港問題で対立した、朝廷参預会議の廃絶へ。	1611
	3月19日	■薩摩藩士大島吉之助(西郷隆盛)、軍賦役(軍指令官)に任ぜられる。村田新八、京都留守居役付役となる。	1618
	3月25日	■「一会桑体制」。一橋慶喜、禁裏御守衛総督、摂津海防御指揮を命ぜられ、将軍後見職を免ぜられる。軍事総裁職・松平容保(会津藩主)、のちの京都所司代・松平定敬(桑名藩主)と共に勤皇の志士や公家の取り締まりにあたる。	1623
	3月27日	■「天狗党の乱、起こる─3月27日～12月17日」。	1624
	4月10日	■近衛邸に春嶽・宗城・久光ら参集。議奏の急速鎖港主張、長州藩の藩主父子の上京願・七卿帰京復職要請を議す。	1632
	4月14日	■大島吉之助(西郷隆盛)、御小納戸頭取・一代小番となる。	1634

目次

西暦和暦	月日	出来事	No.
	4月18日	■「参預会議」が解体、薩摩藩の推進した公武合体運動は頓挫した島津久光(薩摩藩国父)、小松帯刀(清廉)や大島吉之助(西郷隆盛)らに後事を託して、帰藩のため京を出立。大久保一蔵(利通)、随従。 ■大島吉之助(西郷隆盛)、「軍賦役兼諸藩応接掛」となり、京都での薩摩藩の信頼回復に努め、「薩会同盟」を結んだ責任者らを帰国させだす。そして、情報収集や軍の教練に努める。	1637
	4月29日	■朝廷、全ての政事を更に幕府に委任するとの勅を下す。	1644
	5月6日	■将軍徳川家茂、江戸に向かうため、二条城を出立。	1647
	5月21日	■幕府、「神戸海軍操練所」を正式に発足。勝義邦(海舟)を軍艦奉行・海軍操練所総管とする。	1656
	6月5日	■「池田屋事件」起こる。	1659
	6月14日	■大島吉之助(西郷隆盛)、中村半次郎(桐野利秋)を長州に派遣し、内情を探らせる。	1665
	6月27日	■大島吉之助(西郷隆盛)、長州兵の目的が、朝廷へ政治路線の変革を求めることが明確になり、急を国元に報じ、援兵を請う。	1673
	7月8日	■大島吉之助(西郷隆盛)、薩摩は中立して皇居守護に専念すべしとし、家老小松帯刀(清廉)と相談の上、禁裏御守衛総督一橋慶喜の出兵命令を断る。	1678
	7月11日	■幕府海陸御備向掛・佐久間象山暗殺。	1682
	7月17日	■禁裏御守衛総督一橋慶喜、長州軍に朝命であると撤兵を通告。長州軍討伐の勅命、諸大名に下る。洛中洛外に6万から7万の兵が配置されたという。	1686
	7月17日	■薩摩藩士大島吉之助(西郷隆盛)、諸藩に征伐主張。	1687
	7月18日	■「長州軍討伐の勅命、諸大名に下る」。部署を定めて、それを諸藩に令した。	1689
	7月19日	■「禁門の変」勃発。 ■大島吉之助(西郷隆盛)・伊地知正治らは、乾御門で長州勢を撃退する。薩摩藩兵の強さが際立ち、指揮をとった西郷が、京の町で評判となったという。	1691
	7月23日	■「第一次長州征討―元治元年7月23日～12月27日」、はじまる。	1697
	7月29日	■「長州藩、外国との講和、幕府には恭順謝罪に決する」。	1705
	8月5日	■「四国艦隊下関砲撃事件―8月5日～8月8日」はじまる。第六次外国船砲撃。午後4時過ぎ、英米仏蘭四ヶ国連合艦隊17隻・兵力5,000人余、長州下関を砲撃。	1710
	8月8日	■四国艦隊下関砲撃事件の戦闘終了―講和交渉はじまる。	1714
	8月中旬	■この頃龍馬、軍艦奉行・海軍操練所総管勝義邦(海舟)の使者として京都で大島吉之助(西郷隆盛)に会い、幕府の長州征伐を阻止、薩長が手を組むことを説く。	1718
	9月7日	■四ヶ国の公使、前年の長州藩砲撃事件及び下関戦争の賠償、条約勅許を幕府に求める。	1734
	9月11日	■大島吉之助(西郷隆盛)、軍艦奉行・海軍操練所総管勝義邦(海舟)と大坂にて初めて会談。西郷は幕臣の勝から幕府批判を聞かされ、方針を変更。長州藩の解体を狙う幕府の思惑を阻止し擁護にまわる。	1735
	9月22日	■幕府、初代駐日英国公使オールコックら四ヶ国代表と、「下関戦争」の賠償金支払いに関する協定に合意(賠償金300万ドルあるいは下関ないしは瀬戸内海1港開港)。	1740
	10月2日	■大島吉之助(西郷隆盛)37才、御側役・代々小番に昇進、大島吉之助から「西郷吉之助」に改める。	1743
	10月12日	■薩摩藩御側役・代々小番西郷吉之助(隆盛)、征長総督参謀に任命される。	1748
	11月19日	■「第一次長州征討」。長州藩主父子、萩城を出、毛利家墓所・天樹院に入り蟄居。征長総督参謀西郷吉之助(隆盛)、寛大な処分で征長を終了させる。	1772
	12月4日	■中岡慎太郎、筑前福岡藩士早川養敬(勇)の従者「寺石貫夫」と名乗り、小倉で西郷吉之助(隆盛)と五卿渡海移座の件で初めて会見(薩長連合画策の始まり)。	1785

13

西暦 和暦	月日	出来事	No.
1864 (元治1)	12月15日	■「功山寺挙兵」。高杉晋作ら、俗論派を討つため功山寺で挙兵。	1790
	12月27日	■「第一次長州征討―元治元年7月23日～12月27日」、終了。征長総督徳川慶勝(前尾張藩主)、長州征伐軍の撤兵令を発布。武力衝突なしに征討軍を解散した。	1795
1865 (元治2)	1月6日	■「長州藩内訌戦―1月6日～2月14日」、はじまる。	1800
	1月28日	■西郷吉之助(隆盛)、薩摩藩家老座書役・岩山八太郎直温の次女・イト(糸子)を娶る。	1811
	2月5日	■老中阿部正外(陸奥白河藩主)・本庄(松平)宗秀(丹後国宮津藩主)、京都の攘夷派公家・浪士らの牽制として、4,000名を率兵して上洛。	1823
	2月7日	■大久保一蔵(利通)、京都二本松薩摩藩邸に入る。大久保は、関白二条斉敬に、長州藩を寛典に処すべきと要請。	1825
	2月9日	■大久保利通、小松帯刀と参内し、参勤交代停止の朝命を請う。 ■大久保利通、賀陽宮朝彦親王および近衛忠熙父子に謁見し、長州藩主父子および五卿の進退について建言する。	1828
	2月14日	■「長州藩内訌戦―1月6日～2月14日」、正義派の勝利に終わる。	1832
	3月11日	■大久保利通(一蔵)・吉井幸輔(友実)らと共に、九州諸藩連合のために久留米藩・福岡藩などを遊説していた西郷吉之助(隆盛)、京に入る。	1850
	3月18日	■「神戸海軍操練所」、廃止される。	1854
	3月22日	「薩摩藩第一次英国留学生」。薩摩藩遣英使節団、幕府の許可を受けることなく、英国留学のため、羽島浦から蒸気船に乗り込み、香港に向けて密航。	1856
1865 (慶応1)	4月7日	■「禁門の変」や社会不安などの災異のために慶応に改元。	1865
	4月13日	■「第二次長州征討令」。長州藩の「武備恭順」を知った幕府、諸藩に長州再征を発令。また、その部署を定める。	1869
	4月22日	■家老島津伊勢(諏訪広兼)と交代した小松帯刀(清廉)、西郷吉之助(隆盛)、京を出て、大坂に向かう。西郷・小松は、長州出兵拒否の藩論まとめるための鹿児島行きである。龍馬もその頃、京を発つ。	1873
	5月1日	■龍馬ら元「神戸海軍操練所」の同志、西郷吉之助(隆盛)・小松帯刀(清廉)・大山成美(彦八)(妻は隆盛女・安)らに伴われ、鹿児島に入国。 ■西郷、京都情勢を藩首脳に報告、その後、幕府の征長出兵命令を拒否すべしと説いて藩論をまとめる。	1883
	5月16日	■西郷吉之助(隆盛)、長州藩と交渉するために斎藤佐次右衛門(脱藩して薩摩の庇護を受ける水戸の浪士)と坂本龍馬をそれぞれ派遣。	1888
	5月16日	■将軍徳川家茂、自ら指揮を執っての「第二次征長」のため陸路、江戸城を進発、三度目の京都に向かう。和宮との今生の別れとなる。	1889
	閏5月06日	■薩摩藩御側役大久保利通、鹿児島から大坂に入る。	1905
	閏5月09日	■西郷吉之助(隆盛)、薩摩藩大番頭・一身家老組となる。	1907
	閏5月10日	■薩摩藩御側役大久保利通、京都に入る。直ちに再征の不可を論じて、朝議の確定を当路の公卿に勤説する。	1910
	閏5月16日	■中岡慎太郎、西郷吉之助(隆盛)・岩下左次右衛門(方平)・三島弥兵衛(通庸)らと「胡蝶丸」で、薩長連合を協議するため下関に向けて鹿児島を出立。	1912
	閏5月18日	■中岡慎太郎、西郷吉之助(隆盛)に下関寄港を要請するが、大久保利通から書簡を受け取った西郷は、京都に向かってしまう。佐賀関で大久保から西郷に至急上洛を求める知らせが入ったという。中岡は佐賀関で下船。	1914
	閏5月22日	■将軍家茂、三度目の入洛。禁裏御守衛総督一橋慶喜随行。	1917

目次

西暦和暦	月日	出来事	No.
	閏5月23日	■西郷吉之助(隆盛)、佐賀関から京に入る。そして、大久保利通と共に、長州再征不可を当路に説く。	1918
	6月―	岩倉具視、秘かに井上石見(長秋)に託し、時事意見書「叢裡鳴虫」を、小松帯刀および大久保利通に送る。	1932
	9月8日	■この月上京した大久保利通、書を在坂の西郷吉之助(隆盛)に送り、内外形勢いよいよ迫るを以て、速やかに有力諸藩と結合し、朝権確立を謀るべきことを説く。	1957
	9月21日	■薩摩藩御側役大久保利通、関白二条斉敬に長州再征阻止を説く。 ■将軍徳川家茂、参内し、兵庫開港と長州再征を奏上。 ■朝議で防長の幕府委任(将軍進発)。幕府、武力を背景にした圧力で、長州再征(第二次征長)の勅許、ようやく下りる。	1965
	9月26日	■長州へ向かう龍馬、西郷吉之助(隆盛)と共に、兵庫に至り、薩摩藩蒸気船「胡蝶丸」に乗船する。西郷吉之助(隆盛)は、薩摩藩御側役大久保利通からの征長拒否の書翰「非義勅命は勅命に有らず」を、国父島津久光に披露すべく、また、久光の挙兵上洛を要請するため鹿児島に向かう。	1973
	10月5日	■大久保利通、兵庫開港に関する交渉は、諸侯の京都に会来するのを待って、開始されんことを近衛内大臣に建言する。同日、朝廷、開港延期談判のため勅使を兵庫の外国艦に差し遣わせんとし、利通に大原勅使の輔行(同行)を命じるも、朝議はまた一変し、遂に条約を勅許せらる。	1988
	10月25日	■西郷吉之助(隆盛)・小松帯刀(清廉)、兵を率いて上洛。	2000
	12月―	■この頃、西郷吉之助(隆盛)の命で、薩摩藩和解使・黒田了介(清隆)、密かに長州に赴く。黒田は、土佐脱藩浪士池内蔵太に案内されて、馬関(下関)で木戸貫治(桂小五郎)と面会する。黒田と会った谷潜蔵(高杉晋作)は、小五郎の京都行きには異論を唱えなかった。	2012
1866 (慶応2)	1月8日	■長州藩御用所役国政方・海軍興隆用掛、木戸貫治(桂小五郎)ら、薩摩藩士黒田了介(清隆)らと共に、淀川を遡って伏見に入り、西郷吉之助(隆盛)・村田新八・薩摩藩伏見邸留守居役大山成美(彦八)の出迎えを受ける。桂と西郷の初対面である。	2025
	1月21日	■薩長同盟成立。討幕運動に協力する6ヶ条の密約、「薩長同盟」成立。	2036
	1月22日	■禁裏御守衛総督一橋慶喜、松平容保、松平定敬、板倉勝静、小笠原長行参内し、長州処分案(削封十万石、藩主父子は隠居と蟄居など)を上奏し、翌日勅許される。	2037
	1月24日	■「寺田屋事件」。八ツ半(午前3時)頃、龍馬はお龍の知らせを受け、伏見奉行配下の包囲を知る。	2041
	2月21日	■薩摩藩御側役大久保利通、西郷吉之助(隆盛)と交代のため鹿児島を出立、京坂に向かう。	2052
	3月4日	■龍馬・お龍、西郷吉之助(隆盛)・小松帯刀(清廉)・桂久武・吉井幸輔(友実)・中岡慎太郎・三吉慎蔵らと共に川船で下り、薩摩藩蒸気船「三邦丸」に乗船。これが龍馬夫妻の新婚旅行となる。	2059
	3月28日	■「薩摩藩第二次米国留学生」。薩摩藩6名の藩士、長崎から密航出国し米国へ渡る。	2067
	4月14日	■薩摩藩御側役大久保利通、大坂城に老中板倉勝静を訪問。大坂薩摩藩邸留守居役・木場伝内名義の書面を渡す。受け取りを拒否する板倉に、大久保は勅命に反した幕罪6ヶ条を挙げ、長州征討の非を論じ、出兵を拒否。 ■大久保利通、再び、板倉勝静に会見し、幕府の不尊奉六ヶ条をあげて論難する。	2076
	5月1日	■西郷吉之助(隆盛)、小松帯刀(清廉)・桂久武らと、藩政改革にあたる。	2084
	5月17日	■公卿中御門経之(岩倉の姉婿)らから要請を受けた薩摩藩士井上石見、蟄居中の岩倉具視を訪問。	2096
	6月7日	■「四境戦争(第二次長州征討)、幕府軍艦の周防大島砲撃より始まる」。	2107
	6月17日	■「パークス・英国と薩長との和解と理解のはじまり」。パークス、薩摩藩国父島津久光と会談、歓待を受ける。斡旋したグラバーも随行。	2118

15

西暦 和暦	月日	出来事	No.
1866 (慶応2)	7月9日	■薩摩藩、朝廷に、長州再征抗議の文書提出。幕府に対しは、藩主名で出兵拒否する。	2134
	7月20日	■将軍茂、治療のかいなく、大坂城内で病没。享年21。喪を秘す。(8月20日発喪、慶喜の徳川宗家家督相続を布告)。	2139
	7月20日	■薩摩藩、島津久光、茂久(忠義)連名により征長軍解体の建白書を提出。	2140
	8月4日	■朝廷(天皇)、長州再征反対を却下する。	2153
	8月21日	■朝廷、前日の将軍家茂の喪につき征長休戦の御沙汰を幕府へ伝達(征長停止令)。 ■幕府、第二次征長戦停止、決定。	2171
	8月30日	■「廷臣二十二卿列参事件」。蟄居中で参内禁止の岩倉具視と結んだ中御門経之(岩倉姉婿)・大原重徳ら22卿、連なって参内。	2174
	9月2日	■「幕長休戦協定締結」。	2175
	9月8日	■島津久光らに、諸侯上洛令(指名)が布達される。	2181
	9月―	■西郷吉之助(隆盛)、大目付・陸軍掛・家老座出席に任命される。10月、病気を理由に大目付は返上。	2187
	10月5日	■大久保利通、討幕派公卿・中御門経之(岩倉具視の姉婿)より、正式の協力要請を受ける。	2193
	10月24日	■薩摩藩国父・島津久光、藩士黒田嘉右衛門(清綱、画家黒田清輝の養父)を正使として山口に派遣。	2208
	10月26日	■薩摩藩士小松帯刀(清廉)、西郷吉之助(隆盛)、入京。	2210
	11月29日	■長州藩正副両使の木戸準一郎(桂小五郎)と河北一、鶴丸城二の丸に登城し、島津久光(薩摩藩国父)父子の引見を受ける。	2228
	12月5日	■「最後の征夷大将軍」。将軍就任を拒み続けた徳川慶喜、ようやく、正二位・権大納言兼右近衛大将に任ぜられ、家光以来途絶していた二条城で、第15代将軍宣下を受け、最後の征夷大将軍となる。	2231
	12月25日	■孝明天皇、崩御(36才)、死因は天然痘と診断された。天皇の崩御が公にされたのは29日。	2243
1867 (慶応3)	1月9日	■「明治天皇即位」。睦仁親王(祐宮)は践祚して第122代明治天皇即位、摂政に二条斉敬。	2252
	1月15日	■朝廷、大喪による大赦を発表、公卿30余名を恩赦(25日も)。関白の内覧職権を一時停止されていた公武合体派九条尚忠は赦免されたが、岩倉・久我・千種・富小路ら列参事件関係の、日米条約反対派公卿は赦免されず。	2259
	1月20日	■「四境戦争」ようやく終わる。豊前小倉新田藩(千束藩)の第9代藩主小笠原近江守貞正の願に長州が回答し、小倉藩との講和が成立する。長州藩と小倉藩が、佐賀藩と薩摩藩を仲介して講和。	2262
	2月1日	■西郷吉之助(隆盛)、京より鹿児島へ帰着。その後、藩主父子の「四侯会議」での上洛を説得。薩摩・越前・土佐・宇和島藩の「四侯会同案」が決定され、島津久光(薩摩藩国父)も同意する。	2272
	2月16日	■西郷吉之助(隆盛)、高知城下の散田邸で、前土佐藩主山内容堂と会見、「四侯会議」参加のための上洛を督促。	2280
	2月24日	■西郷吉之助(隆盛)、宇和島で前藩主伊達宗城と会見、上洛を再び督促。	2285
	3月19日	■朝廷、慶喜の兵庫開港の奏請を却下する。	2312
	3月21日	■西郷吉之助(隆盛)、前土佐藩主山内容堂に、亀山社中の土佐藩外郭組織への改組を提案。	2316

目次

西暦 和暦	月日	出来事	No.
1867 (慶応3)	3月29日	■「廷臣二十二卿列参事件」の正親町三条実愛・中御門経之・大原重徳ら24卿、赦免される。 ■岩倉具視、入洛の禁を解かれる(参内は禁止)。 ■朝廷、兵庫開港再要請を却下。	2327
	4月12日	■薩摩藩国父島津久光、小松帯刀、西郷吉之助(隆盛)を従えて、京都警備のため兵700を率いて京に入る。	2335
	4月23日	■「いろは丸沈没事件」。日本最初の「蒸気船同士の衝突事故」であった。	2351
	4月24日	■朝廷は兵庫開港を勅許。	2353
	5月13日	■第1回四侯会議開催(兵庫開港の勅許と長州処分、幕政改革)。	2368
	5月14日	■四侯、将軍慶喜と会見(慶喜と1回目)。第5回会談。慶喜は、勅許獲得の周旋を依頼。島津久光は、長州藩主父子の官位復旧・幕府反省が先、全国会議の上で開港勅許と主張。山内容堂は、王政復古を説く。また、官位復旧と開港勅許は同時にと主張。(四侯の分裂)。	2369
	5月21日	■中岡慎太郎の周旋で、相国寺付近の薩摩家老小松帯刀(清廉)の宿舎において、土佐藩武闘派の乾(板垣)退助・毛利荒次郎(恭助)と、薩摩藩の西郷吉之助(隆盛)・家老小松帯刀(清廉)、討幕決行を会談。「薩土討幕の密約」を交わす。	2377
	5月24日	■朝議、時勢止む無しと「兵庫開港勅許」のみを決定し、摂政二条斉敬が将軍慶喜に伝奏。	2379
	5月25日	■薩摩藩(小松・西郷・大久保ら)、長州藩と共に討幕決挙を内決。 ■小松・大久保、土佐藩邸において山内容堂・松平春嶽に謁見する。	2380
	6月6日	■幕府、兵庫開港を12月7日とし、同日に江戸・大坂に外国人の居留を許すと布告。	2392
	6月16日	■西郷吉之助(隆盛)・小松帯刀(清廉)・大久保利通・伊地知正治・長州藩の山県狂介(有朋)・品川弥二郎らが会し、改めて薩長同盟の誓約をする。	2403
	6月22日	■京の三本木料亭吉田屋にて「薩土盟約」成立。薩摩藩の小松・西郷・大久保、土佐藩の後藤象二郎・福岡藤次(孝悌)・寺村左膳・真辺栄三郎が出席。坂本龍馬・中岡慎太郎も陪席。大政奉還と公議政体の樹立を目的としている。	2410
	6月25日	■坂本龍馬・中岡慎太郎、早朝、洛北岩倉村の岩倉具視を訪ねる。中岡と共に武力討幕論の岩倉は、「王政復古」を口にしたという。 ■朝廷、ようやく、兵庫開港勅許。兵庫は翌年1月1日から開港とされる。	2413
	7月7日	■薩摩藩士村田新八、「薩土盟約」の事情を記した西郷吉之助(隆盛)の書簡を持って、山口を訪問。	2424
	7月14日	■三河の牟呂八幡社に伊勢神宮のお札が降り、「ええじゃないか」騒動、始まる。	2431
	8月14日	■西郷吉之助(隆盛)、大久保利通、小松帯刀(清廉)、京薩摩藩邸で討幕挙兵の密議し、武力討幕を背景とする新政府樹立の政変計画を長州藩の使者へ伝える。 ■大久保利通、芸州藩辻将曹らを王政復古の挙に加盟させる。	2451
	8月20日	■土佐藩論が大政奉還に決する。	2458
	9月7日	■朝廷警備と聞かされていた島津備後(珍彦)、兵約1,000名を率いて大坂に到着。 ■西郷吉之助(隆盛)・小松帯刀(清廉)、土佐藩参政後藤象二郎より大政奉還案の提出を聞く。西郷、賛成せず「薩土盟約」を破棄。薩摩は武力討幕に方針切り替える。	2470
	9月19日	■「薩長出兵盟約」成る。大久保利通・木戸準一郎(桂小五郎)ら、赤間関(下関)に入り、討幕挙兵の順序について約した薩長攻守同盟を成立さす。	2484
	9月23日	■土佐藩参政福岡藤次(孝悌)、建白書草稿を西郷吉之助(隆盛)に示す。 ■薩長二藩の出兵交渉をまとめた、薩摩藩御側役大久保利通ら、大坂から京都に戻る。	2492
	9月27日	■後藤象二郎、大久保利通を訪問。大久保は、西郷・小松も建白案同意と伝える。	2495
	9月28日	■島津父子、討幕否定を家老に申し渡す(芸州(広島藩)・長州の出兵見合せ)。	2496

17

西暦 和暦	月日	出来事	No.
1867 (慶応3)	10月3日	■土佐藩参政後藤象二郎・福岡藤次(孝悌)、前土佐藩主山内容堂の署名本文と後藤ら幹部署名の副書2通の「大政奉還建白書」を、老中板倉勝静に提出。	2498
	10月8日	■薩・長・芸三国同盟が結ばれる。 ■朝廷、三条実美らの官位を復し、入京を許可。	2505
	10月11日	■薩摩藩、即時挙兵を見合わす。	2510
	10月13日	■前右近衛権中将岩倉具視、薩摩藩士大久保利通に「討幕と会津(京都守護職松平容保)・桑名(京都所司代松平定敬)討伐の密勅」、長州藩士広沢真臣に「藩主官位復旧の宣旨」がそれぞれ秘密裏に下る。	2512
	10月15日	■「大政奉還」。朝廷、摂政二条斉敬をして、将軍慶喜に大政奉還勅許の沙汰書を渡す。岩倉具視を除く倒幕派公卿は、了承。	2514
	10月22日	■西郷吉之助(隆盛)・大久保利通・小松帯刀(清廉)、山口に入り長州藩主父子に謁見、討幕の密勅を呈し上洛出兵を促す。さらに木戸準一郎(桂小五郎)と会談、薩長出兵を協議し討幕挙兵を確認。	2526
	10月22日	■朝廷、将軍徳川慶喜に庶政を当分委任する。	2527
	10月25日	■江戸薩摩藩邸が焼き討ちされ、90人が戦死。	2533
	10月26日	■西郷吉之助(隆盛)・大久保利通・小松帯刀(清廉)、「討幕の密勅」を持ち鹿児島に入り、久光父子に率兵上洛を入説。	2535
	10月26日	■朝廷、将軍慶喜に、諸藩上京まで外交・内政これまで通りの沙汰を下す。	2536
	11月8日	■洛中居住の勅許下り、洛北岩倉村に幽居していた岩倉具視、京に入る。	2549
	11月12日	■薩摩藩御側役大久保利通、薩摩藩船「豊瑞丸」で鹿児島から高知に入る。山内容堂の上京を要請する。	2556
	11月15日	■「近江屋事件」。坂本龍馬と中岡慎太郎が、京都河原町近江屋井口新助邸において京都見廻組に襲われる。	2558
	11月16日	■薩摩藩参謀西郷吉之助(隆盛)、藩主島津茂久(のちの忠義)と三田尻(防府市の古称)に入り、翌日、毛利内匠、木戸準一郎(桂小五郎)らと協議。薩・長・安芸三藩兵出兵の手順を決める。	2559
	11月18日	■「薩長土三藩、三ヶ条からなる出兵協約を結ぶ」。	2561
	11月18日	■「木津屋橋・油小路事件」。	2562
	11月23日	■薩摩藩主島津茂久(忠義)、西郷吉之助(隆盛)・品川弥二郎らと共に、3,000の兵と入京し、相国寺に本営を置く。小松帯刀(清廉)、持病の足痛で随行できず。	2571
	12月7日	■龍馬・中岡暗殺の報復事件「天満屋事件」が起こる。 ■朝廷、兵庫港開港、大坂の互市場開市を勅許。	2593
	12月9日	■大久保利通・参内した岩倉具視ら討幕派の主導において「王政復古の大号令」を発し、「新政府樹立」を宣言。	2598
	12月9日	■「徳川内府大政返上将軍辞職ノ請ヲ允シ摂関幕府ヲ廃シ仮ニ総裁議定参与ノ三職ヲ置ク」。夜、「小御所会議」で、徳川慶喜の「辞官・納地」を命ずる。	2599

目次　九州概略図・鹿児島県の離島図

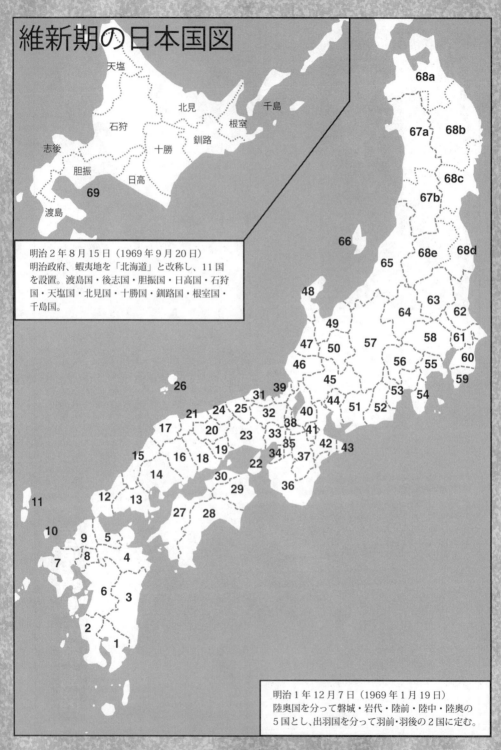

維新期の日本国図

01	大隅（おおすみ）
02	薩摩（さつま）
03	日向（ひゅうが）
04	豊後（ぶんご）
05	豊前（ぶぜん）
06	肥後（ひご）
07	肥前（ひぜん）
08	筑後（ちくご）
09	筑前（ちくぜん）
10	壱岐（いき）
11	対馬（つしま）
12	長門（ながと）
13	周防（すおう）
14	安芸（あき）
15	石見（いわみ）
16	備後（びんご）
17	出雲（いずも）
18	備中（びっちゅう）
19	備前（びぜん）
20	美作（みまさか）
21	伯耆（ほうき）
22	淡路（あわじ）
23	播磨（はりま）
24	因幡（いなば）
25	但馬（たじま）
26	隠岐（おき）
27	伊予（いよ）
28	土佐（とさ）
29	阿波（あわ）
30	讃岐（さぬき）
31	丹後（たんご）
32	丹波（たんば）
33	摂津（せっつ）
34	和泉（いずみ）
35	河内（かわち）
36	紀伊（きい）
37	大和（やまと）
38	山城（やましろ）
39	若狭（わかさ）
40	近江（おうみ）
41	伊賀（いが）
42	伊勢（いせ）
43	志摩（しま）
44	尾張（おわり）
45	美濃（みの）
46	越前（えちぜん）
47	加賀（かが）
48	能登（のと）
49	越中（えっちゅう）
50	飛騨（ひだ）
51	三河（みかわ）
52	遠江（とおとうみ）
53	駿河（するが）
54	伊豆（いず）
55	相模（さがみ）
56	甲斐（かい）
57	信濃（しなの）
58	武蔵（むさし）
59	安房（あわ）
60	上総（かずさ）
61	下総（しもうさ）
62	常陸（ひたち）
63	下野（しもつけ）
64	上野（こうずけ）
65	越後（えちご）
66	佐渡（さど）
67	出羽（でわ）
a	羽後（うご）
b	羽前（うぜん）
68	陸奥（むつ）
a	陸奥（りくおう）
b	陸中（りくちゅう）
c	陸前（りくぜん）
d	磐城（いわき）
e	岩代（いわしろ）
69	蝦夷（えぞ）

※出羽・陸奥を分かつ

西暦1791

寛政3	11月6日	

■島津斉興(なりおき)(1791～1859)、第9代藩主・島津斉宣(なりのぶ)(1774～1841)の長男として江戸で生まれる。生母の実家、鈴木氏は浪人であったため、斉興出生後に、藩と鈴木氏との間で諍いが起きている。文化1年(1804)10月に元服、江戸幕府の11代将軍・徳川家斉(いえなり)(1773～1841)より偏諱を賜って、初名の忠温(ただはる/ただあつ)から斉興に改名。従四位下、侍従兼豊後守に叙任。

□文化6年(1809)6月、近思録崩れの責任を取る形で父・斉宣が祖父・島津重豪(しげひで)(1745～1833)によって強制隠居させられたため、家督を継いで第10代藩主となった。しかし藩主になったとはいえ、藩政改革などの実権は重豪に握られていた。天保4年(1833)、重豪が89才で大往生を遂げるとようやく藩政の実権を握り、重豪の代からの藩政改革の重鎮・調所広郷(1776～1849)を重用して、財政改革を主とした藩政改革に取り組んだ。藩政改革では調所主導の元、借金の250年分割支払いや清との密貿易、砂糖の専売などが大いに効果を現わし、薩摩藩の財政は一気に回復したが、嘉永1年(1848)幕府から密貿易の件で咎められ、責任者の調所は12月に急死した。斉興に責任を及ばさないために1人で罪を被り、服毒自殺したとされる。

□江戸幕府の11代将軍・徳川家斉の正室(御台所)・広大院(こうだいいん)(1773～1844)の実名は寧姫、篤姫、茂姫。後に天璋院が「篤姫」を名乗ったのは広大院にあやかったものという。

□御一門家(直系四家)は、重富島津家(大隅重富領一万四千石、一門家筆頭)、加治木島津家(かじき)(大隅加治木領一万七千石、一門家二位の家格)、垂水島津家(たるみず)(大隅垂水領一万八千石、一門家三位の家格)、今和泉島津家(いまいずみ)(薩摩今和泉領一万五千石、一門家四位の家格、天璋院篤姫の実家)。

家老家は、日置島津家(薩摩日置領主九千石)、宮之城島津家(みやのじょう)(薩摩宮之城領主一万五千石)、帖佐島津家(ちょうさ)(大隅帖佐領主三千七百石)、他、5家。

家老格家は、都城島津家(日向都城領主三万九千石)、平佐北郷家(ひらさほんごうけ)(都城島津氏の分家、薩摩平佐領主八千二百石)、知覧島津家(薩摩知覧領主、石高不明)、その他、永吉島津家(ながよし)、佐志島津家(さし)、新城島津家(しんじょう)、花岡島津家。

その他の氏族は、種子島家(大隅種子島領主一万一千石)、肝付家(きもつき)(薩摩喜入領主(きいれ)五千五百石)、小松家(こまつ)(薩摩吉利領主(よしとし)二千六百石、平清盛の長男・重盛の直系氏族)、その他、入来院(いりきいん)、敷根家。

□薩摩藩士は、鹿児島城下に住む城下士(じょうかし)と、外城に住む郷士(とじょう)(ごうし)に分かれていた。文政8年(1825)の記録によると、城下士8,791人、郷士83,567人。城下士は、島津本家の下に、御一門(一門家、島津四家)、一所持(いっしょもち)、一所持格(20家)、寄合、寄合並(あいなみ)、小番(こばん)、新番、御小姓与(おごしょうぐみ)という家格に分かれていた。寄合並までが上級武士で、小番以下が下級武士。城下士の下に、郷士、与力、足軽と続く。戦時には武士として戦闘に携わるが、通常は農民として農地の開拓・開墾を行う半士半農の性格を帯びていた。

□弘化3年(1846)頃では、御一門四家、一所持(29家)、一所持格(12家)、寄合(52家)、寄合並(10家)、以上は家老を出すことができる上士層。続いて、無格(2家)、小番(760家)、新番(24家)、御小姓与(6146家)、与力があり、さらにその下に准士分の足軽がいた。

□西郷家は御小姓与であったが、結婚当時、小松帯刀によって小番に昇格している。

その時、勤王志士・朝廷・慶喜政権・江戸幕府らは、西郷隆盛・大久保利通・薩摩藩年表帖 上巻

西暦**1809**

文化6　3月14日

■島津斉彬（1809〜1858）（薩摩藩の第11代藩主、島津氏第28代当主）、第10代藩主・島津斉興（1791〜1859）の長男として江戸薩摩藩邸で生まれる。幼名は邦丸、初名は忠方。

□母・弥姫（周子）(1792〜1824)は、「賢夫人」として知られ、この時代には珍しく、斉彬はじめ弥姫出生の3人の子供は乳母をつけず、弥姫自身の手で養育した。その英明さを買われたのか、4才の時に島津家当主の跡継ぎに指名されたという。また、青年期まで存命であった曽祖父第8代藩主・重豪の影響を受けて洋学に興味をもつ。これが周囲の目に蘭癖と映ったことが、皮肉にも薩摩藩を二分する抗争の原因の一つになったとされる。

□文化9年（1820）8月15日、薩摩藩世嗣となる。文政4年（1821年）3月4日、元服。又三郎忠方と名乗る。同7年（1825）11月21日、将軍・徳川家斉の偏諱を受け、斉彬と改める。従四位下侍従兼兵庫頭に叙任。天保3年（1832）5月18日、豊後守に遷任。侍従如元。天保5年（1834）12月16日、左近衛権少将に転任。豊後守如元。天保14年（1843年）2月9日、修理大夫に転任。左近衛権少将如元。

□その後、斉彬は、文政9年（1826）一橋徳川家当主・徳川斉敦の娘である恒姫（栄樹院）（1805〜1858）と婚約。恒姫は、文化12年（1815）江戸高輪の島津邸に入り、文政9年（1826）世子斉彬に嫁ぐ。

□斉彬が藩主に就任となれば、重豪のように公金を湯水のごとく費やし藩財政の困窮に一層の拍車をかけかねないと、特に藩上層部に心配され、斉興は斉彬が40才を過ぎてもまだ家督を譲らなかった。そして、家老・調所広郷（笑左衛門）や斉興の側室・お由羅の方らは、お由羅の子で斉彬の異母弟に当たる久光の擁立を画策した。斉彬派側近は、久光やお由羅を暗殺しようと計画したが、情報が事前に漏れて首謀者14名は切腹、退役謹慎14名、遠島9名が処せられた。『南島雑話』『遠島日記』を記した名越左源太（1820〜1881）の他、高崎正風（1836〜1912）も、このお由羅騒動に連座して奄美大島へ遠島処分を受けた。
斉彬派の4人が必死で脱藩し、斉興の叔父にあたる筑前福岡藩主・黒田斉溥（長溥）（1811〜1887）に援助を求めた。斉溥の仲介で、斉彬と近しい幕府老中・阿部正弘、伊予宇和島藩主・伊達宗城、越前福井藩主・松平慶永（春嶽）らが事態収拾に努めた。こうして嘉永4年（1851）2月に斉興が隠居し、斉彬が第11代藩主に就任した。この一連のお家騒動は「お由羅騒動」（あるいは高崎崩れ）と呼ばれている。

□斉彬は、藩政改革・富国強兵策を推進。反射炉や機械制工業を他藩にさきがけて経営し、それらを一括して集成館を設立した。集成館は、アジア初の近代洋式工場群のことで、その工場群を中心に、反射炉や溶鉱炉、洋式造船や地雷、水雷、ガラス、ガス灯などを製造し、富国強兵・殖産興業に取り組んだ。また開国の意見を抱き軽輩より西郷隆盛・大久保利通等の英才を抜擢し、明治維新の先駆をなした。その卓越した識見は、松平春嶽より「英明近世の第一人者」と称された。

西暦 1817

文化14　10月24日

■島津久光(ひさみつ)(1817〜1887)、第10代藩主・島津斉興(なりおき)(1791〜1859)の五男として鹿児島城に生まれる。生母は斉興の側室・お由羅の方(江戸の町娘)(1795〜1866)。幼名は普之進(かねのしん)。

□文政元年(1818)3月1日に種子島久道の養子となり、公子(藩主の子)の待遇を受ける。文政8年(1825)3月13日に島津宗家へ復帰し、4月に又次郎と改称する。同年11月1日、島津一門家筆頭の重富島津家の次期当主で叔父にあたる島津忠公(ただきみ)(1799〜1872)の娘・千百子(1821〜1847)と婚約し、忠公の養子となる。これを機に鹿児島城から城下の重富邸へ移る。文政11年(1828)2月19日に斉興が烏帽子親(えぼしおや)となり元服、忠教(ただゆき)の諱を授かる。天保7年(1836)2月、千百子と婚礼の式を挙げる。天保10年(1839)11月に重富家の家督を相続し、12月に通称を山城と改める。弘化4年(1847)10月、通称を山城から周防へ改める。

□斉興の後継の地位をめぐり、斉彬と忠教(久光)の兄弟それぞれを擁立する派閥が対立してお家騒動(お由羅騒動)に発展した結果、幕府の介入を招来し、嘉永4年(1851)2月2日に斉興が隠退、斉彬が薩摩藩主となる。島津氏家督の座を争う形にはなったが、忠教自身は反斉彬派に担がれたという要素が強く、斉彬と忠教の個人的関係は一貫して悪くなかった。また忠教は斉彬と同様、非常に学問好きであった。ただ、蘭学を好んだ斉彬と異なり、忠教は国学に通じていた。

□お由羅騒動の際には次期藩主候補と目された。安政5年(1858)斉彬が急死すると、久光の実子・忠徳(ただのり)(茂久、忠義)が本家を相続。しばらくして久光が藩政を補佐する役割となった。斉彬の遺志継承を唱え、藩論を公武合体にまとめた。文久2年(1862)千名の兵を率いて上洛する。京都にて挙兵を企てる藩内過激派を寺田屋で鎮圧(寺田屋騒動)。勅使を奉じて江戸へ赴き、幕政改革を行わせる。しかし、その帰りに藩士が英国人を殺傷(生麦事件)、翌年に鹿児島湾に来航した英国艦隊と激しい砲撃戦を交えた。その和平交渉で英国と親密となり、留学生派遣や紡績機械等の輸入、技師招聘を行った。また、斉彬の遺志を継ぎ集成館事業を復活させる。元治元年(1864)参預会議で徳川慶喜の意見が対立、この頃から幕府と距離を置くようになる。雄藩連合による政権樹立を試みるが、天皇を中核とした新政権樹立に方針を変更した。

西暦 1818

文政1　5月13日　■英国商船ブラザース号、日本との交易打診の為、浦賀来航。幕府、拒絶。

その時、勤王志士・朝廷・慶喜政権・江戸幕府らは、**西郷隆盛・大久保利通・薩摩藩年表帖 上巻**

西暦**1819**

文政2	12月28日	■名越左源太 (1820〜1881)、鹿児島城下の下竜尾町の生まれ、家格は寄合。父は名越盛胤。	0005

□文武に優れ、弓奉行を勤め、弘化4年には赤山靱負や郷田仲兵衛と共に御軍役方掛の物頭となる。しかし、嘉永3年(1850)薩摩藩において藩主・島津斉興(1791〜1859)の後継者問題をめぐるお家騒動(お由羅騒動)が勃発。左源太は首謀者である近藤隆左衛門(1791〜1850)、山田清安(1794?〜1849)、高崎五郎右衛門(1801〜1850)らに密談場所を提供し、自身も計画に加わった。計画が露見したのちに首謀者の大半は切腹を申し付けられたものの、左源太のみは奄美大島への流罪に処される。同年3月27日に鹿児島で乗船した日から記録を始めた『遠島日記』(『大島遠島録』)、嘉永5年(1852)遠島中のまま嶋中絵図書調方を命ぜられて、島中を調べて周り記録した『南島雑話』(共著)は、当時の奄美大島の実情を詳細に知ることができる。

□安政元年(1854)に赦免され翌2年薩摩へと帰還する。元治元年(1864)8月、藩命を受けて手勢を率い、長州へ出兵する手はずだったが、同年9月に急遽日向国小林(宮崎県小林市)の居地頭(現地で執政する地頭)に任ぜられる。慶応2年(1866)高岡(宮崎市高岡町)の地頭に転任、そして慶応3年(1867)寺社奉行に就任にする。

西暦**1820**

文政3	12月一	■幕府、浦賀奉行に、相模沿岸警備を命じる。	0006
文政4	7月10日	■喪が伏せられた**伊能忠敬**(1745〜1818)の『**大日本沿海輿地全図**』が完成。	0007

西暦**1822**

文政5	4月29日	■**英国捕鯨船サラセン号が浦賀に来航、食料・水・薪ほかを給与される。**小田原、川越、白河の三藩及び浦賀奉行(幕府)合わせて2,300人が動員される。5月8日、浦賀を去る。	0008

西暦**1823**

文政6	1月一	■中国江南の商船(16人乗)が土佐浦戸に漂着、2月14日、土佐藩では幕府へ届けると共に薪水、食料を与え長崎へ運行させる。	0009

西暦**1824**

文政7	5月28日	■**英国捕鯨船2隻(インディン号、アン号)沖合に碇泊、常陸大津浜**(茨城県北茨城市)**に2艘の艀で11名上陸したが藩兵が捕らえ留置する。**幕府で調査の結果、水と野菜の調達が目的だと分かり、是らを与え、6月12日、退去させる。	0010
	7月8日	■**英国捕鯨船、トカラ列島に属する薩摩藩領宝島に上陸し、牛を望んだが断り、**代わりに野菜等与えたが再度上陸して牛を殺して肉を運ぶので、薩摩藩警備員が一名射殺すると死体を残して逃げ去る。閏8月11日、幕府に届ける。	0011

西暦1824

文政7

8月16日

■島津斉彬母・周子(1792〜1824)、死去。享年34。

□弥姫(周子)は、寛政3年12月28日江戸の鳥取藩邸で誕生した。父は鳥取藩主池田治道(1768〜1798)、母は仙台藩第7代藩主伊達重村の娘・生姫(暾子)(1772〜1792)。その後の弥姫は薩摩藩主・島津斉興(1791〜1859)と婚約、池田家から島津家へ輿入れした。弥姫は嫁入り道具として「四書五経」、「左伝」、「史記」、「漢書」を大量に持ち入り、薩摩藩の奥女中や家臣らを驚かせたという。生姫は、寛政2年(1790)3月26日、因幡鳥取藩6代藩主池田治道の夫人となった。

□弥姫は文化6年に、斉興の長子として斉彬を出産。正室の初子が男児である事は、諸藩に誇れる事でもあったため、弥姫の男児出産は薩摩藩に大いなる喜びをもたらした。その後も文化8年(1811)に池田斉敏(1811〜1815)に候姫(1815〜1880)、文化14年(1817)諸之助、文政2年(1819)に珍之助を生む。諸之助、珍之助は早世したものの、息子の斉彬、斉敏、娘の候姫は無事成長した。後に二男の斉敏は、実家の親戚筋の岡山藩主家・池田家を継ぐ。

□弥姫はかなりの才女であり、和歌や漢文の作品を多く残している。また、薩摩藩の家臣から「賢夫人」と称され、尊敬されるようになる。子育ても乳母に任せず、自ら母乳を与え育て、自身が得意である「左伝」、「史記」、「四書五経」を子供たちに自ら説いて聞かせていたという。この教育が功したのか、後に斉彬と斉敏は「名君」と称され、候姫も母と同じく「賢夫人」と称され、家臣、領民から尊敬されるのである。しかし、斉彬をはじめとした子供たちは子息に恵まれなかった。他方、斉興の側室お由羅の方が産んだ忠教(のちの島津久光)は順調に成長した上、多くの子息をもうけたこともあり、後に弥姫の子・斉彬と、お由羅の子・忠教との間で家督争いが勃発し、「お由羅騒動」に発展して行く。

□お由羅は正室・弥姫が無くなると、以後は「御国御前」と呼ばれて正室同様の待遇を受けたという。

10月15日

■島津邦丸(1809〜1858)、江戸城で将軍徳川家斉に拝謁、斉彬と改名。

有馬新七居宅跡

その時、勤王志士・朝廷・慶喜政権・江戸幕府らは、**西郷隆盛・大久保利通・薩摩藩年表帖 上巻**

西暦1825

文政8	2月6日	■**郁姫**(いくひめ)(1807〜1850)、**近衛忠熙**(ただひろ)(1808〜1898)と結婚。 0014

□忠熙と婚約した頃は、父・斉宣は隠居の身であったため、藩主の兄斉興の養女となり、名も郁姫から島津興子に改めて近衛家に嫁ぐこととなった。この輿入れの際に、上﨟として郁姫に随行したのが幾島(当時は藤田)(1808〜1870)である。

| | 2月18日 | ■**幕府、異国船打払令発令。** 0015 |

□露国船、英国船渡来によるトラブルの為、終に幕府では異国船無条件打払令を出す。但し、中国船や朝鮮・琉球等船・和蘭は対象外であった。

| | 11月4日 | ■**有馬新七**(ありましんしち)(1825〜1862)、薩摩藩伊集院郷の郷士・坂木四郎兵衛の子として薩摩国 0016 |

日置郡伊集院郷古城村(鹿児島県日置市伊集院町古城)で生まれる。

□文政10年、父が城下士の有馬家の養子となったため、新七もそのまま城下士となり、鹿児島城下の加治屋町に移住。6才にして漢籍学び始める。同じく薩摩藩伊集院郷の郷士坂木六郎は叔父にあたり、達人として有名であった六郎から幼少期から神影流を伝授された。天保9年(1838)14才の元服の頃より、『靖献遺言』(せいけんいげん)を研究し、崎門学派の学を修める。16才にて藩校造士館書役を命じられるものの拒否。閉門に処せられ、古事記研究に没頭する。

□天保14年(1843)19才より江戸で学ぶ。山崎闇斎派の儒学者・山口菅山(かんざん)の門下。21才のとき薩摩に帰国。

安政4年(1857)薩摩藩邸学問所教授に就任。文久元年(1861)藩校造士館訓導師に昇進。翌年からは尊王攘夷派の志士達と多く交流して水戸藩と共に井伊直弼暗殺(桜田門外の変、安政7年)を謀ったが、自藩の同意を得られなかったため手を引き、結果的に水戸藩を裏切る形となった。万延元年(1860)町田久成(1838〜1897)の要請を受け、伊集院郷石谷村(鹿児島市石谷町)を統治することとなった。新七は石谷村を治める間に、村における刑法を定め、悪事を働くものに罰として石坂と呼ばれる道の建設にあたらせたり、郷士に五人組制を実施するなどの指導を行った。

□その後も過激な尊王攘夷活動を続け、同志達と共に寺田屋に集っていたところを、同じ薩摩藩士らによって粛清された(寺田屋騒動)。この際、小刀が折れて相手の道島五郎兵衛の懐に入り壁に押し付けた状態で橋口吉之丞(1843〜1868)に、「俺ごと刺せ」として最期を遂げた。享年38。有馬新七は生涯に三度結婚。三度目の妻との間に一男一女。事件後有馬家は士分身分の剥奪、長男幹太郎は親類預かりとなったが、元治1年(1864)には士籍復元。

明治24年(1891)12月17日、明治政府より贈位四位。

| | 11月6日 | ■**大山綱良**(おおやまつなよし)(1825〜1877)、鹿児島城下高麗町に樺山善助の次男として鹿児島に生 0017 |

まれる。幼名は熊次郎。

□嘉永2年(1849)12月26日に大山四郎助の婿養子となる。家禄136石。通称は正圓、角右衛門、格之助。天保5年(1834)御数寄屋御茶道にて茶坊主として島津家に仕えた。剣は自顕流・薬丸半左衛門兼義(1806〜1878)に学ぶ。薬丸門下の高弟中の高弟であり、奥伝である小太刀を極めたといわれ、藩中第一の使い手といわれた。綱良は、西郷隆盛、大久保利通らと共に精忠組に所属。

□島津久光の上洛に随行し、文久2年(1862)の「寺田屋騒動」では、奈良原喜八郎(繁)(1834〜1918)らと共に過激派藩士の粛清に加わり、事件の中心的役割を果たした。特に寺田屋2階には大山巌(1842〜1916)・西郷従道(つぐみち)(1843〜1902)・三島通庸(みちつね)(1835〜1888)らがいたが、皆で説得を行った結果、投降させることに成功した。翌3年の薩英戦争では、軍賦役として参戦。慶応2年(1866)大宰府の三条実美ら五卿を警固し、大久保と共に薩摩藩の代表として長州に赴き薩長同盟を締結する。

西暦1825

| 文政8 | 11月9日 | ■得能良介(とくのうりょうすけ)(1825~1883)、鹿児島の城下新屋敷にて薩摩藩士・得能直助の長男として生まれる。 | 0018 |

□誕生2ヶ月前に父は急死していた。そこで藩は、母の吉(阿吉)及び直助の母・藤に良介の養育を命じた。嘉永5年(1852)5月御側御用人座書役なり、安政2年(1855)1月~安政4年(1857)4月まで江戸藩邸詰となった。島津斉彬・久光に近侍して、文久2年(1862)の久光の上洛に随行。その後、明治元年(1868)まで小松清廉(帯刀)や大久保利通、西郷隆盛と結び、国事に奔走。慶応3年(1867)には長崎御付人格として長崎に駐在した。

西暦1826

| 文政9 | 3月4日 | ■長崎出島商館長一行、江戸に入り島津重豪と斉彬に面会。 | 0019 |
| | 9月27日 | | 0020 |

■伊地知貞馨(いぢちさだか)(1826~1887)、薩摩藩士堀右衛門の三男として生まれる。初名は貞通、幼名は徳之助。別名は、堀又十郎、堀仲左衛門、堀次郎、堀小太郎、伊地知壮之丞。

□嘉永3年秋、藩主・島津斉興の中小姓になる。斉興に従って江戸に行き、昌平黌(しょうへいこう)に学ぶ。西郷隆盛が出府すると、ともに広く志士と交わり国事に奔走する。薩摩藩の少壮藩士による精忠組(精忠組)の旗揚げに加わる。安政6年(1859)有村雄助・次左衛門兄弟らと共に水戸藩士と結んで、井伊大老襲撃を計画を謀ったが、帰国の藩命を受けて、井伊大老の襲撃に参加できなかった。藩主の父として実権を握る島津久光は、過激に陥りがちな精忠組の取り込みを図り、側近として抜擢。堀も御小納戸役に任命された。この後、藩地と江戸の間を往復して、久光の公式合体運動を助ける。当初は大久保利通と並ぶ久光側近として、京都・江戸などで他藩との交渉などに活躍。文久元年(1861)10月、藩命により次郎と改名。同年12月、幕府改革を目指した久光の出兵計画(後に文久の改革に繋がる)の準備のための時間稼ぎを行う必要があり、藩主・島津忠義の参勤を遅らせるための奇策として、国元からの指示で江戸藩邸を自焼させた。同年12月7日のことである。この「火災被害」により、忠義は江戸出府の遅延を差し許された。

□文久2年(1862)4月には再び藩命で小太郎と改名(島津久光の通称が三郎であったことから、次郎の通称を避けて)。が、文久2年8月3日、幕府によって薩摩藩の自作自演であることが発覚。この際に藩命により伊地知壮之丞に改名。主犯格とされた伊地知は10日、藩の船天祐丸により江戸から鹿児島に檻送された。文久3年、薩英戦争の際、伊地知正治と共に英艦との交渉に当たる。慶応2年(1866)京都において当番頭勝手方掛となる。慶応年間には、薩摩の英・蘭との貿易交渉に従事する。明治元年(1868)参政に任じ藩政改革に従う。

その時、勤王志士・朝廷・慶喜政権・江戸幕府らは、**西郷隆盛・大久保利通・薩摩藩年表帖 上巻**

西暦1827

文政10	3月15日	

■岩下方平(1827〜1900)、薩摩藩士・岩下亘の長男として鹿児島城下の下加治屋町に生まれる。その後、岩下典膳道格の養子となるという。通称は左次右衛門。

□薩摩藩の上士階級である家老格の寄合交の家柄で、安政の大獄の最中の安政6年(1859)江戸で水戸浪士と提携し、大老井伊幕政の打倒を図ったが挫折して帰藩する。同年11月、精忠組に参加、大久保利通らと共に指導的な役割を担う。文久元年(1861)側役人兼軍役奉行。文久2年「生麦事件」では、家老代として英公使と交渉する。文久3年(1863)9月、薩英戦争の和平交渉の正使補佐として交渉を担当する。慶応元年(1865)大目付、さらに家老を勤める。

□慶応2年(1866)幕府が長州再征につき薩摩藩に出兵を命じた時、征長の名義が判然としないとして出兵を拒否。同年11月、パリ博覧会使節兼博覧会御用として野村宗七(盛秀)(1831〜1873)や市来政清(正之丞)ら藩士等9人を率いて出航、翌年のパリ万博に、「日本薩摩琉球国太守政府」の名義で出品し、外交面で幕府に対抗した。慶応3年9月に帰国の際には、シャルル・ド・モンブランと数人のフランス人技術者を伴った。同年11月、藩主島津忠義の率兵上洛に従って上京。小松帯刀や西郷隆盛、大久保利通と共に藩政をリードし倒幕活動に尽力した。

□慶応3年(1867)12月、王政復古の大号令では、徴士参与として小御所会議に参席。明治元年(1868)1月には、「神戸事件」紛争処理に活躍。同年2月、外国事務局判事、刑法官出仕、留守次官。明治2年(1869)9月、維新の功として永世賞典禄1000石を下賜された。

	10月6日	

■重野安繹(1827〜1910)、薩摩国鹿児島郡鹿児島近在坂元村生まれる。父は薩摩藩郷士。

□天保10年(1839)藩校・造士館に入学。嘉永元年(1848)江戸・昌平学の生徒になり、塩谷宕陰(1809〜1867)、安井息軒(1799〜1876)などに学ぶ。安政3年(1857)薩摩に帰国するが、同僚の金の使い込みにより奄美大島に遠島処分にされ、その先で西郷隆盛と出会った。重野は西郷に、漢籍を学ばせ、漢詩を教えた。文久3年(1863)に赦免されて薩摩に戻り、翌元治元年(1864)造士館助教となり、島津久光の命で『皇朝世鑑』の編纂にあたる。文久3年(1863)岩下方平らと共に薩英戦争の戦後処理に辣腕を発揮し、維新後は外務職を勧められたが学界に進んだ。

□重野はいう。「西郷が尊敬した人物は、鹿児島では山内作次郎や関勇助など秩父党の遺老で、これらを大変尊敬していた。外では藤田東湖、大久保一翁、勝安芳(海舟)、これは「天下の人傑」と言っていた。
□西郷が親しいのは、学者では、安政の大獄の対象ともなった京都の陽明学者・春日讃岐守(潜庵)。朋輩では、大久保一蔵(利通)、吉井幸輔(友実)、税所篤、得能良介、伊地知正治らであるという。

西暦**1827**

文政10　11月5日

■税所篤(さいしょあつし)(1827〜1910)、薩摩藩士・税所篤倫の次男として生まれる。通称喜三左衛門、長蔵。実兄の篤清(乗願)が、吉祥院住職・真海として島津忠教(久光)の寵遇を受ける。

□藩主・島津斉彬に認められて勘定所郡方、次いで三島方蔵役に任じられた。改革派である精忠組の中心メンバーとして西郷隆盛や大久保利通、吉井友実らと行動を共にする。幕府が和蘭海軍士官を招いて長崎海軍伝習所をつくると、斉彬は薩摩藩から十数名の藩士を選抜して派遣しているが、税所もその内の一人に選ばれる。同じ薩摩藩からは川村純義や五代友厚なども派遣されていた。

□安政5年(1858)11月、西郷隆盛が僧月照と共に鹿児島湾に入水した際、蘇生した西郷が意識を取り戻すまで、枕頭にて看病を行う。その後西郷が奄美大島に流されると、税所は手紙を通じた情報交換や生活物資の援助等を行い、西郷の奄美大島潜伏生活を支援し続けた。月照の四十九日法要は吉祥院で営まれ、以来しばしば吉祥院は有志たちの密談所として利用された。江戸勤番を勤めていた頃、国学者平田篤胤の開いた平田塾の門下生であった税所は、篤胤の著書『古史伝』を新刊刊行のたびに江戸より薩摩へ取り寄せていたが、この書に精忠組同志であった大久保一蔵(利通)の建白書と精忠組の名簿を差し挟んだうえで、兄乗願を通じて久光に献上した。これは大久保の士格が低く、藩規により久光に謁見することができなかったため、大久保の存在を久光に紹介するための策として行われたものであった。こうした税所の助力を通じて大久保は、久光の知遇を得ることとなり、碁の相手もし、以来藩の要職に抜擢されることとなる。万延元年(1860)には税所自身も二之丸御用部屋書役に抜擢され、久光の側近としてその信任もますます厚くなった。奄美大島に流されていた西郷の召還が実現したのは、久光の信任を得ていた大久保や税所らの進言に依る所が大きい。

□元治元年(1864)7月19日、「禁門の変」では小松清廉(帯刀)率いる薩摩軍の参謀として一隊を率いて参戦、3発の銃弾を浴びる重傷を負いながらも、長州藩の敵将・国司親相(くにしちかすけ)の部隊を退却させるなど武功を上げた。禁門の変以後は、西郷の片腕として活躍、第一次長州征伐の際には、薩摩への怨嗟が激しかった長州へと西郷隆盛、吉井友実と共に三人で赴き、岩国で長州方代表の吉川経幹(きっかわつねまさ)(監物)を説得して長州藩三家老の処分を申し入れるなど、長州藩の降伏における処理に務めたほか、交流のあった中岡慎太郎らと協力し、五卿の筑前遷移に当たった。「戊辰戦争」では鳥羽・伏見の戦いにおいて大坂の薩摩藩邸が旧幕府軍に包囲された際、自ら藩邸に火を放ち、その隙に保管してあった藩金三万両を抱えて脱出、そのまま京都に向かうが、すでに旧幕府軍の首魁徳川慶喜は東奔した後であった。税所は三万両の藩金を西郷に預け、東征の為の軍資金とした。その後は大坂にあって新政府軍の軍事費などの財政処理を務めた。

西郷隆盛誕生地

蛤御門

その時、勤王志士・朝廷・慶喜政権・江戸幕府らは、**西郷隆盛・大久保利通・薩摩藩年表帖 上巻**

西暦**1827**

12月7日

■西郷隆永（西郷隆盛）（通称は吉之助）（1828～1877）、鹿児島城下下加治屋町山之口馬場の薩摩藩・御勘定方小頭（禄47石余）の西郷九郎隆盛（西郷吉兵衛隆盛）（1806～1852）の家に長男として生まれる。幼名は小吉、通称は吉之介、善兵衛、吉兵衛、吉之助と順次変えた。弟小兵衛（?～1856）は、薩摩藩邸御広敷御用人・大山綱毅（?～1834）の養子となり、大山綱昌（彦八）となり、大山成美（彦八）（妻は隆盛女安）（1835～1876）、大山巌（1842～1916）らをもうける。

□西郷家の家格は御小姓与と言う下級武士であるが、城下士の中で下級とはいっても、薩摩藩士の中では上位の1割から2割には入っていた。母の名は西郷マサ（政子）（椎原権右衛門女）。西郷家は西郷隆盛の下に弟3人妹3人がおり、祖父母を加えた11人暮らしだが、雨が降ると雨漏りがひどく、1つの布団に兄弟が足を突っ込んで寝るような暮らしであったようだが、隆盛は体格も良く相撲が強かったという。一方で幼少より読書を好み、郷中制度の教育を受け、大久保利通らと薩摩藩校・造士館に通い、とくに陽明学を修め、福昌寺（島津家の菩提寺）の円了無参和尚からは禅を学んだ。天保10年（1839）郷中仲間と月例のお宮参りに行った際、他の郷中と友人が喧嘩となった為、仲裁に入ったが、上組の郷中が抜いた刀が西郷の右腕内側の神経を切ってしまった。隆盛は3日間高熱にうなされたというが一命は取り留めた。このケンカで右ひじを完全に曲げることが出来なくなり、武術を諦めて学問で身を立てようと志すようになる。隆盛は喫煙者だったが、酒は弱く下戸だっという。天保12年（1841）元服すると「西郷吉之介隆永」と名乗った。この頃に下加治屋町郷中の二才組に昇進している。

□弘化元年（1844）17才のとき郡奉行・迫田利済（1786～1855）の配下に加わると、郡方書役助（農村年貢取立て役所の書記見習い）を務め農政に従事し、のちに藩農政に関する建白書を書いて藩主の目にとまり、御小姓与（一番組小与八番）に編入された。弘化4年（1847）郷中の二才頭に就任。23才頃、伊藤茂右衛門に陽明学を、無参和尚に禅を学ぶ。嘉永3年（1850）3月4日、「高崎崩れ（お由羅騒動）」で西郷家の縁が深かった赤山靭負（1823～1850）が切腹。父が赤山靭負の御用人であった為、介錯した父から血に染まった衣と切腹の様子を聞いたという。これに衝撃を受けると、藩政改革するため世子・島津斉彬（1809～1858）の襲封を願うようになり、赤山靭負らの遺志を継いで、「近思録崩れ」の秩父季保愛読の「近思録」を輪読する会を、大久保正助（大久保利通）・税所喜三左衛門（篤）・吉井仁左衛門（幸輔、友実）・伊地知竜右衛門（伊地知正治）・有村俊斎（海江田信義）らと結成した。のちには精忠組（誠忠組）へと発展している。そして薩摩藩士として島津斉彬のもと、頭角を現す。

□薩摩藩の盟友、大久保利通（1830～1878）や長州藩の木戸孝允（桂小五郎）（1833～1877）と並び、「維新の三傑」と称される。維新の十傑の1人でもある。

□加治屋町は、明治維新に活躍した偉人達を多く輩出した町。西郷隆盛・従道、大久保利通、伊地知正治、吉井友実、大山巌、村田新八、黒木為楨、井上良馨、篠原国幹、山本権兵衛、東郷平八郎など。

西暦1828

文政11	2月26日	**■吉井友実**(1828～1891)、薩摩藩士・吉井友昌の長男として鹿児島城下加治屋町に 生まれる。通称を仁左衛門、中介、後に幸輔。変名を山科兵部。加治屋町に生まれたため、西郷や大久保、税所篤たちとは幼少期からの親友である。

□藩主・島津斉彬の藩政改革の下、安政3年(1856)大坂薩摩藩邸留守居役などを務めて諸藩の志士との交流を重ね、若手改革派の一人として活躍する。斉彬の死後、大久保利通や税所篤ら同志40名と共に脱藩を企てたものの、藩主・島津忠義の慰留をうけて文久元年(1861)大目付役に就任。翌2年の島津久光(忠義の父)が行った率兵上洛および勅使大原重徳との江戸下向に随行、後に徒士付や御用部屋書役などを務め、西郷隆盛・大久保らと始めとする「精忠組」の中心人物として藩政をリードし、尊王倒幕運動を推進した。元治元年(1864)「禁門の変」では長州藩を迎撃、第一次長州征討で西郷隆盛が征長総督徳川慶勝に長州処分を委任された際、税所篤と二人で西郷と共に長州に乗り込み、その戦後処理に努めた。

□慶応3年(1867)小松清廉(帯刀)・西郷らと共に土佐藩の板垣退助・中岡慎太郎らと薩土密約を結び、翌慶応4年(1868)戊辰戦争の緒戦である「鳥羽・伏見の戦い」では、自ら兵を率いて旧江戸幕府軍を撃退するなど多大な功績をあげ、明治2年(1869)に賞典禄1,000石を授けられた。

	6月27日	**■伊地知正治**(しょうじ)(1828～1886)、薩摩藩士伊地知季伴(六郎)の次男として鹿児島城下千石馬場町に生まれる。幼名は竜駒、後に竜右衛門、諱は季靖、号は一柳。

□3才の時に父を失う。幼くして文字を読んで「千石の神童」と呼ばれるが、幼い頃に大病を患ったために片目と片足が不自由となる。天保10年、四書の素読を伴野助七に学ぶ。そのオと異相で、仲間たちから「片目の勘助」などとあだ名される。16才にして藩主島津斉興に御目見。西郷隆盛、吉井友実、大久保利通らと交わり国家の形勢を論じた。

合伝流兵学を初め伊敷村の石沢六郎、後に荒田村の法兀宇左衛門らに学んで奥義を極めた。剣術を薬丸自顕流の薬丸兼義に学ぶ。薩摩御家流の兵学「合伝流」の弟子に、後の海軍大臣西郷従道(1843～1902)、東京府知事高崎五六(1836～1896)、西南戦争薩摩軍参謀格・淵辺群平(高照)(1840～1877)、三島通庸(1835～1888)がいる。池上四郎(1842～1877)、有馬藤太(1837～1924)も薫陶を受けている。弘化2年、萩原清瀧川の辺りに移る。同4年藩校・造士館の教授となる。嘉永元年6月17日、母を喪う。

□安政6年(1859)精忠組に参加。文久2年(1862)島津久光の上洛に従って京都に上った功績により軍奉行となる。翌年に起こった薩英戦争では、西洋列強の軍事力を目の当たりにし、速やかに和議を結び最新の銃器を英国から輸入した。伊地知は、銃術に長けた薩摩軍を育成しそれを指揮して、「禁門の変」や「鳥羽・伏見の戦い」で大きな功績を挙げた。明治1年(1868)東山道先鋒総督府参謀に任命され、中山道を進撃し、土佐軍参謀の板垣退助を援けて甲府城に入城し、甲陽鎮撫隊を追撃、近藤勇を捕殺した。戊辰戦争ではいつも最前線に立って指揮し「白河口の戦い」ではわずか700の兵で白河城に拠る旧幕府軍2,500に圧勝し、また板垣退助と共に「母成峠の戦い」で旧幕府軍を大破して会津若松城開城に大きく貢献した。伊地知の兵法の特徴は、徹底した少数精鋭主義(薩摩藩兵では城下士の部隊、長州藩兵では奇兵隊系の部隊を選抜して率いた)、合伝流の伝統である火力絶対主義、そして時に拙速ともいえる速戦主義にあった。明治2年(1869)武功により永世賞典禄1,000石を与えられた。

その時、勤王志士・朝廷・慶喜政権・江戸幕府らは、西郷隆盛・大久保利通・薩摩藩年表帖 上巻

西暦1828

11月23日 0027

■「シーボルト事件」。和蘭商館医師シーボルト（1796〜1866）、禁制品（伊能忠敬の『大日本沿海輿地全図』）国外持出し発覚により、この日、長崎出島に拘禁される。シーボルトは本当は独逸人。翌年国外追放の上、再渡航禁止の処分を受ける。

西暦1830

文政13 **3月21日** 0028

■**黒田清綱**（1830〜1917）、薩摩藩御記録奉行黒田清直の嫡男として生まれる。5月21日ともいう。幼名は新太郎、通称は嘉右衛門。天保13年（1842）父が死去　嘉右衛門清綱と改め嘉納と称す。号は瀧園。庶子に黒田清秀・養嗣子に日本近代絵画の巨匠・黒田清輝（弟の実子）（1866〜1924）。

□藩校造士館で学んだ後、藩主島津斉彬に気に入られて史館に入る。嘉永4年（1851）という。また、薩摩藩国学者・歌人である八田知紀（1799〜1873）に和歌を学ぶ。また、西郷隆盛とも親交が厚かった。軍賦役兼使番人兼町奉行、陸軍掛用人格兼軍賦役頭取、側役会計奉行、参政等歴任。文久2年（1862）藩論統一の為遠流の西郷赦免を請う。慶応2年（1866）第二次長州征伐の際、大宰府に流されていた五卿を江戸幕府は大坂に連行しようとするが、4月に藩命を受けて五卿の移送の阻止に大宰府に向かった黒田は、幕府の使者である監察小林甚六郎と直談判して移送を中止させた。その後、10月に藩の正使として長州藩主毛利敬親と会談。慶応3年（1867）藩主島津忠義が山口侯世子・徳山侯世子会談の際は、西郷隆盛と共に従い維新大業の大策を定む。その後、京都・大坂に滞在し、「戊辰戦争」の際には山陰道鎮撫総督参謀として総督西園寺公望を補佐した。

5月28日 0029

■**桂久武**（1830〜1877）、御一門の島津四家に次ぐ準一門家、島津氏分家・日置島津家12代当主の島津久風（1794〜1851）の五男として生まれる。長兄は、第29代藩主・島津忠義の主席家老・島津久徴（下総、左衛門）（1823〜1870）、次兄は、「お由羅騒動」で犠牲となった赤山靱負（1823〜1850）。四兄の田尻務（1829〜1884）は、島津久光の側役を務めるなど薩摩藩の要職に就く。明治維新後は、近代社格制度により官幣大社となった霧島神宮の初代宮司となる。

□久武は、安政2年（1855）2月に同じ島津氏分家である一所持桂家の薩摩藩士・桂久徴の養子となる。同4年、詰衆として初出仕。当番頭役兼奏者番、四番小姓与番頭兼奏者番を経て、万延元年3月、造士館演武掛など要職を務めるが、兄島津久徴が島津斉彬派家老であったために罷免され、文久2年（1862）12月には大島守衛方・銅鉱山方に左遷される。元治元年（1864）10月、大目付となり島津久光の側役・小松帯刀と共に藩論の統一に貢献、慶応元年（1865）には家老に昇格、上洛して木戸孝允を厚遇し、薩長同盟の提携に尽力する。以来西郷から厚い信頼を寄せられ、武力討幕論を支持。西郷の生涯で唯一無二の親友となる。

西暦 1830

| 文政13 | 8月10日 | ■**大久保正助**（一蔵・利通）(1830～1878)、薩摩国鹿児島城下高麗町(現・鹿児島市高麗町)に、琉球館附役の薩摩藩士・大久保次右衛門利世(1794～1863)と皆吉鳳徳の次女・福(1803～1864)の長男として生まれる。他に姉1人と妹3人がいた。幼名は正袈裟。大久保家の家格は御小姓与と呼ばれる身分で下級藩士であった。天保15年(1844)元服すると通称を大久保正助、諱は利済と名乗った。
□弘化3年(1846)藩の記録所書役助として出仕。弘化5年、系図御家譜編集別勤改書役となる。同年、藩学助教・横山安容(鶴汀)に入門。砲術は成田正右衛門(1803～1865)に学ぶ。「お由羅騒動」の罪で、嘉永3年(1850)記録所助を免ぜられ謹慎。父の遠島によって琉球館の役宅を引き払わざるを得なくなり、高麗町から加治屋町(下加治屋町方限)に移住し、下加治屋町の郷中や藩校造士館で、西郷隆盛や税所篤、吉井友実、海江田信義らと共に学問を学び、親友・同志となった。武術は胃が弱かったため得意ではなかったが、討論や読書などの学問は郷中のなかで抜きん出ていたという。嘉永6年(1853)罪を許され、記録所に復職し、御蔵役に任ぜられる。安政6年(1859)城下の天台宗吉祥院で、前藩主島津忠教(久光)に拝謁。大久保は島津久光に時勢論を披露する。島津久光のもとで公武合体運動を推進。やがて討幕へと転じ、薩長連合を成立させる一方、岩倉具視らと結んで慶応3年(1867)12月、王政復古のクーデターを敢行。
□維新後、版籍奉還や廃藩置県を推進し、新政府の基礎を固める。明治2年7月22日、参議、明治4年(1871)大蔵卿となり、特命全権副使として岩倉遣外使節団に随行。帰国後、内政整備を主張し、征韓派参議を下野させると共に、明治6年(1873)参議兼内務卿となり、政権を掌握。地租改正、殖産興業の推進など、重要施策を実行した。明治7年(1874)2月、「佐賀の乱」が勃発すると、ただちに自ら鎮台兵を率いて遠征、瓦解させている。また台湾出兵が行われると、戦後処理のために全権弁理大臣として9月14日に清に渡った。交渉の末に、10月31日、清が台湾出兵を義挙と認め、50万両の償金を支払うことを定めた日清両国間互換条款・互換憑単に調印する。また出兵の経験から、明治8年(1875)5月、太政大臣の三条実美に海運政策樹立に関する意見書を提出した。
□明治維新の元勲であり、西郷隆盛、木戸孝允と並んで「維新の三傑」と称される。また維新の十傑の1人でもある。その遺族は、華族令当初から侯爵に叙されたが、これは旧大名家、公家以外では、木戸孝允の遺族と共にただ二家のみであった。 |
| 天保1 | 12月10日 | ■江戸の大火や京都の地震などの災異のため、**天保と改元**。 |

大久保利通生い立ちの地

大久保利通

その時、勤王志士・朝廷・慶喜政権・江戸幕府らは、**西郷隆盛・大久保利通・薩摩藩年表帖 上巻**

西暦 **1831**

天保2	2月18日	■アツケシのウラヤコタン（北海道厚岸郡浜中町湊古丹）に英国船が上陸して、24日、アツケシ勤番所と銃撃戦となる。双方死傷者はなかったが勤番側小者が捕虜となり、数日船内に留置された後、書状を持たされ返される。松前藩では急を聞いて藩兵が出動したが、途中で3月4日異国船は帰帆したとの注進に接し引返す。 0032

西暦 **1832**

天保3	2月11日	■海江田信義(1832～1906)、薩摩藩士・有村仁左衛門兼善の四兄弟の長男として生まれる。兼善は薩摩藩きっての示現流の使い手で、上の三兄弟に実践に役立つ剣技を教えた。 0033

□11才の時、島津斉興(1791～1859)の茶頭に出仕して茶坊主となり、「俊斎」の名を賜る。はじめ東郷実明に示現流剣術を学び、次いで薬丸兼義に薬丸自顕流剣術を学んだ。嘉永2年(1849)「お由羅騒動」に巻き込まれた有村父子は一時藩を追われ家は貧困の極みに陥るが、嘉永4年(1851)新藩主島津斉彬によって藩に復帰、このとき俊斎は、西郷吉之介（のち西郷隆盛）、大久保正助（のち大久保利通）、伊地知竜右衛門（のち伊地知正治）、税所喜三左衛門（のち税所篤）、吉井仁左衛門（のち吉井友実）、長沼嘉兵衛(早世)らと『近思録』を輪読する会、いわゆる「精忠組」を結成、幕政改革や日本の近代化を考えるようになった。海江田（日下部）伊三次(1814～1859)に養われ「武次」と称す。嘉永5年(1852)樺山三円（のち樺山資之）と共に江戸藩邸に勤め、多くの勤皇家と知り合う。

□江戸では小石川の水戸藩邸に出入りし、水戸の両田として名高い、藤田東湖、戸田忠太夫に師事し尊王論を学んだ。特に藤田には目をかけられ和漢の書に親しむ傍ら、西郷隆盛を藤田に引き合わせている。大老井伊直弼による安政の大獄が始まると、俊斎も尊王の志士と看做されて追われ、安政5年(1858)西郷と共に僧侶・月照を保護して帰国、その後、大久保利通ら在藩の「精忠組」各士らと、脱藩「突出」して関白九条尚忠・京都所司代酒井忠義を暗殺することを計画するも、藩に知られるところとなり、藩主島津茂久（後見役は島津久光）から、彼らを「精忠の士」と認めたうえで軽挙妄動を諫める親書を受けたことにより、「突出」は中止となり、以降、藩政に従うこととなる。ただ、攘夷派に対する慰撫はすべての藩士にいきわたらず、万延元年(1860)三弟・有村次左衛門が井伊直弼を桜田門外にて水戸浪士と共に襲撃し自刃、また、水戸浪士と行動を共にしていた次弟の雄助は、幕府に遠慮した藩の意向で、鹿児島にて母、大久保利通ら精忠組の面々の立ち会いの下、自害した(桜田門外の変)。

□文久元年(1861)12月、日下部伊三治(安政の大獄で捕縛され獄死)の次女・まつを娶り、同時に婿養子となって日下部の旧姓を名乗り「海江田武次信義」と改名。文久2年(1862)島津久光に従って護衛の1人として上洛したが、その道中で知った西郷の京都での動静を久光に伝えて激怒させてしまい、心ならずも西郷を失脚させる原因を作った。寺田屋騒動では奈良原喜八郎（繁）(1834～1918)と共に有馬新七ら藩士の説得を命じられるが失敗。鎮撫使には加わっていない。さらに久光の帰路にも同行し、8月21日、生麦事件において久光の行列を遮って斬られ瀕死となっていた英国人・チャールス・リチャードソンに止めを刺したという。文久3年7月、英国戦艦が報復の為鹿児島に襲来し、薩英戦争が勃発、海江田武次信義は抜刀隊を選抜し、小船に乗って敵艦に斬り込むが失敗する。

西暦 **1832**

| 天保3 | 5月23日 |

■松木弘安(寺島宗則)(1832～1893)、薩摩国出水郡出水郷脇本村字樋之浦(阿久根市脇本字樋之浦)の郷士・長野成宗の次男として生まれる(幼名徳太郎、後に藤太郎)。

□5才のとき、跡継ぎがいなかった伯父で蘭方医の松木宗保の養嗣子となり、長崎で蘭学を学ぶ。宗保が医者だった事で、弘化2年(1845)江戸に赴き、蘭方医の戸塚静海に蘭方を、古賀勤堂に儒学を、伊東玄朴、川本幸民より蘭学を学ぶ。安政2年(1855)より中津藩江戸藩邸の蘭学塾(慶應義塾の前身)に出講する。医学に留まらず、兵学・天文学・化学・物理学・造船技術などを学んだ。安政3年(1856)蕃書調所教授手伝となった後、帰郷し薩摩藩主・島津斉彬の侍医となった。斉彬は、宗則の才能を高く評価し、彼を主治医とするだけでなく、自らが推進している集成館事業(洋式産業を推進する事業)の一員に加えて、製鉄や造船をはじめ、大砲製造から洋式帆船の建造、食品製造やガス灯の実験など、様々な試作品の研究に当たらせる。が、再度江戸へ出て蕃書調所に復帰した。蕃書調所で蘭学を教える傍ら、安政4年(1857)から英語を独学しはじめ、安政5年に横浜で貿易実務に関わったことをきっかけに、翌安政6年から本格的に英語を学ぶ。

□文久元年(1861)には、英語力が買われて幕府の遣欧使節団の西洋事情探索要員として、福澤諭吉、箕作秋坪と共に抜擢された。
文久2年(1862)幕府の第一次遣欧使節(文久遣欧使節)に通訳兼医師として加わる。この時、欧州で和蘭語が全く重要視されていないことを知り、英学派に転ずる。翌年に帰国して鹿児島に戻る。文久3年(1863)薩英戦争においては五代友厚と共に英国軍の捕虜となる。慶応元年(1865)薩摩藩遣英使節団に参加し、再び欧州を訪れる。

伊牟田尚平誕生地

その時、勤王志士・朝廷・慶喜政権・江戸幕府らは、 **西郷隆盛・大久保利通・薩摩藩年表帖 上巻**

西暦1832

5月25日　■伊牟田尚平(1832～1868)、薩摩藩喜入郷の領主・肝付兼善の家来・伊牟田蔵左衛　0035
門の二男として生まれる。

　□15才のとき、島津斉彬の典医・東郷泰玄に弟子入りし、嘉永5年(1852)師匠東
郷に従い江戸に参府。伊牟田は医学を修めるかたわら、儒者の塩谷宕陰や安井
息軒の塾で学んだ。折からペリー艦隊来航直後である。伊牟田が感化されたの
はむしろ他藩の浪士たちである。清河八郎、村上俊平、北有馬太郎、山岡鉄太郎、
松岡万などと交わった。伊牟田は彼らとの交流を通じて次第に過激になり、藩
主に宛て建白書を提出する。これを憂えた領主の肝付兼善は、譴責して伊牟田
を連れ帰り、謹慎処分とした。

　□3年後、ようやく謹慎が解ける。万延元年(1860)3月、伊牟田は江戸藩邸守衛
のため出府する。関山紀(寄合、小姓与番頭)(?～?)の従者として随行した。同年
12月、ハリス秘書兼通訳、ヘンリー・ヒュースケンを暗殺する。ほどなく脱藩、
翌年2月、庄内藩浪士清河八郎(1830～1863)が結成した「虎尾の会」に名を連ね、尊
王攘夷を画策する。文久元年(1861)福岡藩浪士平野国臣(1828～1864)と共に、九
州遊説に京を発つ。文久2年、島津久光上京に合わせ挙兵を図るも薩摩藩の追捕
を受けて捕らえられ、鬼界ヶ島に流罪に処された。

　□後に罪を許され、益満休之助(1841～1868)と共に江戸市中で江戸城二の丸に放
火するなどの破壊工作を行い、江戸幕府を挑発するのに一役買った。これは幕
府が大政奉還したために武力討幕の理由がなくなったため、薩摩藩などが大義
名分を求めて幕府を挑発し、挙兵させようとしたためである。そしてこれらの
挑発に乗った幕府軍が、慶応3年(1867)12月、薩摩藩邸を焼き討ちした。伊牟田
は大坂に逃れる。その後上洛したが、部下の辻斬りなど様々な罪を着せられて、
詰め腹を切らされる形で、明治2年(1869)7月、京で獄門に処される。享年37。

　□生誕地である鹿児島市喜入に、「伊牟田尚平の誕生地記念碑」が、大正12年
(1923)に建てられた。

一　■西郷琴(市来琴)(1832～1913)、薩摩藩士西郷吉兵衛隆盛(1806～1852)の長女として　0036
生まれる。7人きょうだいの2番目。

　□父の存命中には薩摩藩士市来正之丞に嫁いでいたようだが、嘉永5年(1852)祖
父・父母が相次いで亡くなり、翌々年には兄吉二郎(1833～1868)(西郷隆盛長弟)と
共に西郷家の家計を支えた。また母の実家の椎原家に並んで市来家は、西郷家
にとって親密な縁戚であり、両氏への西郷隆盛の書簡が多々残っている。弘化4
年(1847)長男嘉納次(戊辰戦争戦死)、嘉永2年(1849)次男宗介(西南戦争戦死)、
安政3年(1856)宗五郎(西南戦争戦死)を生む。子供は3男説、5男説(政方と勘六)
など諸説がある。

　□夫・正之丞(1822?～1873?)は、明治6年(1873)に病死という。
市来正之丞は、藩主・島津斉彬の側近で、西郷隆盛は、安政5年(1858)に斉彬が
亡くなるまでの安政年間、正之丞宛てに10通近い書簡を出している。

37

西暦1833

| 天保4 | 1月15日 | ■島津氏第25代当主、薩摩藩の第8代藩主・島津重豪(1745〜1833)、江戸高輪邸大奥寝所にて死去。89才。 | 0037 |

□広大院(寧姫、篤姫、茂姫、近衛寔子)(1773〜1844)を11代将軍・徳川家斉(1773〜1841)に嫁がせた。この結婚により、重豪は前代未聞の「将軍の舅である外様大名」となり、後に「高輪下馬将軍」といわれる権勢の基となった。

□天明7年(1787)1月、家督を長男の斉宣(1774〜1841)に譲って隠居、上総介に遷任されたが、なおも実権は握り続けた。

文化6年(1809)近思録崩れ事件が起こった。これは子の斉宣が樺山主税、秩父太郎ら近思録派を登用して緊縮財政政策を行おうとしたものだが、華美な生活を好む重豪は斉宣の政策に反対して彼を隠居させ、樺山らには死を命じた事件である。そして重豪は斉宣を隠居させ、孫の島津斉興(1791〜1859)を擁立し、自らはその後見人となってなおも政権を握った。

□しかし、晩年に重豪は藩の財政改革にようやく取り組み、下級武士の調所広郷を重用した。調所の財政再建は、島津斉興の親政時に成果を見ている。さらに、新田開発も行っている。老いてますます盛んな重豪は、曾孫の島津斉彬(1809〜1858)の才能を高く評価し、斉彬と共にシーボルト(1796〜1866)と会見し、当時の西洋の情況を聞いたりした。重豪は、斉彬の利発さを愛し、幼少から暫くの間一緒に暮らし、入浴も一緒にしたほど斉彬を可愛がったという。

| | 3月19日 | ■薩摩藩家老に、調所笑左衛門広郷(1776〜1849)が就任。 | 0038 |

| | 6月11日 | ■和蘭人が海外風説書を江戸幕府に提出する。 | 0039 |

□幕府では毎年入港する和蘭貿易船がもたらす世界のニュースを和蘭商館長に提出義務付け、これを『蘭国風説書』といった。

| | 6月26日 | ■和田小五郎(桂小五郎、木戸孝允)(1833〜1877)、長門国萩呉服町(今の山口県萩市呉服町)に萩藩漢方医・和田昌景(?〜1851)の長男として生まれる。吉田松陰の弟子、長州正義派の長州藩士、練兵館塾頭の剣豪、留学希望・開国・破約攘夷の勤皇志士、長州藩の外交担当者、藩庁政務座の最高責任者として活躍する。 | 0040 |

□特に志士時代には、幕府側から常時、命を狙われていたにもかかわらず果敢に京都で活動し続けた。尊王攘夷派の中心人物で、薩摩藩の西郷隆盛・大久保利通と共に「維新の三傑」「維新の十傑」として並び称せられる。その遺族は、華族令当初から侯爵に叙されたが、これは旧大名家、公家以外では、大久保利通の遺族と共にただ二家のみであった。

□「維新の十傑」は、明治17年(1884)3月刊、山脇之人『維新元勲十傑論』において、倒幕・明治維新に尽力した、志士のうち幕臣以外の10人を指す。西郷隆盛(薩摩藩)、大久保利通(薩摩藩)、小松帯刀(薩摩藩)、大村益次郎(長州藩)、木戸孝允(長州藩)、前原一誠(長州藩)、広沢真臣(長州藩)、江藤新平(肥前藩)、横井小楠(肥後藩)、岩倉具視(公家)である。

その時、勤王志士・朝廷・慶喜政権・江戸幕府らは、**西郷隆盛・大久保利通・薩摩藩年表帖 上巻**

■西郷吉二郎(きちじろう)(1833～1868)、西郷吉兵衛次男として生まれる。西郷隆盛の弟。諱は隆広、幼名は金次郎。吉二郎は通称。 0041

□天保14年(1843)8月15日、藩主に初めてお目見え。嘉永5年(1852)9月27日 父の吉兵衛死去。嘉永6年(1853)2月9日 兄の隆永(のちの西郷隆盛)が家督相続。家督を継いだ兄吉之助(隆盛)が、江戸や京都で活動して家を空けることが多かったため、西郷家の家政を兄の名代として取り仕切った。安政元年(1854)東郷仲五郎(のちの東郷平八郎)に習字を教える。安政4年(1857)御勘定所書役を務める。文久2年(1862)「寺田屋騒動」に弟の慎吾(従道)が参加していたために、藩から弟の西郷小兵衛(1847～1877)と共に遠慮を、もう一人の弟・信吾(のちの西郷従道)(1843～1902)は謹慎処分を命じられる。

□慶応4年(1868)番兵2番隊監軍となり、越後国に出兵。同年8月14日、戊辰戦争中、越後国五十嵐川付近(新潟県三条市)での戦傷がもとで戦死。葬所は越後高田、法名は義勇軒猛道忠遠居士。

□明治2年(1869)11月11日、吉二郎遺族(後妻園、子のミツ・西郷隆準)に扶持米70俵を30年限り下賜される。

■「天保の大飢饉」はじまる。翌年から天保8年(1837)にかけて最大規模化した。 0042

西暦**1834**

天保5	5月11日	**■川路利良**(かわじとしよし)(1834～1879)、薩摩藩与力(準士分)・川路利愛の長男として薩摩国鹿児島郡鹿児島近在比志島村(鹿児島市皆与志町比志島地区)に生まれる。 0043

□重野安繹(やすつぐ)に漢学を、坂口源七兵衛に真影流剣術を学ぶ。元治元年(1864)「禁門の変」で長州藩遊撃隊総督の来島又兵衛を狙撃して倒すという戦功を挙げ、西郷隆盛や大久保利通から高く評価された。慶応3年(1867)藩の御兵具一番小隊長に任命され、西洋兵学を学んだ。
慶応4年(1868)「鳥羽・伏見の戦い」に薩摩官軍大隊長として出征し、上野戦争では彰義隊潰走の糸口をつくる。東北に転戦し、磐城浅川の戦いで敵弾により負傷したが、傷が癒えると会津戦争に参加。戦功により明治2年(1869)9月、藩の兵器奉行に昇進した。

	5月23日	**■奈良原喜八郎(繁)**(1834～1918)、鹿児島城下高麗町に生まれる。幼名は三次。通称喜八郎。 0044

□名乗りは幸五郎だが、明治7年(1874)島津家家令となったあたりから繁と改める。兄・喜左衛門(1831～1865)は、熱心な薬丸自顕流の門弟であるが、繁は鎗の使い手として知られた。文久2年(1862)の島津久光の率兵上京に従い、「寺田屋騒動」では鎮撫使の一人として活躍。翌年の「八月十八日の政変」では、高崎左太郎(正風)らと暗躍し、京から長州藩追放に成功している。
奈良原は、西郷隆盛、大久保利通らの討幕路線に反対したため、戊辰戦争前後は失脚の状態にあった。

西暦1835

天保6

2月25日

■**松方正義**(1835～1924)、薩摩国鹿児島郡鹿児島近在荒田村に松方正恭(善蔵)、袈裟子の四男として生まれる。幼名は金次郎、のち助左衛門、号は海東。

□わずか13才にして両親を亡くす。弘化4年(1847)藩士の子弟が通う藩校「造士館」に入る。嘉永3年(1850)16才のとき、御勘定所出物問合方へ出仕し、扶持米4石を得る。この後、大番頭座書役となり、7年間勤めたが、この間幾度か藩主に拝謁する機会も得、精勤振りを認められ、褒賞として金130両を下賜された。島津久光の側近として生麦事件、寺田屋騒動等に関係する。29才の時、議政書掛という藩政立案組織の一員となった。低い身分から異例の出世を遂げた松方に対し、称賛する者もいる反面、妬む者もいたという。慶応2年(1866)軍務局海軍方が設置され御船奉行添役と御軍艦掛に任命される。慶応3年(1867)軍賦役兼勤となり、長崎と鹿児島を往復して、軍艦の買い付けなどに当たった。

0045

6月1日

■**三島通庸**(1835～1888)、薩摩藩士・三島通純の長男として生まれる。

□三島家は藩の鼓指南役の家柄であったが、示現流剣術と共に伊地知正治から兵学を学んだ。精忠組の一員として「寺田屋騒動」に関与し謹慎を命じられるが、のちに西郷隆盛に取り立てられ藩主島津忠義から人馬奉行に抜擢される。
戊辰戦争においては「鳥羽・伏見の戦い」で小荷駄隊を率いるなど活躍し東北を転戦した。その後は藩政改革に参加し、民事奉行や日向都城の地頭などを務めた。この時の業績が認められ、大久保利通の計らいにより新政府に出仕する。

0046

9月5日

■**野津鎮雄**(1835～1880)、鹿児島城下高麗町の薩摩下級藩士・野津七郎鎮圭(4石)の長男として生まれる。初め七左衛門と称する。

□早くして両親を亡くし、弟道貫(1841～1908)と共に叔父折田氏に育てられた。青山愚痴に天山流砲術を、薬丸兼義に薬丸自顕流を学ぶ。文久3年(1863)薩英戦争に参加。青山愚痴配下として沖小島砲台を守る。慶応3年(1867)五番小隊監軍として3月上京、京都御所を守護。同年11月、小隊長に進む。

□慶応4年(1868)戊辰戦争では五番隊長となり「鳥羽・伏見の戦い」で勇名をはせる。その後は、姫路に向け明石に京都に帰り命ありて東山道先鋒に加わり、3月17日、武州板橋に着。4月17日、下総国岩井駅に戦い、22、結城、翌日、野州宇都宮に着く。そこで宇都宮城を守り、閏4月23日、関宿で戦う。5月1日、白川城を落し100日ほど帯陣。8月25日、二本松に至り、若松城を攻略、9月24日、命により、明治元年(1868)11月、帰国。明治2年(1869)1月、大隊長となり、5月、箱館では軍功があった。同年6月、自藩に帰り、賞典米8石を下賜され歩兵大隊長となる。

0047

その時、勤王志士・朝廷・慶喜政権・江戸幕府らは、西郷隆盛・大久保利通・薩摩藩年表帖 上巻

松方正義

松方正義誕生地

西暦1835

天保6	10月14日	■**肝付尚五郎（小松帯刀）**(1835～1870)、薩摩国鹿児島城下、下原良村にて、喜入	0048

領主・肝付兼善の三男(四男とも)として生まれる。尚五郎と名付けられる。漢学者横山安容に儒学を学ぶ、八田知紀に歌道を学ぶ、演武館で示現流を学ぶ。

□安政2年(1855)正月に21才で奥小姓・近習番勤めに任じられ、同年5月には江戸詰めを命じられた。しかし在府わずか2ヶ月で帰国を命じられ、同年10月8日に鹿児島へ帰着した。安政3年(1856)尚五郎22才の時に、島津斉彬の命によって、薩摩国吉利領(鹿児島県日置市)主・小松清猷(2,600石)の跡目養子となって家督を継承し、宮之原主計の養女となっていた清猷の妹・近(千賀)(1828?～18784)と結婚。4月23日、千賀と新婚旅行に出発(霧島栄之尾温泉)、5月6日、新婚旅行から帰る。坂本龍馬夫妻が旅行に出かけたのは慶応2年(1866)であり、小松夫妻の方が早く新婚旅行を行っていたことになる。安政5年(1858)**小松帯刀清廉**と改名する。同年7月に島津斉彬が没し、清廉は、火消隊長として斉彬の葬儀を警護。

□島津忠義が藩主になると清廉は当番頭兼奏者番に任命され、集成館の管理や貨幣鋳造を職務とした。その後、万延元年(1860)伊勢雅楽、北郷作左衛門久信らと共に弁天波止場受持を命じられている。万延2年(1861)北郷作左衛門と共に長崎出張を命じられ、1月17日に蒸気船「天佑丸」に乗船して前之浜を出立。長崎では通詞を雇い、和蘭軍艦に乗船して軍艦操作、破裂弾・水雷砲術学などを修学、八木玄悦、石河正竜らと共に研究している。3月帰国し、同年6月に石河正竜によって藩主忠義臨席のもと電気伝導で水雷を爆発させる実演が行われ、これらの功績によって文久元年5月18日、小松帯刀(清廉)は、島津久光にその手腕力量を認められて側役に昇進し、久光の側近となった。同年6月、清廉は薩摩磯海岸で電気水雷の実験に成功する。10月に入って久光体制が確立すると、清廉は改革方内用掛に任命され、藩政改革に取り組んだ。配下に大久保一蔵(利通)がいた。文久2年(1862)2月13日には、大久保利通、西郷隆盛と会談(小松帯刀邸)している。同年3月16日、久光による上洛に随行し、同年12月、帰国後は家老職に就任した。

□文久3年(1863)薩英戦争では、研究した水雷を鹿児島湾に配置するなど尽力する。戦後は集成館を再興して特に蒸気船機械鉄工所の設置に尽力する一方で、京都にあって主に朝廷や幕府、諸藩との連絡・交渉役を務め、参預会議等にも陪席した。他方で御軍役掛や御勝手掛、蒸気船掛、御改革御内用掛、琉球産物方掛、唐物取締掛などを兼務して藩政をリードし、大久保や町田久成(1838～1897)と共に洋学校「開成所」を設置した。

□在京中に土佐藩脱藩浪士の坂本龍馬、中岡慎太郎と昵懇となった。亀山社中(のちの海援隊)設立を援助したり、龍馬の妻・お龍の世話をしている。長州の井上馨と伊藤博文を長崎の薩摩藩邸にかくまってグラバーと引き合わせ、その後、慶応元年7月、鹿児島へ井上を伴って薩長同盟の交渉を行った。なお、慶応2年(1866)1月の薩長同盟における密約や桂小五郎(木戸孝允)が滞在したのも、京都における清廉の屋敷であった。

英国と薩摩の友好に尽力し、五代友厚らを密かに英国へ留学させた。また英国公使ハリー・パークスを薩摩に招き、島津久光と引き合わせた。兵庫が開港されると、大和交易コンパニーという株式会社を設立して貿易拡大にも努めた。

	11月15日	■**島津斉彬、江戸を出発、初めての鹿児島に向かう。**	0049
	11月15日	■**坂本龍馬**(1836～1867)、土佐に生まれる。	0050

西暦1835

12月19日 ■一(**天璋院篤姫**)(1836〜1883)、薩摩藩支族・島津忠剛(ただたけ)(1806〜1854)の長女として生まれる。忠剛は、斉彬の父である島津斉興(1791〜1859)の弟、つまり斉彬の祖父の薩摩藩第26代藩主・島津斉宣の子供で、斉彬にとっては叔父にあたる。しかし、篤姫、斉彬実子説がある。

□島津本家の養女となり、五摂家筆頭近衛家の娘として徳川家に嫁ぎ、江戸幕府第13代将軍徳川家定御台所となった。

□島津忠剛は、当初は花岡島津家の島津久賢の養子に出されていたが、文化11年(1814)鹿児島に戻されて、文政8年(1825)今和泉家島津忠喬(なりのぶ)(1799〜1861)の養子に入り、天保10年(1839)家督を継いだ。藩政改革で成果を挙げていた調所広郷の助力を仰いで家中の財政改革に着手し、それに成功している。

篤姫

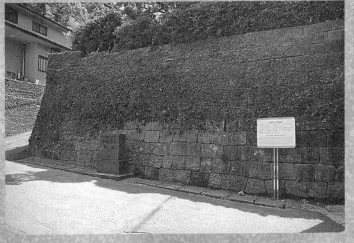

小松帯刀原良別邸

西暦1835

| 天保6 | 12月22日 | ■幕府、諸大名に国絵図の作成を指示。 | 0052 |
| | 12月26日 | | 0053 |

■**五代友厚**（1836〜1885）、『三国名勝図会』の執筆者で記録奉行である五代直左衛門秀尭（ひでたか）の次男として、薩摩国鹿児島城下長田町城ヶ谷で生まれる。幼名は徳助。質実剛健を尊ぶ薩摩の気風の下に育てられ、8才になると児童院の学塾に通い、12才で聖堂に進学して文武両道を学ぶ。14才のとき、琉球交易係を兼ねていた父親が奇妙な地図を広げて友厚を手招いた。見せたものは、藩主・島津斉興（1791〜1859）がポルトガル人から入手した世界地図だった。友厚は父からこの世界地図の複写を命じられる。友厚は地図を2枚複写しそのうちの1枚を自分の部屋に貼った。嘉永4年(1851)元服して、「才助」と名乗る。

□安政元年(1854)ペリーが来航し天下は騒然となる。その折、五代は「男児志を立てるは、まさにこのときにあり」と奮いたったと記されてある。安政2年(1855)藩の郡方書役助となる。兄が鎖国論者にも関わらず、開国論者の立場に立つ。安政4年(1857)長崎海軍伝習所へ藩伝習生として派遣され、和蘭士官から航海術を学ぶ。

□文久2年(1862)2月、藩庁より舟奉行添役の辞令が下りる。同年4月、懇願するも渡航を拒まれた友厚は、蘭通詞岩瀬弥四郎のはからいで水夫として幕府艦千歳丸（ちとせまる）に乗船し上海に渡航（この時高杉晋作と出会う）、藩のために汽船購入の契約をする。文久3年(1863)7月、生麦事件によって発生した薩英戦争では、天祐丸ら3隻の藩船ごと松木洪庵(寺島宗則)(1832〜1893)と共に英国海軍の捕虜となるが、通弁の清水卯三郎のはからいにより、横浜において小舟にて英国艦を脱出、江戸に入る。国元では英国の捕虜となったことが悪評となったため薩摩に帰国できず、しばらく潜伏生活をし、長崎で出会った同じ薩摩藩士の野村盛秀(1831〜1873)の取り成しによって帰国を許された。薩英戦争で欧州列強の武力を目の当たりにし、以後、より進歩的開国論者となり、開国貿易と留学生派遣を藩吏に、切々と説いたのである。

□慶応元年(1865)藩命により寺島宗則・森有礼(1847〜1889)らと共に薩摩藩遣英使節団として英国に出発、欧州各地を巡歴。ベルギーのブリュッセルでモンブランと貿易商社設立契約に調印、これは薩摩藩財政に大きく寄与するものとみなされたが、諸要因により失敗に終わる。しかし、この時の経験がのちの五代の経営手腕に大きな影響を与えることになる。慶応2年(1866)2月、薩摩の山川港に帰着。直ちに、御納戸奉行にて勝手方御用席外国掛に任ぜられる。慶応3年(1867)1月、小松帯刀(清廉)、トーマス・ブレーク・グラバーらと共に、長崎の小菅（すげ）において、小菅修船場の建設に着手する。慶応3年(1867)御小納戸奉公格に昇進し、薩摩藩の商事を一手に握る会計係に就任。慶応4年(1868)戊辰戦争が勃発し、五代は西郷隆盛や大久保利通らと共に倒幕に活躍した。

□その結果、明治元年(1868)明治新政府の参与職外国事務掛となる。外国官権判事、大阪府権判事兼任として大阪に赴任し、堺事件、英国公使パークス襲撃事件などの外交処理にあたった。明治2年(1869)7月、横浜会計官を辞任、下野し実業家に転身。大阪に再び戻った。

西暦1836

天保7	2月14日	■幕府、水戸藩に大砲の鋳造を命じる。
	2月19日	■**高崎五六**(ごろく)(1836〜1896)、薩摩藩士の高崎善兵衛友道の長男として薩摩国鹿児島郡鹿児島近在川上村(鹿児島市川上町)に生まれる。通称を猪太郎または兵部と名乗り、のち諱を友愛とする。 □安政6年(1859)8月、水戸藩有志と共に井伊直弼襲撃を策謀し、9月、関鉄之助と共に江戸から入京。朝廷に奏聞しようとしたが失敗する。藩命により上京した高崎は、文久2年(1862)4月、藩士有馬新七らが島津久光の命に背いて伏見寺田屋に集会するのを察知し、久光に急告して騒擾を事前に食い止めた(寺田屋騒動)。同年11月、前土佐藩主山内容堂に、長州藩士らの横浜居留地襲撃計画らを内報。文久3年には松平春嶽(前越前福井藩主)らと、長州処分反対の画策をした。元治元年(1864)長州征伐が起こり、西郷隆盛と協議のうえ「朝稲兵介(助)」と変名して、同年10月、長州に入り藩要人と議論を交わし、さらには長州藩謝罪恭順のために周旋した。
	7月—	■エトロフにて海岸警備隊砲撃の間隙をつき、露国船が越後の五社丸の漂流民三名を上陸させる。彼らは太平洋で遭難し、ハワイ、アラスカ経由オホーツクに送られていた。 □露国は、書状を漂流民に持たせ、日露の関係改善を試みる。

五代友厚誕生地

五代友厚

西暦 1836

| 天保7 | 7月28日 |

■**高崎正風**(まさかぜ)(1836～1912)、薩摩国鹿児島郡鹿児島近在川上村に生まれる。父、薩摩藩士高崎五郎右衛門(温恭)の長男、母は登米子(新納常善女)。通称は左太郎、他に伊勢、豊麿、左京とも。桂園派の巨匠・八田知紀(とものり)(1799～1873)から歌を学んだ。
□嘉永2年(1849)お由羅騒動によって父五郎右衛門が切腹し、翌3年(1850)に正風も連座して奄美大島に流刑となった。20才頃に**税所敦子**(さいしょあつこ)と知り合い歌の指導を願うが、教える立場ではないとお互いの歌を見せ合うようなったという。嘉永5年(1852)赦免され幕末の京都で活動し、公武合体派の島津久光の意を受けて会津藩公用方秋月悌次郎(ていじろう)に密かに接触し、京都から長州藩の追い落としを図って文久3年(1863)8月18日これを成功させ(八月十八日の政変)、薩会同盟の立役者となる。その功により京都留守居役に任命されるが、武力討幕に反対して西郷隆盛、大久保利通らと対立。幼馴染の高崎五六と共に穏健派として、土佐藩執政・後藤象二郎と何度も会談するなど、平和的な大政奉還論を支持したため、維新後は不遇をかこった。幕末期、薩摩藩は討幕運動に一丸となったような印象もあるが、このように内情は複雑であり、藩内での対立もあった。

□**税所敦子**(1825～1900)は、京都の宮家付き武士(宮侍)の家に生れ、幼時より歌を好み、千種有功(ちぐさありこと)に歌を学び、20才の時に同門の京都薩摩屋敷に仕えていた薩摩藩士税所篤之(あつゆき)の後妻として嫁し、一女徳子をもうけた。28才で夫に死別後、鹿児島にいる姑のもとに赴いて孝養を尽し、その才徳兼備と物する和歌・文章により藩中の敬慕するところとなり、藩主島津斉彬の世子・哲丸の守役に選ばれた。のち島津久光の養女貞姫が近衛忠房に嫁いだとき老女に選ばれた。貞姫に従って東京に移り、明治8年(1875)高崎正風に推されて宮中に召され権掌侍(ごんしょうじ)に任じられ、明治天皇及び昭憲皇太后に仕えた。

上 村田新八誕生碑
右 村田新八

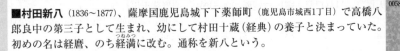

西暦1836

11月3日

■村田新八（1836〜1877）、薩摩国鹿児島城下下薬師町（鹿児島市城西1丁目）で高橋八郎良中の第三子として生まれ、幼にして村田十蔵（経典）の養子と決まっていた。初めの名は経麿、のち経満に改む。通称を新八という。

□新八は幼少の頃から西郷隆盛に指導を受け、死の瞬間まで西郷に付き添い、深く尊敬し続けた。安政5、6年頃、23、4才で6才年下の村田十蔵の長女・清と結婚。この結婚後、十蔵が改めて新八との養子縁組を藩に願い出て、万延2年（1861）3月11日に認可される。新八26才頃のこと。こうして新八は、高橋新八良満から、村田新八経満になる。村田家の家督を継いだのは、さらに6年後の慶応3年（1867）9月だった。三男一女あり、長男の岩熊は、西南戦争に従軍して田原坂で戦死、次男の二蔵は鹿児島に戻る途中で負傷、命をつないだ。三男十熊、娘の孝子がいる。

□文久2年（1862）6月、西郷が島津久光の命に背き上京したことを咎められ、徳之島に遠島が命じられると、村田も同罪により喜界島に遠島となる。しかし、2年後の元治元年（1864）2月、情勢の変化から、沖永良部島の西郷は赦免されると、途中、喜界島へ寄ってまだ赦免されていなかったという村田を鹿児島に連れ帰る。以後、西郷の懐刀として禁門の変、戊辰戦争と国事に奔走する。

□慶応2年（1866）1月4日、黒田清隆が薩長同盟のために長州藩士の木戸孝允・三好重臣（軍太郎）（1840〜1900）・品川弥二郎・土佐浪士田中光顕らを伴って上京したとき、同月8日、西郷に従い伏見に出迎えた。同年7月、黒田らと山口に赴いた村田は、長州藩主・毛利敬親に謁し、黒田と別れた後の29日、長州藩士伊藤俊輔（博文）らと共に長崎を出航して上海を訪問し、帰国後に帰藩した。慶応3年（1867）3月、村田は中岡慎太郎らと大村藩・平戸藩などを遊説し、馬関（下関）で坂本龍馬・伊藤俊輔らと会す。同年7月7日、薩土盟約の事情を記した西郷の書簡を持って山口を訪れ、帰りに品川弥二郎・世良修蔵を伴って上京。同年12月4日、黒田清隆・山田顕義と同行して京都より西宮に至り、王政復古の発令が近いことを長州藩兵に告げた。12月11日、山野田一輔（1844〜1877）らと二条城下を通り過ぎたとき、新選組の隊士と衝突し、山野田が1名を斬り、村田らは微傷を負ったが、これを退けた。

□村田は、明治元年（1868）戊辰戦争開始時は遊撃二番小隊の監軍であり、「鳥羽・伏見の戦い」のときは御台所御門の警備をしていたが、のちに淀の戦い・八幡の戦いに参軍。続いて、姫路進撃（姫路藩が降伏したので、明石まで行って帰る）などにも出陣。東海道軍東上前の編成替えで城下二番小隊の隊長になった。しかし、西郷の幕下にいたらしく、監軍の辺見十郎太（1849〜1877）が代理の隊長を務めることが多かった。2月12日に東征大総督府の下参謀となった西郷は、中村半次郎（一番小隊長）・村田新八（二番小隊長）・篠原国幹（三番小隊長）らで構成される先鋒隊を指揮して2月24日に駿府、27日に小田原へ進んだ。東海道の要衝箱根を占領したのち、西郷は静岡へ引き返し、ここで輪王寺宮公現法親王（北白川宮能久親王）の和解請願の使者を退け、3月9日、幕臣山岡鉄舟と会談した。次いで江戸へ上った西郷は勝海舟と江戸開城交渉のための会談をした。この間、村田は小隊を率いて、西郷に随従すると共に、会談を護衛した。「戊辰戦争」では奥羽を転戦というが、活躍は不明、明治2年、鹿児島常備隊砲兵隊長となるという。

西暦1836

| 天保7 | 11月11日 | ■**川村純義**(1836～1904)、薩摩藩士川村与十郎の長男として、上荒田町に生まれる。 0059 |

通称は与十郎。妻春子は椎原国幹の娘。国幹の妹・満左子は西郷隆盛の母であり、川村は隆盛に実弟のように可愛がられた。

□少年時代より兵学を学び砲術も修めた。安政2年(1855)江戸幕府が新設した長崎開成学校海軍伝習所へ、薩摩藩より選抜されて入所。嘉永5年(1852)中小姓に任命されて藩に仕える。妻が西郷隆盛の母方の従妹にあたり、その縁もあって重用され、慶応4年(1868)1月に始まった戊辰戦争では薩摩藩四番隊長として各地、特に会津戦争に奮戦した。白河口攻撃に功をたて、会津若松城攻撃に際しては猪苗代湖口の十六橋を敵の破壊寸前に占領し、若松城攻撃を容易にした。戊辰戦争から薩摩に凱旋すると、門閥排斥の先頭に立った。明治5年、純義は、前鹿児島藩知事・島津忠義の面前で忠義弟の島津久治(1841～1872)を詰問したといい、結局、久治は憂死している。

| | 12月5日 | ■**篠原国幹**(1837～1877)、鹿児島城下加治屋町で篠原善兵衛の子として生まれる。 0060 |

諱(名)は国幹、通称は藤十郎、冬一郎という。明治になって国幹という諱を名乗ったという。

□幼少期から西郷隆盛と面識を持ち、西郷の影響を多大に受けて育つ。西郷の弟分として、常に西郷助力に奮闘した。少年時代に藩校・造士館に入って和漢学を修め、ついで藩校の句読師となり、長じてからも和漢の典籍を読むことを好んだ。剣術ははじめ薬丸兼義に薬丸自顕流を、次いで和田源太兵衛に常陸流を学ぶ。江戸に出て練兵館で神道無念流を学んだ。また馬術・鎗術・弓術も極め、文武両道を兼ねていた。

文久2年(1862)有馬新七らと挙兵討幕を企てたが、島津久光の鎮圧にあって失敗した(寺田屋騒動)。薩英戦争で砲台守備に出陣。戊辰戦争のとき、薩摩藩の城下三番小隊の隊長となって「鳥羽・伏見の戦い」に参戦し、その後、東征軍に従って江戸に上った。江戸城明け渡し後の上野戦争では、彰義隊が最も要害とする黒門口を攻撃、激戦となり西郷隆盛は退去命令を出したが「一歩も退くに能わず」と攻め落とし、その陣頭に立っての指揮ぶりの勇猛さで世に知られた。この後、奥羽へ転戦した。

□明治6年4月29日、いまの自衛隊習志野演習場において、初の天覧大演習が行われた。この地は幕府の馬牧場である小金牧の一部で、江戸時代は下総国大和田原と呼ばれていた。大将の西郷隆盛以下、大演習に参加した近衛兵は2800人。全体の指揮をしていたのが篠原国幹少将で、この日は豪雨。それでも士気は熱く盛り上がり、若き明治天皇は、篠原少将の凛々しさと貫禄、統率力には熱く興奮されて感銘をうけたという。今後軍人は、すべからく篠原を鑑となすべし、今からこの地を「篠原に習え」ということで、「習篠原」とせよと命じた。その後「習志野原」から「習志野」になったという説がある。

一方では、「習志野」の名前の発案者は、薩摩藩出身の吉井友実だったという説もある。当時宮内少輔だった吉井が「彼の地は習志野原とでも名付けてはどうだ」と、徳大寺宮内卿と相談したという証言が残っているそうだ。

西暦1837

| 天保8 | 2月19日 | ■**「大塩平八郎の乱」**起こる。庶民救済を目指した大坂東町奉行の元与力であり 0061 |

陽明学者でもある、大塩平八郎(1793～1837)の乱が起こり、鴻池、三井などの商家を焼き討ち。旗本が出兵した戦いとしては寛永年間に起きた島原の乱(1637～1638)以来、200年ぶりの合戦であった。

その時、勤王志士・朝廷・慶喜政権・江戸幕府らは、西郷隆盛・大久保利通・薩摩藩年表帖 上巻

西暦1837

| 4月27日 | ■毛利敬親19才（1819〜1871）、家督を相続し、長州藩第14代藩主に就任。6月18日、敬親が慶親と改名。 |

6月28日

■「モリソン号事件」。米船モリソン号が浦賀に出現、無二念打払い令（異国船打払令）により、砲撃を受ける。米国商人チャールス・キングが日本との交易を目論見、澳門から日本人漂流民7名を携え、モリソン号で浦賀に入港を試みたが陸から砲撃された。7月10日、モリソン号が薩摩に出現、ここでも砲撃を受ける。しかし、このモリソン号にはマカオで保護されていた日本人漂流民の音吉ら7人が乗っており、モリソン号はこの日本人漂流民の送還と通商・布教のために来航していた事が1年後に分かり、異国船打払令に対する批判が強まった。

□モリソン号が鹿児島湾入口の山川沖に来航した天保8年（1837）を機に、島津斉興（1791〜1859）は洋式砲術の採用を決め、翌年2月、荻野流砲術師範・鳥居（鳥井）平八、平七兄弟を長崎に派遣して、**高島秋帆**（1798〜1866）の洋式砲術を学ばせた。平八は間もなく死去、平七が高島流の奥義を究めて帰国。

□**高島秋帆の高島家**は、長崎で代々町年寄を世襲する名家で、秋帆はその11代目にあたる。文化5年（1808）8月15日、英国軍艦「フェートン号」が突如長崎港に侵入した事件「フェートン号事件」が起こり、長崎港防衛強化の気運が高まっていく中、出島の台場を任されたのが10代目町年寄の高島四郎兵衛茂紀（秋帆の父）（1772〜1836）だった。翌年、四郎兵衛は幕府から派遣された坂本孫之進に荻野流砲術を学び師範となる。秋帆は父から皆伝を受け荻野流師範となり、文化11年（1814）からは町年寄見習となって出島台場を受け持つ。だが、荻野流をはじめとした和流砲術は軽砲に限られていて、フェートン号のような武装艦に対しては全く役にたたず、高島親子は威力のある西洋砲術に注目するようになる。出島台場の担当にあった秋帆は、実戦経験のある和蘭人から直接話を聞くことができる環境にあった。文政6年（1823）に来日した出島商館長スチュルレルは、陸軍大佐でナポレオン戦争にも従軍した人物。町年寄には個人的に好みの品物を注文できる「脇荷貿易」という特権があった。秋帆は、父や実兄で町年寄の久松家へ養子に入っていた碩次郎らの協力を得て、それぞれの名義で砲術関係はもちろんのこと、馬術や自然科学、医学書に至るまであらゆるジャンルの蘭書を蒐集していた。その数は当時、個人としては国内最大のものだったといわれている。また、秋帆は文献だけでなく、大砲、弾丸、銃など武器そのものも大量に輸入していた。天保6年、秋帆は、歩兵銃25挺を和蘭に注文した。天保8年（1837）5月1日、高島家第11代高島四郎太夫茂敦（秋帆）が、前年に死去した父茂紀の跡を相続し町年寄となる。貪欲に西洋砲術を学んだ秋帆は、高島流砲術を確立していった。そして秋帆は、幕府に火砲の近代化を訴える『天保上書』という献策を上申した。

9月2日 ■徳川家慶（1793〜1853）、江戸幕府第12代将軍に就任。

□家慶父・家斉（1773〜1841）は、天保8年（1837）4月2日、征夷大将軍辞職した後も、大御所として幕政の実権は握り続けた。最晩年は老中の間部詮勝や堀田正睦、田沼意正（意次の四男）を重用していた。

49

西暦1838

| 天保9 | 1月2日 | ■**伊集院兼寛**(かねひろ)(1838～1898)、薩摩藩士伊集院直五郎兼善(1817～1883)の嫡男として生まれる。通称は直右衛門。実姉の須賀(1832～?)が嘉永5年(1852)に西郷隆盛に嫁いでいる。安政元年(1854)11月に実家に帰り、のち離婚。 0065 |

□幕末維新期の兼寛は、西郷隆盛・西郷従道兄弟や大久保利通らとの関係が深く薩摩藩きっての行動派の一人として活躍する。文久2年(1862)「寺田屋騒動」に有馬新七の同志として討幕計画に参加するも藩主命令により帰順する。そして、謹慎処分を受ける。文久3年(1863)「禁門の変」では斥候として参加。藩主より功賜金を賜る。同年の薩英戦争では決死隊の一員に加わる。戊辰戦争では東山道総督府参謀に任ぜられ各地を転戦する。維新後、薩摩藩権大参事となる。

□兼寛の手記。「戊辰正月三日、幕兵鳥羽伏見両街道に廻り、戦端既に開け、一度違るや、宮中疑懼の念変じて、歓喜の声となり、前には、西郷、大久保の宮中に在るや、蛇蝎の如く、近づくものなかりしを、陸続来りて面晤を請う者多く、却ってその煩に堪えず、只今帰邸せりと、西郷の話せしことあり。且語っていう、鳥羽一発の砲声は、百万の味方を得たるよりも嬉しかりしと、予輩に向って一笑せり。当時宮中の形勢を想像するに足れり」。

| | 1月2日 | ■**町田久成**(ひさなり)(1838～1897)、町田久長(薩摩国伊集院郷石谷領主)(1750石を所有)と母(国(汲)子、吉利郷領主小松清穆の長女)の長男として鹿児島城下千石馬場通りの町田屋敷(鹿児島市石谷町(いしだに))にて生まれる。通称は民部、号は石谷。変名に上野良太郎。 0066 |

□19才の時江戸の「昌平坂学問所」にて就学、同時に有馬新七と出会う。そして、平田国学を学ぶ。

□安政6年(1859)江戸就学を終え薩摩へ帰郷、御小姓組番頭となる。文久3年(1863)大目付に取り立てられる。「薩英戦争」に本陣警護隊長として参戦、部下に東郷平八郎。翌年、薩摩藩「開成所」設立に参加。小松帯刀(家老)、町田久成(大目付・学頭)、大久保一蔵(側役)連名による。同年、「禁門の変」に六郷隊(兵士約600人)の隊長として参戦。慶応元年(1865)1月、薩摩藩英国留学生15名の一員として密かに英国留学に出発。10月よりロンドン大学ユニバーシティカレッジ法文学部の聴講生となる。慶応3年(1867)2月、パリ万国博覧会開会式に幕府、佐賀藩の使節と共に薩摩藩使節として出席。同年6月、英国より帰国すると、中井弘(1839～1894)と共に上京し大久保利通、西郷隆盛らの武力討幕方針に反対する。

桐野利明誕生地

その時、勤王志士・朝廷・慶喜政権・江戸幕府らは、**西郷隆盛・大久保利通・薩摩藩年表帖 上巻**

西暦1838

2月19日	■幕府、諸国の大名・旗本の監視と情勢調査のために「巡見使」を送る。 ₀₀₆₇

2月19日　■幕府、諸国の大名・旗本の監視と情勢調査のために「巡見使」を送る。　0067

4月13日　■中岡慎太郎(1838〜1867)、父北川郷大庄屋中岡小伝次、母ウシの長男として、土佐国安芸郡北川郷柏木村(高知県北川村柏木)で生まれる。　0068

8月6日　■近衛忠熙(1808〜1898)と興子(郁姫)(1807〜1850)の間に、近衛忠房(1838〜1873)が生まれる。　0069
　　　　□興子(郁姫)は、父・島津斉宣、藩主の兄斉興の養女となり、嫁いでいた。

12月4日　■幕府、江戸湾防備策立案のため、目付鳥居耀蔵(1796〜1873)と伊豆の韮山代官江川太郎左衛門(英龍)(1801〜1855)に、相模国沿岸巡視を命じる。翌年1月9日、調査隊出発。　0070

12月一　■中村半次郎(桐野利秋)(1838〜1877)、鹿児島郡鹿児島近在吉野村実方(鹿児島市吉野町)で城下士の中村与右衛門(桐野兼秋)の第三子として生まれる。5人兄姉弟妹で、上から兄・与左衛門邦秋、姉(夭折)、半次郎利秋、弟・山ノ内半左衛門種国(山ノ内家の養子となる。西南戦争に従軍)、妹(島津斉彬に近侍していた伊東才蔵に嫁ぐ。伊東才蔵も西南戦争で戦死)の順。別府晋介は母方の従弟。肝付兼行男爵とは姻戚関係にあり、兼行の実父・兼武は、利秋戦死後、残された家族を後見すると共に、伝記を著した。妻は帖佐小右衛門(鹿児島県鹿児島郡山之口馬場町士族)の次女、ヒサ。戸籍上、利秋には実子がなく、死後、明治11年(1878)にヒサが家督を相続し、明治18年(1885)に実弟の長男・山ノ内栄熊(桐野利義)が養子入籍した。桐野利義は、利秋の実子という話もある。　0071
　□10才頃、広敷座の下僚であった父が徳之島に流罪に処せられ、家禄5石を召し上げられたのちは兄を助けていたが、18才のときに兄の病没後は小作や開墾畑で家計を支えた。二才(若者。15才頃から24才頃)時代に石見半兵衛に決闘を申し込まれ、それを論難して以来、石見が属する上之園方限の郷中の士と親交を結んだ。この郷中には、文久2年(1862)「寺田屋騒動」の鎮撫使となった奈良原喜八郎(繁)(1834〜1918)や抵抗して死んだ弟子丸龍助(1838〜1862)など、精忠組の士が多くいた。文久2年(1862)3月、島津久光に随って上京、尹宮(朝彦親王)附きの守衛となった。直後の「寺田屋騒動」には知り合いが多くかかわっていたが、直接関係しなかった。しかし、鎮撫使となって郷中仲間を斬った奈良原繁とは、以降、距離をとった。この年から翌年の薩英戦争の頃までは、寺田屋騒動にかかわりながら謹慎ですんだ三島通庸と行動を共にすることが多かったようだ。
　□やがて諸国の志士たちと広く交際し、討幕を唱えるようになり、同時に家老・小松清廉(帯刀)から特に愛されて引き立てられ、西郷隆盛など藩の重臣からも重用されるようになった。他藩士や浪人との交際については、守衛となった尹宮家の家臣で、安政の大獄に連座し、討幕派に徹していた伊丹蔵人の影響も考えられる。
　□戊辰戦争では、城下一番小隊に属して伏見の戦いで御香宮に戦い、功をもって小隊の小頭見習いを務めた。東征大総督府下参謀・西郷隆盛が東海道先鋒隊を率いて先発東上した際、城下一番小隊隊長に抜擢されて駿府・小田原を占領した。明治元年(1868)8月21日、大総督府直属の軍監に任じられ、鹿児島・宇都宮の2藩兵を率いて藤原口(日光口)に派遣され、会津戦争で活躍、9月22日、会津藩降伏後の開城の式では、官軍を代表して城の受け取り役を務めた。維新後、陸軍少将・陸軍裁判所長等を歴任するが、征韓論政変で西郷と共に下野。以後鹿児島で私学校運営や西郷派士族の教育などに尽力する。西南戦争では西郷軍総指揮者として奮戦する。

西暦1839

天保10	4月19日	■江川太郎左衛門(英龍)、江戸湾検分の復命書を勘定所へ提出。	0072
	5月15日	■「蛮社の獄」はじまる。幕府、僧順道・順宣親子、三河国田原藩家老渡辺崋山(1793～1841)、蘭学者・町医者高野長英(17日出頭)(1804～1850)ら「尚歯会(蛮社とも呼ばれた)」の蘭学派メンバーに対して、幕政批判の容疑で弾圧を加える。	0073
	9月28日	■「アヘン戦争勃発」。英国東インド艦隊、「川鼻海戦」で清国船団を壊滅させる。	0074
	10月24日	■篤姫実父・島津忠剛、島津今和泉家の当主となる。	0075

西暦1840

| 天保11 | 4月11日 | ■**島津忠義**(1840～1897)、島津氏分家の重富家当主・島津忠教(久光)の長男として生まれる。幼名は壮之助。通称は又次郎。元服後の初名は忠徳だったが、藩主在任中は茂久を名乗る。なお、忠義は維新後に改名した諱。 | 0076 |

□伯父・島津斉彬の養嗣子となり安政5年(1858)斉彬没後、その遺言により跡を継ぐ。遺言では斉彬の子・哲丸が幼少のために仮養子という形だったが、ほどなくして哲丸は死去。のち、遺言通り、斉彬三女・暐子(1851～1869)と結婚、第12代藩主となる。当初斉彬の政策に批判的であった祖父斉興(1791～1859)が補佐したため、集成館事業の縮小・財政整理を進める。斉興死後は久光を後見役とし、大久保一蔵(利通)ら尊王攘夷派の突出を押さえ、小松帯刀を起用して藩内を結束させようとした。

□安政5年(1858)2月7日、江戸城で江戸幕府第14代将軍・徳川家茂に謁見し、家茂から偏諱(「茂」の字)を授かって島津茂久と改名。安政6年2月、従四位下・左近衛少将に叙任され修理大夫を称する。文久3年(1863)薩英戦争で欧米の力を目の当たりにすると、集成館事業再興に力を注ぎ、軍事研究のための開成所を設立する。慶応元年(1865)藩士を英国へ派遣させ、紡績機械等を購入したり、技師を招いたりするなど英国と密接な関係を結ぶ。また、慶応3年(1867)パリ万博では幕府とは別に薩摩琉球国として出品、海外より高い評価を得た。日本を近代国家に生まれ変わらせるため、慶応3(1867)年に討幕の密勅を受け大兵を率いて上洛、小御所会議に出席する。

□15代将軍・徳川慶喜が「大政奉還」した後、西郷隆盛・大久保利通・小松帯刀らの進言を容れ、薩摩藩兵3千を率いて上洛。そして「王政復古の大号令」に貢献し、議定に任ぜられて小御所会議に参席した。慶喜が発した討薩の表に於いて厳しく糾弾されるが、鳥羽・伏見の戦いでは薩長軍が勝利を収めた。この直後、海陸軍総督に任命されるが西郷の進言に従い1日で辞任している。その後、慶応4年(明治元年)1月16日、名を「忠義」と改め、薩摩藩知事となるが、実質的な藩政は西郷に任せていたといわれている。後は長州・土佐・肥前の3藩と協力して版籍奉還を進んで行う。廃仏毀釈運動で福昌寺が壊されると鶴嶺神社を建てた。正室暐子死後は、継室に寧子(斉彬五女、近衛忠熙養女)(1853～1879)を娶った。

| | 6月1日 | ■**日本にアヘン戦争情報が入る。**
□和蘭船が、アヘン戦争開始の情報を長崎に知らせた。 | 0077 |

その時、勤王志士・朝廷・慶喜政権・江戸幕府らは、西郷隆盛・大久保利通・薩摩藩年表帖 上巻

西暦1840

9月― ■清が英国との戦争である「アヘン戦争」に敗れたことを知ると、この頃、出島の蘭国人から砲術を学んだ長崎町年寄・高島 秋帆(しゅうはん)(1798～1866)は、西洋砲術による武装強化を幕府に建言する。

□「わが国の砲術は、西洋では数百年前に廃棄したものであり、今後予想される外国からの侵略を防ぐには、こちらも外国砲術を把握していなければならない」とする『天保上書』を書き上げ、長崎奉行の田口加賀守(かがのかみ)を通じて幕府に提出した。田口加賀守は、前年から高島秋帆の意見を大いに用いる。田口の家来・市川熊男が秋帆の門に入り西洋砲術を修めた。

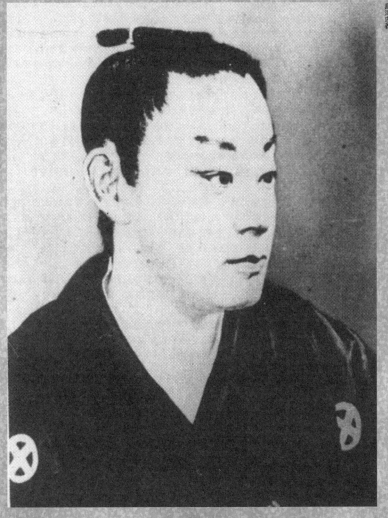

島津忠義

西暦1840

天保11	10月16日	■**黒田清隆**(1840～1900)、薩摩藩士・黒田仲佐衛門清行の長男として鹿児島城下新屋敷町に生まれる。黒田家は家禄わずか4石の下級武士だった。通称は仲太郎、了介。 0079

□長じて砲手になった。文久2年(1862)6月の生麦事件には、随行の一人として居合わせたが、自らは武器を振るわず、抜刀しようとした人を止めたという。なお、黒田自身は示現流門下でも有数の使い手で、後年、宗家の東郷重矯(1849～1894)より皆伝している。文久3年(1863)、薩英戦争に参加した後、同年江戸の江川太郎左衛門(英龍)の塾に大山巌(1842～1916)と共に入り西洋砲術を学び、元治元年(1864)禁門の変にも参加している。その後、西郷隆盛・大久保利通の下で長州藩との連絡に当たる。慶応2年(1866)の薩長同盟に際しては、盟約の前に薩摩側の使者として長州で同盟を説き、大坂で西郷吉之助(隆盛)と桂小五郎の対面を実現させた後、再び長州に使者として赴いた。

□慶応4年(1868)「鳥羽・伏見の戦い」では薩摩藩の小銃第一隊長として戦った。同年3月、北陸道鎮撫総督・高倉永祜(1839～1868)の参謀に、山県有朋と共に任命され、鯨波戦争に勝利した。北越戦争に際しては、黒田は長岡藩を降伏させて河井継之助(1827～1868)を登用すべきと考え、河井に書簡を送ったが届かなかった。長岡城を占領したとき、黒田は海路、新潟に出て敵の背後を脅かし、武器弾薬の補給を断つ作戦を立て、山県に新政府軍主力を預けて自らは松ヶ崎に上陸した。このとき長岡城が夜襲され、新政府軍主力が一時潰走したが、黒田は新発田藩を降し、新潟を占領して所期の目標を達した。

越後の戦闘が決してから、黒田は秋田に上陸して庄内藩を背後から攻略する作戦を立てた。ここに西郷隆盛が合流して秋田藩兵の疲弊を告げ、米沢を先に攻めるよう変更した。西郷と黒田は寛大策をもって臨み、米沢藩と庄内藩を帰順させた。9月27日に庄内の鶴岡城を接収して、この方面の戦闘を終わらせた。

□いったん鹿児島に帰り、翌明治2年(1869年)1月に軍務官出仕に任命された。箱館戦争が始まると、黒田は2月に清水谷公考(1845～1882)中将の参謀を命じられ、3月に東京を出港した。途中、同月25日の宮古湾停泊中に宮古湾海戦に遭遇した。4月9日に上陸した山田顕義に続き、黒田も19日に江差に上陸して旧幕府軍との最後の戦いの総指揮を執った。5月に旧幕府軍が箱館に追い詰められたのを見て、助命のための内部工作を手配した。11日の箱館総攻撃では、自ら少数の兵を率いて背後の箱館山を占領し、敵を五稜郭に追い込んだ。榎本武揚に降伏を勧め、17日に降した。

□戦後は榎本助命を強く要求して、厳罰を求める者と長い間対立し、榎本のために丸坊主に剃髪したこともある。榎本問題は明治5年(1872年)1月6日にようやく、榎本らを謹慎、その他は釈放として決着した。

	12月30日	■国学者平田篤胤(1776～1843)、儒学を批判し尊王思想を主張した為、幕府より江戸退去を命じられる。 0080

西暦1841

天保12	1月7日	■土佐国宇佐浦の漁民・中浜(ジョン)万次郎(1827～1898)らの乗った漁船、土佐湾沖で遭難。 0081

その時、勤王志士・朝廷・慶喜政権・江戸幕府らは、西郷隆盛・大久保利通・薩摩藩年表帖 上巻

西暦 1841

1月22日	■高島秋帆、異国筒の大砲4門、小銃50挺を携え、長男浅五郎と門人ら25人を引き連れ長崎を出発。 □幕府に火砲の近代化を訴える『天保上書』という意見書(わが国の砲術は、西洋では数百年前に廃棄したものであり、今後予想される外国からの侵略を防ぐには、こちらも外国砲術を把握していなければならない)を提出した。	0082
閏1月7日	■徳川家斉(いえなり)(江戸幕府の第11代征夷大将軍)(1773〜1841)、死去。享年69。	0083
2月7日	■高島秋帆ら、江戸表に到着。御用の御筒類は御在府御奉行所に納められる。	0084
3月一	■高島秋帆、江戸において諸組与力格となり、長崎会所調役頭取に命ぜられる。	0085
5月9日	■高島秋帆(しゅうはん)(1798〜1866)、武蔵国徳丸ヶ原(東京都板橋区高島平)で日本初となる洋式砲術と洋式銃陣の公開演習を行う。 □大砲発射、騎兵の馬上銃射撃、銃隊及び野戦砲の発射。次に部隊教練を実施。幕府は訓練を賞して白銀200枚を下賜し秋帆持参の銃は500両で買い上げる。幕命で幕臣・下曽根金三郎(信敦)(1806〜1874)と江川太郎左衛門(英龍)(伊豆韮山の代官)(1801〜1855)の二人に高島流の奥義を伝授する。天保12年7月12日、高島秋帆は江戸を出立、8月22日、長崎に帰着。	0086

黒田清隆

55

西暦1841

| 天保12 | 5月12日 | ■大老井伊直亮（なおあき）（1794〜1850）、老衰を理由に辞表を提出する。14日、勘定奉行田口加賀守が、水野派から腐敗分子として追放される。 | 0087 |

□この年の閏1月7日に家斉が死去し、将軍・徳川家慶や老中首座・水野忠邦によって旧家斉派は次々と粛清されていたため、直亮は巻き込まれるのを恐れて自ら辞任したとされる。直亮には実子がなく、弟（直中の十一男）の直元を養嗣子にしていたが、弘化3年（1846）に早世したため、その弟（直中の十四男）で国元にいた直弼（なおすけ）（1815〜1860）を代わって養嗣子とした。

5月15日　0088

■「**天保の改革布令**」。老中首座水野忠邦（遠州浜松藩主）（1794〜1851）、幕臣・在府諸大名に対し享保・寛政期への政体復古を宣言。大御所・家斉（いえなり）の死去を経て、家斉旧側近を罷免し、遠山景元、矢部定謙（さだのり）、岡本正成（まさなり）、鳥居耀蔵（ようぞう）、渋川敬直（ひろなお）、後藤三右衛門（さんえもん）を登用して天保の改革に着手した。天保の改革では「享保・寛政の政治に復帰するように努力せよ」との覚書を申し渡し「法令雨下」と呼ばれるほど多くの法令を定めた。

5月―　0089

■天保の改革の徹底のため、北町奉行（遠山左衛門尉景元）に市中取締掛が新設される。与力3名、同心6名が配置される。

6月―　0090

■水野忠邦、この月、信濃松代藩主**真田幸貫**（ゆきつら）（1791〜1852）**を老中に登用し、翌年9月に海防掛に任じた**。（幸貫は同時に将軍留守中の御用取次を兼任）。以後、一連の海防政策は、幸貫を中心に展開されることになる。

□真田幸貫は、松平定信（徳川吉宗の孫）の次男として生まれ、真田家の養子となって、文政5年（1822）八代目の松代藩主になった。武術を好み闊達で度量の大きい人物だったという。幸貫は海防掛に任ぜられると、腹心の佐久間象山を江川英龍のもとに入門させ、西洋砲術を学ばせ、意見を具申（『海防八策』）させる一方、既に天保10年に江戸湾岸を巡視測量して、改革意見書を提出していた英龍の提言を参考に、江戸湾防備体制の改革に着手する。（英龍は、江戸湾防備の最大のポイントとして浦賀水道の重要性を指摘し、台場の設置や大型軍艦を製造して迎え撃つことを第一としていた）。

□幸貫は江戸湾の防備体制を強化し、併せて諸藩の軍事体制の近代化を計るべく、相模国の海岸と房総沿岸の御備場の警衛を、幕府主導（代官支配）から譜代大名を中核とする体制に切替えた。即ち、浦賀奉行の持ち場を減じ、観音崎台場、城ヶ島遠見番所から鎌倉辺りまでを川越藩の管轄地とし、安房・上総については、富津、竹ヶ岡備場に加え洲ノ崎（館山湾突先）に備場を新設、白子に遠見番所を設置して、忍藩に警衛させるなど、幕府官僚に代え両藩に沿海防備の任務を命じた。また「下田奉行」を再設置すると共に、観音崎・富津より内は、公儀御備場として幕府直轄のもとに置き、内湾防備の中核の役割を担うべく、新たに「羽田奉行」を設置した。羽田奉行には安房・上総御備場御用を務めていた田中一郎右衛門勝行を任命した。

その時、勤王志士・朝廷・慶喜政権・江戸幕府らは、西郷隆盛・大久保利通・薩摩藩年表帖 上巻

西暦1841

10月24日	■第9代藩主・島津斉宣(1774～1841)、江戸の薩摩藩下屋敷にて死去。享年69。 0091

□安永2年12月6日、第8代藩主・島津重豪(1745～1833)の長男として江戸で生まれる。母は中納言堤代長の娘。天明7年(1787)1月、父・重豪の隠居により、家督を継いで第9代藩主となった。同時に将軍徳川家斉(1773～1841)(正室が姉の広大院(1773～1844)であり義兄にあたる)より偏諱を賜り、初名の忠堯から「斉宣」に改名する。しかし実権は父・重豪に掌握されていた。

□文化2年(1805)12月には『亀鶴問答』を著し藩政改革の方針を示したが、父・重豪との主導権争いが激化し、さらに薩摩藩の財政改革問題などから、文化5年(1808)から翌年にかけて内紛「近思録崩れ」が起こる。これにより文化6年(1809)6月、斉宣は重豪より近思録崩れの責任を問われ、長男の斉興(1791～1859)に家督を譲らされて強制隠居させられた。

□江戸に重豪、斉宣の2人の隠居を抱える薩摩藩の出費は莫大なもので、斉宣は経費が少なくて済む薩摩での隠居を度々幕府に願い出たが却下される。そのため隠居後は一度も薩摩に帰国出来なかった。却下理由については「御台所茂姫(広大院)の命により、再び斉宣によって国元で近思録崩れのような騒動を起こさせないため」と明言した文書が残っている。

12月5日	■野津道貫(1841～1908)、鹿児島城下高麗町の薩摩下級藩士・野津七郎鎮圭(4石)0092

の二男として生まれる。七次と称する。

□早くして両親を亡くし、兄鎮雄(1835～1880)と共に叔父折田氏に育てられた。薬丸兼義に薬丸自顕流を学ぶ。慶応元年(1865)正月に野津は藩命で江戸に上り、英国式兵学を学ぶため、幕府砲術師範役・下曽根金三郎(信敦)(1806～1874)の塾に入門。その後、野津道貫は、下曽根金三郎の旧塾頭であり、当時、下曽根と関係が悪化していたために別に塾を開いていた平元良蔵(膳所藩の英式軍学者)の元にいた赤松小三郎(1831～1867)から直に英式兵学を学ぶために転塾したという。戊辰戦争に6番小隊長として参加。その活躍がめざましく、鳥羽・伏見の戦いから会津戦争、次いで箱館戦争に参戦。

12月一	■この月、代官江川太郎左衛門(英龍)(1801～1855)、韮山で西洋式鉄砲を初鋳造。0093

西暦1842

天保13	6月21日	■幕府、アヘン戦争終結後、英国艦隊が開国を迫るとの情報を得る。 0094
	6月一	■幕府、高島秋帆に砲術教授を許す。 0095
	7月22日	■幕府(水野忠邦)、「異国船打払い令」を緩和し、「天保の薪水給与令」を制定。 0096
		□清国(支那)が、アヘン戦争で英国に敗れるとの報を知ったに幕府の処置。
	7月24日	■清国、英国と南京条約締結。アヘン戦争終結。 0097
	8月3日	■幕府、川越・忍両藩に江戸湾警備を命じる。 0098
	8月18日	■幕府、諸藩に異国船取扱方の触れを出す。 0099
	9月18日	■幕府、諸大名に対し軍備強化令を発令。 0100
	9月28日	■幕府、諸大名の物産専売を禁止する。 0101

57

西暦1842

天保13　10月10日　**■大山巌**（1842〜1916）、鹿児島城下町、加治屋町柿本寺通（下加治屋町方限）で、薩摩　0102
藩士大山綱昌（彦八）（前名は西郷小兵衛）（?〜1856）の次男として生まれる。通称は
弥助。父・綱昌（彦八）は、薩摩藩士・西郷隆充（?〜1852）の次男で、薩摩藩の砲術家
であった大山綱毅（?〜1834）の養子として、綱毅の娘・大山競子（?〜1862）と結婚して
いた。西郷隆盛の従弟にあたる。

□弥助（大山巌）は、6〜7才の頃から西郷隆盛がリーダーをしていた郷中教育に
おいて、読み書き（習字・読書）や薩摩武士の精神を学んだ。特に「真田三代記」、「武
王軍談」、「三国志」、「太閤記」、「漢楚軍談」、「呉越軍談」などを読んだ記憶力が非
常によく「真田三代記」や「武田三代記」などは、暗記して周囲を驚かせていたと
いう。そして、卑怯なことを嫌い、死を覚悟する潔さを西郷隆盛らから学んだ
一方、「いくさごっこ」で竹槍をかわし損ねて左眼を負傷し、大山弥助の視力は元
通りにはならなかった。安政2年（1855）頃に元服した大山弥助は、薩摩藩の槍術
師範・梅田九左衛門に入門。

□討幕運動では薩摩藩内部でも尊王派に属したが、当初、島津久光や大久保一
蔵（大久保利通）ら薩摩藩としては公武合体が意思だった。文久2年（1862）3月、
久光に随行して上京のため鹿児島を出立した弥助（大山巌）は、同藩の有馬新七
（1825〜1862）等に影響されて過激派に属したが、同年4月の「寺田屋騒動」では公武
合体派によって鎮圧され、大山弥助は帰国謹慎処分となる。文久3年（1863）7月
の「薩英戦争」に際して謹慎を解かれ、砲台に配属された。英国艦乗っ取りの決
死隊に志願し、黒田清隆、西郷従道、野津鎮雄、伊東祐亨らと共に西瓜売りを
装って、一部の者が英国艦隊旗艦「ユーリアラス」に乗り込むことに成功。しかし、
相手にされず、撤退する破目になったという。弥助はこの戦争で西欧列強の軍
事力に衝撃を受け、幕臣・江川英龍の塾にて、黒田清隆らと共に砲術を学ぶ。

□元治元年（1864）7月19日、「禁門の変」が起こり、同年7月24日、江戸幕府は長州
征討（第一次長州征討）を命令。薩摩藩家老小松帯刀は、大山弥助（大山巌）ら江
戸詰め薩摩藩士22名に上京を命じている。翌年、一度江戸に戻っているが、12
月に大山弥助は、江戸から京都に移動し、大砲隊談合役に就任。砲隊訓練を指
導するようになった。慶応2年（1866）には、家老小松帯刀が京都の情勢を長州藩
と大宰府の三条実美ら五卿に伝えるため、大山弥助（大山巌）らを派遣している。
翌年12月14日には、西郷従道（1843〜1902）と共に五卿を迎えるため大宰府に到着
している。

□戊辰戦争では新式銃隊を率いて、「鳥羽・伏見の戦い」や会津戦争などの各地を
転戦。また、12ドイム臼砲や四斤山砲の改良も行い、これら大山の設計した砲
は「弥助砲」と称された。会津戦争では薩摩藩二番砲兵隊長として従軍していた
が、鶴ヶ城攻撃初日、大手門前の北出丸からの篭城側の射撃で攻略に手間どる
土佐藩部隊の援護に出動するも、弾丸が右股を内側から貫き負傷し翌日後送さ
れている。このとき篭城側は主だった兵が殆ど出撃中で城内には老幼兵と負傷
兵しかおらず、北出丸で戦っていたのは、山本八重（新島八重）と僅かな兵たち
だった。そのため狙撃者は八重であるとも言われている。この時の会津若松城
には、のちに後妻となる山川捨松（1860〜1919）と、その家族が篭城していた。

その時、勤王志士・朝廷・慶喜政権・江戸幕府らは、西郷隆盛・大久保利通・薩摩藩年表帖 上巻

西暦1842

11月4日	■高島秋帆（1798〜1866）、奉行所に出向いたところを逮捕され、揚屋（士分の牢）に入れられる。
	□秋帆が長崎会所調役頭取に就任したことを嫉み、町年寄の福田九郎兵衛が讒訴、「鉄砲を購入し城郭のように邸宅を石垣で囲み、兵糧を公金で買い、密貿易で軍資金を蓄え、謀反を企んでいる」。長崎会所調役は、福田安右衛門と久松喜兵衛で、秋帆はこれに次いでいた。しかし二人を超えて、単独で頭取になり町年寄間の妬みを買い誣告を受ける一因となる。
11月24日	■信濃国松代藩海防顧問・佐久間象山（1811〜1864）、老中の藩主真田幸貫（1791〜1852）に「海防八策」を上申。
	□一、沿岸の要所に砲台を設置すること。二、和蘭に銅を輸出するのを停止し、その銅で良質の大砲を作ること。三、欧米に劣らぬ大船を作り海上を安全ならしむること。四、海運に携わる役人を厳選して取り締まりを強化すること。五、（海外の）造船技術を学び水軍（海軍）の養成に努めること。六、全国津々浦々に学校を設け、国民全てが学ぶこと。七、信賞必罰をもって国家への民の信頼を高めること。八、身分にとらわれない人材登用の道を開くこと。
12月8日	■島津久珍（薩摩藩隠居島津斉宣の12男）（1822〜1854）、10代藩主の異母兄斉興の命により種子島氏を継ぐよう命じられ、江戸から生まれて初めて鹿児島へ向かう。
12月24日	■幕府、羽田・下田に奉行所を設置。

大山巌

大山巌誕生地

西暦1842

| 天保13 | 一 | ■池上四郎(1842~1877)、鹿児島市内加治屋町に薩摩藩侍医・池上貞斎の第一子として生まれる。名は貞固。 | 0107 |

□家業を継ぐべく家庭で教育を受けたが、医術を好まず、西郷隆盛・伊地知正治の教導を受け、勤皇の志を抱いた。「安政の大獄」の前頃、藩主・島津斉彬の命によって江戸に遊学し、時々天下の情勢を藩主に報告した。文久3年(1863)7月の薩英戦争のときはスイカ売り決死隊に志願して英艦に切り込もうとしたが失敗、大門口砲台で英艦を撃退した。この後、屋久島一湊に一時派遣された。明治1年(1868)1月からの戊辰戦争では「鳥羽・伏見の戦い」に城下十番小隊の監軍として参戦したが、東山道軍が結成されて以後は参謀・伊地知正治の下で軍議に画し、8月からの白河城攻防戦、棚倉・二本松攻城戦、会津若松城戦では、直接戦闘に参加した。

□明治10年(1877)の西南戦争、9月24日の城山陥落時は西郷の自決を見守った後に桐野・村田らと岩崎口の塁を目指して進撃、途中、弾雨の中で自刃。享年36。

西暦1843

天保14	1月19日	■高島秋帆ら11人が江戸送りになり、伝馬町の牢獄に入れられる。	0108
	3月26日	■「天保の改革—人返し令」。老中水野忠邦・幕府、他国出身者に帰郷を厳命。	0109
	3月一	■薩摩藩の第10代藩主・島津斉興(1791~1859)は洋式砲術の採用を決め、鳥居平七(1803~1865)を「成田正右衛門正之」と改名させ、高島流を「御流儀砲術」と改称する。	0110
	5月14日	■西郷従道(1843~1902)、生まれる。兄の西郷隆盛(1828~1877)を「大西郷」と称するのに対し、従道を「小西郷」と呼ぶ。	0111

□剣術は薬丸兼義に薬丸自顕流を、兵学は伊地知正治に合伝流を学んだ。有村俊斎の推薦で薩摩藩主・島津斉彬に出仕し、茶坊主となって龍庵と号する。文久元年(1861)9月30日に還俗し、本名を隆興、通称を信吾(慎吾)と改名。斉彬を信奉する精忠組に加入し、尊王攘夷運動に身を投じる。文久2年(1862)3月、島津久光上洛に随行、勤皇討幕のため京に集結した精忠組内の有馬新七らの一党に参加するも、同年4月、「寺田屋騒動」で藩から弾圧を受け、従道は年少のため帰藩謹慎処分となる。文久3年(1863)7月、薩英戦争が起こると謹慎も解け、大山巌(1842~1916)らと共に、西瓜売りを装った決死隊に志願。慶応3年(1867)12月には、大山巌と共に、五卿を迎えるため、大宰府に到着している。慶応4年(1868)戊辰戦争では、「鳥羽・伏見の戦い」で貫通銃創の重傷を負うも、各地を転戦した。

□従道は、明治2年(1869)6月、薩摩藩士得能良介(1825~1883)の娘、清子(1854~1928)と結婚。山県有朋らと欧州を視察後、わが国の兵制や警察制度の制定、殖産興業政策の推進に尽力。兄隆盛の下野にもかかわらず、英明な従道は新政府の要職につき、文部卿・陸軍卿・農商務卿・内務卿・海相などを歴任した。

□『甲東逸話』に従道の夫人・清子の談話がある。「西郷従道は大久保サンには実に容易ならぬ引立てを受け、可愛がられていました。わたくしが嫁入りしましたときなどでも、西郷の衣装万端をお世話になり、その後もほとんど毎日のようにお宅に参っておりました。わたくしなどまでも何くれと教えてくだされ、いつも御注意を受けて居りました」。

| | 7月6日 | ■幕府、大坂・兵庫・西宮の商人に御用金(114万両)を課す。 | 0112 |

その時、勤王志士・朝廷・慶喜政権・江戸幕府らは、西郷隆盛・大久保利通・薩摩藩年表帖 上巻

8月6日	■幕府、外国へ漂流した者の受取り方「外国江漂流之者連越候節受取方之事」を定める。 □漂流民送還を理由に異国船が渡来しない様に、漂流民の受取りは和蘭か中国船で、且つ長崎以外では受取らない事を、和蘭国商館を通じ各国に通達する。	0113
9月一	■「天保の改革一上知令(あげちれい)」。幕府(水野忠邦)、上知令断行を試みる。 □幕府の強化を目的として散在する天領の集中をはかり、江戸・大坂の10里四方の私領を上知して他へ移す策であったが、紀州藩らの反対に遭いまもなく廃された。	0114
閏9月11日	■阿部正弘(備後福山藩第7代藩主)(1819～1857)、若干25才で老中就任。	0115
閏9月13日	■腹心の鳥居耀蔵(1796～1873)の寝返りで、水野忠邦(1794～1851)、「天保の改革」の失敗の責めを負って老中を罷免される(**天保改革終了**)。	0116
12月28日	■幕府(阿部正弘・土井利位(としつら))、財政改革を宣言。	0117

西暦1844

天保15	1月19日	■幕府、江戸下渋谷村に砲術稽古場を設置。	0118
	2月8日	■幕府、下関奉行所を廃止。	0119
	2月28日	■和蘭商館長ピーテル・アルバート・ビック(カピタン)、江戸城西丸に登城。	0120
	5月6日	■「弘化甲辰の変」。幕府、水戸藩主徳川斉昭(なりあき)(1800～1860)の藩政改革(鉄砲斉射の事件、前年の仏教弾圧事件など)を失政とし、謹慎を命じる。12日、隠居を命じる。水戸学藤田派・藤田東湖(1806～1855)も蟄居処分。	0121

西郷従道誕生地

西郷従道

西暦1844

天保15	5月24日	■幕府、羽田奉行所を廃止。
	7月2日	■和蘭国王ウィレム2世(1792～1849)の開国を促す国書を携えた**蘭国艦船「パレンバン号」**（使節コープス）、**長崎港外に到着**。8月20日上陸して長崎奉行所で国書受渡し、10月帰帆。
	9月19日	■第10代佐賀藩主・鍋島斉正（直正）(1815～1871)、長崎で蘭国軍艦内部を見学。 □鍋島斉正は蘭学を重んじた君主として知られる。天保13年（1842）佐賀市十五茶屋に蘭式火砲製造所を設け、嘉永3年（1850）には家臣を伊豆の江川太郎左衛門の下に派遣、造砲術を学ばせた。また同年より江戸築地に日本発の反射炉を設置、この反射炉は肥前産粘土による耐火煉瓦を用い、燃料には日向及び肥後庄の木炭を用い、銑鉄は石見産及び外国からの購入品を使用した。天保14年から慶応元年に至るまでに藩の製した大砲は300門近く、小銃は5千挺を越えている。幕府はその事業を認めて銃砲を多数購入している。 さらに長崎警備の強化を掲げるも、幕府が財政難で支援を得られなかったことから、独自に西洋の軍事技術の導入をはかり、精錬方を設置し、反射炉などの科学技術の導入と展開に努めた。その結果、後にアームストロング砲など最新式の西洋式大砲や鉄砲の自藩製造に成功した他、蒸気船や西洋式帆船の基地として三重津海軍所を設置し、蒸気機関・蒸気船（凌風丸）までも完成させることにつながっている。それらの技術は母方の従兄弟にあたる島津斉彬にも提供されている。
	11月2日	■幕府、韮山代官江川太郎左衛門（英龍）(1801～1855)の鉄砲方兼務を解任し、洋式砲術の採用を中止。
	11月9日	■**高島鞆之助**(1844～1916)、薩摩藩士・高島喜兵衛の第四子、三男として生まれる。幼名を三七といい、諱は昭光。 □幕末、薩摩藩の藩校造士館に学ぶ。文久2年（1862）3月10日、島津久光守衛として高島は上京する。明治元年（1868）6月1日に、兄研二郎病死につき、家督を継ぐ。戊辰戦争に従軍する。

高島鞆之助誕生地

高島鞆之助

その時、勤王志士・朝廷・慶喜政権・江戸幕府らは、西郷隆盛・大久保利通・薩摩藩年表帖 上巻

西暦1844

弘化1		
	11月10日	■江戸幕府の11代将軍・徳川家斉の正室(御台所)・広大院(1773～1844)、死去。享年72。 0127
		□実父は薩摩藩8代藩主・島津重豪、実母は側室・市田氏(お登勢の方(慈光院))。養父は近衛経熙。実名は寧姫、篤姫、茂姫。後に天璋院が「篤姫」を名乗ったのは広大院にあやかったもの。
弘化1	12月2日	■弘化に改元。 0128

西暦1845

弘化2		
	2月22日	■阿部正弘(備後福山藩第7代藩主)(1819～1857)、老中首座就任。 0129
	2月一	■この月、伊予国宇和島藩、火薬製造を開始。 0130
	3月11日	■米国捕鯨船「マンハッタン号」、日本人遭難者を引き渡しに来ていて、ようやく浦賀に来航。マンハッタン号は、平和裡に浦賀に入港した始めての米国船となる。 0131
		□江戸に荷物を運ぶ二組の日本の廻船が仙台沖と紀州沖で夫々遭難。幸いにして八丈島と小笠原諸島の中間位で捕鯨船に助けられ鳥島付近で遭難した日本人漂流民22名を乗せ2月には浦賀に来ていたが、浦賀奉行土岐丹波守と幕府保守派が烈しく論議している間、強風にあおられ避難、老中筆頭阿部伊勢守の英断で一時的処置として浦賀寄港を許され、薪水食糧の供与を受けた。
	5月2日	■英国船サラマンが琉球に来航、貿易を強要する。 0132
	5月28日	■直(のちの貞姫)(1845～1920)、加治木島津家第9代・島津久長(1818～1857)の子として生まれる。後に久光の義子・斉彬の養女となり、近衛忠房(1838～1873)に嫁ぐ。 0133
	6月1日	■幕府、和蘭の開国勧告を拒絶。 0134
		□幕府は、老中連署で和蘭に返書を送り、開国の忠告を謝絶した。
	6月27日	■幕府、海防掛を設置。 0135
	7月3日	■英国調査軍艦サマラン号が朝鮮、琉球訪問、途中長崎に立寄り測量許可及び薪水食料の提供を願う。 0136
		□長崎奉行所は、測量は許可しなかったが、薪水食料を与え、8日去らせる。
	7月5日	■老中阿部正弘(1819～1857)が海防掛兼任となる。 0137
		□海防掛は、老中以下、若年寄、大小目付、勘定奉行、勘定吟味役から選抜された。
	8月13日	■幕府、長崎奉行を通じ、蘭国へ開国拒絶。 0138
	11月1日	■西郷吉之介(隆盛)(1828～1877)、大刀流師範・大山後角右衛門に入門とされる。 0139

西暦1846

弘化3		
	2月13日	■121代孝明天皇(1831～1867)践祚。准摂政・鷹司政通(1789～1868)が関白に任命される。 0140
	2月一	■この月、江川太郎左衛門(英龍)(1801～1855)、海防意見を幕府に上申。 0141
	3月22日	■幕府、江川太郎左衛門(英龍)に、伊豆諸島巡見を指示。 0142
	閏5月25日	■薩摩藩、琉球貿易の黙認を、江戸幕府に要請。 0143
	閏5月26日	■西丸留守居役・筒井政憲(1778～1859)、薩摩藩世子・島津斉彬(1809～1858)に、琉球貿易黙認を確認する。 0144

西暦1846

| 弘化3 | 閏5月27日 | ■米国東インド艦隊司令長官ジェームズ・ビッドル(1783〜1848)、軍艦コロンバス号・ビンセンス号2隻を率いて浦賀に来航。浦賀奉行・大久保因幡守忠豊に書を送り通商を求める。幕府は拒絶するが薪水食糧は供与。6月7日早朝、びっしり取り囲んだ小船に引かれ停泊していた野比を去る。浦賀奉行も8日夕方には川越・忍藩ら諸家の警備態勢を解散する。 | 0145 |

■御所の建春門門前に**京都学習所(のちの京都学習院)が新設**される。
□公家や御所勤めの役人に、国学や歴史を教える学問所は、翌弘化4年3月9日に開講。幕末期には各藩から学習院出仕という形で桂小五郎、高杉晋作、平野国臣など尊王攘夷派の志士が出仕して朝廷内にその思想を広めていく場となる。なお、学習院跡として、上京区京都御苑元開明院内、現御所東南側建春門東北100m付近に石碑がある。

閏5月28日 — 0146

■市来郷地頭・島津久徳(?〜?)、調所広郷(1776〜1849)の推挙で、島津斉興名代の島津斉彬(1809〜1858)により家老に任命される。
□久徳は、碇山久寛の子。諱は久珍、後に久徳。藩政改革で成果を挙げていた家老調所広郷と接近し、養女ヒサが調所の嫡子左門に嫁ぐなど緊密な関係を持っていた。調所の推挙で家老に昇進し、島津姓を許された。嘉永元年(1848)調所の死後はその後継として藩政を指導し、家格も一所持となった。嘉永2年(1849)斉彬擁立派と対立、斉彬擁立派である近藤隆左衛門らによる暗殺の陰謀の疑いにより、事前に首謀者らを切腹、その他関係者を処罰したが、幕府が介入する事となり(お由羅騒動)、斉彬の藩主襲封に際しては留任するものの、斉興(1791〜1859)が隠居して斉彬が薩摩藩主となると、嘉永4年(1851)2月に罷免された。

閏5月29日 — 0147

■阿部正弘、帰藩する薩摩藩世子・島津斉彬に琉球の処置を一任。
□鎖国政策を取っていた幕府は、貿易の維持のために薩摩藩の琉球を介した貿易を容認する姿勢を示した。だが、それは琉球王国にとっては生糸や薬種など日本(幕府および薩摩藩)が必要とする品を確保・献上する義務を負う事になった。17世紀中期に入ると明清交替に伴う混乱や清に抵抗する台湾の鄭氏政権による妨害(琉球王国は清から冊封を受けていたため)、江戸幕府の貿易統制が間接的に琉球貿易にも適用される(貿易額の制限など)等によって、琉球貿易は苦難の時代を迎える。だが、中国から日本へ生糸・薬種・砂糖をもたらし、日本から中国へは銀、干鮑や昆布などの俵物をもたらした琉球貿易は、幕末期(19世紀中期)に至るまで東アジアの貿易では大きな役割を果たして長崎の会所貿易を脅かす程の存在感を持ち、その利益を掌握してきた薩摩藩の財政に対する貢献も大きかった。

6月5日 — 0148

6月7日	■幕府、米国の通商要求を拒否。	0149
6月8日	■薩摩藩世子・島津斉彬(1809〜1858)、江戸より鹿児島に向かう。	0150
6月8日	■仏国セシーユ提督が艦隊三艘、広東、琉球経由して長崎に渡来。水と野菜を望み、自国捕鯨船日本付近で遭難の場合の扶助送還を頼み、9日帰帆。	0151
6月21日	■蘭船が長崎入港。幕府注文の武器、軍艦模型を持参する。	0152
6月28日	■デンマーク地理調査軍艦「カラテア号」、浦賀を目指して渡来したが北風で入れず鎌倉付近を漂流。浦賀奉行組や警備の大名の関係者が船に乗込んだが、風雨強く城ヶ島沖で日本人乗組員を下し、薪水供与受けずに帰帆。	0153
7月8日	■老中阿部正弘(1819〜1857)、軍艦製造を建議。	0154

その時、勤王志士・朝廷・慶喜政権・江戸幕府らは、西郷隆盛・大久保利通・薩摩藩年表帖 上巻

西暦 1846

7月13日	■前水戸藩主徳川斉昭(なりあき)(1800〜1860)、内外情勢の意見書を提出。	0155
7月25日	■島津斉彬、二度目の鹿児島入り。	0156
7月25日	■幕府が高島秋帆以下、関係ある会所目付、吟味役、唐通事(とうつうじ)7人を処分。長崎奉行戸川播磨守、伊沢美作守も御役御免、差し控えを申し渡される。 □高島秋帆(しゅうはん)(1798〜1866)、中追放となる。武蔵国岡部藩にて幽閉されたが、洋式兵学の必要を感じた諸藩は、秘密裏に高島秋帆に接触したという。 □天保13年(1842)長崎奉行・伊沢美作守(みまさかのかみ)は、秋帆ら多くの関係者を逮捕した。罪状は「謀反の疑いあり」。これは鳥居耀蔵が秋帆を陥れるために偽装した罪で、その黒幕は老中水野忠邦であったともいわれている。翌年、秋帆は江戸伝馬町へ護送され投獄された。弘化2年(1845)水野が失脚し阿部正弘が老中の実権を握ると、秋帆事件の再調査が行われた。鳥居は不正が発覚し、奉行を解任となり丸亀藩(香川県)お預けとなる。秋帆は、謀反の罪からは解放されたものの、他のいくつかの軽罪に問われ中追放となる。	0157
7月30日	■幕府海防掛、阿部正弘の異国船打払令復活の諮問に反対の上申。	0158
8月8日	■幕府、異国船打払令復活を延期する。	0159
8月11日	■幕府海防掛、阿部正弘の大船建造解禁の諮問に反対の上申。	0160
8月28日	■谷山中塩屋（現在の射場山）において洋式砲術の演習があり、島津斉興名代の島津斉彬(1809〜1858)が上覧。 □大仕掛の演習で、真夏の炎天下に砂浜での砲車は容易に回らず、大人数で砲車を押して移動させるなど、全く実戦のようであったといわれている。総指揮指南役の成田正右衛門正之（鳥居平七）(1803〜1865)は、ひとしお緊張し、当日の上覧の様子は大脇権一兵衛が手記し、斉彬の問答書も残っている。	0161

射場山跡

西暦1846

| 弘化3 | 8月29日 | ■朝廷、幕府に海防の海防の御沙汰を命ずる勅書を下し、対外情勢の報告を求める(実に220年ぶりの幕政介入)。 | 0162 |

■野村忍介(おしすけ)(1846〜1892)、この年、折田清太夫の第2子として薩摩国鹿児島郡鹿児島近在西田村(鹿児島市常盤町)に生まれる。名は朝雄、幼名は亀次郎という。十郎太、斎蔵、のちに「忍介」と改名する。本姓は加世田氏。加世田氏は弟の矢八(景国)が継ぎ、忍介は母方の実家である野村家の養子となり野村家を継いだ。号は南陽、梅廼舎。

□幼年の頃には大山後角右衛門に大刀流剣術を学んだが合わず、15才のときに深見休八(有安)(1807〜1854)に真影流を学んだがまたも合わず、薬丸半左衛門兼義の門弟となり「野太刀自顕流」を修めた。野太刀自顕流は、薬丸兼武という人物が「野太刀流」の術に、東郷重位を始祖として生まれた薩摩藩の伝統的な剣術である「示現流」をミックスして、独自の流派として完成させたものという。また、砲術は、和式砲術家・青山愚痴に天山流砲術(同門に野津鎮雄)を習い、16才では、書と和歌を是枝生胤(これえだいくたね)に学んだ。野村は知己であった村田経芳(1838〜1921)と共に、この青山の元に通ったことが『自叙傳』の中に出てくる。村田経芳は、明治13年(1880)に日本陸軍が初めて採用した国産銃「十三年式村田銃」を開発したことでも有名。その他にも、野村は銃砲戦術の合傳流を学んでいるなど、剣術・和歌・砲術・銃戦術など、彼は若くしてあらゆる学問を身につけていた。後に慶応年間には京都詰となり市中見廻りの折、衝突した他藩士2名を斬ったとされ、剣の腕はあったようだ。

□「戊辰戦争」のときは、城下四番小隊(隊長は川村純義、監軍は永山弥一郎)の分隊長として「鳥羽・伏見の戦い」に参戦した。次いで東山道軍が大垣、池上、内藤新宿を経て白河に進撃すると、これに続き四番小隊の小隊長として有数の激戦であった白河攻防戦で戦い、白河城陥落後は棚倉に転戦した。会津若松城に進撃する際は、川村指揮の下で「十六橋の戦い」に勇戦、後に会津若松城包囲戦に参戦し軍功を挙げた。

| | 9月29日 | ■鹿児島の薩摩藩世子・島津斉彬(なりあきら)(1809〜1858)、琉球外警の書を、前水戸藩主徳川斉昭(なりあき)(1800〜1860)に送る。 | 0164 |
| | 10月3日 | ■幕府、京都所司代を通じて、朝廷に、諸国の軍艦が琉球・浦賀・長崎に渡来した状況を初奏上。 | 0165 |

西暦1847

弘化4	2月15日	■幕府、江戸湾警備を強化する(川越・忍藩に彦根・会津藩追加)。	0166
	3月19日	■薩摩藩世子・島津斉彬(なりあきら)、鹿児島より江戸に向かう。	0167
	3月19日	■幕府、江戸湾に3ヶ所の砲台建造を決める。	0168
	4月16日	■幕府、浦賀奉行所に外国応接事務専念し、警備は四藩と協議することを命じる。	0169
	5月10日	■島津斉彬、江戸到着。	0170

その時、勤王志士・朝廷・慶喜政権・江戸幕府らは、西郷隆盛・大久保利通・薩摩藩年表帖 上巻

西暦1847

7月13日	■森有礼(1847〜1889)、薩摩国鹿児島城下春日小路町で薩摩藩士・森喜右衛門有恕の五男として生まれる。兄に島津久光に側近として仕えた横山安武(1843〜1870)がいる。初代文部大臣を務めた他、一橋大学を創設し、明六社会長、東京学士会院初代会員、大日本教育会名誉会員を務め、明治六大教育家に数えられる。正二位子爵。 □安政7年(1860)頃より造士館で漢学を学び、元治元年(1864)頃より藩の洋学校である開成所に入学し、英学講義を受講する。元治2年(1865)3月、引率者五代友厚らと共に英国に密航、留学し（薩摩藩第一次英国留学生）、ロンドンで長州五傑と会う。明治元年(1868)帰国する。	0171
8月20日	■薩摩藩、大龍寺(廃寺)(鹿児島市大竜町)の南隣に砲術館(洋式砲術の研究)を設置。成田正右衛門正之(鳥居平七)(1803〜1865)を師範役とする。	0172
9月28日	■薩摩藩、西洋式軍備の演習を行う。	0173
10月1日	■薩摩藩、軍制改革を布告。	0174
10月11日	■西郷小兵衛(1847〜1877)、西郷吉兵衛隆盛の四男として生まれる。西郷隆盛(1828〜1877)の末弟。 □その面影や性格は兄の隆盛に最も似ているといわれる。慶応4年(1868)戊辰戦争では、3人の兄と共にこれに参加。八幡の戦いが初陣、のちに一番隊となって、江戸に進軍。その後、陸奥白河に進み、東北での諸戦でも参戦。明治2年(1869)2月29日、分隊長になる。 □明治10年(1877)西南戦争に参加して薩軍第一大隊第一小隊長を務める。同年2月27日、肥後国高瀬河南(熊本県玉名市)の戦いにて、繁根木川を境にして繁根木八幡宮に立てこもる官軍大部隊と激戦を展開、堤防上で陣頭指揮をとっていたが、官軍の銃弾を受けて戦死。享年31。	0175
12月一	■薩摩藩重臣・調所広郷(1776〜1849)、給地高改正を断行。 その財政引き締め政策によって、下級藩士たちの多大な恨みを買うことになる。	0176
12月18日	■薩摩藩財政担当、調所笑左衛門広郷、江戸幕府の取調を受ける。	0177

森有礼誕生地

森有礼

67

西暦 1848

弘化5	1月13日	■弘化3年（1846）より藩の記録所書役助として出仕した大久保一蔵（利通）（1830～1878）、系図御家譜編集別勤改役となる。	0178
	1月15日	■大久保一蔵（利通）、友人4人と共に相撲見物に出かけ、その会場に西郷吉之介（隆盛）（1828～1877）も友人3人と共に相撲を見に来ていた、と日記に記す。	0179
	1月19日	■大久保一蔵（利通）、藩学助教・横山安定（鶴汀）に入門。	0180
	1月一	■この頃、江川太郎左衛門（英龍）や高島秋帆の技術を取り入れた信濃松代藩士佐久間象山（1811～1864）、藩命により洋式野戦砲3門を鋳造。	0181
	1月一	■この月、薩摩藩大久保家は、朱子学の入門書『近思録』を入手する。	0182
	2月17日	■西郷吉之介（隆盛）（1828～1877）、この日付けで板垣与右衛門・同休右衛門に宛てて書かれた借金に対する礼状を出す。この時、西郷は板垣家から100両もの大金を借り入れていた。 □西郷家はその以前にも同じく100両というお金を板垣から借り入れており、都合200両、の借金をしていた。これは、禄高の買い入れのためだった。西郷家は元々47石の禄高を有する武士であったが、西郷が青年の頃には有名無実のものになっており、実質は無高であったようだ。薩摩藩では武士の禄高の売買が許可されていたので、西郷家の禄高は借金の抵当や生活費の工面のために既に売り払われていたという。このような家計の極度の貧窮状態を脱するために、西郷家では禄高の値の相場が下がった時に、板垣家から100両という大金を借金し、生活費の足しにするために禄高の購入を行ったとされる。	0183
嘉永1	2月28日	■嘉永に改元。	0184
	5月14日	■老中阿部正弘、海防掛に異国船打払令復活を諮問（海防掛は反対を上申）。	0185
	6月9日	■大久保一蔵（利通）、薩摩藩砲術家・成田正右衛門（鳥居平七）（1803～1865）に入門。	0186
	8月一	■この月幕府、高島流砲術を、「西洋流砲術」と改称し認可。	0187
	9月一	■この月薩摩藩、現在の吉野町で砲術の訓練を始め、同時に砲台の建設と平行して大砲鋳造や小銃を造る場所を、上町築地（鹿児島市浜町）の弁天社のかたわらに建設する。	0188
	11月一	■側室お由羅の生んだ次男・島津忠教（のちの久光）（1817～1887）が、島津斉興（1791～1859）出府後の名代となる。	0189
	12月18日	■薩摩藩家老・調所広郷（1776～1849）、清国密貿易が発覚した責を負い、薩摩藩上屋敷芝藩邸で服毒自殺。享年73。 □島津斉彬が藩主に成るべく一計を講じ、自藩の琉球密貿易を老中阿部正弘に密告したともいう。調所が一身に罪をかぶって死んだため、斉興の隠居とはならず、斉彬の襲封には、至らなかった。このことは、藩内の緊張を高め、斉彬の男子の夭折をきっかけに行動を起こそうとした斉彬派に対して、斉興派の徹底的な弾圧が行われた。下級藩士の多数は斉彬派で、西郷、大久保をはじめ、明治維新の中核となった者は、大方そうだった。	0190
	12月27日	■山内豊信（のちの容堂）（1827～1872）、土佐藩第15代藩主に就任。	0191

その時、勤王志士・朝廷・慶喜政権・江戸幕府らは、**西郷隆盛・大久保利通・薩摩藩年表帖 上巻**

西暦1849

嘉永2	3月26日	■米国軍艦「プレブル号」、長崎へ来航、抑留米船員引渡しを求める（和蘭商館経由で引取り、4月5日、退去）。 □嘉永元年（1848）5月7日、米国捕鯨船ラゴダ号の乗組員15名が三艘の艀で松前に漂着し、松前藩主は5月10日に江戸の幕府に報告。幕府は、松前藩江戸藩邸へ6月2日付札で長崎へ移送する様指示。そして、長崎に護送された。	0192
	閏4月8日	■英国地理調査軍艦「**マリナー号**」、**浦賀に来航**し翌日には飲み水、食料を至急するも、3日間ほど、江戸湾を測量。	0193
	閏4月13日	■「マリナー号」、下田入港。	0194
	閏4月13日	■韮山代官江川太郎左衛門（英龍）(1801〜1855)、兵を率いて下田へ赴く。	0195
	5月5日	■幕府（阿部正弘）、外国船打払令復活の可否を諮問。 □幕府は、三奉行以下海防掛、長崎・浦賀両奉行に対し、異国船打払令の復活の可否を諮問した。反対の上申が多数。	0196
	8月4日	■幕府、諸大名領で調練の節、大砲を放つことを許可する。	0197
	9月一	■**『水蒸船略説』（蒸気機関書の訳本）、成る。** □島津斉彬は西洋の文物に強い興味を持ち、その進んだ科学技術を積極的に取り入れて、製鉄や造船、紡績など殖産興業に努めたことで知られている。自らも和蘭語を学んで蘭学者たちと交流し、蘭書の翻訳に当たらせていた。その一人が箕作阮甫（1799〜1863）だった。蒸気船にも関心を抱き、嘉永元年（1848）に和蘭人フェルダムの技術書『水蒸機盤精説』（1837年刊行）を入手、蘭学者の箕作阮甫へと翻訳を依頼していた。斉彬はこの翻訳書を参考にして、蒸気船や蒸気車の研究に取りかかる。鎖国下では外国人技師を招いて技術指導を受けることができず、書物に頼るほかなかった。嘉永4年（1851）に藩主になると、実用化を目指して本格的に研究開発を進めた。製作作業は困難を極め、しばしば阮甫にも理論的な質問をして協力を求めていたという。安政2年（1855）阮甫が技術書の翻訳を行ってから6年の月日を経て、ついに蒸気機関が完成した。斉彬は、これを小型船に搭載して江戸隅田川で試運転を行い、成功。これが日本で最初の蒸気船「雲行丸」である。	0198
	12月3日	■**第10代薩摩藩主島津斉興**（1791〜1859）、**側室お由羅の生んだ次男・忠教（久光）(1817〜1887)を跡継ぎにしようとする**。嫡男・斉彬（1809〜1858）を擁立しようとする高崎五郎右衛門（1801〜1850）らと対立、斉彬派に弾圧をかける。**（お由羅騒動・高崎くずれ・嘉永朋党事件）**。 ■**大久保一蔵（利通）(1830〜1878)、記録所助を免ぜられ謹慎。**一蔵の父・利世（1794〜1863）は遠島処分、嘉永7年(1854)まで喜界島配流となる。 □斉彬派は壊滅的状況になってしまいますが、一党のうち4人が必死で脱藩し筑前・福岡藩、黒田家へ駆け込む。当時の藩主・黒田斉溥（長溥）(1811〜1887)は島津重豪の実の十三男で、彼の斡旋で老中の阿部正弘が動き、斉興は隠居させられ、斉彬が藩主の座に就くことになる。	0199
	12月5日	■幕府、打払令復活のため、諸大名に海防強化を命じる**（海防厳重令）**。	0200
	12月6日	■「お由羅騒動」。島津斉興（1791〜1859）、直命で島津斉彬擁立派40名に酷刑を言い渡す。	0201
	12月13日	■「お由羅騒動」。島津斉興は、近藤隆左衛門（1791〜1850）、高崎五郎右衛門（1801〜1850）ら6人を切腹に追い込む。	0202

西暦1849

嘉永2	12月28日	■幕府、辺海防備令を出す。	0203
	―	■「お由羅騒動」。連座して有馬一郎(1780~1854)・関勇助(関広国)(?~?)・奈良原助左衛門(?~?)ら、謹慎を命じられる。 □有馬一郎は鹿児島城下上荒田郷中で生まれる。義成・一郎の名を名乗る。和漢の学に優れ、青年子弟に世界の大勢を教えていた。お由羅騒動(高崎崩れ)に連座して謹慎を命じられた。その後、許されて、人物の育成にあたる。門下から西郷隆盛・大久保利通・有村俊斎(海江田信義)らが輩出した。『有馬一郎日記』を遺す。安政元年死去。享年75。	0204

西暦1850

嘉永3	3月4日	■「お由羅騒動」。島津斉彬の襲封を願う一派の中心的人物であった赤山靱負(あかやまゆきえ)(1823~1850)、切腹。 □西郷隆盛の父吉兵衛は、この時期御用人として赤山家に出入りしており、靱負自決を見届け、血痕に染まった片袖を自分の家に持ち帰り、その悲壮な最期を隆盛ら家人に語ったという。この事件は24才だった隆盛のその後の生き方に大きな影響を与えたという。 □赤山靱負は文政6年1月17日、生まれる。諱は久普(ひさひろ)。父は島津氏分家・日置島津家当主(十二代)の島津久風(ひさかぜ)。長兄は、第29代藩主・島津忠義の主席家老・島津久徴(ひさなが)(日置島津家十三代)、弟に西郷隆盛と親交を結び、西南戦争で戦死した桂久武がいる。 生家の日置島津家は薩摩藩内では一門家に次ぐ名門であり、一所持の中でも特別な存在である大身分に属し、代々家老をはじめとする重役に就いていた。また元服時に次男家まで藩主直々に加冠されるという特権をもっており、これは一門家以外では日置島津家だけに与えられていた。このため赤山靱負も天保4年(1833)12月19日に藩主・島津斉興手ずからの加冠を受け、元服した。天保12年(1841)4月8日に小納戸見習行奥小姓となり、同15年(1844)7月22日に江戸滞在中に供目付を兼務する。弘化3年(1846)5月6日鑓奉行の職に就任し、翌年には名越左源太や郷田仲兵衛と共に軍役方掛となる。	0205
	3月28日	■通商交易で富国の道を説いた安積艮斎(1791~1860)、幕府の儒員に登用され昌平黌の教授就任。	0206
	4月―	■「お由羅騒動」。この月、大久保一蔵(利通)の父・利世(1794~1863)は遠島処分となり、嘉永7年(1854)まで喜界島配流となる。生活状況が一変し、大久保家の財政状況は逼迫する。	0207
	5月―	■この頃、宇和島藩で蘭学者・高野長英(1804~1850)の設計による砲台が完成。長英は、幕府批判の罪に問われ、その後脱獄して宇和島藩に匿われていた。 □高野長英築造砲台跡は、愛媛県南宇和郡愛南町久良。海岸沿いには、約100mにも及ぶ2段構造の石塁が残されている。	0208
	6月2日	■島津斉興(1791~1859)の非を、伊予宇和島藩8代藩主・伊達宗城(だてむねなり)(1818~1892)が、老中阿部正弘(1819~1857)に訴える。	0209
	6月7日	■信州松代藩士佐久間象山(1811~1864)、江戸深川の藩邸内で砲術教授を始める。	0210
	6月11日	■和蘭船、幕府に米英の通商の意思を知らせる。 □蘭船が長崎入港。風説書で米国が日本と貿易を開く意思があることを告げる。	0211

その時、勤王志士・朝廷・慶喜政権・江戸幕府らは、西郷隆盛・大久保利通・薩摩藩年表帖 上巻

西暦1850

9月16日	■朝廷（近衛忠熙）、薩摩藩世嗣・島津斉彬（1809〜1858）より『蘭国別段風説書』を受ける。 □幕府では毎年入港する和蘭貿易船がもたらす世界のニュースを和蘭商館長に提出義務付け、これを『蘭国風説書』といった。アヘン戦争後、幕府でも危機感を強め、天保13年（1842）以降、更に詳しい情報を含む『別段風説書』を提出させていた。	0212
10月24日	■幕府の大砲鋳造所、江戸築地に完成。	0213
11月12日	■薩摩藩家老が、西丸留守居役・筒井政憲（1778〜1859）より島津斉興隠居を諭される。	0214
11月23日	■幕府、参勤交代で江戸に来た、薩摩の島津斉興隠退を内諭する。13日とも。	0215
11月—	■孝明天皇（1831〜1867）、再び海防勅諭を下す。	0216
12月1日	■第10代薩摩藩主島津斉興（1791〜1859）、幕閣（老中阿部正弘）の圧力により隠居願いを提出。	0217
12月3日	■島津斉興、将軍家慶（1793〜1853）より茶器を賜る。	0218
12月7日	■島津斉興の隠居願不苦旨の令が出る。	0219
12月25日	■幕府、異国船打払令復活を予告し海防強化を命じる。	0220

西暦1851

嘉永4	1月3日	■漂流民中浜（ジョン）万次郎（1827〜1898）、薩摩藩領の琉球に帰国。 □薩摩藩は万次郎を長崎に送る。	0221

高野長英築造砲台跡

西暦1851

嘉永4	2月2日	■島津斉彬(43才)(1809〜1858)、襲封。島津家28代当主、11代薩摩藩主就任。翌日、薩摩守に遷任。左近衛権少将如元。	0222
		□調所派の海老原清熙(薩摩藩天保改革の実行責任者)(1803〜?)は失脚し、文久3年(1863)に島流しになる。調所の死後はその後継として藩政を指導した家老島津久徳(?〜?)も罷免される。	
	5月—	■この月、佐久間象山、江戸木挽町(東京都中央区南部)に砲術塾を開設。	0223
	5月8日	■島津斉彬、江戸から藩主として初めて入国(入部)する。	0224
	6月28日	■困窮する大久保一蔵(利通)(1830〜1878)、森山與兵衛に14両1分を借り入れ、この日付で借金の証文を出す。	0225
	10月—	■薩摩藩、鹿児島磯龍洞院前(鹿児島市吉野町磯)海浜にて、西洋型帆船「以呂波丸」(伊呂波丸)(三檣(三本マスト))を起工。	0226
		□斉彬は藩主就任するとただちに、30年前に洋式帆船を造った寺師正容子の寺師宗道・市来四郎(1829〜1903)兄弟を召し出し、寺師の資料と長崎から取り寄せた資料を併せて洋式船を建造、伊呂波丸と名付けた。	

西暦1852

嘉永5	2月18日	■第16代越前福井藩主松平慶永(春嶽)(1828〜1890)、軍制改革を実施し、銃隊を編成。	0227
	2月29日	■薩摩藩主島津斉彬、宇和島藩主伊達宗城に将軍正室として送込む姫が側室になる可能性が有るので、幕府に実子として届け出たと手紙を書く。	0228
	3月26日	■篤姫の父・今和泉忠剛(1806〜1854)、薩摩藩主島津斉彬に、養女にと求められる。	0229
	—	■西郷吉之介(隆盛)(1828〜1877)、父母の勧めで伊集院直五郎兼善(1817〜1883)の娘、伊集院兼寛(1838〜1898)の姉・須賀(1832〜?)と結婚したが、7月に祖父・遊山、9月に父・吉兵衛、11月に母・マサが相次いで死去し、一人で一家を支えなければならなくなる。	0230
		□伊集院兼寛は、明治5年(1872)頃、出納大属となる。同7年(1874)鳥取県権参事に転じ、翌年、参事に昇格。同9年(1876)高知県参事に転じ、さらに大書記官となる。同11年(1878)内務少書記官に転じ社寺局で勤務した。明治15年(1882)11月、高知県令に就任。前任の田辺輝実(1841〜1924)とは異なり、自由党の関係者を県庁、学校から排除し、県政に混乱をもたらしたという。翌明治16年3月5日、在任中に死去。	
	5月2日	■幕府大砲演習所、武蔵国大森村に完成。幕府は、旗本や諸藩士にその使用を許す。	0231
	6月5日	■出島和蘭商館長クルティウス(1813〜1879)、来日。	0232
	6月25日	■薩摩藩主島津斉彬、鹿児島城内で西洋式軍事演習を実施。	0233
	6月29日	■アラスカのシトカから露国船メンシコフ号が、紀州の天寿丸漂流民を携え下田に渡来する。中国船か和蘭船経由で長崎で受取旨伝えたところ漂流民7名を海岸近くで2艘の丸木舟に下ろし立去る。	0234
	7月11日	■幕府の送還でジョン万次郎、土佐へ帰国。	0235
		□後藤象二郎は、吉田東洋邸に招かれた万次郎から世界地図を譲り受け、海外の知識を得たという逸話が残る。	

その時、勤王志士・朝廷・慶喜政権・江戸幕府らは、**西郷隆盛・大久保利通・薩摩藩年表帖 上巻**

西暦**1852**

7月18日	■西郷吉之介(隆盛)の祖父・龍右衛門(隆充)、死去。 0236
8月17日	■和蘭国商館長クルティウス、来年、米国艦隊が日本に来ることを幕府に通告。 0237
9月27日	■西郷吉之介(隆盛)の父・吉兵衛(1806~1852)、死去。 0238
9月29日	**■西郷吉之介(隆盛)、家督を相続。** 0239
11月29日	■西郷吉之介(隆盛)の母・マサ(政佐、政子)、死去。 0240 □西郷家は大家族で隆盛(吉之助)(1828~1877)を長男に長女お琴(1831~1913)、次男吉二郎(1833~1868)、次女鷹(1837/1839?~1862?)、三女安(1839~?)、三男竜庵(信吾、のちの西郷従道)(1843~1902)、四男小兵衛(1847~1877)の7人兄弟に祖父と父母、次男吉二郎の妻マスと子供と大所帯だった。
11月30日	■江戸滞在中の薩摩藩主島津斉彬、弟久光に米艦来航を予告し、非常警備を命じる。 0241
12月1日	■島津斉彬(1809~1858)、従四位上に昇叙し、左近衛権中将に転任。薩摩守如元。 0242
12月4日	■土佐藩、漁夫・万次郎(1827~1898)に「中浜」の姓を与え、教授館下遣を命じる。 0243
12月15日	■一(篤姫)(1836~1883)、鶴丸城にて薩摩藩主島津斉彬(1809~1858)と対面。 0244
12月27日	■藩主に就任以降、富国強兵政策を採っていた**薩摩藩主島津斉彬、幕府に対して当時薩摩の庇護下にあった琉球王国の防衛を名目に、琉砲船(洋式軍艦)の建造願いを提出。** 0245

西暦**1853**

嘉永6	1月11日	■島津斉彬、近衛忠煕に手紙を書く。 0246
	3月1日	**■一、薩摩藩主島津斉彬の養女となり、10日、名を「篤姫」と改める。** 0247
	3月1日	**■西郷吉之介(隆盛)(1828~1877)、「善兵衛」と改名。** 0248
	4月19日	■米国東インド艦隊、琉球那覇に来航。 0249
	4月29日	■薩摩藩の琉砲船(洋式軍艦)建造の許可が降りる。幕府は、琉球渡航用として許可を与う。 0250
	5月11日	**■大久保正助(一蔵・利通)(1830~1878)、「お由羅騒動」の罪を許され、記録所に復職し、御蔵役に任ぜられる。** 0251
	5月28日	■篤姫、歌道入門誓詞を書く。 0252
	5月29日	■薩摩藩、桜島漕ノ浦(瀬戸村)及び牛根に造船所を新設、同月琉砲船(昇平丸)を漕ノ浦で起工。 0253
	6月1日	■高島秋帆の洋式銃隊訓練に鉄砲方として立ち会い、高島流砲術指南免許を得た下曽根金三郎(信敦)(1806~1874)、久里浜(神奈川県横須賀市久里浜)で浦賀奉行に西洋流砲術を教える。 0254
	6月3日	**■「ペリー来航」。**米国東インド艦隊指令官マシュー・ペリー(1794~1858)率いる米国軍艦、4隻(蒸気船2隻、帆船2隻)の艦隊で浦賀に初来航。米国フィルモア大統領国書の江戸での受取と開国通商を求める。交渉に当たるが、長崎回航は受け入れられず。夜の時砲で、沿岸が騒然とする。 0255 □米国が要求したのは、「通商」「漂流民の救助・保護」「避難港の確保と石炭・薪水などの補給」の3点だった。

73

西暦1853

嘉永6

6月5日	■篤姫、鶴丸城(鹿児島城)(鹿児島市城山麓)に移る。	0256
6月6日	■ペリーの命で、ミシシッピ号に護衛された数隻の測量隊が、江戸湾を北上し始める。 ■幕府、江戸湾の沿岸に藩邸を持つ諸藩に動員を命じる。	0257
6月7日	■老中阿部正弘、前水戸藩主徳川斉昭を訪問、意見を問う。	0258
6月9日	■ペリー、幕僚等を従え久里浜(神奈川県横須賀市)に上陸。応接掛戸田氏栄(うじよし)(1799～1858)・井戸弘道(?～1855)両浦賀奉行と会見し、米国大統領フィルモアからの国書を差し出す。翻訳したのは、幕府天文台翻訳員・箕作阮甫(みつくりげんぽ)(1799～1863)。	0259
6月12日	■ペリー出航、琉球に向かう。幕府は「将軍が病に伏せ決定できない」として返答に1年の猶予を要求したため、ペリーは「開国・通商の返事を聞くために1年後に再来航する」と告げたという。 □ペリーは、国書への回答を待たず、翌年再来航することを告げて退去する。艦船が揃わず補給体制が十分でない中での長期滞在を避けたという。一旦日本を去るといっても、香港に行けば、米国から定期的に郵便物が届き、世界の情報や新聞が飛びかっており、情報収集は容易であった。	0260
6月15日	■京都所司代・脇坂安宅(やすおり)(播磨龍野藩第9代藩主)(1809～1874)、武家伝送に米国艦隊来航を伝達。	0261
6月18日	■幕府、川路聖謨(かわじとしあきら)(1801～1868)・江川太郎左衛門(英龍)(1801～1855)らに、房総海岸検分を命じる。	0262
6月19日	■幕府、江川太郎左衛門(英龍)に、江戸防衛の砲台建設を命じる。	0263
6月19日	■幕府(阿部正弘)、軍艦7隻を蘭国から購入することを決定。 □阿部正弘は、米露両国艦隊が再来航した際は返事を先延ばしする方針に決定し、万一相手が戦争を仕掛けた場合の備えを進めていた。	0264

鶴丸城(鹿児島城)

その時、勤王志士・朝廷・慶喜政権・江戸幕府らは、西郷隆盛・大久保利通・薩摩藩年表帖 上巻

西暦1853

6月20日	■京都所司代・脇坂安宅、孝明天皇(1831〜1867)に米国艦隊来航を上奏。 0265
6月22日	■**江戸幕府第12代征夷大将軍、徳川家慶(1793〜1853)、死去。享年61。** 0266
6月26日	■老中阿部正弘(1819〜1857)、米国書簡を示し寺社、勘定奉行らの意見を問う。 0267
7月1日	■老中阿部正弘、米国親書の返書に関して、登城の御三家・大名に意見を求める。 0268 ■勝義邦(海舟)(1823〜1899)、幕府に海防意見書を提出。
7月3日	■老中阿部正弘、米国親書の返書に関して、旗本らに意見を求める。 0269 ■前水戸藩主徳川斉昭(1800〜1860)、老中阿部正弘の要請で海防参与に就任。19日、水戸学藤田派・藤田東湖(1806〜1855)、江戸藩邸に召し出され、幕府海岸防禦御用掛として再び斉昭を補佐することになる。
7月8日	■**海防参与徳川斉昭、「十条五事」を幕府に建議し、軍艦、汽船の建造を和蘭へ注文し、又造船技師及び高級海員の招聘を説く。** 0270 □外国と和すべきでない理由十条と対策五事を記す。斉昭の主張は、当面の戦争を避けるために、表面上「戦」を鼓舞しつつ内実は外国と「和」するというものであった。阿部正弘は巻末に、この建議に感銘を受けた旨の書付をした。
7月10日	■薩摩藩主島津斉彬(1809〜1858)、米国国書の回答及び海防充実等に関する意見を、海防参与徳川斉昭に示す。 0271 ■島津斉彬、近衛忠煕と江戸家老・末川久平に、予定通り篤姫参府と手紙を書く。
7月18日	■**露国遣日全権使節プチャーチン(1803〜1883)海軍中将、帆走軍艦ら4隻を率いて、長崎に来航。国書受取要求。** 0272
7月22日	■**松平慶永(春嶽)(1828〜1890)、営中にて島津斉彬(1809〜1858)と会し、共に一橋慶喜(1837〜1913)を将軍の継嗣となすに尽力せんことを約す。** 0273
7月一	■島津斉彬、書を右大臣近衛忠煕(1808〜1898)に呈し、勅諭を幕府に下し軍艦建造の議を冀望する。 0274
7月一	■長崎警備の筑前藩主黒田斉溥(長溥)(1811〜1887)、仮令諸方の砲台建築に数千万金を投じても洋式艦船の備が無ければ防禦は必勝を期し難い旨を説き、速かに蒸汽船及び軍艦の製造許可を建議。 0275
8月2日	■幕府、勘定奉行や勘定吟味役、韮山代官江川太郎左衛門(英龍)らに、江戸湾の砲台建造を計画させる。 0276
8月3日	■海防参与徳川斉昭、「海防愚考」を幕府に建議。 0277
8月5日	■「ペリー来航」による社会情勢の変化により、砲術家高島秋帆(1798〜1866)、赦免される。 0278
8月6日	■幕府、高島秋帆を江川太郎左衛門(英龍)の配下に置く。 0279 □秋帆の砲術の知識を役立てようと考えた老中阿部正弘は、江川太郎左衛門が引き取るという形で秋帆を釈放。長崎で逮捕されてからじつに10年10ヶ月もの年月が過ぎていた。自由の身になった秋帆は、人生の復活を喜び、喜平と名を改める。秋帆は海防掛御用取扱いとして江川太郎左衛門の下につき品川台場の建設に従事した。出獄したばかりの秋帆は、10月、平和開国通商をと、『嘉永上書』を幕府に提出した。

西暦1853

嘉永6	8月一	■彦根藩主井伊直弼(1815〜1860)は、この月、二度にわたり幕府へ意見書「初度存寄書」「別段存寄書」を提出。	0280
		□直弼の主張は避戦・開国で、さらに朱印船を復活し積極的な海外進出をすべしと述べる。具体的対応策を提示しない現状維持の意見書が大勢を占める中で、直弼の意見書は開国に積極的である。	
	8月15日	■幕府、大砲50門の鋳造を佐賀藩に要請。	0281
	8月19日	■三奉行の上申を受けた老中阿部正弘は、この日、長崎奉行大沢安宅に露国書を受領させる。	0282
	8月21日	■江戸内海に11基の台場計画での築造始まる。25日ともいう。桂小五郎(1833〜1877)、師匠斎藤弥九郎を介して36代江川太郎左衛門(英龍)の奴僕として、約1ヶ月間見学。	0283
		□英龍は、高島流砲術の高島秋帆への弟子入りし、これを改良した西洋砲術の普及に努め、全国の藩士にこれを教育した。佐久間象山・大鳥圭介・橋本左内・桂小五郎などが彼の門下で学んでいる。	
		□ペリー来航により藩軍議役に任ぜられた佐久間象山は、国家の危急存亡にかかわる重大事だと考え、「堅固なる船を備え、水軍を練るべき事」「士気精鋭、筋骨強壮の者を選び、大砲隊を編成すべき事」「大小銃を演習し、四時間断なからしむる事」などの十ヶ条から成る『急務十条』を老中阿部正弘に提出した。	
	8月22日	■篤姫(1836〜1883)、鹿児島を出発、江戸に向かう。	0284
	8月24日	■第10代肥前国佐賀藩主鍋島斉正(直正)、露国使節海軍中将プチャーチンの招きにて、初めて蒸気機関車の模型を見学。	0285

鍋島直正

彦根城

その時、勤王志士・朝廷・慶喜政権・江戸幕府らは、西郷隆盛・大久保利通・薩摩藩年表帖 上巻

西暦1853

8月26日	■佐賀藩主鍋島斉正（直正）、長崎和蘭商館長ドンケル・クルティウスに、軍艦数隻の購入斡旋方を依頼。
8月29日	■**薩摩藩主島津斉彬**（なりあきら）（1809～1858）、**書を水戸斉昭に寄せ、その幕政参与を賀し、併せて時事急務数条を述べる。** □斉彬は、幕府に建艦、武器・兵書の購入を要求。幕府、薩摩藩に建艦のみを許可。
9月8日	■幕府、浦賀奉行に「鳳凰丸」の建造を命じる。嘉永7年（1854）5月10日に竣工。
9月15日	■**幕府、「武家諸法度」内の大船建造禁止令を解除。** □禁が寛永以来220余年で解かれた。浦賀奉行所や雄藩が軍艦建造に着手。老中阿部正弘（備後福山藩主）は、自藩でも西洋式帆船の建造を計画、徳川斉昭が推薦した中浜万次郎に雛形を造らせる。建造計画は正弘の没後も引き継がれ、文久2年（1862）帆走「順風丸」が完成。
9月25日	■**幕府、西洋流砲術を修業奨励、長崎奉行をして和蘭商館長クルティウスに軍艦・鉄砲・兵書を注文。**
10月2日	■篤姫、江戸への途中、伏見に到着、京の右大臣近衛忠熙（ただひろ）邸を訪問。5日間ほど滞在し、京都観光もする。
10月6日	■篤姫、伏見を発つ。
10月15日	■長崎奉行水野筑後守忠徳（ただのり）（1810～1868）、欧式海軍採用につき和蘭商館長へ意見を徴す。
10月15日	■幕府、正式に軍艦註文約定書を和蘭商館長クルティウスへ交付。
10月23日	■露国遣日全権使節プチャーチン（1803～1883）、長崎出港、上海に向かう。 □江戸から幕府の全権が到着するのを待ったが、クリミア戦争に参戦した英国軍が極東の露国軍を攻撃するため艦隊を差し向けたという情報を得た。
10月23日	■**「将軍宣下」。徳川家定**（1824～1858）、**第13代将軍に就任。**また、内大臣となる。 ■篤姫、江戸三田の薩摩上屋敷に入る。 □薩摩藩は、77万石の大藩で、江戸にいくつもの屋敷があり、幕末には薩摩藩邸は最低6ヶ所あったという。三田の上屋敷、日比谷の装束屋敷、高輪の中屋敷、田町の蔵屋敷、渋谷の下屋敷、白金の屋敷という。
11月1日	■**幕府、徳川斉昭**（1800～1860）**と阿部正弘**（1819～1857）**の連携で、「海防の大号令」を発布。** □この日決定した幕府の方針は、斉昭が提唱した、時を稼いで海防強化をはかるというものであった。
11月2日	■幕府、勘定奉行石河土佐守（政平）（まさひら）、松平河内守（近直）（ちかなお）、目付堀利忠（利熙）（としひろ）、勘定吟味役竹内保徳を「造船用掛」とし、相州浦賀に於て英国船を模し「鳳鳳（鳳凰）丸」（船型バルク、長二二間、幅五間、三檣）製造の工を起こす。
11月6日	■島津斉彬、軍艦15隻（内蒸気船3隻）の建造計画を立て、12月、幕府の許可を得る。
11月7日	■幕府、米国より戻っていた土佐藩士・中浜（ジョン）万次郎（1827～1898）を登用し、幕府直参御普請役格とする。
11月11日	■越前福井藩主松平慶永（春嶽）の養女・謐子（しづこ）（1837～1873）、阿部正弘（1819～1857）に嫁ぐ。
11月12日	■**幕府、水戸藩に大船建造を命じる。**

77

西暦 1853

嘉永6	12月5日	■露国使節海軍中将、軍艦4隻を率いて長崎に再来。	0303
	12月5日	■幕府、石川島を造船所に決定。	0304
	12月6日	■中浜万次郎、幕府御普請役格にて、外交文書の翻訳にあたる。	0305
	12月13日	■江川太郎左衛門（英龍）(1801〜1855)、幕命により大砲製造の為、反射炉建設計画に着手。	0306
	12月14日	■阿部正弘の命で長崎に派遣された大目付格筒井政憲、勘定奉行川路聖謨らと、プチャーチンの交渉が始まる。 □露国の要求は、通商のほか樺太における国境の設定が含まれていた。川路聖謨は、ペリー来航以前から阿部政権の海防政策を担った、勘定所系の海防掛の代表的人物で、露国プチャーチンとの交渉以後、外交面で力を発揮した。	0307
	12月17日	■幕府使節、露国軍艦を見学。	0308

西暦 1854

嘉永7	1月5日	■薩摩藩、洋式騎兵を創設。	0309
	1月8日	■プチャーチン艦隊、長崎出港、マニラに向かう。	0310
	1月15日	■江戸で異国船見物禁制の町触が出る。	0311
	1月16日	■前年の予告通り、14日に輸送艦「サザンプトン」(帆船)が現れ、米国東インド艦隊司令官マシュー・ペリーが率いて、この日までに7隻の艦隊で神奈川沖に再来。	0312
	1月17日	■薩摩藩、吉野原(鹿児島市吉野)で砲術の大訓練を実施。	0313
	1月21日	■薩摩藩主島津斉彬(1809〜1858)、参勤のため江戸に向かう。西郷善兵衛（隆盛）27才(1828〜1877)、上書が認められ、「中御小姓・定御供・江戸詰」に任ぜられ、随行、初めて江戸に出る。	0314
	1月—	■阿部正弘、この月、江戸丸山の福山藩邸内に学問所「誠之館」を設置、その発会式(開校式)が挙行される。	0315
	2月3日	■幕府、米国軍艦見物を禁じる。	0316
	2月4日	■参勤途上の薩摩藩主島津斉彬、小倉の宿で箕作阮甫(1799〜1863)に会う。 □箕作は、嘉永元年(1848)斉彬の求めに応じ、翌年には蒸気船技術書「水蒸船説略」を翻訳していた。また、ペリー来航時に米大統領国書を翻訳、対露交渉団の一員として長崎にも出向いていた。	0317
	2月6日	■幕府、漂流民保護と薪水食糧給与は承認し、通商条約は拒絶する方針を決定。	0318
	2月10日	■ペリー提督と幕府(応接掛林復斎・井戸覚弘・伊沢政義、鵜殿長鋭(鳩翁)、松崎柳浪)との第1回外交交渉が、横浜ではじまる。	0319
	2月15日	■米国大統領から将軍への献上品が、横浜に荷揚げされる。 □実物の四分の一の蒸気機関車と炭水車・客車の模型、標準天秤、モールス電信機など。電信機は2月24日に実演された。阿部正弘への贈物の一つは、米軍メキシコ政侵図説であった。	0320
	2月21日	■松代藩士佐久間象山(1811〜1864)、下田開港の議あるを聞き、幕府目付堀利忠(利熙)、越前藩士中根靱負、及び水戸藩士藤田東湖を歴訪して、その不可を論じ、横浜開港の可なる所以を説く。	0321

その時、勤王志士・朝廷・慶喜政権・江戸幕府らは、西郷隆盛・大久保利通・薩摩藩年表帖 上巻

西暦1854

2月25日	■「外交交渉」。幕府、米国に箱館開港の許可を与える。物資の補給および漂流民の保護・救助を行うことのできる避難港だった。 0322
2月26日	■幕府の米国献上品に対する返礼の贈答品「ペリー来航図」が、引き渡される。 0323
2月27日	■篤姫の実父・今和泉島津家第10代当主・島津忠剛(1806~1854)、死去。第9代薩摩藩主・島津斉宣の七男。 0324
2月28日	「外交交渉」。幕府、下田開港も決定。 0325
2月―	■幕府、江戸近海警備の諸藩に製艦を促す。 0326
3月3日	■島津斉彬、西郷善兵衛(隆盛)、江戸高輪の薩摩藩邸に到着。 0327
3月3日	■幕府、勅許を得られないまま約1ヶ月にわたる協議の末、神奈川の応接所において「日米和親条約(神奈川条約)」を締結。翌年から伊豆国下田湊と蝦夷国箱館の開港(米船の補給、米国漂流民の保護)を約し、通商は拒否。 約200年間続いた鎖国政策は終わりを告げる。 0328
3月23日	■プチャーチン艦隊、三度長崎来航。 0329
3月24日	■幕府、下田奉行を再設置。 0330
3月27日	■吉田松陰と弟子金子重輔(1831~1855)、下田で偽名を使い、米艦に乗船を求めるが断られる。 □ペリー艦隊ミシシッピ号艦長書記スポルディングの航海記『日本遠征記』に著されている。 0331
3月―	■薩摩藩、磯ノ浜で小蒸汽船の製造に着手。安政2年(1855)5月進水、船体機関とも竣工したが完成に至らず。 0332
3月―	■薩摩藩、西洋型帆船「以呂波丸」(三檣(三本マスト))竣工。 0333
4月―	■この月、西郷善兵衛(隆盛)(1828~1877)、薩摩藩庭方役となり、当代一の開明派大名であった島津斉彬から直接教えを受けるようになる。 0334
4月3日	■薩摩藩琉砲船(のちの「昇平丸」)進水、同年12月12日竣工。 0335
4月9日	■肥前佐賀藩主・鍋島斉正(直正)(1815~1871)、和蘭商館を訪問し、軍事・科学の説明を受ける。 0336
4月10日	■日米和親条約締結の阿部正弘は、「御国法相崩レ御国辱ニ相成候」と、責任をとるため、老中辞意を表明。 □この辞意は将軍以下の慰留により撤回したが、これ以後正弘は、「安政の改革」と称される幕政改革に着手する。 0337
4月―	■薩摩藩主島津斉彬、越前藩主松平慶永(春嶽)、宇和島藩主伊達宗城ら、書を尾張藩主徳川慶恕(慶勝)に寄せ、水戸斉昭と協力、幕政を振粛せんことを勧説する。 □振粛とは、緩んだ気風などをふるい起こし、引き締めること。 0338

西暦1854

嘉永7	4月一	■この月、薩摩藩庭方役・西郷善兵衛(隆盛)(1828〜1877)、斡旋の樺山三円(資之)(1830〜?)と共に、小石川水戸藩邸に赴き、初めて水戸藩の碩学・藤田東湖(1806〜1855)を訪ね、国事について教えを受ける。	0339

□樺山三円(資之)(1830〜?)は、藩主島津斉彬の茶坊主として機密の用を務める傍ら、嘉永5年(1852)冬、有村俊斎(海江田信義)・大山格之助(綱良)らと江戸邸勤仕を命ぜられ、次いで税所篤・菊池源吾(西郷隆盛)らが出府し同志多年の宿望を達し、藩内の改革派と親交を深める。そして、水戸藩の藤田東湖、戸田忠敞(忠太夫、蓬軒)らの影響を受け、安政元年(1854)には出府した西郷隆盛を藤田に引き合わせた。同6年(1859)には薩摩精忠組に加入。桜田門外の変の計画にも当初関与するが、決行には加わらず帰国し、以後は主に在国にて他藩との連絡活動に従事した。文久元年(1861)江戸において、武市瑞山、久坂玄瑞らと会見したのもその一端であり、薩摩、長州、水戸、土佐各藩の藩士間の相互提携に貢献した。

	4月23日	■佐久間象山(1811〜1864)、「吉田松陰密航事件」に連座して、獄に入れられる。	0340
	4月29日	■幕府(所司代)、米国船来航を朝廷に報告。朝廷は、皇国の汚辱と非難。	0341
	4月30日	■徳川斉昭、海防参与を辞任。	0342
	5月10日	■浦賀造船所で、日本最初の洋式軍艦「鳳凰丸」が完成。 □江戸幕府によって建造された西洋式帆船。蒸気船の急速な普及のため旧式化し、実際には軍艦ではなく輸送船として使用された。	0343
	5月14日	■幕府、江川太郎左衛門(英龍)に下田警備を委任。	0344
	5月25日	■和親条約の細則を定めた日米和親条約附録協定(下田条約13箇条)締結。蘭、露とも締結。	0345
	5月29日	■島津斉彬、島津久光に、幕府より正式な婚礼の沙汰なしはペリー再来や御所炎上が原因と今泉島津家に伝えるよう手紙を書く。	0346
	6月2日	■米国東インド艦隊司令官マシュー・ペリー、日本を発ち、琉球に向かう。6月17日、琉球王国とも琉米修好条約を締結する。	0347
	6月5日	■「安政の改革」を開始。幕府、老中首座阿部正弘(備後福山藩主)(1819〜1857)の主導で「安政の改革」を開始。 □幕府三大改革といわれる「享保の改革」・「寛政の改革」・「天保の改革」に次ぐ改革といわれる。	0348
	6月8日	■ペリー来航の直後、将軍はドンケル・クルティウスに、和蘭から蒸気艦を派遣するよう要請した。この日、蘭国王から将軍へ献上するため、蘭国東洋艦隊軍艦が長崎に入港。 □6月11日、蒸気船「スームピング号」は、幕府に献じられ「観光丸」と名付けられ練習船になり、同道したペルスライケン大尉以下22人は、教師団として長崎に残る。	0349
	6月26日	■幕府、松前藩領箱館(函館)及びその付近を直轄地とする。	0350
	6月30日	■幕府、箱館奉行を34年ぶりに再設置。	0351
	6月一	■禁裏造営にあたり、朝議、防火空地設置の内命を幕府に下す。水戸斉昭、薩摩藩主島津斉彬ら、朝議を助けて斡旋する。	0352

その時、勤王志士・朝廷・慶喜政権・江戸幕府らは、**西郷隆盛・大久保利通・薩摩藩年表帖 上巻**

西暦1854

7月1日	■薩摩藩、牛根造船所(鹿児島県垂水市牛根麓脇田)で軍艦・蒸気船4隻の建造に着手。	0353
	□薩摩有村に於て幕府用として「大元丸」(24間、安政2年11月竣工)、藩用として「承天丸」(24間、安政2年竣工)を起工。又牛根に於て幕府用として「鳳瑞丸」(20間、安政2年3月進水、9月竣工)、藩用として「万年丸」(20間、安政2年4月進水)を起工。	
7月9日	■幕府、島津斉彬と徳川斉昭の言を採用し、日の丸を日本惣船印とする事を決定する。	0354
7月13日	■朝廷は条約やむを得ず、国防を万全とするよう幕府に要請。	0355
7月21日	■蘭船サラ・リデイア号、長崎入港、幕府の軍艦註文約定に対し東印度総督の来訓を伝える。	0356
7月30日	■大久保正助(一蔵・利通)の父・利世(1794~1863)、お由羅騒動の罪を免ぜられる。5月ともいう。	0357
閏7月4日	■和蘭艦長ファビウス、日本海軍創設意見書を提出。	0358
閏7月15日	■英国艦隊司令長官スターリング、軍艦4隻と長崎に入港。	0359
8月20日	■宇和島藩、小型蒸気船研究のため村田蔵六(大村益次郎)(1824~1869)・二宮敬作(1804~1862)らを長崎に向かわせる。実際は軍艦製造の研究という。	0360
	□長崎で、シーボルトの娘で産科修行をしていた楠本イネ(1827~1903)を紹介され、蘭学を教えている。	
8月20日	■土佐藩、稲ều流砲術家 ・ 田所左右次(寧親)(1812~1873)、絵師河田小龍(1824~1898)らを、薩摩に反射炉見学のため派遣。	0361
	□小龍は、幼少より神童の誉れ高く、土佐藩随一新知識者として吉田東洋に見出された。その画塾「墨雲洞塾」には、武市半平太や土方楠左衛門(久元)、田中顕助(光顕)、清岡道之助、近藤長次郎、長岡謙吉らが入門している。	
8月23日	■長崎奉行水野忠篤(忠徳)(1810~1868)、目付永井尚志(1816~1891)と英国艦隊司令長官スターリング、「**日英和親条約**」を調印、長崎と箱館の2港を開港を約束。	0362
8月23日	■朝廷、改元すべき旨を幕府に伝達。	0363
8月24日	■薩摩藩家老一行、長崎停泊中のスンビン号を訪問する。	0364
8月27日	■薩摩藩士西郷善兵衛(隆盛)・樺山三円(資之)、再び、水戸学藤田派の学者・藤田東湖を訪ねる。	0365
9月2日	■幕府、和蘭国に、長崎の他、下田と箱館を開港。	0366
9月18日	■露国使節プチャーチン、軍艦「ディアナ号」で大坂に入り、天保山沖に停泊。大坂騒然となる。	0367
	□プチャーチンは、8月30日、箱館に入港したが、同地での交渉を拒否されたため大坂へ向かった。	
9月21日	■幕府、和蘭国に蒸気軍艦2隻(咸臨丸・朝陽丸)を発注。	0368
10月14日	■大坂奉行から下田へ回航するよう要請を受けて、この日、下田に入港。幕府は再び川路聖謨、筒井政憲らを下田へ派遣、プチャーチンとの交渉を行わせる。	0369
10月27日	■老中阿部正弘ら、完成した品川台場を検分。	0370
	□のちに、佐賀藩主鍋島斉正(直正)は、同藩が鋳造した大砲の試射をした。	

西暦**1854**

嘉永7	11月4日	■「**安政東海地震**」。駿河湾から遠州灘、紀伊半島南東沖一帯を震源とするM8.4という巨大地震が発生。 □下田一帯も大きな被害を受け、露国のディアナ号も津波により大破する。	0371
	11月5日	■32時間後、「**土佐大地震(寅の大変、安政南海地震)**」起こる。M8.4と推定される。地震の被害を受けた画家河田小龍(1824〜1898)は、仮住まいとして築屋敷に移る。	0372
	11月一	■貧窮を見かねた妻の実家・伊集院家が、西郷家から善兵衛(吉之助、隆盛)妻・須賀(1832〜?)を引き取り、以後、二弟の吉二郎(1833〜1868)が一家の面倒をみる。	0373
安政1	11月27日	■安政に改元(内裏炎上、黒船来航、11月の安政東海地震、安政南海地震災異のためという)。	0374
	12月12日	■薩摩藩で日本二番目の洋式軍艦が竣工。安政2年(1855)1月26日に「昇平丸」と命名。	0375
	12月21日	■下田で日露和親条約9ヶ条と附録4ヶ条を締結し、下田・箱館・長崎開港期日及条約本書批准に関する覚書を交換する(**日露和親条約**)。	0376
	12月23日	■「毀鐘鋳砲の勅諚」。朝廷、「梵鐘を以て兵器を鋳造」の太政官符を下す。	0377

西暦**1855**

安政2	1月5日	■幕府、日米和親条約批准書を交換。 □下田において応接掛井戸覚弘(?〜1858)等とペリー艦隊参謀アダムス中佐との間で行われた。	0378
	1月9日	■**孝明天皇、島津斉彬に宸筆の和歌を賜う。**	0379
	1月11日	■幕府、浦賀・下田・箱館の3奉行に外国船寄贈の書籍・武器の江戸送付を命令する。	0380
	1月16日	■江川太郎左衛門(英龍)(1801〜1855)、死去。55才。	0381
	1月18日	■幕府、天文方内蕃書和解御用から、洋書研究・翻訳のための洋学所を独立させる。	0382
	1月18日	■幕府、勝義邦(海舟)(1823〜1899)、箕作阮甫(1799〜1863)らを、異国応接掛手付蘭書翻訳御用に任じる。	0383
	1月23日	■薩摩の洋式軍艦「昇平丸」に乗り、島津忠教(のちの久光)・忠徳(のちの忠義)が鹿児島湾回航。	0384
	2月24日	■**幕府、松前藩領の居城付近を除く蝦夷地全土を直轄地とする。**	0385
	3月3日	■幕府、朝廷の指示により、諸国寺院に梵鐘の鉄砲改鋳を命令し、銅鉄による仏像の新鋳を禁止する。僧侶ら反発。 □老中阿部正弘は諸藩主に対し次のように公示し、相違したという。「海岸防御のため、このたび、諸国寺院の梵鐘、本寺の外、古来の名器、および当節、時の鐘に相用い候分相除き、その余は大砲、小銃に、鋳換うべきの旨、京都より仰進せられ候。海防の儀専ら御世話ありの候、折柄叡慮の趣、深く感戴あそばされ候事に候間、一同厚く相心得、海防の儀いよいよ相励むべき旨仰出され候。もっとも右の趣寺院へは、寺社奉行より、申し渡し候間、其の意を得られ、取計い方等、委細の儀は、追って相違すべく候。」。	0386
	3月9日	■**踏絵の制(切支丹宗取調のため二百年来の制度)、漸く廃せられる。** □絵踏は禁教の一つの手段として、1620年代に長崎で始められ、その後、キリシタンが数多く存在した九州では、各地で絵踏が制度化された。	0387

その時、勤王志士・朝廷・慶喜政権・江戸幕府らは、西郷隆盛・大久保利通・薩摩藩年表帖 上巻

西暦1855

一	■この頃、西郷善兵衛(隆盛)(1828〜1877)、善兵衛から8代目「吉兵衛」へ改める。	0388
3月一	■この月、日米和親条約に基づいて箱館は開港。寄港地としての開港である。箱館が正式に国際貿易港として開港するのは安政6年(1859)。	0389
3月10日	■大破し曳航途中、沈没した露国軍艦ディアナ号の代替船として、ロシア人の指導で日本人により建造された「ヘダ号」が、伊豆戸田村で進水式。	0390
3月13日	■幕府、前水戸藩主徳川斉昭(1800〜1860)の藩政復帰を許す。	0391
3月14日	■お由羅騒動の罪を免ぜられた大久保正助(一蔵・利通)の父・利世(1794〜1863)、島妻筆と二人の娘(タケとマツ)を沖永良部島に残して、鹿児島に戻る。	0392
3月22日	■露国使節プチャーチンら40人余が「ヘダ号」に乗船し、帰国に向けて出港。	0393
6月5日	■川路聖謨(1801〜1868)、蕃書翻訳御用掛として登用される。	0394
6月19日	■幕府、江戸湯島鋳砲所で洋式小銃の鋳造を開始する。	0395
6月21日	■和蘭艦長ファビウス、海軍伝習所創設の意見書を長崎奉行へ提出。	0396
6月27日	■島津斉彬、軍艦「昇平丸」を幕府に献上する。	0397
6月29日	■幕府、諸大名・旗本に洋式銃の訓練を命じる。	0398
7月3日	■幕府、西洋流の銃砲演習を奨励する。	0399
7月29日	■幕府、長崎西役所に「海軍伝習所」を設ける。長崎奉行永井尚志(1816〜1891)、長崎海軍伝習所所長格に任ぜられる。勝義邦(海舟)ら、海軍伝習重立取扱となる。□第1期生は江戸出身者37名と佐賀、福岡、薩摩など8藩の128名という。「長崎海軍伝習所跡碑」(長崎市江戸町)。	0400
7月一	■長崎製鉄所建設の議、起こり、幕府は「大船製造掛」を設ける。□長崎海軍伝習所総取締役・永井玄蕃守尚志は、第一次海軍伝習教育班を率いる蘭国海軍中佐グ・ファビウスに製鉄所の建設を依頼する。	0401
8月3日	■江戸九段下に「洋学所」が開設される。	0402
8月4日	■老中松平乗全(三河西尾藩第4代藩主)と松平忠優(後の忠固)(信濃上田藩第6代藩主)、徳川斉昭らの派閥の圧力で辞任。	0403
8月13日	■幕府、江戸で薩摩藩主島津斉彬の献納した帆船砲艦「昇平丸」を受領。□その後は品川に置かれ、長崎海軍伝習所への伝習生派遣など、主として練習艦として使用された「昌平丸」である。	0404
8月14日	■徳川斉昭(1800〜1860)、政務(軍制改革)参与に再任。特に隔日登城を命ぜられる。	0405
8月23日	■薩摩藩、江戸で日本初の蒸気船「雲行丸」、試運転成功。□江戸の薩摩藩邸前の海で試運転を実施した。	0406
8月25日	■長崎奉行荒尾成允・目付永井尚志ら、6月9日、蘭国国王から寄贈された蒸気軍艦「スームビング号」(後の観光丸)をこの日、受領。	0407
9月1日	■宇和島藩主伊達宗城(1818〜1892)、兵学者村田蔵六(大村益次郎)の設計した洋式軍艦模型の試運転に試乗。	0408
9月1日	■長崎海軍伝習員の小十人組・矢田堀鴻ほか3名、「昇平丸」に乗船し、海路長崎に向かう。永持亨次郎、勝義邦(海舟)、伊豆韮山代官手代・望月大象、浦賀奉行組与力・中島三郎助ら16名は、陸行という。	0409

83

西暦1855

安政2	9月18日	■幕府、禁裏附の都筑駿河守峯重（1803〜1858）をして、外国との条約締結事情を朝廷に奏聞。	0410
	9月22日	■関白鷹司政通（1789〜1868）、和親条約締結に対する幕府の措置を、了承する朝旨を伝える。	0411
	9月30日	■幕府、旗本への貸付金の返納を免じ、代わりに武備の充実を命じる。	0412
	10月2日	■「安政の大地震」、起こる。水戸藩側用人・水戸学藤田派の学者藤田東湖（1806〜1855）、江戸小石川藩邸にて震災により死去。享年50。 □東湖は戸田忠太夫（1804〜1855）と水戸藩の双璧をなし、前前水戸藩主徳川斉昭（1800〜1860）の腹心として水戸の両田と称された。また、水戸の両田に武田耕雲斎（1803〜1865）を加え、水戸の三田とも称される。特に水戸学の大家として著名であり、全国の尊王志士に大きな影響を与えた。 ■篤姫は、地震により芝から渋谷の藩邸へ移る。	0413
	10月4日	■長崎奉行が購入した3000丁の洋式小銃が江戸へ輸送される。	0414
	10月9日	■幕府、第5代下総国佐倉藩主・堀田正篤（正睦）（1810〜1864）を老中首座勝手掛に任命。井伊直弼（1815〜1860）ら開国派の巻き返しである。	0415
	10月14日	■幕府、旗本・諸藩士・庶民の蝦夷地移住開拓を許可する。	0416
	10月16日	■越前福井藩主松平慶永（春嶽）、水戸斉昭に頼り、参勤交替制の変更など、諸制の改革を建議する。	0417
	10月20日	■海軍伝習員勝義邦（海舟）ら、長崎に至る。教場・長崎西奉行所で海軍伝習開始。	0418
	10月22日	■和蘭人の長崎市街遊歩が許可される。	0419

西郷南洲翁宅地跡

その時、勤王志士・朝廷・慶喜政権・江戸幕府らは、西郷隆盛・大久保利通・薩摩藩年表帖 上巻

西暦1855

10月24日	■幕府海軍伝習所が長崎に開校し、幕臣・諸藩士・庶民ら多数の伝習が始まる。 0420 第一次伝習生たちは所長格永井尚志に率いられ出島和蘭商館に赴き入門式を挙行。伝習生書記掛は、永持亨次郎、勝義邦（海舟）、矢田堀景蔵で、幕臣中心に伝習が始まる。 □翌年、翌々年春の第二次・第三次の海軍伝習には松本良順(医学)、幕臣沢太郎左衛門、榎本武揚ら、薩摩藩士五代才助(友厚)ら諸藩士が入所、陸上や海上での教育のほか、安政4年(1857)にはポンペにより西洋医学の講義もなされる。
11月一	■この月、幕府、蝦夷地開拓の希望者を募る。 0421
12月12日	■西郷家の財政は一層窮迫した。西郷吉兵衛（隆盛）は、江戸在任中に下加治屋町の生家を売却し、4人の弟妹（すでに嫁いでいた長妹の琴と次妹の鷹を除く）は、上之園の借家に移る。 0422
12月15日	■越前福井藩主松平慶永(春嶽)(1828～1890)、薩摩藩主島津斉彬(1809～1858)と会し、時局を議す。 0423
12月15日	■一橋慶喜(1837～1913)、参議に任ぜられる。 0424
12月23日	■幕府、「日蘭和親条約」を長崎で調印。 0425
12月27日	■越前福井藩士橋本左内(1834～1859)、江戸の水戸藩士原田八兵衛（兵介）(1792～1863)の屋敷で、薩摩藩士西郷吉兵衛(隆盛)(1828～1877)らと会し、時事を議す。 0426 □橋本、初めて会った西郷を「薩 芝上屋敷 御庭方 西郷吉兵衛 鮫島正人友人、卯年極月二十七日始於原八宅、相会す、燕趙悲歌之士なり」(時世を悲憤慷慨する者)と評す。西郷は、橋本の博識に驚く。また、西郷は、この頃から政治活動資金を時々、斉彬の命で賜るようになる。

西暦1856

安政3		
	1月23日	■幕府、将軍通行時の規則を緩和する。 0427
	1月30日	■江戸石川島に於て水戸斉昭督工の下に「旭日丸」(船型ハルク、長23間1尺、幅5間2尺、深4間)を起工。 0428
	2月11日	■設立準備中の「洋学所」、その名称に異議が唱えられ「蕃書調所」と改称。 0429
	2月22日	■朝廷 篤姫と近衛家との養子縁組の許可を出す。 0430
	2月28日	■篤姫(1836～1883)、右大臣近衛忠熙(1808～1898)養女として将軍の室とする幕府内達を受ける。 0431
	2月29日	■薩摩藩士・樺山三円(1830～?)、再び東上。 0432
	3月11日	■勝義邦(海舟)(1823～1899)、講武所砲術師範役となる。下曽根金三郎・江川太郎左衛門(英敏)らが任命される。 0433
	3月12日	■幕府、江戸駒場で洋式調練を行う。老中・若年寄ら視察。 0434
	3月15日	■開国を唱える勘定奉行川路聖謨(1801～1868)、一橋慶喜(1837～1913)に諸件の進言書を呈する。 0435
	3月24日	■幕府(阿部正弘)、江戸築地に「講武所」として創建を布達。 0436
	3月一	■幕府注文の「鳳瑞丸」、「大元丸」、鹿児島を出港。 0437

西暦1856

安政3	4月-	■薩摩藩主島津斉彬、軍賦役木脇賀左衛門（権一兵衛）と砲術書籍掛沖直次郎を、幕府長崎海軍伝習所に入所させる。	0438
		□二人の長崎からの報告を受け、翌年には五代才助（友厚）、磯永孫四郎、川村与十郎(純義)ら20名ほどが、入所することになる。	
	4月25日	■幕府、築地鉄砲洲の講武所開場式。旗本・御家人の子弟を西洋式に軍事教練する。	0439
	5月1日	■西郷吉兵衛（隆盛）（1828〜1877）、初めて水戸藩士武田耕雲斎(1803〜1865)に会う。	0440
		□耕雲斎は、水戸斉昭を支えて、尊王攘夷運動を行っていた。	
	5月7日	■老中阿部正弘(備後福山藩第7代藩主)、藩士を蝦夷地調査に派遣。	0441
	6月13日	■幕府、洋書と翻訳書の蕃書調所による検閲を定める。	0442
	6月26日	■幕府、個人蔵の洋学書籍の目録提出を命じる。	0443
	7月1日	■幕府、蕃書調所での旗本子弟の修学を許可する。	0444
	7月7日	■篤姫、右大臣近衛忠熙の養女となる。藤原敬子という諱を賜り、篤君と称す。	0445
	7月9日	■西郷吉兵衛（隆盛）、藩主島津斉彬の密書を、前水戸藩主徳川斉昭(1800〜1860)に届ける。	0446
	7月12日	■幕府の命により、石川島造船所で建造の水戸藩の洋式軍艦が5月竣工し「旭日丸」と命名する。しかし、故障等あり、安政4年、俗に「厄介丸」と称される。	0447
	7月18日	■幕府、大坂の安治川・木津川河口に砲台を建設する。	0448
	7月21日	■日米和親条約の取り決めに従い、タウンゼント・ハリス(1804〜1878)、初代の駐日米国総領事として下田に到着、会見を要求。	0449
	8月4日	■老中阿部正弘(1819〜1857)、評定所・海防掛らに、国強兵のための貿易開始(交易仕法の変革)について諮問を行う。	0450
	8月6日	■老中阿部正弘、交易互市を富国の大方針とすることを宣言。	0451
	8月8日	■長きに渡り関白を務めた鷹司政通(1789〜1868)に代わり、左大臣九条尚忠(1798〜1871)が関白に就任。	0452
	8月24日	■幕府、駐日米国総領事ハリスの下田駐在を許可。8月26日、ハリスは、下田奉行に通商の自由と貨幣等価交換を要求。	0453
	9月7日	■幕府、ハリスの下田駐在を朝廷に報告。	0454
	9月10日	■「アロー事件」発生。第二次アヘン戦争に繋がる。	0455
	9月16日	■朝廷（武家伝奏）、所司代を無視し、水戸藩京都留守居・鵜飼吉左衛門(1798〜1859)に諮問。	0456
		□武家伝奏三条実万(1802〜1859)、密かに水戸藩士石河徳五郎(1796〜1857)を招いて時事を談ず。石河は、鷹司政通夫人（徳川斉昭の姉）の用人。実万正室は、第10代土佐藩主・山内豊策の娘。	
	9月18日	■長崎奉行、浦上村山の隠れキリシタン15人を逮捕、浦上三番崩れの弾圧が始まる。	0457
	9月25日	■第二次アヘン戦争勃発。	0458
	10月1日	■堀田正篤、篤姫の名を憚り、「正睦」と改名。	0459

その時、勤王志士・朝廷・慶喜政権・江戸幕府らは、**西郷隆盛・大久保利通・薩摩藩年表帖 上巻**

西暦1856

10月3日	■前関白鷹司政通（1789〜1868）、徳川斉昭が報じた外交事情を三条実万らに内示し、書面を天皇に提出。	0460
10月5日	■長崎海軍伝習所所長格永井尚志（1816〜1891）、海外留学生派遣を建議する。	0461
10月6日	■越前藩主松平慶永（春嶽）、尾張藩主徳川慶恕（慶勝）に、一橋慶喜を将軍継嗣にとの書を送り協力を求める。徳島藩主蜂須賀斉裕、宇和島藩主伊達宗城、薩摩藩主島津斉彬及び上州安中藩主板倉勝明に同趣旨を伝える。	0462
10月17日	■幕府、老中堀田正睦（1810〜1864）に老中首座、外国事務取扱を命じ、海防月番を専任とする。	0463
10月20日	■農政家二宮尊徳（1787〜1856）、日光神領の復旧に参与中、病死。	0464
10月27日	■大久保忠寛（のち一翁）（1818〜1888）、蕃書調所取締に任命される。	0465
11月10日	■島津斉彬、藤原敬子（篤姫）に、一橋慶喜将軍就任に尽力を説得。	0466
11月11日	■藤原敬子（篤姫）、渋谷の薩摩藩邸（下屋敷）を出て、江戸城本丸に入る。	0467
11月16日	■村田蔵六（大村益次郎）（1824〜1869）、宇和島藩御雇の身分のまま、幕府の蕃書調所教授手伝となる。	0468
12月5日	■駐日米国総領事ハリス、老中に将軍に謁見したいと申し出る。	0469
12月一	■この頃、薩摩藩士西郷吉兵衛（隆盛）（1828〜1877）、篤姫の輿入れ準備に奔走。 □斉彬の考え方は、篤姫を通じて一橋家の慶喜を第14代将軍にし、賢侯の協力と公武親和によって幕府を中心とした中央集権体制を作り、開国して富国強兵をはかって露英仏など諸外国に対処しようとするもので、日中韓同盟をも視野にいれた壮大な計画であり、西郷はその手足となって活動した。	0470
12月9日	■関白を辞任した鷹司政通（1789〜1868）、異例の「太閤」の称号を孝明天皇から贈られる。義弟（妻の弟）徳川斉昭（前水戸藩主）から、異国情勢についてこまめに連絡を受け、孝明天皇に知らせていたという。	0471
12月11日	■藤原敬子（篤姫）、家定、結納。	0472
12月18日	■将軍徳川家定（1824〜1858）と右大臣近衛忠煕養女・藤原敬子（篤姫）（1836〜1883）の婚儀が行われる。篤姫、御台所となる。	0473
12月28日	■幕府、合薬座を設け、講武所附属とする。	0474
一	■この年、薩摩藩、鉱山採鉱に火薬を使用。	0475

西暦1857

安政4	1月12日	■幕府、蕃書調所開業式、挙行。	0476
	1月18日	■蕃書調所で洋書の翻訳、教授を始める。蕃書調所教育部門が正式に開講して、幕臣190余人が入校する。	0477
	2月1日	■和蘭商館長クルティウス、長崎奉行にアロー号事件を伝え、通商条約交渉に警告を与える。	0478
	2月24日	■幕府、貿易和親に決定。	0479
	2月29日	■大久保正助（一蔵・利通）（1830〜1878）、近在諸地方検者（軍奉行下役）に任命される。	0480

西暦1857

安政4	3月4日	■永井尚志率いる幕府海軍伝習所第1期生150名、「スームビング号」（後の観光丸・船将矢田堀鴻）を操作して長崎を出発、江戸へ向かう（3月26日、品川港へ入港）。 □長崎は遠隔の地にあり、伝習生派遣に多額の費用を必要としたところから、江戸に海軍操練所を設けることとなり、第一期の伝習生は勝麟太郎他4,5名を残して江戸に引き上げた。	0481
	3月11日	■薩摩藩主島津斉彬（1809～1858）、江戸城平川門付近の一橋邸で一橋慶喜（1837～1913）に拝謁。継嗣たるべき人物だと判断という。	0482
	3月27日	■島津斉彬、また一橋邸を訪問、深く慶喜の徳に服し、後に越前藩主松平慶永(春嶽)に書を贈り、早く西城（将軍継嗣）と仰ぎたしという。	0483
	4月3日	■西郷吉兵衛(隆盛)、藩主島津斉彬の参勤交代帰藩に従い、江戸を出立。	0484
	4月4日	■幕府、江戸築地南小田原町の講武所に、総督永井尚志（1816～1891）として、軍艦教授所を設ける。 □手狭になった講武所は移転を余儀なくされる。 ■「スームビング号」改名し、練習艦「観光丸」となる。	0485
	4月11日	■村田蔵六(大村益次郎)（1824～1869）、幕府講武所の教授に就任。	0486
	4月15日	■老中阿部正弘(備後福山藩第7代藩主)、藩士を蝦夷地調査に再度派遣。	0487
	4月20日	■薩摩藩主島津斉彬、帰藩の途中に京都へ入り、右大臣から左大臣に転任した近衛忠煕（1808～1898）を訪ねる。	0488
	4月一	■この月西郷吉兵衛（隆盛）、参勤交代帰藩の途中、肥後熊本藩の家老長岡監物(是容)（1813～1859）、藩士津田山三郎(信弘)（1824～1883）と会い、国事を話す。	0489
	4月一	■この月、鹿児島城内に精錬所「開物館」が完成。	0490
	5月24日	■西郷吉兵衛（隆盛）（1828～1877）、3年ぶりに鹿児島に帰る。御小姓与に復帰。	0491
	5月26日	■幕府、タウンゼント・ハリスと9ヶ条の日米和親条約修補条約（下田協約）を締結、在留米人の居留権と領事裁判権の特権が認められる。長崎が開港。	0492
	5月28日	■大久保正助(一蔵・利通)（1830～1878）、下加治屋町方限取締となる。	0493
	閏5月18日	■幕臣・松本良順（1832～1907）、長崎伝習之御用を命じられ、長崎に赴く。11月には、和蘭軍医のポンペに医学等の蘭学を学ぶことになる。	0494
	閏5月19日	■薩摩藩主島津斉彬、磯別邸に完成した工場群を「集成館」と名付ける。	0495
	6月17日	■高島秋帆、江川太郎左衛門(英龍)、大久保忠寛（一翁）、勝義邦（海舟）、永井尚志らを登用した老中阿部正弘（1819～1857）、急死。享年39。 □堀田正睦（1810～1864）は、直ちに松平忠固（1812～1859）を老中に再任、開国派が巻き返したのだ。	0496
	7月19日	■幕府、江戸築地南小田原町の海軍操練所(教授所)を開講。	0497
	7月23日	■水戸斉昭、海防・軍制改革等の参与辞意を許される。	0498
	7月26日	■諸大名、老中堀田正睦にハリス登城反対を申し立てる。	0499

その時、勤王志士・朝廷・慶喜政権・江戸幕府らは、**西郷隆盛・大久保利通・薩摩藩年表帖 上巻**

西暦1857

8月4日	■幕府発注の「ヤッパン号」(のちの咸臨丸)、蘭国(和蘭)から日本へ回航され、幕府長崎海軍伝習所の練習艦となる。蘭国海軍医ポンペら33名、海軍伝習所教官として長崎に入る。 □第二次海軍伝習教育班指揮官カッテンディーケ等と共に長崎の製鉄所建設の任務を帯びた機関将校H・ハルデス率いる配下も、長崎に上陸する。	0500
8月14日	■幕府、ハリス江戸登城を許可。	0501
8月29日	■**幕府、和蘭と40ヶ条の追加条約を締結。通商条約としては初めてである。**	0502
8月一	■薩摩藩主島津斉彬、磯別邸に石灯篭ガス灯を設置。	0503
9月6日	■福井藩主松平慶永(春嶽)、徳島藩主蜂須賀斉裕、美作国津山藩主松平慶倫、鳥取藩主池田慶徳、明石藩主松平慶憲、連署して駐日米国総領事ハリスの上府を機に、武備を充実することを幕府に建議。	0504
9月9日	■島津斉彬の六男哲丸、鹿児島で生まれる。	0505
9月17日	■薩摩藩主島津斉彬、銀板写真機ダゲレオタイプで、集成館おいて自らを藩士宇宿彦右衛門(1820~1864)に写させる。続いて自ら写真を撮る。 □日本人が日本人を撮って成功した唯一の銀板写真。写真機は、長崎の蘭学者・上野俊之丞(上野彦馬の父)(1790~1851)が和蘭船で輸入したもので、のちカメラが薩摩藩の手に渡る。 □市来四郎が撮った島津斉彬の銀板写真が、日本人が最初に撮った写真ともいわれる。	0506
10月1日	■**西郷吉兵衛(隆盛)**(1828~1877)、**徒目付・鳥預・庭方兼務・江戸詰に任命される。**	0507
10月7日	■薩摩藩主島津斉彬、親書を発して、学問の要旨を諭す。	0508
10月7日	■土佐藩主山内豊信(のちの容堂)(1827~1872)、福井藩主松平慶永(春嶽)(1828~1890)と初めて会い、序々に条約勅許・将軍継嗣問題に関与しはじめる。	0509
10月10日	■大浦の対岸、飽の浦に長崎製鉄所の建設が始まる。	0510
10月16日	■福井藩主松平慶永(春嶽)(1828~1890)、徳島藩主蜂須賀斉裕(1821~1868)が連名で一橋慶喜の将軍推挙意見書を提出。25日、薩摩藩主島津斉彬(1809~1858)もこれを建議する。	0511
10月21日	■**駐日米国総領事タウンゼント・ハリス**(1804~1878)、**江戸城にて13代将軍徳川家定**(1824~1858)**に謁見し、米国大統領の国書を渡す。**	0512
11月1日	■**大久保正助(一蔵・利通)**(1830~1878)、**徒目付に任命される。** ■**西郷吉兵衛(隆盛)、藩主斉彬の一橋慶喜擁立を受け、再度、江戸に向け鹿児島を出立。一緒の大久保正助(一蔵・利通)、最初の藩外旅に発つ。**	0513
11月1日	■幕府、米国大統領親書とハリスの口上書について、諸大名に意見を求める。	0514
11月3日	■**幕府、蘭・露に箱館・長崎での交易を許可する。**	0515
11月4日	■**西郷吉兵衛(隆盛)、熊本で肥後藩家老長岡監物・津田山三郎らと会し、大久保正助(一蔵・利通)を紹介。**	0516
11月11日	■**西郷吉兵衛(隆盛)**(1828~1877)、**下関の豪商・白石正一郎邸に宿泊。** □藍玉の高値に困っていた白石正一郎(1812~1880)に、薩摩の藍玉購入の斡旋をし、以後、白石宅は薩摩藩の活動拠点の一つになる。	0517
11月15日	■前水戸藩主徳川斉昭、ハリス要求拒否の上書を提出	0518

西暦1857

安政4

11月26日	■福井藩主松平慶永(春嶽)、幕府の諮問に対し、自主外交・富国強兵の国策を答申。	0519
11月29日	■薩摩藩邸学問所教授に就任した有馬新七(1825～1862)、**文武振興・学制改革の意見書**を、藩主島津斉彬に上申。	0520
11月―	■江川英龍(坦庵)病死し、後を継いだ伊豆韮山代官江川英敏(1839～1863)は、蘭学の導入に積極的で、反射炉の建造も行っていた佐賀藩に応援を求め、技師の派遣を要請した。佐賀藩士の助力を得て、この月、韮山反射炉は着工から3年半の歳月をかけて、ようやく完成した。	0521
12月3日	■幕府、開明派幕臣・目付岩瀬忠震・下田奉行井上清直を、駐日米国総領事ハリスとの交渉の全権委員に任命。 ■幕府、永井尚志(1816～1891)を、勘定奉行に任命。	0522
12月6日	■朝廷、所司代よりハリスの演述書・応接書などを受ける。	0523
12月6日	■**西郷吉兵衛(隆盛)、江戸に至る。**	0524
12月8日	■**西郷吉兵衛(隆盛)**(1828～1877)、**江戸福井藩邸に橋本左内**(1834～1859)**を訪ね、将軍継嗣に関する島津斉彬の書状を福井藩主松平慶永(春嶽)**(1828～1890)**に呈す。**	0525
12月13日	■幕府、朝廷に対し「日米通商条約」に調印することを上奏。	0526
12月13日	■越前福井藩士橋本左内、西郷吉兵衛(隆盛)を訪ね、一橋慶喜擁立に関し協議。	0527
12月―	■**大久保正助(一蔵・利通)**(1830～1878)、**薩摩藩大坂御留守居役・早崎七郎右衛門の次女満寿**(1840～1878)**と結婚。** □妻との間には長男・大久保利和(1859～1945)、次男・牧野伸顕(1861～1949)、三男・大久保利武(1865～1943)、五男・石原雄熊(1869～1943)、長女・芳子(1876～1965)が生まれた。のちには妾として、京都の祇園に「おゆう」がおり、勇(杉浦治郎右衛門為充の娘)との間には四男・大久保達熊(利夫)(1867～1894)、六男・大久保駿熊(1870～1912)、七男・大久保七熊(1871～1943)、八男・大久保利賢(1878～1958)が生まれている。	0528

旧集成館「反射炉跡」

その時、勤王志士・朝廷・慶喜政権・江戸幕府らは、西郷隆盛・大久保利通・薩摩藩年表帖 上巻

西暦1857

12月23日	■朝廷、畿内近国に公使館設置及び開港の不可を、幕府に伝える。	0529
12月25日	■薩摩藩主島津斉彬、幕府に一橋慶喜継嗣を建白。	0530
12月26日	■**幕府、日米条約調印のため林大学頭復斎（1801〜1859）を入京させる。ハリスが伝える日本を取り巻く切迫した国際情勢を朝廷に説明させる。** □林大学頭は、武家伝奏・広橋光成（1797〜1862）と東坊城聡長（1799〜1861）に面会し事細かく説明した後、28日、その概要を書翰（世界情勢より外交政策転換）としても提出した。	0531
12月29日	■**長崎奉行、翌春執行予定だった「踏絵」の中止を決定。** □キリシタン弾圧強化のため長崎奉行が行っていた年中行事の「絵踏」が、日米修好通商条約の締結によって廃止される。踏絵板は長崎奉行所の蔵に収められる。	0532
12月29日	■幕府、朝廷に、鎖国の旧制を改めんことを申し入れる。 □林大学頭（復斎）が、武家伝奏に対し開国条約の了解を求めたのだ。	0533
12月29日	■将軍徳川家定、諸侯を召し、老中堀田正睦をして貿易開始の止むを得ない事情を説かせ、各意見を披陳させる（30日は譜代諸侯）。	0534
12月29日	■勘定奉行川路聖謨（1801〜1868）・勘定奉行永井尚志（1816〜1891）、小石川水戸藩邸に赴き、前藩主徳川斉昭（1800〜1860）に、開国条約の是非を説くが拒絶される。	0535
－	■この年、肥前藩が電信機を完成。 ■この年、薩摩藩が電気式地雷と水雷の実験を行う。	0536

西暦1858

安政5	1月4日	■下田奉行井上清直、外国奉行岩瀬忠震、ハリスと面会し、開国には朝廷の勅許が必要であると述べ、3月5日まで調印を延ばすよう要請。	0537
	1月5日	■薩摩藩主島津斉彬（1809〜1858）、一橋慶喜（1837〜1913）を将軍継嗣にと勅命を奏請。	0538
	1月5日	■**幕府、朝廷の許可を得るために、日米修好通商条約締結の2ヶ月延期を、ハリスに求める。** □幕府、米国との仮条約に60日以内を持って調印と決める。	0539
	1月6日	■薩摩藩主島津斉彬、将軍継嗣に関する意見書を、左大臣近衛忠煕、内大臣三条実万に提出。 □将軍継嗣は一橋慶喜との内勅を、天皇が幕府に出すように依頼した。	0540
	1月8日	■幕府、老中堀田正睦（下総佐倉藩主）（1810〜1864）に上洛を命じる。日米条約調印の勅許を請願させるためである。	0541
	1月14日	■**薩摩藩主島津斉彬、朝廷崇拝・将軍継嗣等、急務16ヶ条を幕府に建言。**	0542
	1月14日	■朝廷、関白以下諸役に外交処分（条約勅許）を諮問。	0543
	1月14日	■深川越中島に、講武所付属の銃隊調練所が開かれる。 □講武所の大規模な砲術調練は、越中島で行われることになる。	0544
	1月16日	■**将軍家定（1824〜1858）、次期将軍を紀州の慶福（のちの家茂）（1846〜1866）とすることを、老中に告げる。**	0545

西暦1858

安政5	1月19日	■西郷吉兵衛(隆盛)、福井藩士橋本左内に書を送り、将軍御台所篤姫に働きかけ、一橋慶喜を将軍世子とする運動をし、篤姫の産んだ子を将軍世子にするつもりはないと記す。	0546
	1月20日	■天皇、条約調印拒否の勅答を堀田正睦に与える。	0547
	1月21日	■老中堀田正睦(1810～1864)、条約勅許を得るため、京へ向かい江戸出立。その前日、外国奉行・目付岩瀬忠震(1818～1861)が、22日、勘定奉行川路聖謨(1801～1868)、副役として江戸を出発、京に向かう。	0548
	1月26日	■朝廷(天皇)、御三家以下諸大名に外交処分を諮問する。 ■諸公卿、外交意見を上奏する。 ■孝明天皇(1831～1867)、関白九条尚忠(1798～1871)に、開港反対の意の宸翰を下す。	0549
	1月29日	■幕史林大学頭(復斎)(1801～1859)・目付津田半三郎(正路)(?～1863)、武家伝奏より、開国条約について詰問を受ける。林大学頭は、通商は万国共通と説明する。	0550
	2月4日	■朝廷、林大学頭(復斎)、津田半三郎両名に、東帰を命じる。	0551
	2月5日	■老中堀田正睦、副使岩瀬忠震を伴い京都に到着、本能寺に館する。(同副使に勘定奉行川路聖謨)。	0552
	2月9日	■老中堀田正睦、全権井上清直(外国奉行・下田奉行)ら、参内。米使対話書及び条約草案演説書を、関白九条尚忠(1798～1871)に呈し、通商条約の朝旨を請う。	0553
	2月11日	■武家伝奏坊城光成・同東坊城聡長、議奏久我建通ら5名、招きに応じ堀田正睦を本能寺に訪ね、米国の要求を受け入れられない事を論ず(13日も)。	0554
	2月15日	■長野主膳(1815～1862)、京での薩摩藩の内勅運動を、井伊直弼側近・宇津木六之丞(景福)(1809～1862)に書簡で知らせる。	0555
	2月16日	■孝明天皇、宸翰を関白九条尚忠に賜い、容易に条約勅許の奏請を容るべからざる旨を諭す。	0556
	2月17日	■条約勅許問題の朝議で、中山忠能(1809～1888)は反対、鷹司政通(1789～1868)は和親貿易。	0557
	2月23日	■朝廷、老中堀田正睦に対し、条約勅許については、伝奏議奏より御三家以下諸大名に台命を下しその所存を明らかにする事と指示。	0558
	2月28日	■太閤鷹司政通、和親貿易が容れられないことで辞意を示唆。孝明天皇は、鷹司政通の内覧辞退を認める内勅を下す。	0559
	2月28日	■駐日米国総領事ハリス、条約調印猶予期終わるに及び、幕府に追及することを老中堀田正睦に告げる。	0560
	2月29日	■太閤鷹司政通(1789～1868)、辞表提出。	0561
	2月30日	■薩摩藩士西郷吉兵衛(隆盛)、将軍継嗣に関する幕府大奥の情勢を、福井藩主松平慶永(春嶽)に報告。	0562

西暦1858

その時、勤王志士・朝廷・慶喜政権・江戸幕府らは、西郷隆盛・大久保利通・薩摩藩年表帖 上巻

3月― ■この月、西郷吉兵衛（隆盛）（1828～1877）、将軍御台所篤姫から左大臣近衛忠煕 [0563]
宛の書簡を携え、江戸を出立、京都に向かう。
□京都では、僧月照らの協力で一橋慶喜継嗣のための内勅降下を図ったが失敗。
月照は清水寺成就院（東山区清水一丁目）の住職だった。そして早くから青蓮院宮（の
ちの中川宮）は、知己を得ていた。また、当時の清水寺成就院は、薩摩と近衛家
とのパイプ役とも言えた。清水寺を統括支配している興福寺一乗院は、藤原氏
すなわち近衛家の祈願寺で、幕末当時、近衛忠煕は勤王家だった。安政4年（1857）
11月1日、月照は公式に近衛家の出入りを許されている。また薩摩藩は、参勤交
代の折、京を通過する時には成就院などを介して近衛家と接触していた。幕府
は公家と大名の私的な交際を禁止していたので、表向きの月照は近衛家の歌会
に歌人として参加して、清水寺を拠点にした情報と連絡に努めた。安政7年3月
の「桜田門外の変」以降、朝廷の発言力が幕府を追い詰めるようになると、京都
の街全体が、誰はばかることない公家と諸大名・志士の交流と反幕府の一大拠点
に変化するが、清水寺を拠点にした月照や西郷らの活動は、まさにその先鞭を
つけるものでもあった。

3月2日 ■関白九条尚忠が、幕府寄りとなる。 [0564]
□太閤鷹司政通の失脚後、朝廷の舵をとることになった関白九条は職分上幕府
と協調せざるをえず、幕府の無断通商条約締結を支持することに傾いた。

3月3日 ■議奏筆頭の久我建通（1815～1903）、幕府に協調的であった関白に強い抗議をし [0565]
た上で議奏を辞職し引き籠る。さらに、久我は、提出した辞表に自分の後役と
して中山忠能を指名推薦。

3月5日 ■幕府、条約勅許についての人心不居合は幕府が引き受けるという内容の答弁 [0566]
書を伝達。

□朝廷は幕府への再返答書の文言作成をめぐって、関白（九条尚忠）・伝奏（東坊
城聡長・広橋光成）という正規の政務ラインに対し、天皇・青蓮院宮（のちの中川
宮）・勅問御人数（左大臣近衛忠煕・右大臣鷹司輔煕・内大臣三条実万・一条忠香・二
条斉敬）・議奏ら（久我建通・徳大寺公純・萬里小路正房・坊城俊克・裏松恭光）とが
対立することになる。

3月6日 ■関白九条尚忠、青蓮院宮（のちの中川宮）（1824～1891）に、参内および私的会合 [0567]
を禁止する関白内命を伝える。

3月7日 ■三条実万（1802～1859）、日米修好通商条約への勅許を巡り関白九条尚忠（1798～ [0568]
1871）と対立して、この日には左大臣近衛忠煕（1808～1898）と共に参内停止を命じ
られる。

3月9日 ■これに激怒した孝明天皇（1831～1867）は、右大臣鷹司輔煕（1807～1878）と権大納言 [0569]
二条斉敬（1816～1878）を勅使として近衛・三条両邸に派遣して両名に参内の勅命を
下す。
□長年、朝廷の全権を握っていた摂関家が勅使となり、政治的に非力であった
清華家出身の三条を出仕させるという公家社会始まって以来の出来事として衝
撃を与えた。

3月9日 ■関白九条尚忠、外交を幕府に委任する勅裁案を上奏。多くの公卿の反対に遭う。 [0570]

3月11日 ■孝明天皇、関白九条尚忠の上奏を受け入れ、外交は幕府に委任することを裁可。 [0571]

西暦		
	1858	

安政5	3月12日	■「廷臣八十八卿列参事件」。権大納言中山忠能(1809~1888)と首謀者の大原重徳(1801~1879)・侍従岩倉具視(1825~1883)ら、合計88名の堂上公卿たちが、関白九条尚忠邸前に集まる。攘夷派公卿らは、条約の幕府委任(外交措置を幕府に委任するとの勅裁案)に反対した。 □現在の京都御苑南端にある「拾翠亭」は、九条尚忠邸跡である。	0572
	3月13日	■関白九条尚忠は、中山忠能らの抗議に、幕府一任を撤回。朝廷は勅答草案の修正を決定。 ■青蓮院宮(のちの中川宮)、三条実万、近衛忠熙ら、「外夷一件御評議御用」として朝議に参画することが制度的に保障される。	0573
	3月14日	■八十八卿列参の2日後、**岩倉具視**(1825~1883)**は、少将内侍に託して、時務策「神州万歳堅策」を内奏。** □少将内侍は、内裏に内侍として出仕した女性の女房名の一つ。	0574
	3月15日	■幕府練習艦「咸臨丸」、長崎から薩摩国山川港に入港。薩摩藩主島津斉彬(1809~1858)が乗艦し、乗組員勝義邦(海舟)(1823~1899)及び蘭国士官らと会す。	0575
	3月16日	■幕府(堀田正睦)、勅諚(勅命)を早く出すよう催促状を提出。	0576
	3月17日	■武家伝奏・東坊城聡長(1800~1861)、辞職。	0577
	3月17日	■下級公家93名が連署して幕府委任反対の建白。	0578
	3月19日	■朝廷、条約勅裁案を公卿らに内示。	0579
	3月20日	■「朝廷、勅許不可」。2回目の勅答案が三条実万ら複数の公家によって作成される。勅答が確定し、近衛忠熙により、この日参内した堀田正睦に交付される。 □それは、2月23日の朝旨に戻り、更に衆議し言上せよという内容であった。条約勅許についての幕府の願いは完全に拒絶されこととなった。 □朝廷、廷臣八十八卿の外交委任反対案を容れ、再び勅裁を請い参内した老中堀田正睦に対し、条約勅許は三家以下諸大名の意見を聞いてから再願するよう再度指示。岩倉具視の初めての政治運動であり、勝利であったという。 ■西郷吉兵衛(隆盛)、左大臣近衛忠熙から将軍御台所篤姫宛の書状を携えて、京都を出立。	0580
	3月21日	■延期してきた一条忠香(1812~1863)の内大臣任官の宣下。	0581
	3月22日	■朝廷、幕府に、将軍継嗣を定むべき内旨を伝える。 □勅を交付する際に、九条関白によって3条件が削除されている。そして、「年長之人を以」という付札のある書付が下った。京都では橋本左内の積極的な周旋と王室書生らの暗躍により一橋派が優勢に事態を進めてきたが、最後の最後にして九条尚忠によって曖昧な内勅に変更された。	0582
	3月23日	■朝廷、条約不許可の勅論を、老中堀田正睦に授ける。	0583
	4月5日	■老中堀田正睦(下総佐倉藩主)(1810~1864)上洛して、米国との条約締結勅許を仰ぎて成らず空しく還る。この日、副役川路聖謨(1801~1868)と京を発ち、20日、帰府。	0584
	4月21日	■老中堀田正睦(下総佐倉藩主)、登城。将軍家定に一橋慶喜(1837~1913)を将軍後継者に、松平慶永(春嶽)(1828~1890)を大老に進言。	0585
	4月22日	■老中堀田正睦の進言に、将軍家定生母・本寿院(1807~1885)、激しく反発。	0586

西暦1858

4月23日	■「彦根藩主井伊直弼、大老職に就く」。老中松平忠固(ただかた)(信濃国上田藩主)(1812～1859)や水野忠央(紀州藩家老)(1814～1865)ら、南紀派の政治工作である。 ■鵜殿鳩翁(長鋭)(うどのきゅうおう ながとし)(1808～1869)・永井尚志(なおゆき)(1816～1891)ら、井伊大老就任に反対し、老中部屋へ抗議に訪れる。 □幕府は井伊直弼(1815～1860)主導のもとに「廷臣八十八卿列参事件」の当事者の処断に動き、公家側から多くの処罰者が出ることとなる。	0587
4月24日	■老中堀田正睦、自邸に駐日米国総領事ハリスを招き、京都の事情を告げ、条約調印の延期を議す(26・27日も)。	0588
4月25日	■幕府、諸大名に条約締結に関する勅書を示し再び意見を聞く。	0589
4月27日	■若手公卿の反発で、一転して攘夷派となった太閤鷹司政通(1789～1868)、幕府の怒りに触れ、落飾。	0590
4月27日	■宇和島藩主伊達宗城(むねなり)、大老井伊直弼を訪ね、外交措置及び将軍継嗣について談じる。直弼、老中堀田正睦の罷免及び紀伊藩主徳川慶福(のちの家茂)の将軍継嗣たるべきを告げる。 □直弼は、のち、無勅許調印の責任を、自派のはずの堀田正睦に負わせるのだ。	0591
5月1日	■武家伝奏の後任に議奏萬里小路正房を転任、議奏には中山忠能を任官。	0592
5月1日	■水戸藩主徳川慶篤(よしあつ)(1832～1868)、尾張藩主徳川慶恕(慶勝)(よしくみ)(1824～1883)は、条約調印に関する意見を幕府に答申。 ■将軍家定の内意を受け、大老井伊直弼(1815～1860)、将軍継嗣を紀州藩主徳川慶福(のちの家茂)にする旨、老中一同に申し渡す。	0593
5月2日	■老中堀田正睦、ハリスと会し、条約調印の期を7月27日と協約。	0594
5月6日	■幕府(堀田正睦)、将軍弁明書(調印延期)をハリスに授ける。 ■大目付土岐頼旨(ときよりむね)(1805～1884)、勘定奉行川路聖謨(かわじとしあきら)(1801～1868)の左遷が決定。	0595
5月9日	■西郷吉兵衛(隆盛)、福井藩士橋本左内の病気を見舞う。	0596
5月11日	■長崎海軍伝習員伊沢謹吾・望月大象・榎本武揚・中島三郎助、勝義邦(海舟)らの幕府帆船「日本丸」にて長崎を出航、江戸へ向かう。	0597
5月14日	■薩摩藩主島津斉彬(1809～1858)、「日本丸」で江戸に向かう途中、鹿児島に寄港した勝義邦(海舟)(1823～1899)らに、日本最初の洋式産業群の集成館工場を案内。	0598

旧集成館(旧集成館機械工場)

日米修好通商条約(外務省外交史料館蔵)

西暦1858

安政5	5月14日	■蟄居中の松代藩士佐久間象山（1811～1864）、幕臣勝義邦（海舟）に書を送り、外交措置の意見を求め、邦人の海外視察の要を説く。	0599
	5月15日	■島津斉彬、幕府帆船「日本丸」を訪問。	0600
	5月15日	■京都所司代本多忠民（三河岡崎藩主）（1817～1883）、朝廷に、米国大統領宛将軍親書の写しを提出。	0601
	5月17日	■西郷吉兵衛（隆盛）、松平慶永（春嶽）の書翰を携え、鹿児島に向けて江戸を出立。	0602
	5月18日	■幕府、砲術修業を奨励。	0603
	5月20日	■幕府、洋書研究を奨励。	0604
	5月23日	■幕府、陪臣の蕃書調所就学を許可する。	0605
	5月―	■和蘭に註文していた残りの一隻コルベット・エド号が長崎に入港、幕府はこれを「朝陽丸」と改称して伝習艦に当てる。	0606
	5月―	■長崎海軍伝習所教師カッテンデイケ中尉、ヤッパン号（のちの咸臨丸）にて薩摩藩へ赴く（7月再度訪問）。	0607
	6月1日	■大老井伊直弼（1815～1860）、養君決定を発表。将軍家定の世子は、徳川慶福（のちの家茂）とした。 □ほぼこれを以って将軍継嗣問題は終結し、安政の大獄に向かって行く。	0608
	6月2日	■大老井伊直弼、将軍継嗣問題を朝廷に奏聞。	0609
	6月4日	■幕府の将軍継嗣内定宿継奉書（飛脚便奉書）が、京都に着く。	0610
	6月7日	■西郷吉兵衛（隆盛）、薩摩に帰藩し、藩主島津斉彬に拝謁、松平慶永（春嶽）の書簡を渡し、大老井伊直弼就任後の情勢報告。	0611
	6月11日	■薩摩藩主島津斉彬、京都の近衛忠煕に、天運に任せると手紙を書く。	0612
	6月16日	■江戸で、宇和島藩主伊達宗城（1818～1892）、土佐藩主山内豊信（のちの容堂）（1827～1872）、福井藩主松平慶永（春嶽）（1828～1890）が会し、将軍継嗣に関し密議する。	0613
	6月17日	■ポーハタンで江戸湾に入った駐日米国総領事ハリス、文書を以て英仏が清国を支配し、日本にも来ると脅す。	0614
	6月18日	■西郷吉兵衛（隆盛）（1828～1877）、藩主島津斉彬から福井藩主松平慶永（春嶽）宛の書状を携え、鹿児島を出立、江戸に向かう。	0615
	6月18日	■幕府、将軍継嗣問題発表を延期。夜、ハリスと井上清直（下田奉行）（1809～1868）、岩瀬忠震（1818～1861）が会談。ハリスは、英仏連合艦隊の日本接近と、条約締結後の調停を伝える。 □井伊直弼（1815～1860）、条約調印を決定する。	0616
	6月19日	■大老井伊直弼の命で幕府、勅許がないまま、江戸湾でハリスと「日米修好通商条約と貿易章程」に調印。神奈川、長崎、新潟、兵庫の開港を取り決める。	0617
	6月20日	■紀州藩主徳川慶福（のちの家茂）（1846～1866）、将軍家定の養子となる。	0618
	6月21日	■幕府、日米通商条約調印の事を京都に奏上するに、宿継奉書の略式を以てす。 □老中堀田正睦、老中脇坂安宅ら、連署して事情切迫につき已むを得ず、無勅許にて米国との条約調印をしたことを奏上。	0619
	6月22日	■幕府、条約調印を在府諸大名に告げる。	0620

その時、勤王志士・朝廷・慶喜政権・江戸幕府らは、西郷隆盛・大久保利通・薩摩藩年表帖 上巻

西暦1858

6月23日	■日米通商条約調印の4日後、堀田正睦(下総佐倉藩主)(1810~1864)・松平忠固(信濃国上田藩主)(1812~1859)の老中罷免。外交処置不行き届きによる。 ■太田資始(遠江掛川藩第5代藩主)(1799~1867)・間部詮勝(越前鯖江藩第7代藩主)(1804~1884)・松平乗全(三河国西尾藩第4代藩主)(1795~1870)の老中再任。太田資始、老中首座に就任。 □大老・井伊直弼(1815~1860)は、堀田、松平を罷免し、代わりに資始、詮勝、乗全ら老中経験者3人を老中に起用した。既に家督を譲った隠居太田資始を老中に起用するのは大変異例なことであった。隠居のため役領3万俵を支給された。しかし、ここでも資始と直弼は、尊王倒幕志士らの弾圧をめぐって意見が対立した。
6月23日	■一橋慶喜(1837~1913)、営中にて、大老井伊直弼が条約調印を宿継奉書(飛脚便奉書)にて朝廷に上奏したことを詰問する。
6月24日	■西郷吉兵衛(隆盛)(1828~1877)、江戸へ向かう途中、福岡に至り、藩主黒田斉溥(長溥)(1811~1887)に拝謁。 □黒田長溥は、文化8年(1811)3月1日、薩摩藩主・島津重豪と側室・牧野千佐との間に重豪66才の十三男として生まれる。千佐は家臣の家で働く身分の女性だったが、重豪も圧倒されるほどの大柄で大酒飲みだったと言われ、惚れ込んだ重豪の求めによって側室となった。そんな母の血を継いだ長溥もまた大柄であった。蘭学を好み、2才年上の大甥・斉彬とは兄弟のような仲であったという。 文政5年(1822年)12才で、第10代福岡藩主・黒田斉清の娘、純姫と婚姻。婿嗣子となり、養父同様、将軍徳川家斉の偏諱を賜って黒田斉溥と称した(家斉は斉溥からみて養父の伯父、また姉の広大院が家斉の御台所であることから義兄にあたる)。天保5年(1834年)11月6日、24才で養父の隠居により、家督を相続した。就任後は実父の重豪に倣って近代化路線を推し進めた。 斉溥は斉彬と同様、幕府に対しては積極的な開国論を述べている。慶応元年(1865年)、藩内における過激な勤皇志士を弾圧した(乙丑の変)。将軍家とは強いつながりがあり、こうした縁もあって、長溥は強い公武合体派で、彼の言う「天幕一和」に終始した。しかしその後は薩摩藩と長州藩、そして幕府の間に立って仲介を務めるなど、幕末の藩主の中で大きな役割を果たしている。斉彬派だったために様々な辛苦を受けた西郷隆盛は、斉溥に助けられた一人である。 明治初期頃、名を「長溥」と改めた。
6月24日	■福井藩主松平慶永(春嶽)(1828~1890)、井伊邸を訪問し外交処置に抗議。
6月24日	■前水戸藩主徳川斉昭(1800~1860)・水戸藩主徳川慶篤(1832~1868)・尾張藩主徳川慶恕(のち慶勝)(1824~1883)、不時登城し、大老井伊直弼(1815~1860)に、条約の無断調印を面責。直弼は、これに弁明。
6月25日	■紀伊藩主徳川慶福(のちの家茂)、登城し将軍徳川家定に謁す。ついで尾張藩主徳川慶恕(慶勝)、水戸藩主徳川慶篤、田安家主徳川慶頼、一橋家主徳川慶喜以下溜詰、譜代諸侯及び諸有司、各登営する。 □登営とは、幕府に出仕すること。
6月25日	■幕府、諸大名に総登城令が出され、将軍継嗣は徳川慶福と発表される。
6月27日	■武家伝奏、条約調印宿継奉書を上奏。
6月28日	■孝明天皇は譲位の宸翰を示す。天皇は、幕府の朝廷の存在無視を怒った。
6月29日	■朝廷、条約説明のため、幕閣より一人を上京するよう朝命を下す。

97

西暦1858

安政5	7月一	■この頃、長崎奉行所、語学伝習所を発足し、英語の学習者を一般に募集。	0631
	7月3日	■幕府、官医に西洋医術の採用を許可する。	0632
	7月5日	■幕府、前水戸藩主徳川斉昭に急度慎を、尾張藩主徳川慶恕（のち慶勝と改名）に隠居・急度慎を、越前藩主松平慶永（春嶽）に隠居・急度慎を命じ、美濃国高須藩主松平義比に命じて慶恕の後を、糸魚川藩主松平直廉に命じて慶永の後を各継がす。一橋慶喜の登城が停められる。 □徳川慶恕の異母弟・松平義比は、尾張藩時代は徳川茂徳、一橋家時代は徳川茂栄を名乗った。 □越前福井藩第17代の藩主となった松平直廉は、江戸幕府第14代将軍・徳川家茂から偏諱を受け、諱を直廉から茂昭に改める。藩内には隠居した慶永をはじめ三岡八郎（由利公正）、中根雪江、横井小楠などの藩政を主導する改革派の家老・藩士が多数いたため、茂昭には実権はほとんどなく、傀儡の当主の立場であった。	0633
	7月5日	■英艦4隻、品川に入る。エンピロル号（蒸汽内車、砲4門、60馬力、長23間1尺、幅3間3尺、深2間1尺、英国ブレッキワル建造）を献ず。後に「蟠竜」と称す。	0634
	7月6日	■13代将軍徳川家定（1824〜1858）、死去。35才。（10月25日家茂、14代将軍職に就く）。 ■水戸藩主徳川慶篤、登城停止処分となる。 ■幕府、官医の蘭医学採用を許可。	0635
	7月7日	■西郷吉兵衛（隆盛）（1828〜1877）、大坂に至り、同藩士吉井仁左衛門（幸輔、友実）（大坂薩摩藩邸留守居役）（1828〜1891）から日米条約無断調印を聞く。西郷は吉井と共に、常陸国土浦藩公用人・大久保要（1798〜1860）を訪ねる。 □大久保は、米国条約の調印・将軍継嗣問題・斉昭の副将軍計画・秘勅降下運動など一連の急進運動に参画した。	0636
	7月8日	■薩摩藩主島津斉彬（1809〜1858）、鹿児島前之浜（天保山）で連合大調練（大軍事演習）を行う。兵を率いて上洛を目論んだという斉彬、観覧の最中に発病。	0637
	7月8日	■幕府、前尾張藩主徳川慶恕（慶勝）、水戸藩主徳川慶篤、前水戸藩主水戸斉昭を処分したことを奏す。 ■幕府、外国奉行を設置。水野忠徳、永井尚志、岩瀬忠震、井上清直、堀利熙の計5名を任命。	0638
	7月8日	■高松藩主松平頼胤（1811〜1877）、陸奥守山藩主松平頼誠（1803〜1862）、常陸府中藩主松平頼縄（1805〜1884）が、宗家水戸藩の藩政に参与する件に関し熟談する。翌日、3人は大老井伊直弼（1815〜1860）を訪問。	0639
	7月10日	■権大納言・大炊御門家信をはじめ三条西季知、堀河康親、柳原光愛、大原重徳、千種有文、四条隆謌、姉小路公知、千種有任ら36人が書を上り、元武家伝奏・東坊城聡長に関して退役当時の事情を審問することを請う。 ■西郷吉兵衛（隆盛）・吉井仁左衛門（幸輔、友実）、京都に至り、柳馬場通り錦上ル東側にあった鍵直旅館に入る。 □鍵直旅館には16日まで逗留し、この10日には内大臣従一位久我通明の諸太夫・春日潜庵（1811〜1878）を訪ね情報交換した。また、頼三樹三郎、梅田雲浜、成就院忍向（月照）、鵜飼幸吉らが訪れたという。	0640
	7月10日	■幕府、江戸にて「日蘭修好通商条約」、調印。	0641
	7月11日	■幕府、「日露修好通商条約」、調印。	0642

その時、勤王志士・朝廷・慶喜政権・江戸幕府らは、**西郷隆盛・大久保利通・薩摩藩年表帖 上巻**

西暦**1858**

7月14日	■西郷吉兵衛(隆盛)(1828～1877)、住居「鴨沂小隠」の梁川星巌(1789～1858)を訪問し、聞いた情勢を藩主島津斉彬に手紙で報告。のち、儒学者頼三樹三郎(1825～1859)・長州藩士・大楽源太郎(1832～1871)らと会う。 □梁川星巌は、公卿日野南洞(資愛)(1780～1846)とは殊に親しい交わりで、志士と公家との連絡は星巌を通じて行われていたのだ。	0643
7月14日	■幕府、大老井伊直弼に外国事務の総括を命じる。	0644
7月15日	■島津忠教(のちの久光)(1817～1887)は、斉彬の遺言で、継嗣忠徳(のちの忠義)(1840～1897)の摂政に指名される。 □死期を悟った斉彬は、家老たちを枕元に呼んで、遺言する。「わが子哲丸が幼少なので、久光の子忠徳(のちの忠義)を後継者とすること」「島津忠教(のちの久光)を忠徳の後見人とすること」「自分の娘を忠徳の正室に入れること」「わが子哲丸を2人の養子にすること」。斉彬派と久光派が対立しない折衷案というべき遺言だった。	0645
7月16日	■第11代薩摩藩主島津斉彬(1809～1858)、突然急逝。コレラという。享年50。 □文久2年(1862)11月12日、追贈従三位権中納言。文久3年(1863)5月12日、照国大明神の神号を贈られる。明治2年(1869)11月22日、追贈従一位。明治34年(1901)5月16日、追贈正一位。 ■小松帯刀(清廉)、火消隊長として斉彬の葬儀を警護。	0646
7月18日	■幕府、「日英修好通商条約と貿易章程」、調印。	0647
7月19日	■島津斉彬遺命により、異母弟・島津忠教(のちの久光)の子、忠徳(茂久(のちの忠義))を養子とし、後継に指名。	0648
7月19日	■薩摩藩士日下部伊三次(1814～1859)、江戸より京都に至る。 □日下部は、水戸・薩摩両藩に繋がりを持つ事から攘夷派の志士の中心として京都で活動した。伊三次は、文化11年出生当時、父は脱藩して水戸にいた。安政2年(1855)島津斉彬に目をかけられて、薩摩江戸藩邸に復帰した。	0649
7月20日	■日下部伊三治、京都水戸藩邸にて留守居役・鵜飼吉左衛門(1798～1859)らと会う。 □現在、鵜飼吉左衛門・幸吉寓居跡として徳円寺(上京区上立売通大宮東入幸在町698)が残る。	0650
7月21日	■将軍世子・徳川慶福が名を「家茂」と改名。	0651
7月22日	■日下部伊三治、三条実万(1802～1859)らを訪ね、時務に関して勅諚を幕府に下されんことを入説。	0652
7月24日	■京の西郷吉兵衛(隆盛)、藩主島津斉彬の死を知る。	0653
7月27日	■西郷吉兵衛(隆盛)(1828～1877)、藩主島津斉彬の訃報に接し、帰藩の上、殉死しようとするが、清水寺成就院住職・月照(1813～1858)らに説得されて、斉彬の遺志を継ぎ、国事に尽くすことを決意。 ■孝明天皇(1831～1867)、40年に渡って朝政を主導してきた前関白鷹司政通(1789～1868)の内覧職権を停止。朝廷は太閤政通の内覧辞退願を聴許した。	0654
7月28日	■篤姫(1836～1883)、養父島津斉彬死去の報を、薩摩藩江戸詰、若年寄・御家老名諸事取扱・鎌田図書正純(1816～1858)より聞く。	0655
7月29日	■幕府、永井尚志(1816～1891)を外国奉行に任ずる。	0656

99

西暦**1858**

安政5

| 8月1日 | ■篤姫、徳川家定死去の報を、詰問して垣内豊前守より聞く。8月8日に喪を発表したいという。 | 0657 |

| 8月2日 | ■西郷吉兵衛(隆盛)、近衛家から、孝明天皇の水戸・尾張両藩宛の内勅を携え、江戸に向け、京都を出立。 | 0658 |

| 8月5日 | ■孝明天皇、重ねて譲位を表明。 | 0659 |

| 8月7日 | ■宮中会議において、水戸への勅状降下が決定、井伊派の関白九条尚忠は会議に参加せず。
□左大臣近衛忠熙、右大臣鷹司輔熙、内大臣一条忠香、前内大臣三条実万及び議奏、武家伝奏、参朝。相議して譲位の叡慮を諫め、ついに勅書を幕府ならびに水戸藩主徳川慶篤に降し、内外の治安をはからせることを決定する。 | 0660 |

| 8月8日 | ■「戊午の密勅」。孝明天皇、幕府の匡輔を命じる勅諚を水戸藩に下す(条約調印批判と攘夷決行、水戸と尾張に対する処分の撤回)。関白九条尚忠(1798〜1871)の裁可を経ないまま、武家伝奏萬里小路正房(1802〜1859)を通じ、水戸藩京都留守居役・鵜飼吉左衛門(1798〜1859)に授けた。また、その謄本が尾張をはじめ、13ヶ国(尾張、越前、加賀、薩摩、肥後、筑前、安芸、長門、因幡、備前、津、阿波、土佐)に下る。前代未聞の朝廷の政治関与である。
□なお現在、上京区下長者町通烏丸西入北側には水戸藩京都藩邸跡を示す石碑がある。
□「匡輔」とは、非を正し、及ばないところを助けること。
■鵜飼幸吉(1828〜1859)、病父吉左衛門に代り勅諚を奉じ密かに京都発、水戸藩主徳川慶篤(1832〜1868)へ伝達に向かう。
□井伊大老はこれを水戸老公斉昭の隠謀と見て、騒動に関わった者たち、即ち、所謂一橋派と尊攘派を弾圧、ついには「安政の大獄」となる。 | 0661 |

水戸藩邸跡碑

西暦 *1858*

8月8日	■幕府、将軍徳川家定の死去を公表。 ■田安慶頼(1828〜1876)、将軍後見職に就任。 □異母兄の越前藩主だった松平春嶽は、明治期に「井伊掃部頭の奴隷と見做して可なり」と回顧している。	0662
8月9日	■御年寄幾島(1808〜1870)、近衛家老女津崎矩子(のちの村岡局)(1786〜1873)に、敬子(篤姫)の家定死後の様子を伝える手紙を書く。 □幾島は、文化5年6月18日、父は薩摩藩御側用人朝倉景矩(孫十郎)の娘として生まれた。母は秋田藩家臣・阿比留軍吾の娘「民」。13才の時に、島津家から京都の公家近衛家に嫁いだ郁姫(島津斉宣の娘)の女中となった。のちは、老女藤田と名乗り、近衛忠熙に嫁いだ興子(郁姫)付きの御上臈として、共に京都の近衛邸で過ごした。嘉永3年(1850)3月29日に興子(郁姫)が亡くなると出家して「得浄院」(徳浄院)と号し、忠熙に仕えながら郁姫の菩提を弔っていた。 その後、薩摩藩主・島津斉彬の養女・篤姫を近衛忠熙養女として徳川家定に嫁がせる事が決まり、「幾島」と改名して篤姫付となり、大奥に入るまでの間は教育係などを受け持っていた。箔を付けるために、近衛家家士今大路孝光を里方とし、故今大路孝由の実子として、篤姫と共に大奥に入ったという。大奥では、江戸城と薩摩藩との情報連絡役としても活動し、西郷隆盛を通して江戸藩邸の奥老女・小ノ島と連絡を取り合い、将軍継嗣問題や薩摩藩との連携の際に重要な役目を果たす。 なお幾島の家元は後に今大路氏から島津氏に変わっている。元治元年(1864)に体調を崩す。翌年までは大奥での所在を確認できる。長患いで篤姫の元を去ったとされる。明治維新から2年後の明治3年(1870)4月26日に63才で東京にて死去。島津家江戸菩提寺である大圓寺(東京都杉並区和泉)に葬られた。	0663
8月10日	■朝廷、水戸藩に2日遅れて、勅諚を禁裏付大久保忠寛(のち一翁)(1818〜1888)に渡す。 ■関白九条尚忠、密かに武家伝奏に命じ、水戸藩降勅の事情を副署させる。 ■内大臣一条忠香(1812〜1863)、幕府及び水戸藩に賜える勅書写しを大坂城代土屋寅直(常陸土浦藩第10代藩主)(1820〜1895)に伝える。	0664
8月11日	■西郷吉兵衛(隆盛)、月照に、斉彬を失った心境と尾張・水戸両藩の事情を知らせ、在京中の薩摩藩士有村俊斎(海江田信義)(1832〜1906)に会うよう勧める手紙を書く。	0665
8月11日	■右大臣鷹司輔熙(1807〜1878)、長州藩主毛利慶親(敬親)(1819〜1871)に、幕府及び水戸藩に賜える勅書写しを伝達。	0666
8月14日	■在京の若狭国小浜藩家老・三浦七兵衛、水戸藩士鵜飼幸吉の勅書を奉じて東下せる状を藩主酒井忠義(1813〜1873)に報じ、速やかに赴任せんことを請う。	0667
8月15日	■内大臣一条忠香、幕府及び水戸藩に賜える勅書写しを、熊本藩主細川斉護(1804〜1860)、岡山藩主池田慶政(1823〜1893)に伝える。	0668
8月16日	■水戸藩士鵜飼幸吉、薩摩藩士日下部伊三次と共に、勅書を奉じて、深夜、江戸に着く。翌日、水戸藩主徳川慶篤、これを受け取る。 □後にこの密勅が露見し、さらに水戸藩家老・安島帯刀(信立)(1811〜1859)に宛てた井伊直弼暗殺計画の密書までもが江戸幕府に露見してしまうのだ。	0669

西暦1858

安政5	8月19日	■**水戸藩主徳川慶篤、勅書の請書及び左大臣近衛忠熙、前内大臣三条実万に致すの書を、藩士鵜飼幸吉に授けて上京させる。** 0670 ■水戸藩主徳川慶篤(1832〜1868)、老中太田資始(遠江掛川藩第5代藩主)(1799〜1867)・同間部詮勝(越前鯖江藩第7代藩主)(1804〜1884)を招き、勅書伝達の事を図る。資始ら、勅書の幕府にも到れるを告げ、確答せず。翌日慶篤は、書を資始らに致し、自藩に賜れる勅書を、前尾張藩主徳川慶恕(慶勝)(1824〜1883)に伝達せんことを図る。
	8月19日	■幕府、水戸藩主徳川慶篤の登営停止を許す。 0671
	8月20日	■幕府(井伊直弼中心)、密勅降下対応会議を開く。 0672
	8月21日	■朝廷の密使・長州藩浪士甲谷岩熊(兵庫)(1828〜1905)、議奏中山忠能(1809〜1888)・加勢正親町三条実愛(1820〜1909)からの、藩主毛利慶親(敬親)に授ける密旨を携え、みすぼらしい身なりの中年の旅人の姿で萩に至る。直目付・梨羽直衛を訪れる。その密旨は、急変あれば速やかにその兵を内裏守護のため上京させよ、と述べていた。 0673 □右田毛利家の家来甲谷岩熊は、文雅風流の道に親しみ、画を修行、久しく京都に足をとどめていたが、御所に招かれて朝廷の密使として長州に下るよう依頼をうけた。
	8月23日	■幕府、外国奉行水野忠徳・永井尚志らに、条約本書交換のため、米国派遣を命じる。 0674
	8月23日	■正式な「戊午の密勅」、長州に届く。 0675
	8月25日	■**西郷吉兵衛(隆盛)、越前福井藩士橋本左内を訪問後、江戸を出立し、京都に向かう。** 0676
	8月26日	■**薩摩藩隠居島津斉興**(1791〜1859)、藩政を掌握すべく、江戸より鹿児島に向かう。 0677
	8月27日	■(安政の大獄)。岩瀬忠震(1818〜1861)は作事奉行を、川路聖謨(1801〜1868)は西丸留守居役を罷免される。 0678
	8月28日	■水戸藩士鵜飼幸吉、使命を果たして京都に帰る。翌日、前内大臣三条実万を訪れ、藩主徳川慶篤の書を呈す。 0679
	8月28日	■幕府老中、水戸の密勅廻達中止を命ずる。 0680
	8月28日	■水戸藩主徳川慶篤、老中太田資始と同間部詮勝を招き、勅書を徳川三家(紀伊・水戸・尾張)、三卿(田安・一橋・清水)に伝達したるも、幕府のこれを諸侯に伝達せざるを詰問。 0681
	8月29日	■**西郷吉兵衛(隆盛)、京都に入り、鍵屋直助方こと薩摩藩の定宿鍵直旅館**(京都市中京区柳馬場通錦上ル東側付近)**に投宿。** 0682
	8月29日	■薩摩藩士有馬新七(1825〜1862)、江戸を出立し、京都へ向かう。 0683 ■徳川家定夫人・敬子(篤姫)(1836〜1883)、落飾し「天璋院」の号を得る。
	8月29日	■**「安政の大獄」はじまるともいう。** 0684 水戸藩への攘夷決行の密勅降下に尽力した、尊攘運動家・山本貞一郎(近藤弘素、兄は近藤茂左衛門)(1803〜1858)、捕吏からの逃避をあきらめ自害。
	8月29日	■老中太田資始、同間部詮勝、重ねて水戸藩主徳川慶篤を訪い、詮勝の上京して弁明すべきをもって、その勅書伝達を停む。 0685

その時、勤王志士・朝廷・慶喜政権・江戸幕府らは、**西郷隆盛・大久保利通・薩摩藩年表帖 上巻**

西暦1858

8月30日	■西郷吉兵衛(隆盛)(1828〜1877)、福岡藩浪士平野国臣(1828〜1864)と、薩摩藩の定宿鍵直旅館で会う。二人は善後策を協議、国臣は公家への運動を担当することになった。国臣の志士活動のはじまりである。その後、国臣は、藩主への歎願のために福岡へ戻る。	0686

□安政5年(1858)6月、島津斉彬の率兵上洛の情報が、お由羅騒動で薩摩藩から筑前へ亡命していた、斉彬の側近・北条右門(本名木村仲之丞、のちの村山松根)(1822〜1882)から入り、**平野国臣**は菊池武時碑文建立願いの名目で上京。ところが7月に斉彬は急死し、率兵上洛は立ち消えとなった。国臣は京で北条右門を通じて斉彬の側近だった西郷吉兵衛(隆盛)と知り合う。
□**村山松根**は、文政5年9月生まれ。薩摩藩士木村家を継ぐ。嘉永2年(1849)お由羅騒動で福岡藩に逃れた。のち召還されて村山と改姓、京都留守居副役となる。維新後は神職、華族の歌道師範。明治15年1月4日死去。61才。本姓は樺山。

8月一	■この頃、三条実万、薩摩藩士日下部伊三治に水戸藩への勅書写しを渡し、土佐藩主山内豊信(のちの容堂)に伝達。	0687

8月一	■長州藩政務役・周布政之助(1823〜1864)、答勅使として上京のため、萩を発つ。	0688

□長州藩主毛利慶親(敬親)(1819〜1871)は密勅に感激して、早速重役会議を開いて協議し、勅旨を奉戴し、御下問奉答、時局献策のために、周布を答勅使として上洛させる。

9月1日	■武家伝奏広橋光成、同萬里小路正房、関白九条尚忠の命により、7月21日幕府に上る所の水戸風説書及び8月8日幕府に賜う所の勅書の添書を奏聞せざりし事に関し、進退を伺う。	0689

9月2日	■九条尚忠(1798〜1871)、関白を辞任。(孝明天皇の内勅による)。	0690

■梁川星巌(1789〜1858)、当時猛威をふるったコレラに感染し川端丸太町にて病死。享年70。
■京都所司代に再任された酒井忠義(1813〜1873)、京都に到着。

9月2日	■幕吏、水戸藩京都留守居役・鵜飼吉左衛門(1798〜1859)より、薩摩藩士日下部伊三治(1814〜1859)・水戸藩士安島帯刀に送る密事を押収。	0691

9月3日	■和蘭で建造された「朝陽丸」(咸臨丸姉妹艦)、長崎入港。	0692

9月3日	■孝明天皇(1831〜1867)、辞任を申し出た関白九条尚忠の内覧職権を一時停止。	0693

9月3日	**■幕府、大老井伊直弼の家臣・長野主膳(1815〜1862)の要望により、老中間部詮勝(1804〜1884)に入京を命じる。**	0694

■幕府、「日仏修好通商条約と貿易章程」、調印。

9月4日	**■反開国派公卿ら、井伊派関白九条尚忠の辞職要求。九条は内覧を辞職、関白の地位は確保。(関白の地位にあっても、その最も基本的な職務である内覧職権が停止されれば、事実上の停職処分に相当した)。**	0695

■近衛忠煕に内覧を宣下。
□九条関白が関白職を確保出来たのは、関白任免に関する朝幕の先例があったからであり、内覧任免が速やかに行われたのは、それが朝廷限りで可能であったからであった。

9月4日	■水戸藩、勅書奉戴後の事情奏聞のため、家老安島帯刀(信立)(1811〜1859)に上京を命ずる。幕府、これを阻止。	0696

西暦 1858

安政5	9月5日	■青蓮院宮尊融法親王(のちの中川宮)や三条実万らと交流した勤皇志士・近藤茂左衛門(1799～1879)、中山道大津宿で逮捕される(安政の大獄の始まりという)。 ■幕府、紀州藩主徳川家茂に将軍宣旨が下りるよう朝廷に要請。 0697
	9月7日	■**「安政の大獄」はじまる。**条約反対と外人排斥による攘夷運動を訴えた元若狭国小浜藩士・儒学者梅田雲浜(1815～1859)、烏丸御池上ルの邸宅で伏見奉行内藤正縄(信濃岩村田藩藩主)(1795～1860)の手により逮捕される。 □京都所司代酒井忠義(小浜藩主)(1813～1873)が逮捕の断行を躊躇したため、井伊直弼の家臣・長野主膳(1815～1862)が内藤正縄と相談して逮捕の段取りを決めた。 0698
	9月7日	■**薩摩藩士有馬新七**(1825～1862)、**薩摩の京都常宿**(中京区錦小路柳馬場)**へ至り、薩摩藩士西郷吉兵衛(隆盛)(1828～1877)・伊地知正治(1828～1886)・有村俊斎(海江田信義)(1832～1906)と会す。** 0699
	9月8日	■薩摩藩隠居・島津斉興、江戸から伏見へ到着。 0700
	9月8日	■薩摩藩士有馬新七、月照に託し、関東の事情を左大臣近衛忠熙(1808～1898)に報告。 0701
	9月9日	■**月照、西郷吉兵衛(隆盛)を訪ね、梅田雲浜の逮捕を伝える。** 0702
	9月10日	■**西郷吉兵衛(隆盛)、近衛家から月照の保護を依頼される。** ■薩摩藩士有馬新七(1825～1862)、左大臣近衛忠熙、前内大臣三条実万から水戸藩へ賜へる勅書写しを託され、土佐藩主山内豊信(のちの容堂)(1827～1872)に伝達すべく京都を出立。 ■**朝廷、将軍宣下を条約破棄まで停める事を決定。** 0703
	9月10日	■**大老井伊直弼**(1815～1860)、**老中間部詮勝**(1804～1884)**に、京都奸賊の一網打尽を指示。** 0704
	9月11日	■大老井伊直弼、彦根藩士長野主膳に、関白九条尚忠の辞職阻止を命じる。 0705
	9月13日	■井伊直弼、上洛途中の老中間部詮勝及び所司代酒井忠義に書を送り、関白九条尚忠辞職阻止と、水戸藩士の検挙を命じる。 0706
	9月13日	■**西郷吉兵衛(隆盛)(1828～1877)、水戸藩京留守居役・鵜飼吉左衛門(1798～1859)を訪ねる。** 0707
	9月14日	■水戸藩京都留守居役鵜飼吉左衛門、書を在坂の僧忍向(月照)に送り、萩、越前、宇和島及び鳥取藩などへ勅書写しを回達せる事情を報ず。 ■長野主膳、老中間部詮勝に、水戸藩京都留守居役・鵜飼吉左衛門らの逮捕を要請。 0708
	9月15日	■**薩摩藩士西郷吉兵衛(隆盛)・吉井仁左衛門(幸輔、友実)・有村俊斎(海江田信義)・伊地知正治、清水寺成就院住職月照を伴って伏見へ脱出。** 0709
	9月15日	■江戸の土佐藩主山内豊信(のちの容堂)、前内大臣三条実万に書を送り、公武熟和の要を述べる。 0710
	9月16日	■**薩摩藩士西郷吉兵衛(隆盛)、有村俊斎(海江田信義)らに月照を託し、京へ戻る。** 0711
	9月16日	■薩摩藩士有馬新七、江戸に至る。 0712
	9月17日	■薩摩藩士有馬新七、土佐藩主山内豊信(のちの容堂)(1827～1872)に謁し、勅書写し及び前内大臣・三条実万の書を伝達する。 0713

その時、勤王志士・朝廷・慶喜政権・江戸幕府らは、西郷隆盛・大久保利通・薩摩藩年表帖 上巻

西暦1858

9月18日	■「安政の大獄」。鵜飼吉左衛門(水戸藩京都留守居役)・幸吉父子、町奉行所出頭を命ぜられ捕縛される。 0714
9月19日	■九条尚忠(1798～1871)、関白に再任。近衛忠熙(1808～1898)が内覧辞退。 0715
9月22日	■薩摩藩士有村俊斎(海江田信義)ら、月照を伴って伏見から、大坂に下る。 0716
9月24日	■再び上洛して諸志士らと挙兵を図った西郷吉兵衛(隆盛)、捕吏の追及が厳しいため、西郷・月照ら、大坂から乗船、下関へ向かう。 0717
9月27日	■朝廷、将軍宣下を条件付としないことを決定。 0718
9月27日	■薩摩藩士・日下部伊三次(1814～1859)、江戸にて逮捕される。 0719
9月30日	■西郷吉兵衛(隆盛)・月照ら、下関に至る。 0720
10月1日	■薩摩藩士西郷吉兵衛(隆盛)、有村俊斎(海江田信義)らに月照を託し、月照受入れ工作のため一行に先立ち下関を出立。 0721
10月6日	■西郷吉兵衛(隆盛)、鹿児島に至る。 0722
10月6日	■薩摩藩士・日下部伊三次の子・裕之進(1836～1860)、町奉行所に召喚される。 0723
10月8日	■西郷吉兵衛(隆盛)(1828～1877)、捕吏の目を誤魔化すために藩命により「西郷三助」と改名。 0724
10月11日	■薩摩藩隠居・島津斉興(1791～1859)、鹿児島に至り、藩政の実権を握る。 0725
10月11日	■薩摩藩士有馬新七(1825～1862)ら、義挙遊説のため、江戸を発し、大坂・京都へ向かう。 0726
10月13日	■左大臣近衛忠熙・右大臣鷹司輔熙・三条実万前内大臣が「外夷一件御評議御用」を辞退。 0727
10月14日	■松平慶永(1828～1890)、「春嶽」を通称とする。 0728
10月15日	■「観光丸」、第一期伝習生により長崎に入港。 0729
10月18日	■目付木村喜毅、小十人組・勝義邦(海舟)ら、軍艦2隻に乗船し、博多港に入港。 0730
10月19日	■「関白九条尚忠、内覧の職権停止が解除」。 □老中間部詮勝(越前鯖江藩主)(1804～1884)、京都所司代酒井忠義(若狭国小浜藩主)(1813～1873)、九条尚忠(1798～1871)の内覧辞表を撤回させ、復権させる。 ■左大臣近衛忠熙が内覧を辞す。 0731
10月23日	■奉行所や評定所で執拗な取り調べを受けた、越前藩士橋本左内(1834～1859)、逮捕される。 0732
10月23日	■月照に仕えた清水寺寺侍・近藤正慎(1816～1858)、安政の大獄で捕えられ、京都六角獄に送られる。拷問よる自白を避けるため、自ら壁に頭を打ち付け、舌を噛み切るという壮絶な自害をはたしたという。 □清水寺境内「舌切茶屋」は、近藤正慎の残された妻子のために、清水寺が茶屋を出させて救済したものだとされる。俳優・近藤正臣は、その子孫の一人であるという。 0733
10月25日	■「徳川家茂に将軍宣下」。朝廷より、家茂は内大臣兼右近衛大将に叙任される。徳川家茂(1846～1866)、14代征夷大将軍に就任。 0734
10月26日	■薩摩藩士有馬新七(1825～1862)、水戸学藤田派・藤田東湖の門下生・桜任蔵(水戸藩士)(1812～1859)、江戸から大坂に潜入する。 0735

西暦1858

安政5	10月27日	■朝廷、兵庫開港不可の勅を下す。	0736
	10月28日	■薩摩藩士有馬新七、京都を発し、帰藩の途に就く。	0737
	11月1日	■有馬新七、帰藩と称し密かに大坂から上洛し伏見に潜み、京都の情勢を探る。	0738
	11月6日	■月照・平野国臣ら、薩摩領米之津(鹿児島県出水市)に入るが拒否される。 □西郷三助(隆盛)たちの工作は失敗し、幕府から逮捕命令が出された勤皇僧・月照を薩摩へ逃そうとするが、藩情が一変して難航。筑前で国臣は月照たちと合流し、供となって薩摩へ向かった。	0739
	11月7日	■長州藩士山県半蔵(のちの宍戸璣)(1829~1901)、江戸から伏見に至り、薩摩藩士有馬新七(1825~1862)を訪ねる。	0740
	11月9日	■孝明天皇(1831~1867)は、薩摩に井伊直弼を退ける依頼をしてはどうかと、近衛左府(近衛忠煕)に相談。 □「左府」とは、左大臣の唐名。	0741
	11月9日	■関白九条尚忠(1798~1871)、京都所司代酒井忠義を召し、外国貿易拒絶の勅旨を内達。	0742
	11月10日	■清水寺成就院住職月照(、福岡藩浪士平野国臣(1828~1864)、修験僧に変装して鹿児島城下に入る。 □薩摩に宿駅なしといわれるように、当時、日本の西南末端に在る薩摩は、他藩の行列や他国人の通過が全く無い上、他国人の入国を厳重に取締った。それで宿場町の発達も見られない。	0743
	11月11日	■月照、西郷三助(隆盛)宅を訪ねる。	0744
	11月12日	■朝廷の将軍宣下勅使が京都出発。	0745
	11月15日	■薩摩藩、月照を日向追放と決定。	0746
	11月16日	■「安政の大獄」で追われる身となった月照(忍向)(46才)(1813~1858)と西郷三助(隆盛)(30才)(1828~1877)、別れの宴ののち薩摩錦江湾に入水。月照は死亡し、西郷は、福岡藩浪士平野国臣に助けられ蘇生。 奇跡的に助かった西郷の看病を務めたのは、税所篤(1827~1910)という。捕吏は西郷死とみなし、月照の下僕・大槻重助(1838~1893)を連れて引き上げたという。 □吉井友実の回想「西郷は16日の午後4時頃、人々に介抱されながら家に帰った。ただ眠るが如き状態で無言だったが、夜の九時頃になり尿意をもよおすと訴え、吉井に扶けられて尿をし、ふたたび褥に戻ると、「己の紙入れを見よ、月照の辞世あるべし」と言ったので、吉井が濡れた紙入れをひらくと、月照の辞世の歌があった。」。 □月照は、文化10年(1813)、大坂の町医者の長男として生まれる。文政10年(1827)15才にして幼名宗久として京都清水寺成就院に入室、叔父蔵海の弟子となり、天保6年(1835)23才で師に代って住職となった。安政元年(1854)2月、寺務を弟信海(1821~1859)に譲り、以後、尊攘運動に身を投じた。水戸藩の鵜飼吉左衛門、梅田雲浜らの志士と結んで、水戸藩密勅降下の画策に最も努めた。ために、安政の大獄では幕府の追及を厳しく受けた。安政5年(1858)9月近衛家の勧説に従い、薩摩藩の西郷吉之助(隆盛)・有村俊斎(海江田信義)らに護られて難を大坂に避け、ついで海路九州に逃れ、11月平野国臣と共に辛うじて鹿児島城下に入った。しかし、薩摩藩は難が及ぶの恐れその滞在を許さず、日向に移そうとするに至った。 □清水寺境内には忠僕茶屋・忠僕重助碑が残る。	0747

その時、勤王志士・朝廷・慶喜政権・江戸幕府らは、西郷隆盛・大久保利通・薩摩藩年表帖 上巻

月照上人の遷化の地碑

西郷隆盛蘇生の家

107

西暦1858

安政5	11月17日	■老中間部詮勝(越前鯖江藩主)(1804〜1884)、朝廷(九条関白)に、米国との条約締結は之を取消すこと不可能の旨を奏上。また、関白九条尚忠は、間部より、朝臣らの妄信虚説の糾弾を提言される。	0748
	11月20日	■福岡藩浪士平野国臣(1828〜1864)、薩摩領外へ追放される。	0749
	11月22日	■藤原敬子(天璋院篤姫)(1836〜1883)、従三位の叙位を受ける。	0750
	11月23日	■「安政の大獄」。伊達宗城(1818〜1892)、隠居処分。伊達宗徳(1830〜1906)、家督を相続し第9代宇和島藩主に就任。藩主就任後も実権は宗城が掌握。	0751
	11月24日	■孝明天皇(1831〜1867)、大坂開市、夷人雑居、夷人遊歩の停止を間部詮勝に伝える。	0752
	11月28日	■薩摩藩士有馬新七(1825〜1862)・長州藩士山県半蔵(のちの宍戸璣)(1829〜1901)、前内大臣三条実万(1802〜1859)に書を送り、除奸の策を陳ず。	0753
	11月29日	■老中間部詮勝、関白九条尚忠に、開港場運用策を上申する。	0754
	12月1日	■家茂に対する将軍宣下が江戸城で行われる。将軍宣下の勅使は、二条斉敬。	0755
	12月5日	■「安政の大獄─逮捕者の第一次江戸檻送」。幕府、水戸藩京都留守居鵜飼吉左衛門、その子幸吉らを江戸に檻送する。	0756
	12月8日	■薩摩藩士有馬新七、島津忠徳(茂久、忠義)(1840〜1897)を伏見に迎え、義挙主唱の議を建言。	0757
	12月9日	■孝明天皇、外国人を遠ざけるよう宸翰を下す。 ■有馬新七(1825〜1862)、帰藩を命じられる。	0758
	12月14日	■西郷三助(隆盛)(1828〜1877)、徒目付・鳥預・庭方兼務を罷免される。	0759
	12月17日	■日下部伊三治(1814〜1859)、「安政の大獄」獄中で病死。幕末薩摩藩での最初の国事殉難者となる。 □日下部は、文化11年、元薩摩藩士・海江田訥斎連の子として生まれる。出生当時、父は脱藩して水戸藩にいたので常陸国多賀郡で生まれる。 はじめ水戸藩主・徳川斉昭に仕える。天保10年(1839)父の跡を継いで太田学館益習館の幹事を務めた。弘化元年(1845)江戸幕府より斉昭が謹慎を受けた際にはその赦免運動に尽力している。 安政2年(1855)島津斉彬に目をかけられて薩摩藩に復帰し、江戸の藩邸に入る。安政5年(1858)将軍継嗣問題や条約勅許問題が起こると京都に赴き、水戸・薩摩両藩に繋がりを持つ事から攘夷派の志士の中心として京都で活動。水戸藩士・鵜飼吉左衛門らと公家の三条実万に接触し、同年に水戸藩へ密勅が下ると、実万よりその写しを受け取り、木曽路を通って江戸の水戸藩邸へ届けた(戊午の密勅)。しかしこのことが幕府による「安政の大獄」を誘発し、子の裕之進と共に捕縛される。江戸の伝馬町の獄に拘留され、凄惨な拷問を受けた末、この日、獄中で病死した。享年45。墓所は青山霊園。家督は薩摩藩士・有村俊斎が「海江田信義」と改名して継承した。明治24年(1891)に贈正四位。	0760
	12月18日	■朝廷、間部詮勝より、幕府妥協案反対の堂上の逮捕・糺問を知らされる。	0761
	12月23日	■前内大臣三条実万、病と称し京都郊外へ転居する。	0762

その時、勤王志士・朝廷・慶喜政権・江戸幕府らは、**西郷隆盛・大久保利通・薩摩藩年表帖 上巻**

西暦1858

12月24日	■**孝明天皇、条約調印への疑念氷解の勅書を下す。** 0763
	□まな京都に行って朝廷を説得する役目を命じられ、決死の覚悟で上京した、老中間部詮勝（越前鯖江藩主）(1804〜1884)、朝廷を説得し「叡慮氷解」に漕ぎ着ける。天皇は、条約調印を了解した。
12月28日	■**島津忠徳（茂久、忠義）**(1840〜1897)、**家督を相続し第12代薩摩藩主となる。島津斉興（10代藩主）**(1791〜1859)、**薩摩藩の実権を掌握。** 0764
	■**藩命により、西郷三助（隆盛）は、職を免じられ奄美大島に行くため乗船、山川港に向かう。**
	□「安政の大獄」で幕府から捕縛命令が出、その幕府の目から逃れさせるための処置といい、年六石の扶持が付くものであった。
	□島津斉興の裁量により、幕府に対しては西郷三助（隆盛）は死亡したとの報告を行い、「菊池源吾」と変名して、奄美大島の龍郷町に潜住を命じられた。
12月29日	■**薩摩藩士大久保正助（一蔵・利通）、山川港に向かう途上の菊池源吾（西郷隆盛）に、書状を送り脱藩義挙についての意見や薩摩の方向を問う。** 0765
12月29日	■**和蘭商館長クルティウス、和蘭風説書提出中止を申し出る。** 0766
12月30日	■**老中間部詮勝（越前国鯖江藩主）(1804〜1884)、参内して条約調印事情了解の勅諚(条約勅許)を得る。** 0767

西暦1859

安政6	1月2日	■**伊地知正治**(1828〜1886)、**山川港で菊池源吾（西郷隆盛）**(1828〜1877)**に、大久保正助（一蔵・利通）**(1830〜1878)**の手紙を渡す。西郷、返事を書く。** 0768
	1月2日	■**島津斉彬の六男哲丸、死去。** 0769
		□斉彬の六男七女、13人の子のうち、三女と五女を除き、11人の子が7才までに夭折した。
	1月4日	■**菊池源吾（西郷隆盛）、伊地知正治・大久保正助（一蔵・利通）・堀仲左衛門（伊地知貞馨）**(1826〜1887)**らに後事を託して、山川港を出航、奄美大島に向かう。** 0770
	1月5日	■**小十人組・勝義邦（海舟）、蒸気軍艦「朝陽丸」に乗船し、長崎から江戸に向かう。** 0771
	1月10日	■**「安政の大獄」。四公落飾請願。(4月22日に勅許)。左大臣近衛忠煕・右大臣鷹司輔煕、辞官落飾。太閤鷹司政通・前内大臣三条実万、落飾。** 0772
	1月11日	■**菊池源吾（西郷吉之助（隆盛））32才、潜居地の奄美大島到着。** 0773
		□ここで、同じく流刑の重野安繹(1827〜1910)と知り合い、漢籍を学び、漢詩を教えられた。
	1月12日	■**孝明天皇**(1831〜1867)、**左右大臣らの出仕を取りはからうよう関白九条尚忠**(1798〜1871)**に要求。** 0774
	1月13日	■**幕府、神奈川・長崎・箱館3港開港に付、同所へ出稼又は移住勝手の旨触方達。** 0775
	1月29日	■**「安政の大獄」。幕府老中連署して、京都所司代に堂上辞職等の処分を指示する。** 0776

西暦 1859

安政6		
	2月5日	■「安政の大獄」。京都所司代酒井忠義(若狭国小浜藩主)(1813～1873)、関白九条尚忠(1798～1871)に謁し、幕府の内命を以て、一橋慶喜を支持した青蓮院宮尊融法親王(のちの中川宮)、前関白鷹司政通、左大臣近衛忠熙、右大臣鷹司輔熙、前内大臣三条実万、権大納言二条斉敬、権中納言正親町三条実愛、正三位大原重徳らの譴責を伝える。酒井忠義は、関白九条に、公家処分実行を促す。 ■宮家公卿の家臣30余人、逮捕される。
	2月5日	■「安政の大獄」。幕府の内命を以て、議奏・権大納言久我建通、武家伝奏・前大納言広橋光成は、謹慎処分となる。
	2月6日	■幕府(間部詮勝)、関白九条尚忠より、水戸は勅諚を返納すべきとの勅書を受け取る。
	2月7日	■薩摩藩第12代(最後)藩主・島津忠徳(のちの忠義)(1840～1897)、**将軍徳川家茂**(1846～1866)と謁見。**一字拝領により「茂久」と改名。**
	2月9日	■**「長崎海軍伝習所、5年をもって閉鎖」。**幕府(長崎奉行)、海軍伝習所閉鎖を通告。江戸から遠い長崎に伝習所を維持する財政負担が大きいことが問題となり、幕府の海軍士官養成は軍艦操練所に一本化されることになり、同年7月、江戸築地南小田原町の講武所内で再開される。
	2月10日	■「安政の大獄」。鷹司政通、近衛忠熙、一条忠香、正親町三条実愛ら、謹慎処分となる。
	2月15日	■幕府、「宿継奉書」(飛脚便奉書)で間部詮勝の東帰を命ずる。
	2月17日	■「安政の大獄」。青蓮院宮(のちの中川宮)・一条忠香・二条斉敬・久我建通・広橋光成・萬里小路正房・正親町三条実愛に慎を命ず。
	2月―	■「この月、薩長交易成立」。 長州からの物産は主に米・牛馬・綿・木綿・反物類・半紙・塩・石炭などであり、薩摩からは藍玉・砂糖・煙草・鰹節・硫黄・錫・わかさ物(琉球ぬりもの)など。

月照・信海両上人遺蹟(京都・清水寺)

その時、勤王志士・朝廷・慶喜政権・江戸幕府らは、西郷隆盛・大久保利通・薩摩藩年表帖 上巻

西暦1859

2月20日	■老中間部詮勝(越前鯖江藩主)(1804～1884)、京都を出立、大坂に到着。	0786
2月24日	■外国奉行永井尚志(1816～1891)、軍艦奉行に任ぜられる。	0787
2月26日	■禁裏附大久保忠寛(のち一翁)(1818～1888)、京都町奉行に任命される。	0788
2月26日	■幕府、江戸評定所で安政の大獄の糾問開始。 ■幕府、土佐藩主山内豊信(のちの容堂)(1827～1872)に隠居を命ず。 □前藩主の弟・豊範(1846～1886)に藩主の座を譲り、隠居の身となった当初、忍堂と号したが、水戸学藤田派・藤田東湖の薦めで「容堂」と改めた。	0789
2月27日	■「安政の大獄」。幕府の内命を以て、大原重徳(1801～1879)、自分慎。	0790
3月7日	■「安政の大獄」。近衛忠煕・鷹司輔煕、辞官。	0791
3月18日	■「安政の大獄」。清水寺成就院住僧・信海(月照弟)(1821～1859)、捕えられ江戸伝馬町の獄にて病死。享年39。現在、清水寺北総門前には、月照・信海両上人遺蹟がある。 □信海(月照弟)は、天保元年(1830)清水寺光乗院の住職となる。のち高野山で修業し、高野山万勝院の住職兼勧学院の庶務を担当した。安政元年(1854)2月、兄月照が職を辞するに及び、清水寺成就院に移り第二十五代住職となり紫衣を許された。安政5年(1858)尊攘の議論沸騰するや、悲憤のあまり護摩法を修して攘夷を祈願し、特に青蓮院宮(のちの中川宮)のために円通寺(京都市左京区岩倉幡枝町)において祈祷を行った。幕吏これを聞き、江戸に護送し尋問したが、ついに口を割らなかった。	0792
3月22日	■「安政の大獄」。鷹司政通・近衛忠煕・鷹司輔煕・三条実万に落飾・慎。東坊城聡長に永蟄居。	0793
3月22日	■薩摩藩士高崎猪太郎(兵部、五六)(1836～1896)、水戸に潜入し、水戸藩士高橋多一郎、関鉄之介、斎藤監物、住谷寅之介らと会し、提携して国事に当たる事を説く。水戸藩士、容易に応ぜず、ついで29日、猪太郎、帰藩の途に就く。	0794
3月28日	■「安政の大獄」。近衛忠煕(左大臣)、鷹司輔煕(右大臣)の職が停止。 ■一条忠香(左大臣)(1812～1863)・花山院家厚(右大臣)(1789～1866)・二条斉敬(内大臣)(1816～1878)体制が発足。	0795
4月22日	■「安政の大獄」。四公の落飾の奏請を聴許し、謹慎を命ず(幕府の内奏による)。前関白鷹司政通、4月27日落飾、法名拙山。前左大臣近衛忠煕、5月3日落飾、法名翠山。前内大臣三条実万、5月落飾、法名澹空。前右大臣鷹司輔煕、5月落飾、法名随楽。	0796
4月24日	■「安政の大獄」。幕府、水戸藩の摘発を開始、26日、家老安島帯刀らを拘禁。	0797
5月3日	■英国初代駐日総領事(のち公使)オルコック(1809～1897)、長崎に来日。	0798
5月24日	■京都町奉行大久保忠寛(一翁)(1818～1888)、左遷。 □安政の大獄で、忠寛は井伊直弼から京都における志士の逮捕を命じられた。しかし忠寛は安政の大獄には否定的な考えであり、直弼の厳しすぎる処分に反対した。このため、直弼に疎まれるようになっていった。	0799
5月24日	■幕府、安政金銀の鋳造と外国貨幣の通用を布告。	0800
5月26日	■英国初代駐日総領事オールコックが品川沖に到着。	0801
5月27日	■米国駐日総領事ハリス(1804～1878)、公使昇格を幕府に通告。	0802

西暦 1859

安政6		
	5月28日	■幕府、6月以降、神奈川(横浜)、長崎、箱館の開港を命令し露・仏・英・蘭・米の5ヶ国人と交易売買することを許す旨を一般に布告。長崎は鎖国の特権を失う。
	5月29日	■幕府、旧貨幣の併用令を布告。
	5月—	■この頃、清水寺成就院住職月照の奉公人・大槻重助(1838〜1893)、清水寺境内に茶屋を開く(忠僕茶屋)。
	6月2日	■幕府、神奈川(横浜)・長崎・箱館(函館)の3港を開く。日本の良質な生糸が交易されはじめる。 ■幕府、貿易許可の3開港場で江戸図面、官服、法制書籍、武鑑類、兵学書類、甲冑、刀剣などを外人に売ることを禁止する。
	6月5日	■幕府、外国人の神奈川居留地(山下居留地)及び遊歩区域を定め、取締り布告。
	6月6日	■英国駐日総領事オールコック、江戸高輪の東禅寺に入り、我が国最初の「英国総領事宿館」となる。
	6月20日	■幕府、諸侯・旗本・藩士に、開港場での舶来武器の購入を許可。
	7月7日	■大久保正助(一蔵・利通)妻・満寿(1840〜1878)が、男子彦熊(のちの利和)(1859〜1945)を出産。
	7月23日	■間部詮勝(越前鯖江藩主)(1804〜1884)、老中首座となる。老中太田資始(遠江国掛川藩主)(1799〜1867)、免職。
	8月10日	■再び日本に派遣され、仏国駐日総領事ベルクール(1817〜1881)、来日。
	8月12日	■朝廷は幕府(家茂)より将軍襲職祝金として2万5千両を贈られる。
	8月16日	■水戸藩士高橋多一郎・金子孫二郎・関鉄之介ら、薩摩藩士有村雄助・高崎猪太郎(兵部、五六)らが江戸墨田大七楼に会して、大老井伊直弼への襲撃計画に関し、密議。
	8月23日	■英国商人トーマス・ブレーク・グラバー(1838〜1911)、来日。長崎大浦に移住。
	8月27日	■「安政の大獄一第一次判決」。幕府、前水戸藩主徳川斉昭(前権大納言)(1800〜1860)に国許永蟄居、一橋家主徳川慶喜(刑部卿)(1837〜1913)に隠居謹慎、水戸藩主徳川慶篤(権中納言)(1832〜1868)に差控を命じる。

忠僕茶屋

その時、勤王志士・朝廷・慶喜政権・江戸幕府らは、**西郷隆盛・大久保利通・薩摩藩年表帖 上巻**

西暦1859

8月27日	■幕府、岩瀬忠震・永井尚志の職禄を奪って差控、川路聖謨を罷免、隠居・差控に処す。 0817
8月27日	■「安政の大獄―第一次断罪」。幕府、水戸藩家老安島帯刀(1811~1859)を切腹に、水戸藩奥右筆頭取・茅根伊予之介(1824~1859)、鵜飼吉左衛門(水戸藩京都留守居役)(1798~1859)を死罪に、水戸藩士鵜飼幸吉(1828~1859)を獄門に、水戸藩勘定奉行・鮎沢伊太夫(1824~1868)、鷹司家諸大夫・小林良典(1808~1859)を遠島に、儒者池内大学(1814~1863)を中追放に、近衛家老女・津崎矩子(後に村岡局)(1786~1873)を押込に処す。 0818
8月28日	■将軍継嗣問題で一橋派と目されたため、浅野長祚(1816~1880)・大久保忠寛(のち一翁)(1818~1888)は奉行職を罷免される。 0819
9月3日	■水戸藩士関鉄之介(1824~1862)・薩摩藩士高崎猪太郎(兵部、五六)(1836~1896)、京都に向け江戸を出立。 0820
9月5日	■幕府、5千両を朝廷に献上。 0821
9月5日	■幕府の内奏により、前老中堀田正睦(下総佐倉藩主)(1810~1864)、隠居。 0822
9月12日	■隠居の島津斉興(第10代薩摩藩主)(1791~1859)、**死去。69才。島津忠教(のちの久光)**(1817~1887)が、子の**第12代薩摩藩主島津忠徳(茂久、忠義)**(1840~1897)の政治後見となる。 0823
9月13日	■幕府、日米修好通商条約本書交換のため、新見正興・外国奉行村垣範正・小栗忠順らの米国派遣を決定。 0824
9月14日	■梅田雲浜(1815~1859)、獄死。 0825
9月17日	■3日江戸を発った水戸藩士関鉄之介、薩摩藩士高崎猪太郎(兵部、五六)は、この日、京都に至り、「大老井伊直弼襲撃」義挙の趣旨書を青蓮院門主入道尊融親王(中川宮)、前左大臣近衛忠熙に呈し、叡聞に達せん事を請う。 0826
9月25日	■幕府、武家諸法度を頒布する。 □「武家諸法度」は、将軍代替り間もなく頒布するしきりであるという。 0827
9月30日	■幕府、水戸藩主徳川慶篤の差控を免除。 0828
10月6日	■「安政の大獄」に連座した前内大臣三条実万(1802~1859)、幽居地の一乗寺村にて病死(58才)。 □孝明天皇は実万の病篤きことを心配し、10月4日には三条西季知を遣わし、謹慎を解くの内旨を伝え、5日には従一位宣下の使いに中御門経之卿を遣わしたという。 0829
10月7日	■「安政の大獄―第二次断罪」。幕府、越前藩士橋本左内(26才)(1834~1859)・儒学者頼三樹三郎(35才)(1825~1859)・三条家士飯泉喜内(55才)(1805~1859)を、小塚原で(伝馬町牢内とも)斬首。 ■六物空万を遠島、伊丹蔵人・丹羽正庸・森寺常邦・三国大学・入江則賢・近藤茂左衛門を中追放、森寺常安・山科正恒・春日潜庵を永押込、山田勘解由・飯田左馬・高橋俊璃・富田織部・大沼又三郎・飯泉春堂を押込、宇喜多一蕙・松庵父子を所払、若松永福を洛中洛外構・江戸払に処し、その他処罰されるもの多し。 □久我家諸大夫・春日潜庵(1811~1878)は、永押込に処せられる。 0830

113

西暦1859

安政6	10月11日	■幕府、前土佐藩主山内容堂(1827〜1872)に、土佐藩品川屋敷謹慎を命ずる。 ■初代駐日米国公使となったタウンゼント・ハリス(1804〜1878)、将軍徳川家茂(1846〜1866)に拝謁。	0831
	10月16日	■孝明天皇、宸翰を関白九条尚忠に賜い、徳川斉昭らの処罰及び外交に関して諮詢。	0832
	10月17日	■天璋院篤姫(1836〜1883)、江戸城本丸火災で吹上へ避難、後に西の丸へ移る。	0833
	10月23日	■大久保正助(一蔵・利通)・堀仲左衛門(伊地知貞馨)・岩下左次右衛門(方平)ら薩摩藩「精忠組」、脱藩の計画を練る。水戸藩と共同で大老・井伊直弼を暗殺し京都への出兵を行おうと計画したのだ。 □精忠組(誠忠組とも)「薩藩同志者姓名録」によると、この年の初期メンバーは、菊池源吾(西郷隆盛)(1828〜1877)、堀仲左衛門(伊地知貞馨)(1826〜1887)、岩下左次右衛門(方平)(1827〜1900)、大久保正助(利通)(1830〜1878)、有村俊斎(海江田信義)(1832〜1906)、有村雄助(1835〜1860)、有村次左衛門(1839〜1860)、有村如水(のちの国彦)、有馬新七(1825〜1862)、吉井仁左衛門(友実)(1828〜1891)、奈良原喜左衛門(1831〜1865)、伊地知竜右衛門(正治)(1828〜1886)、鈴木勇右衛門、鈴木昌之助、税所喜三左衛門(篤)(1827〜1910)、樺山三円(1830〜?)、中原猶介(1832〜1868)、山口金之進、本田弥右衛門(親雄)(1829〜1909)、高橋新八(村田新八)(1836〜1877)、森山棠園(新蔵)(1821〜1862)、森山新五左衛門(1843〜1862)、江夏仲左衛門(蘇助)(1831〜1870)、奈良原喜八郎(繁)(1834〜1918)、永山万斎(弥一郎)(1838〜1877)、野津七左衛門(鎮雄)(1835〜1880)、道島五郎兵衛(?〜1862)、大山彦八(成美)(1835〜1876)、坂本喜左衛門、大山角右衛門(綱良)(1825〜1877)、野本林八、山之内一郎(時習)、野津七次(道貫)(1841〜1908)、高橋清左衛門、中原喜十郎、鈴木源右衛門、西郷竜庵(従道)(1843〜1902)、山口三斎、田中直之進(謙助)(1828〜1862)、高崎猪太郎(五六)(1836〜1896)、益山東碩、仁礼源之丞(景範)(1831〜1900)、平山竜雪、鵜木孫兵衛、赤塚源六(1834〜1873)、坂元六郎、坂木藤十郎、徳田喜兵衛の48名とされる。	0834
	10月24日	■幕府、新潟開港延期を米・仏両国に通告。翌日、蘭・露両国に通告。	0835
	10月26日	■薩摩藩、島津豊後(島津久宝)(1801〜1873)を罷免する。 □斉興が没し、藩主忠義の実父・島津忠教(のちの久光)が実権を握ると、久光は斉彬の政策を復旧させようとしたため、久宝は罷免され、失脚した。	0836
	10月27日	■「安政の大獄—第三次断罪」。吉田松陰を死罪、日下部伊三次の男裕之進・勝野豊作の男森之助を遠島、吉見長左衛門を重追放、藤森弘庵・黒沢とき(登幾)を中追放、長谷川宗右衛門・長谷川速水・大久保要・大山正阿弥・奥平小太郎を永押込、大竹儀兵衛(飯泉喜内養子)・筥承三・勝野豊作の妻ちか・同男保三郎・同女ゆうを押込、世古格太郎を江戸構・紀州領所払に処し、その他処罰されるもの多し。	0837
	11月4日	■薩摩藩士大久保正助(一蔵・利通)(1830〜1878)、城下の天台宗吉祥院で、藩主後見・島津忠教(のちの久光)(1817〜1887)に拝謁。大久保は、島津久光に時勢論を披露する。	0838
	11月5日	■薩摩藩士大久保正助(一蔵・利通)・有馬新七ら精忠組49名、幕府の専断を憤り脱藩して義挙を決行せんとするが、藩主父・島津忠教(久光)、藩主島津茂久(忠義)の自筆論書を下し軽挙を戒める。大久保が、久光を説得し、精忠組の士へ諭告書を下賜させた。	0839

その時、勤王志士・朝廷・慶喜政権・江戸幕府らは、**西郷隆盛・大久保利通・薩摩藩年表帖 上巻**

西暦1859

11月6日	■精忠組（精忠組）、薩摩藩主島津茂久（忠義）(1840〜1897)への請書に、署名血判し提出。大島の西郷隆盛の名を加えたという。	0840
11月7日	■米国改革派教会から派遣されたレフォームド教会の宣教師フルベッキ(1830〜1898)が上海からの船で長崎へ、崇福寺境内の広福庵に居住する。 □禁教下の日本では布教活動ができず家塾で指定に英語を教える。家塾には維新の原動力となる人々がその学殖と人格にあこがれ雲の如く集まる。大隈重信、副島種臣などである。維新後には、岩倉具視、伊藤博文、井上馨、西郷隆盛、後藤象二郎なども助言を与えられる。	0841
11月9日	■藩主父・島津忠教（久光）、薩摩藩人事改革に着手。仕置家老を島津豊後（島津久宝）から島津下総（島津久徴）(1823〜1870)に交代する。 □大久保正助（一蔵・利通）らは、29代藩主島津久久（忠義）へ、久徴を主席家老へ戻すよう願い出た。	0842
11月8日	■奄美大島の菊池源吾（西郷隆盛）(1828〜1877)、龍郷一の名家である龍家の一族・佐栄志の娘・とま（のちの愛加那）(1837〜1902)を島妻とする。 □当初、扶持米は6石だったが、万延元年には12石に加増されたという。	0843
11月19日	■大久保正助（一蔵・利通）、順聖院（島津斉彬）遺志に基づき、御剣献上の儀を建白する。	0844
11月24日	■幕府、軍艦奉行並・木村喜毅に、条約本書交換使節の護衛として渡米を命じる。勝義邦（海舟）(1823〜1899)、米国派遣を命ぜられる（「咸臨丸」乗組員が決まる）。	0845
11月30日	■英国駐日総領事オールコック、駐日特命全権公使に昇格。	0846
12月7日	■「安政の大獄」。幕府の内奏により、青蓮院門跡尊融法親王（中川宮）(1824〜1891)、退隠・永蟄居。11日、相国桂芳軒に移居、獅子王院と称す。 □尊融法親王は、日米修好通商条約の勅許に反対し、将軍・徳川家定の後継者問題では一橋慶喜を支持したことなどから大老・井伊直弼に目を付けられ、「隠居永蟄居」を命じられる。このため青蓮院宮を名乗れなくなった。	0847
12月8日	■幕府、下田港を閉鎖。5年9ヶ月ほどの短い期間の開港であった。	0848
12月15日	■幕府（井伊直弼）、勅書の3日以内の返還を水戸藩に命ずる。	0849
12月16日	■幕府、若年寄安藤信睦（のちの信正）（陸奥磐城平藩の第5代藩主）(1820〜1871)を水戸藩主徳川慶篤に遣わし、勅書返納の朝旨を伝達させる。	0850
12月24日	■間部詮勝（越前鯖江藩主）(1804〜1884)、老中御役御免。 □この年3月12日、京都から江戸に戻ると井伊直弼(1815〜1860)と対立するようになる。条約の勅許を得るといった成果をあげたことで、幕政の主導権を握ろうとした。その結果、免職となる。 ■松平乗全（三河国西尾藩主）(1795〜1870)、老中首座に就任。	0851

西暦1860

安政7	1月13日	■遣米使節護衛艦「咸臨丸」に軍艦奉行並木村喜毅、軍艦操練所教授方頭取・勝義邦（海舟）、中浜（ジョン）万次郎、奉行従者福沢諭吉、のちの海援隊士・佐柳高次(1835〜1891)らを乗せて品川を出港、浦賀に向かう。	0852
	1月15日	■若年寄安藤信睦（信行、信正）(1819〜1871)、老中に就任。安藤、水戸藩主徳川慶篤に25日までの密勅返納を命令。	0853

115

西暦1860

安政7	1月15日	■幕府、講武所総裁を講武所奉行に改称。
	1月18日	■修好通商条約批准書交換のため、正使・新見正興、副使・村垣範正、監察目付・小栗忠順の3人を遣米使節として、米迎船軍艦「ポーハタン号」に乗せて品川を出港、浦賀に向かう。
	1月19日	**■16日横浜出帆の「咸臨丸」、浦賀を米国へ向けて出港。**
	1月22日	■遣米使節を乗せた米国軍艦「ポーハタン号」、浦賀を米国へ向けて出港。
	1月26日	■幕府、講武所を神田小川町（千代田区三崎町）に移転。2月3日、大老井伊直弼らの臨席で開場式。
	2月5日	■英国駐日総領事オールコック、全権公使昇任を幕府へ通告。
	2月21日	**■薩摩藩士大久保正助（一蔵・利通）（1830〜1878）、藩兵を京都に派遣して急変に処すべきと、藩庁に建議。**
	2月21日	■薩摩藩士田中直之進（謙助）（1828〜1862）、帰藩して江戸における水戸、薩摩両藩同志結盟の状を報ずる。
	2月23日	■水戸藩、勅書返納を決める。
	2月25日	**■薩摩藩主・島津茂久（忠義）（1840〜1897）、「菊池源吾留守家族」に25両の下賜金を出す。**
	2月25日	■水戸浪士金子孫二郎、江戸に着す、翌日、薩摩藩士有村雄助の寓に潜伏し、密かに除奸及び上京挙兵の事を謀議する。
	2月26日	■遣米使節護衛艦「咸臨丸」、サンフランシスコに到着。
	2月28日	**■奄美大島の菊池源吾（西郷隆盛）、精忠組の同志大久保正助（一蔵・利通）、税所篤、有村俊斎（海江田信義）、吉井幸輔（友実）の4名に宛て、手紙を書く。** □橋本左内の刑死について次のように書く「橋本迄死刑に逢い候儀案外、悲憤千万堪え難き時世に御座候」。
	3月1日	■元水戸藩士金子孫二郎、同木村権之衛門、同斎藤監物、同稲田重蔵、同佐野鉄三郎、同関鉄之介、薩摩藩士有村雄助、密かに江戸山崎楼に会し、大老井伊直弼要撃の日時及び部署を定める。
	3月3日	**■「桜田門外の変」（桜田事変）。大老井伊直弼（46才）（1815〜1860）、水戸尊攘激派浪士関鉄之介（1824〜1862）・薩摩藩浪士有村次左衛門（1838〜1860）ら18名に暗殺される。大老井伊の死は、伏される。** □有村次左衛門は、天保9年12月28日、薩摩国高麗町（鹿児島市高麗町）に生まれる。有村俊斎（海江田信義）（1832〜1906）、有村雄助（1835〜1860）の弟。14才で薩摩藩に出仕した後、21才となった安政5年（1858）江戸へ出る。中小姓役として三田の薩摩藩邸に勤め、千葉周作の道場へ通って北辰一刀流を学ぶ。が、朝廷を軽んじる江戸幕府の政治に疑問を抱き、尊王攘夷派として同志の水戸藩士と交流を重ねていく。「安政の大獄」に憤激した次左衛門は薩摩藩を脱藩し、同志の水戸の脱藩浪士17名と共に井伊直弼の暗殺を実行に移した。

その時、勤王志士・朝廷・慶喜政権・江戸幕府らは、**西郷隆盛・大久保利通・薩摩藩年表帖 上巻**

西暦1860

3月3日	■「桜田事変」。水戸浪士金子孫二郎(1804〜1861)、同佐藤鉄三郎(1836〜1915)、浪士有村雄助（薩摩藩）(1835〜1860)、同志の大老井伊直弼襲撃の目的を達したるを確かめ、直ちに江戸を脱し、京都に向かう。	0869
3月3日	■幕府、洋書出版手続きを改正。天文・暦算は天文方へ戻し、洋書の翻訳と医学書は蕃書調所へ入稿し、出版後は一部を納本すると決定。	0870
3月8日	■京都所司代酒井忠義、大老井伊直弼遭難の状を、朝廷に奏聞。	0871
3月9日	■**大久保正助(一蔵・利通)、薩摩藩庁より突出計画断念を求められるが断る。**	0872
3月9日	■「桜田事変」。浪士金子孫二郎、同佐藤鉄三郎、同有村雄助（薩摩藩）は、伊勢国三重郡四日市駅において、江戸藩邸から追跡して来た薩摩藩江戸藩邸の坂口勇右衛門らに捕縛される。	0873
3月9日	■遣米使節新見正興ら、サンフランシスコに到着。	0874
3月11日	■**藩士大久保正助(一蔵・利通)(1830〜1878)、初めて、藩主父・島津忠教(久光)に拝謁し、精忠組の心情を説く。** □安政6年(1859)秋から万延元年(1860)2月にかけて、大久保利通ら精忠組が数度にわたり脱藩「突出」を決行しようとしたが、その過程において、順聖公（島津斉彬）の遺志を体現する「天朝に忠勤、事変の際は率兵上京」が藩是と定められた。	0875
3月12日	■「桜田事変」。京都所司代酒井忠義、京都町奉行、奈良奉行、代官などに命じて桜田事変逃亡者を追捕を命じる。	0876
3月13日	■**薩摩藩主島津茂久(忠義)(1840〜1897)、参勤交代で鹿児島を出立。大久保正助(一蔵・利通)、随行。**	0877
3月13日	■「桜田事変」。浪士有村雄助、同金子孫二郎、同佐藤鉄三郎、伏見に護送される、この日、薩摩藩吏は有村雄助を藩地に下す。	0878
3月15日	■「桜田事変」。伏見奉行林忠交(上総請西藩の第2代藩主)(1845〜1867)、浪士金子孫二郎、同佐藤鉄三郎を拘引し、翌日、これを訊問する。	0879
万延1 3月17日	■「桜田事変」。朝廷、桜田事変関係の者、西上の風説あるにより、京都に戒厳を加うるを以て、廷臣を戒めて出遊、不行跡の事無きよう命じる。	0880
3月18日	■**万延と改元**(江戸城火災や桜田門外の変などの災異のため)。	0881
3月20日	■**筑前まできた薩摩藩主島津茂久(忠義)、「桜田門外の変」の首謀は藩士の有村次左衛門と聞き、参勤代理を川上式部(久美)にして鹿児島に帰る。**	0882
3月24日	■**薩摩藩士大久保正助(一蔵・利通)、再び、藩主父・島津忠教(のちの久光)に、早急な出兵を要請。**	0883
3月24日	■「桜田事変」。 幕府によって藩士が捕えられる事を恐れた薩摩藩に捕縛され、薩摩に護送された薩摩藩浪士有村雄助（有村俊斎弟）(1835〜1860)、幕府の探索が鹿児島に迫ると、藩命によって自刃させられる。介錯は刎頸の友・奈良原喜八郎(繁)(1834〜1918)であった。享年26。	0884

117

西暦1860

万延1	3月30日	■**町人志士・是枝柳右衛門**(1817～1864)、**初めて上京する。** 中山家諸太夫田中河内介(1815～1862)に出会い、彼を通じて**中山忠能**(1809～1888)**大納言への謁見を許され、尊王攘夷の決意を語る。** 0885
		□**是枝柳右衛門**は、文化14年3月15日生まれ。名は貞至。生家は薩摩谷山郷の商家。家が貧しく天保2年(1831)15才のとき大隅の串良や高山郷へ移る。行商をしながら学び、32才で谷山に戻り、塾を開き子弟の教育にあたる。日置領主・島津左衛門邸に出入りした。しかし鹿児島城下の精忠組と交わる中で尊王攘夷思想に共鳴し、嘉永4年(1851)谷山を出て国事に関わるようになる。万延元年(1860)大老井伊直弼の暗殺を思い立ち、江戸に向かうが、その途上で桜田門外の変を知り、この日、初めて上京し、田中河内介、熊本藩松村大成、岡藩小河弥右衛門(一敏)らと活動する。
	3月30日	■**井伊直弼、大老職を免じられる。** ■幕府、水戸藩主徳川慶篤(慶喜の実兄)の登城を禁止する。 0886
	閏3月1日	■**「幕府に久世・安藤連立内閣が発足」。** 「桜田門外の変」後の幕政は、安藤信睦(信行、信正)(陸奥国磐城平藩主)(1820～1871)の推挙を受けて再度老中に就任した久世広周(下総国関宿藩主)(1819～1864)・信正が幕府の実権を握る。 □久世・安藤派は、井伊派を罷免し、「安政の大獄」で処分された一橋派が息を吹き返すことになる。久世・安藤派はさらに、朝廷と幕府が力を併せて国政を運営しようと「公武一和」(公武合体)路線を画策していくことになる。 0887
	閏3月3日	■薩摩藩士日下部裕之進(1836～1860)、安政の大獄で捕縛され、獄中で病死。 0888
	閏3月5日	■**幕府、所司代、伏見奉行をして、浪士金子孫二郎、同佐藤鉄三郎を江戸に檻送させる。** この日、与力、同心ら数10人、2人を護して伏見を発する。 0889
	閏3月19日	■**幕府、五品江戸廻送令を布告。** 五品(雑穀・水油・蝋・呉服・生糸)の神奈川直送貿易を禁止し、江戸問屋経由を命じる。 0890
	閏3月30日	■幕府、井伊直弼の死を公表。 0891
	閏3月—	■**薩摩藩士大久保正助(一蔵・利通)**(1830～1878)、**御勘定方小頭格に抜擢される。** 0892
	4月1日	■**幕府、所司代酒井忠義を通じ、皇妹和宮の降嫁を内願。幕府、老中連署で和宮降嫁を奏請。** 0893
	4月12日	■京都所司代酒井忠義、関白九条尚忠に書を送り、皇妹和宮降嫁の内願をする。 □岩倉具視ら朝廷側は、幕府の願いを聞き届ける条件として、7、8～10年のうちの攘夷の実行と、国家の重要事の奏聞を命ずることを天皇に奏上。 0894
	4月25日	■幕府、所司代酒井忠義に命じ、さきに安政5年8月8日、水戸藩主徳川慶篤に下せし勅書を、返納すべき再命の勅書を賜らん事を奏請、ついで5月5日、酒井忠義、これを奏請する。 0895
	4月28日	■井伊直弼の暗殺後は閣内での影が薄くなった、松平乗全(三河国西尾藩主)(1795～1870)、老中を辞任。**久世広周(下総国関宿藩主)**(1819～1864)**が、老中首座に就任。** 0896
	5月4日	■孝明天皇、降嫁の請願を却下を関白九条尚忠に伝える。 0897
	5月6日	■「咸臨丸」、サンフランシスコより浦賀に帰港。 0898
	5月11日	■京都所司代酒井忠義、皇妹和宮降嫁勅許の斡旋を関白九条尚忠に請願。 0899

その時、勤王志士・朝廷・慶喜政権・江戸幕府らは、**西郷隆盛・大久保利通・薩摩藩年表帖 上巻**

西暦1860

5月12日	■桜田門外の変における実行部隊の指揮者、浪士関鉄之介(1824~1862)、大坂、鳥取及び中国路等を潜行し、この日、肥後国水股駅に達する。翌日、書を薩摩藩士堀仲左衛門(伊地知貞馨)(1826~1887)、同高崎猪太郎(兵部、五六)(1836~1896)に送り、会見を求めるも果たさず。	0900
5月29日	■京都所司代酒井忠義、幕府の情実を述べ、かさねて水戸藩に下せる勅書の返納督促の勅命を請う。	0901
6月3日	■酒井忠義、幕府の奉答書を関白九条尚忠に送り、皇妹和宮の降嫁を、再び請願。	0902
6月8日	■桂久武(1830~1877)、薩摩藩造士館掛演武館掛に任じられる。 □文武に奨励するものを申告し、精忠組進出の基盤を作ることになる。	0903
6月13日	■朝廷、さきに水戸藩に下せし勅書の返納を命ずる勅書を、幕府に下賜するに決し、この日、これを京都所司代酒井忠義に下附する。	0904
6月17日	■幕府、「日葡通商条約」、締結。	0905
6月20日	■孝明天皇(1831~1867)、「攘夷を実行し鎖国の体制に戻すならば、和宮の降嫁を認める」旨の勅書を、関白九条尚忠(1798~1871)を通じて京都所司代酒井忠義に伝える。	0906
6月20日	■幕府、大名の諸士・陪臣の軍艦操練所入学を許可。	0907
7月4日	■将軍家茂、駐日米国公使ハリスを謁見。	0908
7月10日	■孝明天皇、皇子祐宮睦仁(明治天皇)を立てて皇儲(天皇のよつぎ)とする。	0909
7月18日	■幕府、4老中連署により「7年から10年以内に外交交渉・場合によっては武力をもって破約攘夷を決行する」を、朝廷に奉答。	0910
7月22日	■「**水長密約・丙辰丸盟約**」。長州藩士桂小五郎(1833~1877)・同松島剛蔵(丙辰丸船長)(1825~1865)、結城藩士越惣太郎(結城藩医の息子)(1824~1864)・水戸藩士西丸帯刀(1822~1913)・同岩間金平(1838~1896)、同園部源吉ら、佐賀藩士草場又三の仲介で、品川沖に停泊中の長州藩軍艦「丙辰丸」で「成破の盟約」を結ぶ。長州藩士・天野清三郎(のちの渡辺嵩蔵)(1843~1939)は、一乗組員として参加、政治活動そして造船学に向かわせる機縁となる。19日とも。 □水戸側が「破」、つまり破壊的な行為(刺客を放って国政の奸を除く)を行って世情に混乱を起こし、長州が「成」、つまり正しいと信じる姿の世(藩侯を動かして在野の賢を国政に奨める)に作り変えていこうというもの。水戸藩が老中襲撃、外国公館襲撃、天狗党旗揚げへと向かう。長州藩がこれに呼応して、京都での政変を作り出していくことになるが、「禁門の変(蛤御門の変)」の失敗で、破綻する。 □水戸藩の目標は老中排除で、武田耕雲斎と美濃部又五郎の説得。長州藩の目標は幕政改革で、周布政之助と長井雅楽の説得。	0911
7月29日	■幕府、7~10年内に攘夷実行を朝廷に提出。	0912
8月8日	■皇妹和宮(1846~1877)、宮中へ上がり、書を上げて降嫁を固辞。	0913
8月9日	■幕府、西洋語の学習を奨励する。	0914
8月15日	■第9代水戸藩主徳川斉昭(1800~1860)、死去。61才。	0915

西暦 *1860*

万延1			
	8月17日	■長崎に西洋式の病院(養生所)が設立される。院長は松本良順(1832〜1907)、教授にポンペ(1829〜1908)が就任。	0916
	8月18日	■孝明天皇(1831〜1867)、条約破棄・公武の融和を条件に、関白九条尚忠を通じて、皇妹和宮の降嫁勅許の旨を、幕府に内達。	0917
	8月27日	■水戸藩士37人、江戸薩摩藩邸に行き、攘夷に関する陳述書を提出する。	0918
	9月4日	■幕府、徳川慶恕(慶勝)、一橋慶喜、松平春嶽、山内容堂の謹慎を解除。	0919
	9月11日	■英国と中国で北京条約調印(アロー戦争終結)。	0920
	9月28日	■遣米使節団、「ナイアガラ号」で横浜に上陸、翌日登城。 ■英国公使オールコック、英仏連合軍の北京攻略を幕府に通報。	0921
	10月18日	■孝明天皇の異母妹和宮の降嫁の勅許、出される。	0922
	11月1日	■幕府、皇妹和宮降嫁を公布。 □幕府は、公武合体を願うばかりに攘夷の期限を明言することとなる。	0923
	11月8日	■遣米使節目付小栗忠順(1827〜1868)、外国奉行に任命される。	0924
	11月14日	■幕府、水戸藩主徳川慶篤の登城停止を解く。	0925
	11月19日	■幕府、和宮降嫁決定に伴い堂上方へ金1万5千両を贈る。	0926
	11月21日	■幕府、外国人襲撃計画の風聞により、外国使臣館と横浜運上所を警備。	0927
	11月25日	■桂御所において、和宮(1846〜1877)と家茂(1846〜1866)の納采の礼を執り行われる。	0928
	11月28日	■朝廷、和宮東下を2、3年延期とする(幕府が通商許可を要請)。	0929

西郷菊次郎

奄美大島龍郷町

その時、勤王志士・朝廷・慶喜政権・江戸幕府らは、西郷隆盛・大久保利通・薩摩藩年表帖 上巻

西暦1860

12月5日	■「ヒュースケン暗殺事件」。芝薪河岸の中の橋付近で、攘夷派「浪士組」所属の薩摩藩士伊牟田尚平(1832〜1868)、益満休之助(1841〜1868)、神田橋直助(1839〜1862)、樋渡八兵衛、大脇仲左衛門らが、米国初代駐日公使となったタウンゼント・ハリス(1804〜1878)秘書兼通訳、ヘンリー・ヒュースケン(1832〜1861)を襲撃。翌日死亡。 □首謀者伊牟田尚平は、ほどなく藩邸を脱走、脱藩浪士となった。	0930
12月11日	■英仏蘭普の代表、外国人の保護が不十分なことを理由に江戸退去を決定。	0931
12月20日	■英国公使オールコック、外国人殺傷者未逮捕に抗議書を提出。	0932
12月一	■薩摩藩、天璋院引取の内伺いを幕府に提出する。	0933

西暦1861

万延2	1月2日	■奄美大島の西郷隆盛の妻・愛加那(1837〜1902)、菊次郎(1861〜1928)を生む。	0934
		□**西郷菊次郎**は、明治2年(1869)8才にして鹿児島の西郷本家に引き取られ、明治4年(1871)1月、10才の時、父と共に東京に出る。翌年2月、11才にして米国への留学の途に就いた。2年6ヶ月に及ぶ留学生活を終え、帰国。明治8年(1875)4月、14才のとき、父創立の吉野開墾社の寮に入る。明治10年(1877)、16才のとき、西南戦争に薩軍の一員として参戦。延岡・和田越えの戦闘にて右足に銃弾を受け膝下を切断。和田越えの戦闘で多数の死傷者を出した薩軍は俵野に陣を移し、今後の動向について軍議をかさねた。その結果、可愛嶽を越えて三田井に抜ける事を決意。戦闘にて重傷を負っていた菊次郎は、桐野利秋の計らいにて他の負傷兵と共に俵野に取り残した。その際に隆盛の老僕であった、永田熊吉をつけておいた。熊吉は、負傷した菊次郎を背負い、隆盛の弟である西郷従道(1843〜1902)のもとへ投降した。西郷従道は甥の投降を喜び、熊吉に礼を言ったとされる。明治13年(1880)後、西郷家を出て奄美大島に帰り、愛加那と暮らす。 明治17年(1884)叔父・西郷従道(西郷隆盛の弟)(1843〜1902)の支援で外務省に入り奄美大島から東京へ移る。米国公使館や本省で勤務。日清戦争で日本が台湾を得た明治28年(1895年)台湾に転じる。その際に奄美大島に寄り、愛加那を訪ねる。翌年台北県支庁長、その翌年、初代宜蘭支庁長(4年半)に就任。河川工事、農地の拡大、道路の整備、樟脳産業の発展、農産物の収穫増加政策、各地の反乱を治めて住民の生活を安定させる、そして教育の普及などの事業に取り組む。そして、巨額を投じ、『西郷堤防』と呼ばれる宜蘭川堤防(全長約1.7キロ)を完成させた。2年後の明治37年(1904)10月、2代目京都市長に就任(〜明治44年7月13日)。その後鹿児島に帰り、鹿児島県さつま町にあった永野金山(山ヶ野金山)の島津家鉱山館長に命じられ、8年余り在任。昭和3年(1928)11月27日、鹿児島市の自宅において心臓麻痺で急死。享年68。	
	1月一	■薩摩藩、弁天波止台場の守備隊長小松帯刀(清廉)(1835〜1870)、同北郷作左衛門(久信)(1831〜1887)に、長崎遊学を命じる。 □北郷作左衛門は、天保2年生まれ。薩摩藩士。島津氏の一門で、平佐郷領主北郷家13代。領内に広才館、講武館を創設して文武を奨励。領内の天辰村桑木水流に銃器工場や造船所をつくり、燧石銃を製造し、西洋帆船も建造している。砲術に優れ、「禁門の変」に出陣。「戊辰戦争」では軍艦乾行丸の艦長として能登、隠岐、佐渡方面の鎮撫にあたった。明治20年8月10日死去。57才。通称は作左衛門、のち主水。	0935

西暦1861

| 万延2 | 1月17日 | ■小松帯刀(清廉)ら、帆船「天佑丸」で前之浜を出航。 | 0936 |

□「天佑丸」は、万延元年11月、英国より購入。原名もそのものズバリ「イングランド」。薩英戦争で英国艦隊に依って掌補・焼却される。

| | 1月21日 | ■小松帯刀(清廉)ら、長崎に到着。 | 0937 |

□帯刀(清廉)は、八木玄悦(称平、島津侯の医官で今和泉郷の人)(1832?~1865)・石河正龍(1826~1895)らと共に蘭軍艦に乗船して軍艦操作、破裂弾、電気水雷砲術学などを修学する。帰国後、薩摩藩国父・島津忠教(のちの久光)や、その子で藩主の同茂久(忠義)らの御前でそれを披露し、名声を得、それが早く家老に昇進するきっかけとなる。

□八木玄悦は、天保3年生まれで、藩命により嘉永5年(1852)大坂の緒方洪庵の適塾に入塾。2年余りを大坂で起居し翌安政元年、島津斉彬の命で江戸に行き、江伊東玄朴の象先堂に移り蘭学を深めた。のち鹿児島に帰り、薩摩藩士の蘭学教育に尽力。また、ポンペの種痘書を翻訳して『散華小言』を出島で出版。安政5年、薩摩藩琉球館に勤務。万延元年(1860)長崎に出て、幕臣で蘭方医の松本良順の紹介で和蘭軍医ポンペの聴講生として入門。文久2年(1862)年8月に松本良順が西洋医学所の頭取に異動すると、良順の推薦で長崎養成所の頭取となる。が、藩の了承を得るため一度帰国するが、再びの長崎行きは叶わなかった。元治元年(1864)年6月、薩摩藩開成所の教授に就任。慶応元年(1865)年3月19日、33才で急死。

□石河確太郎(正龍)は、文政8年12月19日、大和国高市郡畝傍の石川村(奈良県橿原市)に生まれる。父は光美、母は貞子。楠木正季の末裔と伝えられる。弘化3年(1846)江戸の杉田成卿の下で漢学を学んだのち長崎に遊学。開港時の新知識導入期に当たったため複数の藩から招聘されるが、山田正太郎と変名して、一家5人で薩摩に下る。そして安政4年5月、帰国した斉彬に初めて目通りを許され、石河確太郎と改名して藩士に取り立てられた。

御庭番、諸方交易方、開成学校教授などを歴任。また島津斉彬の遺志を継ぎ鹿児島紡績の建設を計画、国産会所の建設、蒸気船を建造するなどの薩摩藩の殖産事業に参画。明治元年(1868)薩摩藩堺紡績所の建設と運営に当たる。正龍の「堺紡績所建設建議書」には、綿糸の増産こそが経済政策の第一義であるという紡績工場建設への熱意と、近代企業家としての精神を読み取れた。同5年、堺紡績所が大蔵省の管轄に移り、勧農寮8等出仕、のちに租税寮雇となり、富岡製糸場などにおいて機械据え付けなどに従事。2000錘紡績建設に当たっては、勧農局および工務局雇として、各地で設計や機械据え付けに尽力、当時貴重であった紡績技術者として活躍した。明治19年、奉任4等技師、同20年退職。以後、複数の紡績会社に関係したが、天満紡績在勤中の明治28年10月16日に死去。71才。

| | 1月21日 | ■幕府が安全を保障する条件を呑んだ為、各国外交官が江戸に戻る。 | 0938 |

| | 1月31日 | ■有馬新七(1825~1862)、大山格之助(綱良)(1825~1877)、高橋祐次郎(変名、美玉三平)(1822~1863)、志々目献吉(?~?)、田代稲麿(?~?)、是枝柳右衛門(1817~1864)らは、脱藩して長崎で在留外国人を襲い、それによって外国との開戦を誘い、攘夷を行う計画を立てる。これを是枝柳右衛門が、同志の高崎左太郎(正風)、奈良原喜八郎らに告げて賛成を求める。高崎は、さらにこのことを大久保正助(一蔵・利通)に告げる。 | 0939 |

| | 2月1日 | ■大久保正助(一蔵・利通)(1830~1878)、堀仲左衛門(伊地知貞馨)(1826~1887)と共に、有馬新七、是枝柳右衛門らを諫めて長崎襲撃計画をあきらめさせる。 | 0940 |

その時、勤王志士・朝廷・慶喜政権・江戸幕府らは、**西郷隆盛・大久保利通・薩摩藩年表帖 上巻**

西暦1861

	2月一	■庄内藩浪士清河八郎(1830〜1863)、この月、山岡鉄舟(1836〜1888)や伊牟田尚平(薩摩脱藩浪士)(1832〜1868)、北有馬太郎(中村貞太郎)(久留米藩浪士)(1828〜1862)らと「虎尾の会」を結成し尊王攘夷を画策する。 **0941**
		□メンバーは、山岡鉄舟・松岡万ら幕臣3名、伊牟田尚平・樋渡八兵衛・神田橋直助・益満新八郎(後に休之助)・美玉三平ら薩摩脱藩浪士7名、清河八郎・池田徳太郎・安積五郎・村上俊五郎・石坂周造・北有馬太郎・西川練造・白井佐一郎・桜山五郎ら浪士10余名が参加という。
	2月18日	■島津忠教(のちの久光)(1817〜1887)が、島津茂久(忠義)(1840〜1897)の補佐となり「国父」となる(幕命)。 **0942**
		□幕府は島津久光の藩政補佐の功を認めた。
文久1	2月19日	■文久と改元。 **0943**
	3月3日	■米国南北戦争、はじまる。 **0944**
	3月11日	■江戸で異風な頭巾着用禁止令。 **0945**
	3月15日	■幕府、和宮降嫁の延期を達する。 **0946**
	3月18日	■小松帯刀(清廉)、長崎から帰藩する。 **0947**
	3月22日	■長崎のグラバー(1838〜1911)、ジャーディン・マセソン商会の代理人となる。 **0948**
	3月23日	■将軍徳川家茂、江戸・大坂の開市と兵庫・新潟の開港の7ヶ年延期を求める親書を蘭・露・仏・米・英に送る。 **0949**
	3月24日	幕府(老中安藤信行(信正))、江戸・大坂開市・兵庫・新潟開港7年延期の将軍親書を米国へ伝達。さらに、延期を求める親書を各国元首に送付。 **0950**
		□欧米との金銀交換率の差に端を発する激しいインフレ、攘夷運動など国内問題が山積する。さらに、朝廷は大坂開市と兵庫開港に猛反発した。
	3月25日	■幕府、日本初の本格的洋式工場「長崎鎔鉄所」(のちの長崎製鉄所)(長崎・浦上村淵字飽の浦)が竣工。 **0951**
		□艦船を補修するための本格的な洋式工場建設のための一期工事が、3年5ヶ月かけて、蘭国軍人の手に寄り完成した。
	3月28日	■「長州藩、長井雅楽の航海遠略策を藩論に決定」。 **0952**
		□萩藩直目付・長井雅楽(1819〜1863)は、藩主毛利慶親(敬親)(1819〜1871)に公武合体・海外通商進出の「公武一和・航海遠略策」を建言。「破約攘夷は道義的にも軍事的にも不可能である。むしろ積極的に開国し通商で国力を向上すべき。故に公武一和を推進し幕府に艦船を造らせる」。周布政之助(1823〜1864)の斡旋で藩論になる。
	3月一	■町人志士・是枝柳右衛門、再び上京、中山家諸太夫田中河内介を訪ねる。4月には退京するが、この時河内介から真木和泉宛の書簡を預かり、真木(1813〜1864)を訪ねる。 **0953**
	4月2日	■精忠組過激派、造士館訓導師・有馬新七(1825〜1862)、書を薩摩藩主島津茂久(忠義)に送る。内外形勢の緊迫を説き、勤皇の大義を天下に主唱せんことを建言。 **0954**
		□有馬新七は幕政改革について建言をした。その建言の第二案は一橋慶喜を将軍後見に、松平春嶽を大老にというもの。島津久光がのちに幕府に建言する内容と同じである。

西暦1861

文久1	4月9日	■孝明天皇(1831~1867)、和宮(1846~1877)を養女とし内親王宣下を行い、親子の名を下賜。	0955
	4月19日	■**島津忠教（のちの久光）**(1817~1887)、**宗家へ復帰。久光は、養家重富家を出て、本籍に復した。**	0956
		□29代薩摩藩主島津茂久（のちの忠義）(1840~1897)の後見を務めた島津斉興(1791~1859)が安政6年(1859)9月12日に没すると、茂久(忠義)は実父・久光を藩主と同等の待遇を受けることが出来る「上通り」という身分にした。島津久光は、藩主の実父として忠教の藩内における政治的影響力が増大した。	
	4月22日	■大久保正助(一蔵・利通)次男・伸顕(1861~1949)生まれる。幼名・伸熊。	0957
	4月23日	■**薩摩藩主島津茂久(忠義)の実父・島津忠教、諱を「久光」と改名、通称を「和泉」とする。**	0958
	5月10日	■再来日のシーボルト(1796~1866)、幕府外事顧問となる。	0959
	5月11日	■**幕府の軍制改革。**軍制改革を推進するため10名の軍制掛が任命される。 □海軍に関しては軍制掛の一人である軍艦奉行・木村摂津守喜毅を中心に改革の計画立案が行われた。	0960
	5月23日	■朝廷に航海遠略策が文書で提出される。	0961
	5月27日	■長州藩士長井雅楽の「航海遠略策」、朝廷に建白。京都においても、一時期、一大旋風を巻き起こした。	0962
	5月28日	■水戸過激派浪士有賀半弥(1839~1861)ら14人、江戸高輪東禅寺の英国公使館を襲撃(第一次東禅寺事件)。	0963
	5月18日	■**吉利領主・小松帯刀(清廉)**(1835~1870)、**薩摩藩御側役になる。** □島津久光にその手腕力量を認められて側役に昇進し、久光の側近となった。	0964
	5月18日	■この頃、経営者マッケンジーが中国へ去り、グラバーが仕事を引き継ぎ、翌年2月、「グラバー商会」に社名変更。	0965
	6月14日	■薩摩藩御側役小松帯刀（清廉）、薩摩磯海岸で電気水雷の実験に成功。石河正龍により藩主島津忠徳（忠義）臨席のもと電気伝導で水雷を爆発させる実演が行われるのだ。	0966
	6月19日	■**幕府、庶民の大船建造と外国商船購入を解禁し、国内運輸使用を認める。**	0967
	7月1日	■**幕府、講武所の伝習生、軍艦乗込み方の洋服着用と、目的による一般市民の洋服着用を認める。**	0968
	7月2日	■江戸の長州藩世子毛利定広(のちの元徳)(1839~1896)、目付長井雅楽を召し、共に老中久世広周(1819~1864)を訪ね、「航海遠略策」を上申。	0969
	7月3日	■長州藩浪士吉田稔麿(1841~1864)、久坂玄瑞(1840~1864)を訪ね、江戸薩摩藩邸に拘留中の水戸藩浪士38名（桜田門外の変関係者）が水戸へ送還されようとしている事を告げる。	0970
	7月5日	■薩摩藩、さきに(万延元年8月27日)同藩邸に意見書を投じた元水戸藩士林忠左衛門ら37人及び後に来れる1人を、水戸藩に引き渡す。	0971
	7月9日	■幕府、駐日米国公使タウンゼント・ハリスに、フリゲート艦・コルベット艦各一隻を購入依頼。	0972

その時、勤王志士・朝廷・慶喜政権・江戸幕府らは、**西郷隆盛・大久保利通・薩摩藩年表帖 上巻**

西暦**1861**

7月11日	■幕府、品川御殿山に各国公使館建造を決める。	0973
7月15日	■武市半平太、水戸藩士住谷寅之介、土佐藩島村衛吉・大石弥太郎・河野万寿弥・池内蔵太らの斡旋の水戸藩士岩間金平、長州藩士久坂玄瑞や桂小五郎、薩摩藩士樺山三円（資之）ら、尊王攘夷の志士たちと国事を交わす。自藩の藩論を、尊王にまとめて藩主を動かし、その勢力を背景に義軍を起こし、幕府に対抗することを互いに誓約。	0974
7月16日	■小栗忠順、外国奉行を辞し、寄合席となる。	0975
7月20日	■幕府、津・明石・薩摩・浜田・高田の各藩に、東海道、美濃・尾張・伊勢の諸河川の修理を命じる。	0976
8月16日	■長州藩士久坂玄瑞、書を同入江九一に寄せ、親子内親王降嫁を慨し、水戸、薩摩二藩士の頼むに足らざるを述べ、藩主の参勤阻止に力を致すべきを告げる。	0977
8月29日	■長州藩士長井雅楽、江戸から帰藩し、公武周旋の状況を報告。 ■大久保忠寛（のち一翁）（1818〜1888）、復帰して勤仕並となり、蕃書調所頭取御用を命ぜられる。	0978
8月一	■この頃江戸で、武市半平太が薩長の有志と談合して、「一藩勤皇」を掲げ、大石弥太郎ら江戸在住の同志7名と**「土佐勤皇党」**を結成。大石が、盟約文を起草したという。 □「一藩勤皇」とは、個々人の志士が攘夷を唱えるに留まらず、藩全体をあげて勤皇を行おうという思想。 ■この頃、講武所砲術師範役・高島秋帆（1798〜1866）、演武の革新と砲隊の新設との急務を講武所に建言。	0979
9月3日	■**「薩長土、江戸にて会談」。** 土佐藩の武市半平太・大石弥太郎、長州萩藩の周布政之助、桂小五郎、久坂玄瑞、薩摩藩の樺山三円（資之）らと尊攘について会合。半平太は、和宮降嫁に憤激する久坂玄瑞を諭し、幕府老中安藤信行（信正）襲撃計画を中止させたという。	0980
9月5日	■幕府、勝義邦（海舟）（1823〜1899）を、蕃書調所頭取格・講武所砲術師範役に任命。	0981
9月9日	■**「第一回遣欧使節団」派遣決まる。** 4年前に結ばれた修好通商条約、この条約には、開市開港が盛り込まれていたが、その延期交渉である。正使は竹内保徳（下野守）、この他福地源一郎、福沢諭吉、松木弘安（寺島宗則）ら38名。	0982
9月11日	■薩摩藩、下関の廻船問屋・白石正一郎（1812〜1880）を、藩御用達商人に指定。	0983
9月26日	■西郷隆盛の弟・龍庵、茶坊主から還俗して信吾（のちの従道）（1843〜1902）**と改名。**30日ともいう。	0984
10月4日	■薩摩藩主島津忠義、有司に諭して、藩政に関する意見を聞く。	0985
10月7日	■薩摩藩国父島津久光、造士館助教の堀仲左衛門（伊地知貞馨）（1826〜1887）を御小納戸役に抜擢。堀仲左衛門を江戸に派遣し、前一橋家当主慶喜、前福井藩主松平春嶽の採用の事を周旋させる。堀仲左衛門、「堀次郎」に改名。	0986
10月10日	■蕃書調所頭取御用・大久保忠寛（のち一翁）（1818〜1888）、外国奉行を兼務する。	0987

125

西暦1861

文久1	10月11日	■薩摩藩国父島津久光(1817~1887)、藩政改革を行う。	0988

□久光の上京、出府に反対する首座家老島津久徴（日置家）(1823~1870)を退隠させ、その股肱の臣である蓑田伝兵衛(1812~1870)、市来正之丞（妻・琴は隆盛妹）(1822?~1873?)、桂久武（島津久徴の弟）(1830~1877)らを免職あるいは閑職とし、喜入摂津（久高）(1819~1893)を主席家老にし、小松帯刀（清廉）、中山尚之助（実善、のち中左衛門）(1833~1878)、大久保正助（一蔵、利通）、有村俊斎（海江田信義）、吉井幸輔（友実）らが抜擢される。このとき、有馬新七(1825~1862)は造士館訓導として館内改革を命じられる。

□**蓑田伝兵衛**は、文化9年生まれの薩摩藩士。名は長胤。薬園奉行、船奉行など。長崎に在勤し外国汽船、武器の購入にあたる。のち島津久光の側役となり西郷隆盛、大久保利通らとの連絡にあたった。明治3年7月12日死去。59才。8月8日、死去とも。

□小松帯刀や大久保一蔵（利通）や堀次郎（伊地知貞馨）と並んで「久光四天王」といわれた**中山中左衛門**は、天保4年、薩摩に生まれ、島津久光に見出されてその信任を得て、薩摩藩有志派のリーダーシップを握った。久光が国事周旋の決意をして以後、大久保利通と共にに手足となる。首席家老・喜入摂津（喜入久高）(1819~1893)のもと、小松帯刀と共に島津家と近衛家の間を奔走。文久2年(1862)の久光の上洛に随行し、久光の命により公家との交渉や連絡に当たるが、翌年7月に側役を免じられ、その後、納戸奉行などを務めた。維新後の明治9年(1876)政府要人の暗殺を企てたとして警視庁に逮捕される。中山はかつての攘夷派士族たちに久光の復古政策を支持するよう呼びかけるために活動していた。それが久光の辞職を機に急進化し、ついには大久保利通暗殺の密議までこらすようになってしまった。翌年、懲役10年の判決を受け、明治11年獄中で没した。46才。中山を「粗暴で無暗」と非難してやまなかった西郷の死の4ヶ月後、大久保の死の4ヶ月前だというのも奇縁である。

	10月20日	■薩摩藩、側役小松帯刀（清廉）を、改革方内用掛に任命。	0989

	10月23日	■島津久光、御勘定方小頭格・大久保正助（一蔵、利通）(1830~1878)を御小納戸役に抜擢し藩政に参与させ、家格も一代新番に昇格させる。	0990

□小納戸は、小姓に次ぐ側近の職。新番は、警備・軍事部門（番方）の役職のひとつ。

	10月24日	■島津久光、御小納戸役堀次郎（伊地知貞馨）に江戸芝藩邸放火を命ずる。	0991

	10月一	■この頃薩摩藩国父島津久光、公武周旋に乗り出す決意をして重臣たちの更送を行う。が、京都でのつてが無く、御小納戸役の大久保正助（一蔵・利通）・堀次郎（伊地知貞馨）(1826~1887)らの進言で、精忠組の中心であった奄美大島の菊池源吾（西郷隆盛）に召還状を出す。	0992

	10月28日	■幕府、種痘所を「西洋医学所」と改称。	0993

	11月一	■奄美大島の菊池源吾（西郷隆盛）(1828~1877)、見聞役・木場伝内(1817~1891)と知り合う。	0994

□**木場伝内**は、文化14年7月2日生まれの薩摩藩士。別名木場清生（きよなり）。仕官前は私塾をひらき、大久保利通、西郷隆盛らと交遊。西郷が奄美大島に配流されると、島詰付目付となり世話をする。のち大坂藩邸留守居。戊辰戦争が始まると大坂藩邸から3万両を持って脱出。維新後は大阪府判事、賀茂御祖神社宮司などをつとめた。明治24年1月30日、死去。75才。

その時、勤王志士・朝廷・慶喜政権・江戸幕府らは、西郷隆盛・大久保利通・薩摩藩年表帖 上巻

西暦1861

11月9日	■島津久光、東上の勅命降下工作、近衛家との縁談（島津本家の養女貞姫（1845〜1920）と近衛忠房（1838〜1873）の婚姻）のため、中山尚之助（実善、のち中左衛門）（1833〜1878）を上京させる。	0995
11月9日	■庄内藩浪士清河八郎(1830〜1863)・薩摩藩浪士伊牟田尚平(1832〜1868)・安積五郎(1828〜1864)ら、京都に至る。 □伊牟田尚平は、仙台潜伏中の清河八郎に幕府の天皇廃立計画、水戸・薩摩浪士の安藤襲撃計画を告げる。清河は、安藤襲撃に反対した。西上し、田中河内介を擁して九州志士の決起を呼びかけることに決した。	0996
11月18日	長州藩主毛利慶親(敬親)(1819〜1871)、老中久世広周(下総国関宿藩主)(1819〜1864)と同安藤信行(信正)(陸奥国磐城平藩主)(1820〜1871)と会見。老中は長井雅楽の意見を賞し、今後国事を慶親(敬親)と相談したいと告げる。	0997
11月21日	■奄美大島の菊池源吾(西郷隆盛)、召還状を受け取る。23日とも。	0998
11月21日	■造士館訓導・有馬新七、4月建言の同様趣旨を、また建言。これが取り上げられないで、精忠（誠忠）派内部は、有馬らを中心とする過激派グループと大久保一蔵（利通）らを中心とする穏健派グループとの溝が深まる。	0999
12月2日	■島津久光は、出兵の際にさいに必要となる糧米の確保を下関の白石正一郎に託し、森山新蔵（1821〜1862）は糧米掛となり、この日に、軍用米買い入れ代金等を支払うため2万4千5百両をもって白石正一郎(1812〜1880)のところに派遣される。 □森山新蔵は、文政4年生まれ。薩摩藩の豪商。西郷隆盛らの精忠組に加わり資金面を担当。島津久光が京都に向かったとき大坂で西郷らと画策し、帰藩を命じられた。国元で処分を待っていたが、文久2年4月の「寺田屋騒動」での子の新五左衛門(1821〜1862)の死を知り、文久2年6月5日、自刃。42才。号は棠園。	1000
12月7日	■福岡藩浪士平野国臣(1828〜1864)と薩摩藩浪士伊牟田尚平(1832〜1868)、薩摩に向けて出立。	1001
12月7日	■薩摩藩主島津茂久(忠義)、参勤交代中止の口実で江戸三田薩摩藩邸を焼く。 □堀次郎（伊地知貞馨）(1826〜1887))が、幕府改革を目指した久光の出兵計画(後に文久の改革に繋がる)の準備のための時間稼ぎを行う必要があり、藩主・島津忠義の参勤を遅らせるための奇策として、国元の久光からの指示で江戸藩邸を自焼させたのだ。	1002
12月8日	■島津忠義が、小納戸中山尚之助（実善、のち中左衛門）より近衛大納言へ、波平行安の刀を献上する。	1003
12月8日	■長州藩主毛利慶親、「公武合体開国遠略」の意見書を幕府に提出。	1004
12月10日	■浪士藤井五兵衛（平野国臣）と善積慶介（伊牟田尚平）、薩摩に至り、国臣自ら執筆した討幕論策とも言える『尊攘英断録』と真木和泉（保臣）著の『天祐説神速説』を薩摩藩国父島津久光に上げることを請い、画策する。	1005
12月11日	■島津忠義、聖上御製(天皇が詠まれた)の和歌を賜る。	1006
12月14日	■平野国臣、大久保正助(一蔵、利通)に手紙を出す。	1007
12月14日	■清河八郎・真木和泉(保臣)・真木外記ら、阿蘇社大宮司・阿蘇惟善を訪ねて、奮起を促す。	1008

西暦 1861

文久1	12月15日	■大久保一蔵(利通)(1830~1878)、福岡藩浪士平野国臣・薩摩藩浪士伊牟田尚平と会う。一蔵(利通)は、今回の来鹿の目的等を尋ねた。が、国臣らは町方横目役に調べられる。 ■大久保正助(利通)は、この日~12月27日までに、島津久光から「大久保一蔵(いちぞう)」の名を賜り、通称を改めている。	1009
	12月16日	■大久保一蔵(利通)、島津久光に謁見し、重大事を建言。 ■大久保一蔵(利通)、島津斉彬の墓前で、久光上洛成功を祈願。	1010
	12月17日	■平野国臣と伊牟田尚平、鹿児島を出立。帰路の途中、是枝柳右衛門(1817~1864)、美玉三平(1822~1863)、有馬新七(1825~1862)、田中謙助(1828~1862)、柴山愛次郎(1836~1862)、橋口壮介(隷三)(1841~1862)らと密談。薩摩藩国父・島津久光挙兵上京計画の極秘情報を入手した。	1011
	12月18日	■薩摩藩国父島津久光、藩士大久保一蔵(利通)に上洛を命じる。内勅降下工作である。	1012
	12月20日	■薩摩藩江戸藩邸焼失の第一報が鹿児島に届く。	1013
	12月21日	■小松帯刀(清廉)、島津久光より出府して参府延期交渉をするよう命ぜられる。	1014
	12月22日	■外国奉行竹内保徳を正使とする第一回遣欧使節団、開市開港延期交渉のため、英国艦船「オージン号」で品川沖を出帆。随員には通訳として福沢諭吉(1835~1901)、箕作秋坪(みつくりしゅうへい)(1826~1886)、寺島宗則(翻訳方)(1832~1893)、福地源一郎(桜痴)(通弁)(1841~1906)らが加わる。	1015
	12月24日	■福岡藩浪士平野国臣と薩摩藩浪士伊牟田尚平、鹿児島から肥後松村邸に至り、庄内藩浪士清河八郎(1830~1863)らと会い、薩摩藩の実情を聞く。清河は、中山家諸大夫・田中河内介の紹介状を携えて、宮部鼎蔵(1820~1864)ら熊本藩士を攘夷に立つよう説得、茶坊主河上彦斎(1834~1872)が一番熱心であったという。	1016
	12月25日	■清河八郎、安積五郎、伊牟田尚平、平野次郎(国臣)と共に松村邸を出立。筑後瀬高(福岡県みやま市瀬高町)に到着。清河八郎の一行は、真木和泉(保臣)(1813~1864)と極秘に協議。「清河、伊牟田は上京し青蓮院宮の令旨を奉じて再度西下すること。真木、平野、安積は、筑・豊・肥の有志を糾合し義挙の準備を進めること」。	1017
	12月28日	■東上の勅命降下工作で、上洛を命じられた大久保一蔵(利通)、鹿児島を発ち京都へ向かう。	1018
	12月30日	■老中久世広周(下総国関宿藩主)(1819~1864)、萩藩直目付・長井雅楽(1819~1863)を召し将軍家茂の内意を伝え、長州藩主毛利慶親(敬親)(1819~1871)の建白を容れ、公武間周旋を依託する旨を伝達。	1019

西暦 1862

文久2	1月2日	■豊後岡城下で、庄内の浪士清河八郎、元薩摩藩士伊牟田尚平(眞風、のち茂時)、岡藩士小河弥右衛門(一敏)(1813~1886)ら、事を挙げることを約束する。また、元福岡藩士平野国臣(次郎)は、公武合体は無理なので、すみやかに幕府を転覆して、王政復古をなすべきであるとの手紙を、同志柴山愛次郎(道隆)・橋口壮介に送る。	1020
	1月5日	■島津久光の率兵上京が公表される。	1021

その時、勤王志士・朝廷・慶喜政権・江戸幕府らは、西郷隆盛・大久保利通・薩摩藩年表帖 上巻

西暦1862

1月5日	■久光上洛下準備の**大久保一蔵(利通)、下関の白石邸に到着。**	1022
1月11日	■清河八郎(1830〜1863)ら、豊後から京都に入り、田中河内介(1815〜1862)に会い九州の志士が奮起することを話す。	1023
1月14日	■召喚状を受け取った**菊池源吾(西郷隆盛)**(1828〜1877)、**奄美大島を出立。**	1024
1月14日	■薩摩藩側役大久保一蔵(利通)(1830〜1878)、前日京に至り、この日、前左大臣近衛忠熙(1808〜1898)に拝謁、明春、藩主国父島津久光の上洛を告げる。そして、上京の主旨(建白)を説明する。 □近衛正室・興子(郁姫)(1807〜1850)は、薩摩藩主・島津斉興の養女(前藩主・島津斉宣の娘)であった。	1025
1月15日	■島津久光参府許可、島津茂久(忠義)参府延期情報が鹿児島に入る。	1026
1月15日	■「坂下門外の変」。**老中安藤信正(陸奥国磐城平藩主)**(1820〜1871)、**尊攘派水戸浪士平山平介ら6名に襲われ負傷、失脚する。** その端緒は万延元(1860)年7月に水戸・長州藩尊攘派の有志数名が結んだ幕政改革のための水長盟約(成破の盟)にある。 □襲撃した平山兵介、黒澤五郎、高畑総次郎、小田彦三郎(以上元水戸藩士)、河野顕三(下野人)、川本杜太郎(越後人)は、すべて討たれる。	1027
1月17日	■国父島津久光の上洛、薩摩藩内に布告される。	1028
1月21日	■**大久保一蔵(利通)、近衛忠房から勅命は出しにくいとの返答をもらう。**	1029
1月23日	■柴山愛次郎(1836〜1862)と橋口壮介(1841〜1862)、鹿児島を出立。東上の途中、29日、肥後に熊本藩士河上彦斎と会談。30日、肥後の志士松村大成や浪士平野国臣と会談。義挙を約す。	1030
2月1日	■江戸詰めを命ぜられた薩摩藩士柴山愛次郎・橋口壮介は、筑後水田で、久留米浪士真木和泉(保臣)(元久留米水天宮祠官)と会い、事挙げを約束する。また、同日の日付で、佐土原藩士富田孟二郎に、柴山・橋口の連名で、決起の段取りに関して手紙を送る。 □京都伏見で、京都所司代酒井若狭守忠義を倒し、義兵を上げ、そして外国を排除し、神州の基本を確定するとし、このためにおよそ700人が必要で、富田には京都に加わるように要請している。この時点で、柴山・橋口は江戸で義兵を挙げ、老中安藤信行を倒す予定である。彼らは全国で呼応すれば、討幕は可能だと考えていた。	1031
2月1日	■**薩摩藩御小納戸役・大久保一蔵(利通)、前左大臣近衛忠熙の書を持ち、京を発つ。**	1032
2月3日	■**大久保一蔵(利通)**(1830〜1878)、**京都から鹿児島に戻る途上の筑後羽犬塚宿(福岡県筑後市)で、久留米藩尊攘志士・真木和泉(保臣)の訪問を受ける。真木は脱藩して、島津久光(薩摩藩国父)の上京を図る。**	1033
2月7日	■久留米藩浪士真木和泉(保臣)(1813〜1864)、子・菊四郎(1843〜1865)と共に、島津久光随従を願って薩摩に入る。	1034
2月8日	■**大久保一蔵(利通)、鹿児島に戻る。**	1035
2月11日	■**将軍徳川家茂と親子(和宮)内親王の婚儀が挙行され、朝廷に奏上。**	1036

129

西暦1862

文久2	2月12日	■菊池源吾（西郷隆盛）(1828～1877)、妻子を流刑地奄美大島に残して、約3年ぶりに鹿児島に帰る。[1037]

□国父島津久光の重臣としての地位を確立しつつあった精忠組の同志であった大久保一蔵（利通）らが、薩摩藩の率兵上洛計画を実現するにあたり、西郷を奄美大島から召還させることを久光に願い出た。

	2月12日	■朝廷、酒井忠義に、親子内親王降嫁功労により、短刀1口を下賜。[1038]

	2月13日	■薩摩藩士小松帯刀（清廉）邸で、大久保一蔵（利通）・菊池源吾（西郷隆盛）・中山尚之助（中左衛門）(1833～1878)が、国父島津久光の上洛、公武周旋に関し会談。西郷は会談の席で、久光の上京、出府に反対する。[1039]

□西郷は、策を説明した中山尚之助に、大綱が杜撰かつ疎漏にすぎると、にべもなく斥けた。殿は田舎者だから雄大な戦略は実行できないという。自分の周旋で流刑地から帰れたのに感謝もせず、恩人を「地五郎」と断じたのでは、中山の面目も丸つぶれだった。

	2月15日	■徒目付・鳥預かり・庭方に復職した菊池源吾（西郷隆盛）は、幕府に発覚しないように、さらに「大島三右衛門」と改名。薩摩藩国父島津久光に拝謁し、上洛に強硬反対の趣旨を述べ、久光の不興を買う。[1040]

□西郷は、斉彬が計画した当時と現在とでは、その置かれた政治状況が余りにも違うこと、兵を率いて上京する準備が整っていないこと、今軍勢を率いて京都に入れば予期せぬ事態が起らないとも限らないこと、斉彬に比べて久光が人物的にも数段劣ることなどを理由に、久光に対し、面と向かって堂々と反対意見を述べたという。**島津久光と西郷隆盛の長く深い確執が始まった。**

□西郷は表書院の小座敷で久光に拝謁、今回の上京、出府は時期尚早との意見を述べる。この時点での西郷の立場は、藩の家臣としての立場であり、久光と同じ公武合体であったかどうかは分からない。久光は薩摩、大隅、日向の三州の他出たことがない。したがって、他の大小名を意のままに動かすことはできない。これでは何をしても成功しない。まずは有力諸侯と打ち合わせを十分にしてから上京、出府すべきであると、西郷は告げる。

□後になってこの時のことを久光は、側近市来四郎(1829～1903)に、西郷が久光は「地五郎」だから、ひょいと出て天下を左右することはできないと告げたと言っている。「地五郎」という言葉を、西郷が久光に直接使ったのか、それとも久光が市来に語るときに使ったのかは分からないが、久光が市来に言ったことは確かである。久光が西郷に対して悪感情を持っていたと想像できる言葉である。

□これに対して久光は、既に決定したことを変更しないと答える。また、次善の策として、浪士等に利用されないように、京都には寄らずに、直接海路で江戸に行くべきであると建言する。これも、久光は聞き容れない。久光は陸路、下関まで行き、下関から海路、大坂まで行って入京している。全く意見が容れられずに、西郷は指宿に引き籠もるが、のち大久保らの説得で藩議に従って動くことになる。久光が上京、出府となれば、諸国の浪士が随行を願い出ることになる。面倒なことになるので、久光に先発して、浪士を鎮撫したいと西郷が願い出て、それが許可される。

	2月15日	■薩摩藩脱藩の柴山愛次郎(1836～1862)・橋口壮介(1841～1862)は京に至り、元中山家家士・田中河内介(1815～1862)、浪士清河八郎(1830～1863)らと会談。[1041]

□九州諸藩の志士との盟約、島津茂久（忠義）、久光の上洛を告げ、東西呼応することを約束して、薩摩藩士伊牟田尚平と共に江戸に行く。

その時、勤王志士・朝廷・慶喜政権・江戸幕府らは、西郷隆盛・大久保利通・薩摩藩年表帖 上巻

西暦1862

2月16日	■国父島津久光(1817～1887)、大島三右衛門(西郷隆盛)(1828～1877)に、上洛参府を条件に、策を立てる事を命じる。	1042
2月17日	■田中河内介は、2月15日、柴山・橋口から、島津久光の卒兵上洛を知らされると、直ちに自身の西下を取止め、久光の率兵上洛を機に挙兵の策略を立て、長州と九州諸藩の志士達に清河八郎と連名で「事態が切迫したので久光公入京以前に、武器を携えて即刻上京するように」と、この日附けの檄文を各地に発した。	1043
2月17日	■大島三右衛門(西郷隆盛)、上洛計画に関して、島津久光に上下二策(参府を中止または延期・海路江戸)を提出。	1044
2月18日	■薩摩出身の尊攘志士・是枝柳右衛門(1817～1864)、京都臥龍窟(田中河内介の川端丸太町の寓居)に到着。元中山家家士・田中河内介(1815～1862)の元に合流した。 □この度は朝廷内の佐幕派の巨頭・関白九条尚忠が和宮のご降嫁を強請したことに反発し、単独でこれを弊し、士気を鼓舞する覚悟で入洛した。河内介らは義挙の計画を打ち明け、「決して一人一箇の事を致すまじ」と差し止めたので、是枝は大変喜んで、以来、臥龍窟に潜居して謀議に加わることになった。しかし、このとき彼は既に膝の腐骨疽を患っており、歩行困難で寺田屋へも参集出来なかった。	1045
2月23日	■佐土原藩士富田孟二郎(29才) 町奉行御目付役)、池上隼之助は、密かに藩境を越え、脱藩。	1046
2月25日	■島津久光出発の日であったが、3月16日に延期される。二の丸改築の遅れである。	1047
2月27日	■久留米藩浪士真木和泉(保臣)(1813～1864)ら、久留米より薩摩に入るも軟禁される。翌日、薩摩藩士大久保一蔵(利通)(1830～1878)、有馬新七(1825～1862)、田中謙助(1828～1862)らと会談。	1048
3月上旬	■檄文に応じてこの頃、岡藩(竹田藩)先発組の加藤条之助、渡辺彦左衛門が臥龍窟に到着。	1049
3月9日	■真木和泉(保臣)、薩摩藩に呼ばれ、再度鹿児島に入る。	1050
3月10日	■薩摩藩国父島津久光、藩内に諭告。他藩激徒・浪人との音信往来を禁止する。	1051
3月10日	■薩摩日置郡の市来港(鹿児島県いちき串木野市別府)で、岡藩士小河弥右衛門(一敏)、熊本藩士宮部鼎蔵、長州藩士堀真五郎、同来原良蔵らと、薩摩藩士有馬新七、田中謙助、村田新八が会う。各自、鹿児島に入ることをあきらめ、それぞれの藩に帰る。	1052
3月11日	■小松帯刀(清廉)(1835～1870)、真木和泉(保臣)(1813～1864)と会談。その後、真木は、鹿児島に拘束されることになる。	1053
3月12日	■岩倉具視(1825～1883)、京入りした、薩摩藩国父島津久光の側近・堀次郎(小太郎、伊地知貞馨)(1826～1887)と会見。	1054
3月13日	■大島三右衛門(西郷隆盛)(1827～1877)、赤間関(下関)で待機する命を受けて、村田新八(1836～1877)を伴って長州藩の動向を探るため、鹿児島を先発。 □久光の行列が出発する約1ヶ月前に、「肥後の形勢を視察し、下関にて行列の到着を待て」という命令を受けていた。	1055
3月14日	■島津久光、藩内に再度諭告。	1056

西暦1862

| 文久2 | 3月中旬 | ■久留米の古賀簡二（明治3年の奇兵隊大楽事件に連座して牢死、48才）、酒井伝次郎（26才）、鶴田陶司（24才）、中垣健太郎（23才）（以上3人は、後に天誅組蜂起に参戦して捕えられ、京都・六角牢内で斬殺される）、続いて荒巻羊三郎（上記3人と同時殺害、26才）、原道太（禁門の変で戦死、26才）が京都に着した。また、京都に在住していた藤本鉄石、飯居簡平、中村主計、青木頼母らも参集した。 | 1057 |

3月15日
■本多忠民（三河岡崎藩主）(1817～1883)、老中を罷免。
■幕府、出羽山形藩主水野和泉守（忠精）(1833～1884)と備中松山藩主板倉周防守（勝静）(1823～1889)を老中登用。 〔1058〕

3月16日
■事変上京の藩是に従い、薩摩藩国父島津久光 (1817～1887) は、洋式銃隊含む薩摩藩兵1,200名を率い、公武合体運動推進のため上洛すべく鹿児島出発。小松帯刀（清廉）、大久保一蔵（利通）、中山尚之助（実善、のち中左衛門）、伊地知正治ら随行。高島鞆之助、松方助左衛門（正義）ら、久光の駕籠の周りとして随行。 〔1059〕

□陸路として、薬丸自顕流の師範・薬丸半左衛門（兼義）(1806～1878)が什長としてこれに従う。守衛方姓名書によると、五番の什長が薬丸半左衛門、伍長が飯牟礼斉蔵と鎌田十郎太の2人、戦士が野津七次（道貫）、大山弥助（巌）ら。六番の什長が鈴木勇右衛門、伍長が大山格之助（綱良）、九番の戦士に黒田了介（清隆）、十二番に永田佐一郎、有馬新七、田中謙助の名があり、戦士に篠原冬一郎がいる。十三番の兵士に三島弥兵衛（通庸）。十四番の什長は仁礼源之丞（景範）、伍長の一人が野津七左衛門（鎮雄）、戦士に海江田武次（信義）、西郷信吾（従道）、赤塚源六ら総勢144人。

3月18日
■岡藩士小河弥右衛門（一敏）・田近陽一郎(1836～1901)、浪士平野国臣ら、10数人と共に上京に向かう。 〔1060〕

3月20日
■田中河内介一行11人は、京を去り大坂に向かう。 〔1061〕

□井伊掃部頭直憲（直弼の嗣子）(1848～1902)が、3月20日ごろに上洛するという噂が流れ、「安政の大獄の再来か！」と、志士達が動揺し出したのだ。危険を感じた河内介は、同志等10人を一時薩摩藩京都藩邸に匿ってもらおうと交渉したが、御留守居役の鵜木孫兵衛に、大坂屋敷の方が良いと奨められた。

3月一
■日向国佐土原藩士富田孟二郎、江戸で11代藩主島津忠寛(1828～1896)に面会する。 〔1062〕

3月22日
■森山新蔵の使者からの知らせで、有馬新八らの挙兵計画を知った大島三右衛門（西郷隆盛）と村田新八が、赤間関（下関）に到着。そこで薩摩藩士・森山新蔵(1821～1862)と会談。 〔1063〕

3月23日
■大島三右衛門（西郷隆盛）(1827～1877)、下関の白石正一郎邸に入り、止宿中の浪士平野国臣(1828～1864)と錦江湾以来5年振りに会い、京坂の緊迫した情勢を聞く。小河弥右衛門（一敏）は、平野国臣を介して西郷隆盛と会談。
■薩摩の上洛計画で浪士らの不穏な動きを察知した大島三右衛門（西郷隆盛）は、薩摩藩国父島津久光(1817～1887)の待機命令を無視し、村田新八・森山新蔵を伴い京に向かう。
■小河弥右衛門（一敏）・平野国臣も、同じ日に東上する。 〔1064〕

3月24日
■坂本龍馬(1836～1867)・沢村惣之丞（関雄之助）(1844～1868)、土佐脱藩。 〔1065〕

その時、勤王志士・朝廷・慶喜政権・江戸幕府らは、**西郷隆盛・大久保利通・薩摩藩年表帖 上巻**

西暦1862

3月25日	■薩摩藩、久光上洛前の暴発を恐れ、多数の浪士を大坂蔵屋敷二十八番長屋に収容。二十八番長屋は、土佐堀川の越中橋南詰の一帯を占め、大坂蔵屋敷本邸(上屋敷)とは小路一つ隔てた西隣にあった。 ■この日には、田中河内介、子の瑳磨介、千葉郁太郎(河内介の甥)、中村主計、青木頼母、清河八郎、安積五郎、藤本鉄石、飯居簡平、是枝柳右衛門、伊牟田尚平ら11名が大坂薩摩藩邸に入る。 □薩摩藩士堀次郎(小太郎、伊地知貞馨)(1826〜1887)が、大坂土佐堀の藩邸留守居役の反対を押さえて、過激派を藩邸に収容したという。	1066
3月25日	□中之島の旅館魚屋太平に集合している薩摩藩、佐土原藩志士は、柴山愛次郎、橋口壮介(1841〜1862)、西田直五郎(1838〜1862)、弟子丸龍助(1838〜1862)、橋口伝蔵(樺山資紀の実兄)(1831〜1862)、木藤市助(薩摩藩第二次米国留学生)(?〜1867)、伊集院兼寛(1838〜1898)、河野四郎右衛門、永山弥一郎(1838〜1877)、森山新五左衛門(新蔵の長男)(1843〜1862)、山本四郎(義徳)(1839〜1862)、大脇仲左衛門、坂本彦左衛門、指宿三次、美玉三平(1822〜1863)、富田孟二郎(佐土原藩)、池上隼之助(佐土原藩)(1829〜1864)。	1067
3月26日	■大島三右衛門(西郷隆盛)ら、下関から、夜、大坂に到着。	1068
3月27日	■小河弥右衛門(一敏)ら一行18名や平野国臣、内田弥三郎、竹志田熊雄、緒方栄八、古賀簡二、酒井伝次郎、鶴田陶司、中垣健太郎、荒巻羊三郎、原道太、秋月の海賀宮門らも二十八番長屋に入る。	1069
3月28日	■島津久光(薩摩藩国父)、豊前の大里より薩摩藩船「天祐丸」で赤間関(下関)に入る。大島三右衛門(西郷隆盛)の命令無視の単独行動に激怒。	1070
3月28日	■大島三右衛門(西郷隆盛)(1827〜1877)、大坂で、久坂玄瑞(1840〜1864)と会見。	1071
3月28日	■駐日米国公使タウンゼント・ハリス(1804〜1878)、リンカーン大統領の親書を徳川家茂に送る。	1072
3月29日	■鹿児島に拘束された真木和泉(保臣)(1813〜1864)、ようやく解放される。	1073
3月29日	■大島三右衛門(西郷隆盛)ら、伏見薩摩藩邸に入る。 □大島(西郷)は、多数の藩士がいる前で堀次郎(伊地知貞馨)(1826〜1887)を面罵する。堀次郎が長州藩の長井雅楽と同じ事を唱えるのは幕府の走狗であり、今後、堀次郎が同説を唱えるなら刺し殺してもよろしいと一座のものに明言する。	1074
3月29日	■浪士伊牟田尚平、書を水戸藩士住谷寅之介らに寄せて、西国志士奮起の状を告げ、呼応して兵を挙げんことを促す。	1075
3月30日	■大久保一蔵(利通)、島津久光より先行し、西郷が久光の命令に違反して久光を下関で待たずに西下した理由を問いただすため、下関で乗船大坂に向かう。	1076
4月1日	■薩摩藩国父島津久光、下関を出立。	1077
4月2日	■島津久光の薩摩軍が播州室津(兵庫県たつの市)に到着(3日間滞在)。	1078
4月4日	■長州藩中老所雇・長井雅楽(1819〜1863)、東山の料亭で公武合体派の薩摩藩御小納戸役・堀次郎(伊地知貞馨)(1826〜1887)と面談。	1079
4月5日	■薩摩藩士大久保一蔵(利通)(1830〜1878)、下関から大坂に至る。	1080
4月5日	■福岡藩浪士平野国臣(1828〜1864)、伏見の大島三右衛門(西郷隆盛)(1828〜1877)を訪問。	1081

西暦1862

文久2	4月6日	■国父島津久光、下関から姫路に入る。久光は、姫路に入った堀次郎（伊地知貞馨）から岩倉具視の入京歓迎書簡を受け取る。また、京摂の状況視察を命じられた海江田武次（信義）がこの日、久光に復命する。	1082
		□海江田は、淀川の舟中で平野国臣から西郷吉之助（隆盛）が平野らの義挙に参加することを約束したことを聞き、そのことを久光に報告する堀次郎もまた西郷の動静について、久光に報告。その結果、西郷、村田、森山は捕縛されることになったという話がある。	
	4月6日	■薩摩藩士大島三右衛門（西郷隆盛）、浪士平野国臣ら、伏見薩摩藩邸にて会す。	1083
		□西郷は、激派志士たちの京都焼き討ち・挙兵の企てを止めようと試みる。	
		■大久保一蔵（利通）、伏見薩摩藩邸に入り、大島三右衛門（西郷隆盛）に主命を待たずして上坂したことを詰問。久光の怒りを伝える。	
		□西郷は潜伏先の宇治菊屋萬碧楼（現在の中村藤吉平等院店）で、薩摩藩伏見藩邸留守居役・本田弥右衛門（親雄）(1829～1909)、森山新蔵、村田新八と飲食していたところを、大久保から呼び返された。	
	4月7日	■孝明天皇(1831～1867)、攘夷断行の勅旨を出す。	1084
	4月8日	■開国論者の土佐藩参政・吉田東洋(1816～1862)、武市半平太の命を受けた尊王攘夷派の土佐勤皇党那須信吾(1829～1863)(のち天誅組蜂起)・大石団蔵(のちの薩摩藩士高見弥市)(1831～1896)・安岡嘉助(1836～1864)(のち天誅組蜂起)に、自宅近くの帯屋町で暗殺される。那須信吾らは、そのまま用意していた荷物を持ち土佐を脱藩して長州へ逃れた。その後、半平太ら、門閥家老らと結び藩政を掌握。	1085
		□高見弥市は、天保2年(1831)1月、土佐国香美郡野市村の土佐藩郷士・大石磯平の長男として生まれる。万延元年（1860）父の没後、家督を継承して久板台場小頭役などを務めた。文久元年（1861）土佐勤皇党に加盟し、長州に使者として出ている他、薩摩へも視察へ向かった。文久2年(1862)那須信吾・安岡嘉助と計って、高知城下で土佐藩参政の吉田東洋を暗殺し、首級を鏡川河原に晒す。そのまま脱藩し、京都で長州藩の久坂玄瑞に保護され、後に薩摩藩士・奈良原喜八郎（繁）(1834～1918)の養子として薩摩藩に所属するようになる。元治元年(1864)6月に薩摩藩が設立した洋学教育学校「開成所」の第二等諸生に選抜され、そこで蘭学を中心に、陸海軍砲術、天文地理学、物理学、測量術、数学等々、多岐にわたる西洋学を学ぶ。この開成所諸生に選ばれた者は、薩摩藩の藩校「造士館」などから選び抜かれた俊才ばかりであり、高見が元土佐人でありながらも、その諸生に選ばれたのは異例のことであった。慶応元年(1865)3月、五代友厚らと共に英国へ密留学する。英国では森有礼(1847～1889)と下宿を共にしながら測量や機関学、数学を学び、慶応3年(1867)帰国。維新後は鹿児島県立中学造士館(旧制七高)で算数教師となり、明治25年(1892)沖縄県庁に勤めるも、やがて辞職して鹿児島へ帰った。明治29年(1896)2月28日、鹿児島市加治屋町で病没。享年66。	
	4月8日	■大久保一蔵（利通）は、大蔵谷（明石市）に到着、島津久光を待つ。西郷の捕縛の命、既に下っていた。	1086
		■久光、下関で待てという久光の指示を無視して、勝手に京都入りしたことに対して怒りを買った大島三右衛門（西郷隆盛）と、村田新八・森山新蔵の捕縛と鹿児島護送を命じる。	
	4月8日	■薩摩藩横目の志々目献吉(?～?)、島津久光の命令で大島三右衛門（西郷隆盛）を捕らえに来る。が、捕縛せずにそのまま帰る。	1087

その時、勤王志士・朝廷・慶喜政権・江戸幕府らは、西郷隆盛・大久保利通・薩摩藩年表帖 上巻

西暦1862

4月8日	■「宮崎司」と変名して京に入った福岡藩浪士平野国臣（1828～1864）、薩摩藩国父島津久光に期待する「討幕三策」を朝廷に提出。 □平野国臣は、率兵上京中の薩摩藩国父島津久光に期待する討幕三策（回天三策）を、曇華院の家司に提出し、朝廷に上げることを依頼した。	1088
4月8日	■長州藩中老所雇・長井雅楽、薩人外浪士が自分を奸物と呼び、殺害しようとの風評があると書簡に認める。	1089
4月9日	■薩摩藩国父島津久光、兵庫に到着。	1090
4月9日	**■大久保一蔵（利通）、兵庫において、偶然に大島三右衛門（西郷隆盛）の訪問を受ける。** □夜に入り、利通は急に西郷を海浜に誘い、島津久光の怒りを告げ、偶刺（ぐうし）せんとする。西郷は心情を吐露して、利通は偶刺を止める。同夜、西郷は、利通の旅館に泊まる。	1091
4月10日	**■国父島津久光（1817～1887）、大坂土佐堀の薩摩屋敷に入り、三度目の論告、薩摩藩士の他藩士との交流を禁じる。** □大島三右衛門（西郷隆盛）と同じく、久光の上京に反対するグループ、江戸詰大目付菱刈隆徴、留守居汾陽光遠（次郎右衛門）（1559年に明から来日した家系。光遠はその七代目）は、江戸藩邸から久光の入京を止めに大坂まで来ていた。佐土原藩主島津忠寛（1828～1896）も、久光の入京に反対する使者を大坂に派遣していたが、久光は聞かなかった。	1092
4月11日	**■大久保一蔵（利通）、大坂川口に至り、西郷との会談は夜を徹して行われ、西郷らを見送る、大久保は、国父島津久光に進退伺を提出。** **■大島三右衛門（西郷隆盛）（1828～1877）、鹿児島に送られるため薩摩藩船「天佑丸」で大坂を出港。村田新八（1836～1877）、森山新蔵（1821～1862）らも、鹿児島に送られる。** □月照と心中を図るも蘇生した事を天命と考えていた西郷隆盛は、ここで自分たちが死ぬのは犬死にだと言い、甘んじて処罰を受ける事になる。 ■平野国臣と伊牟田尚平、大坂を出立。平野と伊牟田は、京都挙兵計画から離脱する。	1093
4月12日	■平野国臣（1828～1864）は、参勤交代の途上で大坂の近くまで来ていた播磨大蔵谷で、福岡藩主・黒田斉溥（のち長溥）（1811～1887）へ、情勢の不穏と、挙兵への協力を訴える嘆願を提出すべく、藩公行列に出頭した。黒田斉溥は、島津久光の公武合体の上京周旋の挙を止めようとしていた。 □驚いた福岡藩の役人はとりあえず国臣を旅館へ案内してもてなしたが、そこへ薩摩藩の捕吏が押し込み国臣を捕縛してしまった。浪人嫌いの島津久光の命令であった。国臣は福岡藩へ引き渡され福岡へ送り返されることになった。平野次郎（国臣）は福岡荒津の桝木屋に投獄、薩摩藩浪士伊牟田尚平（1832～1868）は、喜界ヶ島に遠島となる。 □藩主・黒田斉溥も、急病として帰国する。このとき、平野を伴って帰藩し、投獄したともいう。	1094
4月13日	■薩摩藩国父島津久光、土佐堀藩邸を出発して船で伏見に向かう。	1095

135

西暦1862

文久2	4月13日	■庄内藩浪士清河八郎(1830~1863)、一挙を前に本間精一郎(1834~1862)・安積五郎 (1828~1864)・岡山藩脱藩浪士・藤本鉄石(1816~1863)と、飯居簡平と、薩摩藩大坂蔵屋 敷二十八番長屋を退去、京都へ向かう。	1096
		□清河、藤本、安積は、天保山沖で舟遊びの際、天保山の幕府役人に醜態を咎 められて争い、薩摩藩に累を及ぼさないため、藩邸を追われたともいう。	
	4月14日	■薩摩藩国父島津久光、伏見薩摩藩邸に入る。千人程の軍隊は大坂滞留。	1097
		■この情勢の変化を知った、長州藩中老所雇・長井雅楽、内旨を奉じて江戸へ向 かうため、京都を出立。	
		□この機会に京阪での長州の藩論は松下村塾派の推進する反幕府・尊王攘夷に固 まる。長州藩士や吉村虎太郎らの一部の土佐藩士らも京都・大坂の長州藩邸に集 まり、お互い田中河内介らと連絡をとり合っていた。	
	4月16日	■「島津久光、上京」。長州藩への公武周旋任命に危機感を募らせた薩摩藩国父 島津久光(1817~1887)、非公式に入京して東洞院の藩邸に入る。直ちに、権大納 言近衛忠房(1838~1873)に拝謁し、幕政改革意見書(公武合体、皇威の振興、幕政 改革)を提出。久光の念願が叶った。忠房の母は、久光の父・島津斉興の養女(実 妹)・興子とされている。	1098
		■大久保一蔵(利通)、島津久光に従い京都到着。	
		□京都所司代は完全に有名無実化となる。久光の主な幕政改革案は、安政の大 獄の処分者の赦免および復権、前越前福井藩主松平春嶽の大老就任、老中安藤 信正の罷免、一橋慶喜の将軍後見職登用、過激派尊攘浪士を厳しく取り締まる、 などだった。	
	4月17日	■藩主名代として、久光、正式に入京。浪士鎮撫の勅命を受ける。	1099
		□島津久光に随って上京した中村半次郎(桐野利秋)(1838~1877)は、尹宮(朝彦親 王、中川宮)附きの守衛となる。	
		■徳川家茂夫人親子内親王を、宮中では「和宮」と称することが令される。	
	4月18日	■中山家諸大夫田中河内介(1815~1862)・豊後国岡藩士小河弥右衛門(一敏)(1813~ 1886)ら、薩摩藩士有馬新七(1825~1862)、田中謙助(1828~1862)、柴山愛次郎(1836 ~1862)、橋口壮介(1841~1862)らと、関白九条尚忠・京都所司代酒井忠義を襲撃し、 革新の機運を促さんと謀る。薩摩藩国父島津久光、藩士奈良原喜左衛門(1831~ 1865)、海江田武次(信義)(1832~1906)に命じてこれを説得。	1100
		□既に江戸より馳せ参じた橋口壮介と柴山愛次郎に加え、久光に率いられて上 京した有馬新七や田中謙助は、田中河内介と小河弥右衛門(一敏)と計り、挙兵 の期日を4月18日と定める。しかし京都薩摩藩留守居役の鵜木孫兵衛や久光東上 のため江戸から上方に来た堀次郎(伊地知貞馨)のこの日の説得によって一旦は 延期される。	
	4月19日	■島津久光、前日に続き、説得に大久保一蔵(利通)を大坂藩邸に派遣。	1101
		□20日終日、有馬・田中・橋口・柴山そして田中河内介、小河弥右衛門(一敏)の諸 士と議論している。もとより久光の公武合体策を手緩しとした有馬新七らは、 自らが突出することで藩論を一変できると信じ、説得に応じることはなかった。	
	4月21日	■真木和泉(保臣)(1813~1864)・子の菊四郎(1843~1865)、同じく筑後の志士吉武助 左衛門(1824~1906)、淵上謙三(1842~1866)らと共に大坂に到着。	1102

その時、勤王志士・朝廷・慶喜政権・江戸幕府らは、西郷隆盛・大久保利通・薩摩藩年表帖 上巻

西暦1862

4月21日
■兵庫警護の任にあった長州藩の浦靱負（1795〜1870）が入京。 `1103`
□表向きは挙兵計画より御所を守るためのものであったが、薩摩藩に加担している松下村塾派を後援するためのものとなった。つまり長州は有志ではなく藩ぐるみでこの計画に乗ることとなった。急進尊攘派志士らは、当初21日夜に実行計画したものの薩摩藩吏に察知され、やむなく延期している。長州藩は当初の計画を知らされたためこの日夜の挙兵に準備を行っていた。
□いや、浦靱負は藩士に暴発無きよう訓示したともいう。

■大久保一蔵（利通）、帰京する。

4月22日
■元久留米藩士真木和泉ら、大坂薩摩藩邸に入る。二十八番長屋にて謀議を開きそれぞれの分担が決定。 `1104`

4月22日
■薩摩藩急進尊攘派志士有馬新七（1825〜1862）・長州藩志士久坂玄瑞（1840〜1864）・同 `1105`
藩志士中谷正亮（1828〜1862）ら、尊穣激派の田中河内介（元中山家家士）、元久留米藩士真木和泉、岡藩士小河弥右衛門（一敏）、薩摩藩士柴山愛次郎（1836〜1862）、橋口壮介（1841〜1862）らと会談し、明日挙兵せんと各部署を定める。大坂中之島の魚屋太平の宿という。

■夕方に田中河内介（1815〜1862）は、青木頼母を京に上らせ、相国寺に幽閉されている前青蓮院宮に予め計画を伝えようとした。すなわち関白九条尚忠及び京都所司代酒井忠義邸の襲撃した後、青蓮院宮を奉り入朝し大義を天下に掲げる。そして主上と親王が議を決し、之を島津氏に委ねることを最終的な目標としていた。

4月22日
■島津久光、奈良原喜左衛門と海江田武次（信義）、松方助左衛門（正義）、藤井 `1106`
良節を大坂に派遣。

4月23日
■久留米水天宮の神官武士・真木和泉（保臣）、有馬新七、田中河内介（元中山家 `1107`
家士）ら70人は、4隻の船に分乗して大坂を発ち、伏見に向かう。七つ半時すなわち午後5時には伏見蓬莱橋の傍らにある寺田屋に入っている。

■それ以外の諸士も22日夜から23日朝にかけて長屋を出ていったため、六つ半（午前7時）には田中河内介・瑳磨介父子と岡藩の列が残るのみとなった。ここで浪士たちを監視する役にあった奈良原と海江田が大坂藩邸に到着する。河内介は医者に行くという口実でその場から脱したが、残った小河弥右衛門（一敏）は、挙兵計画の全貌を奈良原・海江田両士に打ち明けている。

4月23日
■すでに激派は藩邸を脱しており、それを止められなかった有馬らの上役・永田 `1108`
佐一郎（大坂藩邸の什長）は、朝、責任をとって自刃。

4月23日
■藤井良節は、永田佐一郎の自刃を京都に知らせる。ついで奈良原喜左衛門、 `1109`
海江田武次（信義）は、高崎五太郎（正風）を使者として京都に知らせる。京都に知らせが届くのは、23日午後4時である。これにより久光は事態が切迫したと判断し鎮撫使の派遣を決断する。

■島津久光、自刃の永田佐一郎に、感状と共に切米10石、葬祭料50両を与える。

西暦1862

文久2　4月23日

■「寺田屋騒動」。討幕挙兵と思い違いし、薩摩藩国父島津久光の公武合体路線に不満を持った薩摩藩急進尊攘派志士有馬新七・橋口壮介らは、同じく尊攘派志士、真木和泉(保臣)・元中山家々士・田中河内介らと共謀して、関白九条尚忠・京都所司代酒井忠義邸を襲撃し、相国寺桂芳軒に幽閉された獅子王院宮(のちの中川宮)を取り戻すことを決定し、伏見の船宿寺田屋(当時寺田屋は薩摩藩の定宿)に集まる。その急進尊攘派志士らを、浪士鎮撫の朝旨を受けていた公武合体派島津久光の命で、大山格之助(綱良)(1825～1877)・奈良原喜八郎(繁)(1834～1918)・道島五郎兵衛(?～1862)・鈴木勇右衛門・鈴木昌之助父子・山口金之進(鉄之助)(1831～1868)・江夏仲左衛門(蘇助)(1831～1870)・森岡善助(清左衛門、昌純)(1834～1898)ら鎮撫派同藩士8名が上意討ち。後から上床源助が志願して加わり、計9名となった。

□有馬新七(1825～1862)・柴山愛次郎(1836～1862)・西田直五郎(1838～1862)・弟子丸龍助(1838～1862)・橋口伝蔵(樺山資紀の実兄)(1831～1862)、橋口壮介(1841～1862)ら6名斬殺される。

□久光守衛の篠原冬一郎(国幹)(1837～1877)・三島弥兵衛(通庸)(1835～1888)・吉原彌次郎(重俊)(1845～1887)・大山弥助(巌)(1842～1916)・吉之助弟の西郷信吾(従道)(1843～1902)・柴山竜五郎(1835～1911)・是枝万助(柴山矢吉)・吉田清右衛門(清基)(1831～1867)・林正之進・深見休蔵・有馬休八・谷元兵右衛門(道之)(1845～1910)・岸良三之介・橋口吉之丞(橋口壮介の弟)(1843～1868)・岩元勇助・森新兵衛(真兵衛)・江戸からの永山万斎(弥一郎)(1838～1877)・木藤市助(市之助)・伊集院直右衛門(兼寛)(隆盛妻須賀の弟)(1838～1898)・町田六郎左衛門、鹿児島からの坂元彦右衛門らの若年21名らは、大山らの決死の説得で投降。

■長州藩脱藩志士久坂玄瑞・佐世一誠(のちの前原一誠)・品川弥二郎・久保清太郎(のちの断三)・中谷正亮・寺島忠三郎・入江九一・天野清三郎(のちの渡辺蒿蔵)らは、薩摩の激徒に呼応、田中河内介私邸(臥龍窟)に集まって京都所司代屋敷襲撃の準備をしていたが、夜半、寺田屋騒動の報をきいて、襲撃を中止。

□これをきっかけに、朝廷は島津久光に絶大なる信頼感を持ち、京都は公武合体派が主導権を握ることになる。

寺田屋騒動記念碑

その時、勤王志士・朝廷・慶喜政権・江戸幕府らは、西郷隆盛・大久保利通・薩摩藩年表帖 上巻

西暦1862

4月23日

■「寺田屋騒動」。

□有馬新七は、鎮撫士の一人である道島五郎兵衛(?〜1862)と斬り合いに及んだ末、道島を室内の壁に押し付け、その上に自分が覆いかぶさり、同志の橋口吉之丞(橋口壮介の弟)(1843〜1868)に対し、「おい(自分)ごと突け〜！おいごと刺せ〜！！！」と、絶叫。その絶叫を聞いた橋口は、「チェスト〜！！」と気合いをかけ、有馬と道島を同時に刀で突き抜いたという。

□弟子丸龍助は、高城新助の次男、母は奈良原氏。名は方行。鹿児島城下高麗町で誕生。弟子丸氏を継ぐ。幼少時に小倉四郎太に薬丸自顕流を学んで達人。また主家の旧記に精通するなど、文学にも優れていたという。江戸藩邸の中小姓として出仕し、西郷隆盛を非常に尊敬しており、また文久2年(1862)坂下門外の変に影響を受けて尊王思想を持つ。同年、島津久光の率兵上洛を知って、有馬新七、真木和泉らの京都義挙に参加するため、西田直五郎らと江戸を脱して大坂へ走る。寺田屋に集合中に久光の派遣した鎮撫使に襲われ、大山綱良によって斬殺された。

□橋口壮介は、天保12年生まれ、薩摩藩士の橋口彦次・イサの長男。名は隷三。弟に寺田屋騒動で共にした橋口吉之丞。幼少の時から気骨人に優れ、文武二道を修め、特に大山綱良より薬丸自顕流を学び秀逸で、造士館の教導(藩校造士館訓導)となった。有馬新七、奈良原幸五郎(後の喜八郎、繁)らとの交流を深め、平野国臣らの訪問を受け勤皇の志を厚くした。安政以来の幕府の朝廷に対する態度を慨慨し、有志と共にこれを矯正の意見を抱き、尊王挙兵論に意志を固めていった。文久2年、柴山愛次郎と共に江戸詰を命ぜられ、途中九州各地の志士と会合し、島津久光の出府を機として全国の志士を糾合して、東西に兵を挙げることを協議、京都に立寄って田中綏猷や清河八郎らと謀議を遂げ、2月に江戸に着任。在藩の有馬新七らは絶えずこれと連絡して機の熟するのを待っていた。しかし同志が少なく事の成就しがたいのを察し、翌年3月に江戸藩邸を脱して大坂に至り、中之島魚屋太平方に宿して久光の上洛を待った。4月23日有馬新七らと京都伏見の寺田屋に入り挙兵を計画。島津久光の中止命令を伝えにきた鎮撫使に斬られ闘死(寺田屋騒動)。享年22。贈従四位。

□柴山愛次郎は、鹿児島城下高見馬場で天保7年生まれ、薩摩藩医柴山良庵の次男。名は道隆。兄に尊王志士柴山良助(1834〜1868)、弟に海軍大将柴山矢八(1850〜1924)がいる。幼少より文武を修め、藩政では記録書書記、造士館訓導を歴任。その後、尊王攘夷を志して諸国を遊学して見聞を広める。文久2年(1862)橋口壮介らと鹿児島を脱し、大坂で有馬新七らと謀議する。ほとんど常に、橋口壮介と行動を共にし、平野国臣との会見、江戸詰任命、江戸で義挙計画の仕上げを行って大坂に乗り込む。しかし、文久2年、島津久光の派遣した鎮撫使の襲撃に遭い、山口金之進に斬殺された。享年28。「寺田屋騒動」の悲報を聞いた西郷隆盛は橋口や柴山の死を悲しんだと言われている。贈従四位。

□橋口伝蔵(橋口兼三の実弟、樺山資紀の実兄)は、江戸において安井息軒の門に入り、のち江戸藩邸記録所の書記となった。橋口壮介らと江戸を脱して大坂に至った。

□西田直五郎は、性質極めて沈黙、かつて中小姓として江戸にいた時、かねてから勤皇の志をもって機会をうかがっていたところに、文久2年久光の率兵上京を聞いて、橋口伝蔵らとはかって江戸藩邸を脱出し、同志と共に大坂に赴いた。

西暦*1862*

文久2	4月23日	■「寺田屋騒動」。奈良原喜八郎(繁)らの説得に応じた薩摩藩挙兵組は、鎮撫使たちと錦小路の藩邸に同行する。奈良原喜左衛門、吉井幸輔(友実)、松方助左衛門(正義)、伊地知源左衛門(正治)、志岐藤九郎が寺田屋に向かう途中にこの一行と会い、共に藩邸に帰る。	1112
	4月24日	■田中河内介(1815〜1862)・真木和泉(保臣)(1813〜1864)・小河弥右衛門(一敏)(1813〜1886)・吉村寅太郎(虎太郎)(土佐勤皇党)(1837〜1863)・宮地宜蔵(土佐勤皇党)(1838〜1863)、鶴田陶司(久留米藩浪士)(1840〜1864)らは、この日から薩摩藩らに捕えられるか、「寺田屋騒動」を知り、伏見薩摩藩邸に自ら出頭する。	1113

■千葉郁太郎(河内介の甥)は中村主計と同舟、是枝柳右衛門は別舟で、いずれも23日早朝には八軒屋を船出した。是枝柳右衛門は伏見で昼食を済ませた後、駕籠に乗り京に入る。まず綾小路東洞院の西村敬蔵方に入り、手当てを受けている。3月に入った頃より脚に附骨疽を病み、治療に努めたが一向に治らず、大小便にも難儀する状況であった。歩行が甚だ困難であったため、河内介、小河そして真木らからも挙兵への参加を見合わせるように勧められた。しかし柳右衛門は辞退を承知せず、臥龍窟に入り京での指揮を担うこととなった。夜になるのを待って、西村邸で討入りの支度にかかった。竹杖にすがって川端通丸太町上ルの臥龍窟に辿りついた。その時、臥龍窟には秋月の海賀宮門、吉田益太郎、土佐の吉村寅太郎を始め、雲州(出雲国)や長州の諸浪士が多数集まり、訣別の宴をひろげていた。

その宴半ばに久留米の原道太が伏見から飛んできて、一挙の失敗を告げている。柳右衛門の記すところによると、翌24日河内介は錦にあった京都薩摩藩邸より書を寄せて、瑳磨介と郁太郎を錦邸に呼び寄せている。また真木の伝えによると海賀、青木等は久光が志士の義挙に同意したと聞いて錦邸に入ったといわれている。また小河の記すところによると、久坂玄瑞や堀真五郎等は臥龍窟に赴き、瑳磨介、郁太郎、柳右衛門等と一挙の報を待っていたところ、四更頃すなわち午前2時頃に、久留米の原道太と荒巻平太郎が一挙失敗の知らせを持ち込んだとしている。そして久留米の宮地宜蔵と千葉郁太郎は、原と荒巻の言うがままにが錦邸に入ったとしている。

寺田屋殉難九烈士墓

140

その時、勤王志士・朝廷・慶喜政権・江戸幕府らは、西郷隆盛・大久保利通・薩摩藩年表帖 上巻

西暦1862

4月24日	■重傷だが命を取り留めていた薩摩藩士田中謙助（1828〜1862）・森山新五左衛門（1843〜1862）ら2名、「寺田屋騒動」で藩命により切腹。謙助は野津七左衛門（鎭雄）が、新五左衛門は、仁礼源之丞（景範）が介錯した。 □田中謙助は、文政11年、鹿児島城下で誕生。田中氏の養子に入っている。幼時より学問を好み、また古示現流剣術や砲術を修めた。藩政では造士館訓導や江戸藩邸中小姓を務めている。江戸で堀仲左衛門（伊地知貞馨）と共に水戸藩士らと盛んに連絡を取り、また幕府の外交姿勢を批判。文久2年（1862）大坂藩邸詰の永山佐一郎配下の伍長となる。しかし間もなく有馬新七らと九条尚忠・酒井忠義らの襲撃を謀って大坂を脱走し、上洛して京都寺田屋に入った。しかし島津久光の派遣した鎮撫使と激論となり、最後に謙助が「もう論ずることはない」と断じたために鎮撫使8人の一人・道島五郎兵衛（?〜1862）が「上意」と、謙助は眉間を斬られて昏倒した。これが文久2年4月の「寺田屋騒動」戦闘の口火である。その後蘇生するが、翌日に伏見の藩邸で自害を命じられた。 □森山新五左衛門は、武道を好み、薬丸流の達人。時勢を憂え有馬新七、田中謙助らの同志と共に大坂に下った。 □急進派の死者8人と、後27日、京都で自決した同志1人・山本四郎（義徳）（1839〜1862）を合わせた9人の志士は京都伏見の大黒寺に葬られ、「寺田屋殉難九烈士墓」が立つ。	1114
4月24日	■島津久光が寺田屋騒動鎮撫を孝明天皇より賞される。	1115
4月25日	■伝奏、島津久光（薩摩国父）に浮浪鎮撫の勅命（二度目）を伝達。	1116
4月25日	■議奏野宮定功（ののみやさだいさ）、激徒鎮圧の勅旨を島津久光に伝達。孝明天皇から安吉の短刀一口を下賜される。 ■幕府、薩摩藩国父島津久光（1817〜1887）の建白を受け、一橋慶喜（1837〜1913）・徳川慶勝（前尾張藩主）（1824〜1883）・松平春嶽（前越前福井藩主）（1828〜1890）・山内容堂（前土佐藩主）（1827〜1872）らの面会、信書往復の禁を解く。	1117
4月26日	■美玉三平（1822〜1863）は、薩摩藩邸を脱出する。	1118
4月26日	■是枝柳右衛門は各々が臥龍窟を去って行く中、後始末を行うと共に、後計を図っていた。そしてこの日に、僕の善助と婢の阿元に28日を以って臥龍窟を引き上げるように命じ、大久保宛に書簡を送っている。 □これが柳右衛門逮捕につながってしまった。藩からの迎えの駕籠に入れられ、伏見の薩摩藩邸を経て大坂藩邸の牢屋に繋がれることとなる。その後、屋久島に遠島の処せられている。島での生活振りを著した記録がないが、幽閉の身で島の子弟を教養していたことは島民が語り継いでいる。元治元年（1864）江戸より鹿児島に戻った小松帯刀は、柳右衛門が配所で幽閉されていることを知らされ、赦免の令を出している。しかし柳右衛門には国事に再び関わることも、そして鹿児島に戻るだけの体力も残っていなかった。同地で保養したものの再起すること適わず、元治元年（1864）10月13日に没す。享年48。	1119
4月27日	■高杉晋作、上海行きのメンバー・薩摩藩士五代才助（友厚）と会う。	1120
4月27日	■山本四郎（義徳）（神田橋直助）（1839〜1862）、病にかかって京都薩摩藩邸で療養中に「寺田屋騒動」が起こり、帰郷を命じられたが服さず自刃。24才。 □神田橋直助は、ヒュースケン襲撃に加わり、幕府の追及を逃れるために変名していた。	1121

西暦 1862

文久2	4月27日	■「寺田屋騒動」薩摩藩の23人と田中河内介親子、千葉郁太郎、海賀宮門、青木頼母、中村主計の6人は大坂に護送される。田中親子、千葉郁太郎、青木頼母の4人は、公卿中山忠能の依頼で鹿児島に護送される。
	4月28日	■長州藩に内勅下る。長州藩に浪士鎮撫と国事周旋の朝命。
	4月28日	■「寺田屋騒動」の真木和泉(保臣)ら9名、大坂薩摩藩邸に収監。翌日、真木和泉は大坂久留米藩邸に移送される。
	4月29日	■幕府、初の上海渡海互市(交易)のため、長崎からバーグ型帆船「千歳丸」を上海へ向けて派遣。「千歳丸」には勘定方・根立助七郎らの幕府使節や長崎の中堅商人が乗組み、ほかに藩命による長州藩士高杉晋作(1839～1867)、薩摩藩士五代才助(友厚)(1836～1885)、佐賀藩士納富介次郎(1844～1918)・肥前藩士中牟田倉之助(1837～1916)ら総員51人が乗り込む。他に英人10数名は船の操作にあたる。 □5月6日上海到着。五代は上海でドイツ汽船(のちの天祐丸)購入する。高杉晋作は、清国の現状を見、対外危機感に目覚める。このときの見聞録として、中牟田は『上海行日記』、高杉は『游清五録』を残している。
	4月29日	■英国代理公使ニール、日本着任。
	4月30日	■「寺田屋騒動」で捕らえられた三島弥兵衛(通庸)・西郷信吾(従道)ら、日向細島に向けて大坂を出港。横目丹生弥兵衛、伊集院直二、渋谷三之丞、折田平兵衛で、これに兵具方足軽2組がこれについて2艘の船に分乗。その後陸行となる。
	4月30日	■関白九条尚忠(1798～1871)、関白と内覧辞任を願い出る。 ■朝廷、幕府の要請を受けて、「安政の大獄」の処罰を解く。前関白鷹司政通(1789～1868)・前左大臣近衛忠煕(1808～1898)の参朝を許し、獅子王院宮(青蓮院宮、中川宮)(1824～1891)の永蟄居と、前右大臣鷹司輔煕(1807～1878)の謹慎解き、故三条実万を追賞。 ■薩摩藩、「寺田屋騒動」で捕えた、元久留米藩士の真木和泉、真木菊四郎、酒井伝次郎、鶴田陶司、原道太、荒巻羊三郎、古賀簡二、中垣健太郎、淵上謙三、吉武助左衛門の10人、そして元土佐藩士の吉村寅太郎、宮地宜蔵、佐土原藩士の富田孟二郎、池上隼之助をそれぞれの藩に引き渡す。

大久保一翁

寺田屋

その時、勤王志士・朝廷・慶喜政権・江戸幕府らは、**西郷隆盛・大久保利通・薩摩藩年表帖 上巻**

西暦1862

4月—	■薩摩藩国父島津久光の側近・堀次郎(小太郎、伊地知貞馨)(1826〜1887)、「小太郎」と改名。 □久光の通称が三郎であったことから、次郎の通称を避けて小太郎と改める。	1129
4月—	■駐日米国公使タウンゼント・ハリス(1804〜1878)、離任して帰国。後任はロバート・プルインで、5月17日には着任して家茂に謁見する。 □幕府は、長崎在勤のオランダ総領事デ・ウイットを江戸に呼びよせ、先の計画のフリゲート艦(後の開陽丸)をオランダに振替発注し、海軍留学生もオランダに廻すことにした。	1130
5月1日	■「寺田屋騒動」で投降した田中河内介(元中山家家士)(享年48)(1815〜1862)は、薩摩藩から保護の名目で鹿児島に護送すると言いくるめられ、日向細島へ向かう航海の途中、播磨灘で子田中瑳磨介(左馬介)(享年18)(1845〜1862)と共に斬殺される。遺体は海に投げ捨てられ、無残な亡骸は小豆島の福田村に漂着し、村民によって葬られる。明治25年(1892)になってようやく墓標が建てられ、3年後には哀悼の碑が建てられたのである。河内介父子の墓と碑は現在、雲海寺(香川県小豆郡小豆島町福田)境内にあり、海を見下ろす高台に丁重に祀られている。出発が1日で殺された日は4日ともいい、異説あり。	1131
5月2日	■「寺田屋騒動」の佐土原藩士富田孟二郎(三蔵、通信)、池上隼之助、この日、九州佐土原藩地に幽閉される。富田らを密かに後援した町奉行大目付・曾小川久郷(1828〜1875)は蟄居となる。	1132
5月3日	■長州藩士高杉晋作(1839〜1867)、水夫として乗り組んでいた薩摩藩士五代才助(友厚)(1836〜1885)と初めて会談し意気投合する。 □五代友厚は、やがて大阪経済界の重鎮の一人となる。	1133
5月4日	■薩摩藩、島津久光供奉を含む勅使派遣を建言。	1134
5月4日	■大久保忠寛(のち一翁)(1818〜1888)、大目付・外国奉行となる。	1135
5月6日	■**大久保一蔵(利通)**(1830〜1878)、**左近衛権少将岩倉具視**(1825〜1883)**と初めて会見。** □大久保は、正親町三条実愛、中山忠能らの諸卿に謁見し、勅使の関東下向のことについて周旋した。 ■**朝廷、島津久光の幕政改革建言により、江戸への勅使派遣を決定。** □その建言とは、1将軍家茂が諸大名を率いて上洛し、国事を議すること、2沿海五大藩(薩摩藩・長州藩・土佐藩・仙台藩・加賀藩)の藩主を大老に任じて国政に参加させること、3一橋慶喜を将軍後見職に・松平春嶽を将軍の補佐にあたらせるというもの「三事策」。1は長州藩、2は岩倉具視、3は薩摩藩の意見。 ■朝廷、勅使東下を京都所司代酒井忠義に伝達。朝廷、事前に幕府承認なく、勅使派遣の勅命を下す。	1136
5月7日	■**「寺田屋騒動」で捕えられた三島弥兵衛(通庸)・西郷信吾(従道)ら、日向細島に着く。その後陸行となる。** ■「寺田屋騒動」で捕えられた但馬気多郡の田中河内介甥・千葉郁太郎(享年18)(1845〜1862)、黒田藩士海賀宮門(享年29)(1834〜1862)、肥前島原藩士の中村主計(享年18)(1845〜1862)、秋月藩士青木頼母ら、薩摩藩士に斬殺される。	1137
5月7日	■**謹慎が解かれた一橋慶喜**(1837〜1913)、**松平春嶽(福井)**(1828〜1890)、**徳川慶勝(尾張)**(1824〜1883)が登城、将軍家茂(1846〜1866)に初めて謁した。家茂は、三人に幕政に参与を命じる。	1138

西暦 1862

| 文久2 | 5月8日 | ■幕政参与松平春嶽、国是の決定、開国創業の決意を将軍家茂に勧告。幕閣（水野忠精・板倉勝静）は、将軍上洛不可を松平春嶽に説明。 | 1139 |

5月9日 ■幕府使節、ロンドン覚書調印。兵庫、新潟、江戸、大坂の開港・開市を5年後に延期し1868年1月1日までと決定。 1140

5月9日 ■田安慶頼(1828〜1876)、家茂の後見職を解任される。 1141
□ただし、その功労により正二位に昇進。朝廷や薩摩藩国父島津久光らの圧力によって、将軍後見職の後任には徳川(一橋)慶喜が選ばれる。

5月10日 ■侍従・右近衛権少将三条実美(1837〜1891)は、島津久光(薩摩藩国父)(1817〜1887)の建言を用い、内政を整え外夷を防がん事を奏請する。 1142

5月11日 ■朝廷、勅諭案(三事策)を議定。(1)将軍上洛による国是の議論、(2)沿海5大藩(薩摩藩・長州藩・土佐藩・仙台藩・加賀藩)で構成される五大老の創設、(3)慶喜の後見職・春嶽の大老就任。 1143

5月12日 ■「寺田屋騒動」で捕らえられた藩士ら、鹿児島に着く。そのまま私邸での謹慎処分となる。 1144

5月12日 ■京の島津久光(薩摩藩国父)に、勅使随従の勅旨が出る。近衛忠房に勧められて久光は、呼称を和泉から「三郎」へ変える。 1145
□江戸出府の際に、老中水野和泉守との同称を避けるためという名目であるが、三郎というのは島津家嫡流の通称であった。

5月13日 ■「寺田屋騒動」で捕らえられた土佐藩士吉村寅太郎、宮地宜蔵、大坂から、この日、藩地に送還されて禁錮となる。 1146

5月15日 ■島津久光(1817〜1887)、近衛家において、近衛忠房(1838〜1873)はじめ中山忠能(1809〜1888)、正親町三条実愛(1820〜1909)、岩倉具視(1825〜1883)の諸卿と会見し、勅使東下問題を議論する。大久保一蔵(利通)、また随従する。 1147

5月16日 ■夜、久坂玄瑞、佐世一誠(のちの前原一誠)、堀真五郎ら、京の長州藩邸に潜伏していた土佐勤皇党の那須信吾、大石団蔵、安岡嘉助を護衛し、薩摩の海江田武次(信義)(1832〜1906)のもとへ届ける。勤皇党は、4月8日に土佐藩参政・吉田東洋を暗殺していた。 1148

5月16日 ■幕府、蘭国(和蘭)に、軍艦「開陽丸」を発注。 1149

5月18日 ■幕府、蕃書調所を一橋門外に移す。20日、「洋書調所」と改称。 1150

5月20日 ■薩摩藩、大久保一蔵(利通)(1830〜1878)を小納戸役頭に任命。ついに、小松帯刀(清廉)(1835〜1870)、中山中左衛門(1833〜1878)と並んで島津久光の側近となった。 1151

5月20日 ■勅使大原重徳に、島津久光説の慶喜・春嶽登用の沙汰書が授けられる。 1152
□この年4月、薩摩藩の島津久光が藩兵を率いて献策のために上洛すると、赦免された重徳は、岩倉具視の推薦で勅使なった。

5月21日 ■島津久光は、「三事策」の勅命を獲得。 1153

5月22日 ■勅使大原重徳(1801〜1879)、京都出立。島津久光(薩摩藩国父)、朝命により兵を率いて之に従う。大久保一蔵(利通)、随行。 1154
□勅使の護衛役として、吉井幸輔(友実)(1828〜1891)、野津七左衛門(鎮雄)、山内一郎、鈴木昌之助、仁礼平助景範、松岡善助(清左衛門、昌純)、赤塚源六、上床八十右衛門、野津七次(道貫)、小川小次郎の10人が選ばれた。

その時、勤王志士・朝廷・慶喜政権・江戸幕府らは、**西郷隆盛・大久保利通・薩摩藩年表帖 上巻**

西暦1862

5月22日	■将軍家茂(1846～1866)、三家以下溜詰諸侯らに登城を命じ、制度革新・武備充実を諭旨する。
5月24日	■勅諭案(三事策)、江戸に伝わる。
5月26日	**■幕議、将軍上洛を決定。**
5月28日	■浪士清河八郎、薩長藩士を激励するため、長州藩浦靱負宛に、書を提出。
5月29日	■東禅寺警備の信濃国松本藩士・伊藤軍兵衛(1840～1862)、英国仮公使館を襲撃、英国水兵を死傷させる。翌30日伊藤は藩邸で自刃(第二次東禅寺事件)。
6月1日	■浪士清河八郎、退京途上、伏見の薩摩屋敷に立寄り冷笑されるが、藩士某から活動資金200両を贈られる。
6月1日	■将軍家茂、各藩に庶政改革論告。
6月2日	■5月26日、勝手掛および外国御用取扱御役御免となった、首席老中久世広周(下総国関宿藩主)(1819～1864)が、この日、老中罷免となる。**板倉勝静(備中松山藩主)** (1823～1889)、**幕閣の中心に就く。** □久世は、安藤信正(陸奥国磐城平藩主)(1820～1871)が坂下門外の変を機に老中を罷免されるや、その連座で、また公武合体(航海遠略策)の失敗などの責任を問われた。
6月3日	**■幕府、勅使が天皇の意思でないと知る。** □在京の和宮の伯父橋本実麗(宰相中将)(1809～1882)から在府の和宮の生母の観行院(橋本経子)(実麗の妹)(1826～1865)宛に書簡が届く。「今回の勅使は薩摩藩の願いによって派遣されるもので、天皇は幕府を気の毒に思っている。また、三ヶ条の勅意のうち一ヶ条を受け入れれば薩摩藩は満足するだろうし、薩摩藩さえ満足すれば別に天皇の意思ではないのでそれでよいだろう」。
6月5日	■長州藩で尊攘派による中老所雇・長井雅楽排斥運動が起こり、藩主毛利慶親(敬親)が中老所雇を免じた長井雅楽の帰藩・謹慎を命じる。 □これを機に長州藩では急進派が台頭。公武合体派の薩摩藩と対立していく。
6月5日	■護送され山川港で待命中の大島三右衛門(西郷隆盛)(1828～1877)、「**大島吉之助**」へ改名させられ、徳之島へ遠島、村田新八(1836～1877)は喜界島へ遠島が命ぜられた。未処分の森山新蔵(1821～1862)は、文久2年4月の「寺田屋騒動」での子の新五左衛門(1843～1862)の死を知り、船中で自刃。
6月7日	**■島津久光(薩摩藩国父)、勅使大原重徳に随行し、東海道を江戸に到着。**
6月8日	■幕閣らは大綱3ヶ条に対してどのような対応をとるかを協議。板倉ら老中は、否定的な態度で、特に一橋慶喜の起用には難色を示した。
6月8日	■島津久光、前越前藩主松平春嶽を江戸常盤橋邸に訪ね、国事周旋につき協議。
6月10日	■「**文久の改革**」、**はじまる。**勅使大原重徳(1801～1879)、江戸城登城、白書院で将軍に勅旨を伝達。将軍上洛と国是議論、五大老制の設置(薩摩、長州、土佐、加賀、仙台)、一橋慶喜の将軍後見職、松平春嶽の大老職の登用の沙汰を伝える。
6月11日	■大島吉之助(西郷隆盛)、遠島され、山川港を出港、徳之島へ向かう。

西暦 1862

文久2	6月12日	■長州藩江戸方内用掛・周布政之助（1823～1864）、小幡彦七（高政）（1817～1906）、宍戸九郎兵衛（左馬之助、真澂）（1804～1864）、来島又兵衛（1817～1864）らと共に、長薩融和を目的として、薩摩藩御小納戸頭取大久保一蔵（利通）（1830～1878）・堀小太郎（伊地知貞馨）（1826～1887）を招き、江戸柳橋料亭・川長楼で「鴻門会」と称する会合をもったが融和できなかった。 [1171]
	6月13日	■勅使、二度目の登城。会津藩主松平容保や老中らと会談。 [1172]
	6月14日	■島津久光（1817～1887）、老中脇坂安宅（薩摩藩と姻戚）（1809～1874）を訪問、朝旨を奉ずるよう勧告。 [1173]
	6月16日	■島津久光、お直（貞姫）（近衛忠房に嫁ぐ）（1845～1920）を義子とし、「貞」と改名する。先だって、3月15日、義子にすることを内々に通達していた。 [1174]
	6月17日	■島津久光（薩摩藩国父）の藩主就任否決の幕議がある。 [1175]
	6月18日	■大島吉之助（西郷隆盛）（1828～1877）、屋久島一湊に到着。村田新八の乗った船も入港。 ■村田新八は、喜界島での生活を記した『宇留満乃日記』を記す。新八は島内で二度ほど転居しており、島に来た当初は代官書役・政円宅に寓居、その後、文久3年2月10日付の手紙では友憲宅に移っている。これより前、正月26日付の手紙で、陰ながらのご奉公と思い、11、2人の島の子供に指導している。さらにその後、現在「修養の地」碑がある喜島桃山宅に転居、赦免されるまで住んでいた。 新八は島にあっても弓などの武術の稽古も怠りなくしており、旧知の島の役人などが稽古にやってきて、そのかけ声に島民が驚いたという話も残っている。島津久光の側近くにあった大久保一蔵をはじめとする同志達の配慮か、文久3年3月の喜界島詰め役人の交代にあたっては横目の三原彦之丞など新八と親しい間柄の人間が赴任してきたこともあり、新八は子供達の指導者として島民にも慕われ、流人としては比較的自由な生活を送っている。島で迎えた二度目の正月には、子供達と破魔投げ（鹿児島の伝統的な正月遊び。ホッケーに似ている）を楽しんだようで、新八は兄などにあてた手紙に「当年も異郷之春を相迎、年月の運りゆくを楽ミ、兎に角ニ面白、子供抔と破魔投等、年首悪鬼払ニ仕、至極元気ニ罷暮申候間、御放志可被成下候」と書き、充実した暮らしぶりであったようだ。 [1176]
	6月18日	■勅使大原重徳、三度目の登城。江戸城にて老中らと会見、一橋慶喜後見職の勅諚を下す。 [1177]
	6月23日	■関白、九条尚忠（1798～1871）から替わり、近衛忠煕（1808～1898）が就任。 [1178]
	6月26日	■薩摩藩御小納戸頭取大久保一蔵（利通）（1830～1878）、勅使大原重徳に謁見し、閣老（老中）が、もしも、奉命するなら、こちらも決心があると告げる。帰途、板倉閣老板倉勝静の用人・山田安五郎（方谷）（1805～1877）を訪問し、激論する。 [1179]
	6月28日	■幕府、ようやく、前一橋当主慶喜の登用を議決。 [1180]
	6月29日	■「文久の改革」。勅使大原重徳（1801～1879）、四度目の登城。老中は、朝旨により慶喜登用（将軍後見職）に同意。翌日に松平春嶽（1828～1890）の政事総裁職も決定。 [1181]
	6月30日	■大島吉之助（西郷隆盛）、徳之島への途中、奄美大島に到着。 [1182]
	7月1日	■再三登城した勅使大原重徳、ようやく将軍家茂に勅旨遵奉を奉答。幕府が受け入れたのだ。 [1183]

その時、勤王志士・朝廷・慶喜政権・江戸幕府らは、**西郷隆盛・大久保利通・薩摩藩年表帖 上巻**

西暦1862

7月2日	■大島吉之助（西郷隆盛）と愛加那の長女・菊子（菊草）(1862～1909)が生まれる。のち、菊子は大山誠之助に嫁ぐ。	1184
7月3日	■大目付・外国奉行大久保忠寛（のち一翁）(1818～1888)、側御用取次に昇進。	1185
7月4日	■幕府、諸藩に外国船購入の制限を解除。 ■幕府、蕃書調所頭取格・講武所砲術師範役勝義邦（海舟）(1823～1899)を、二の丸留守居格・軍艦操練所頭取に任命。	1186
7月5日	■大島吉之助（西郷隆盛）、ようやく徳之島に到着。	1187
7月5日	■永井尚志(1816～1891)、御軍艦操練所御用に任ぜられる。	1188
7月6日	■「長州藩、藩論を破約攘夷に転換」。 藩主毛利慶親（敬親）(1819～1871)、京長州藩屋敷で、御前会議。「公武合体論」から藩是一転、周布政之助の主張する「破約攘夷」の立場を明確に藩論と定める。	1189
7月6日	■「文久の改革」。幕府により、慶喜(1837～1913)、一橋家再相続。将軍より、将軍後見職就任の直命。	1190
7月9日	■「文久の改革」。幕府、松平春嶽(1828～1890)を政事総裁職に任命。春嶽、将軍後見職慶喜と共に京都守護職の設置、会津藩主松平容保の京都守護職就任、将軍の上洛など公武合体政策を推進する。	1191
7月12日	■政事総裁職松平春嶽、「安政の大獄」以来の国事犯の免罪を主張し、幕議にて可決される。	1192
7月14日	■長州藩士高杉晋作・薩摩藩士五代才助（友厚）、上海から帰国し長崎に至る。	1193
7月14日	■徳之島の大島吉之助（西郷隆盛）に、さらに南の沖永良部島への遠島替命令が出る。	1194
7月18日	■越後浪士本間精一郎(1834～1862)、関白近衛忠熙に、左近衛権中将岩倉具視ら「四奸二嬪」排斥を主張。 □降嫁に尽力した久我建通(1815～1903)・岩倉具視(1825～1883)・千種有文(1815～1869)・富小路敬直(1842～1892)の四公家と堀河紀子(1837～1910)・今城重子(1828～1901)の二女官は、和宮を人質に差し出した「四奸二嬪」として尊攘派から非難された。	1195
7月20日	■江戸の将軍家茂(1846～1866)、大赦を裁可。	1196
7月20日	■「天誅のはじまり」。 九条家家来・島田左近（正辰）(?～1862)、木屋町二条下ルで薩摩の田中新兵衛(1832～1863)、鵜木孫兵衛(?～?)、志々目献吉(?～?)に殺害される。翌日、首が三条河原にさらされる。幕府老中安藤信正と久世広周の失脚（4月と6月）により公武合体派が挫折。尊王攘夷派の台頭と天誅の時代の始まり。	1197
7月22日	■「文久の改革」。幕府、参勤交代の制を改め妻子の帰国を許す。	1198
7月24日	■岩倉具視、千種有文、富小路敬直らが近習の辞表を提出。	1199

147

西暦1862

文久2	7月25日	■長州藩政務座副役・桂小五郎(のちの木戸孝允)(1833〜1877)、薩摩藩士藤井良節(本名・井上経徳)(1817〜1876)を訪ねる。	1200
		□藤井良節は、文化14年、諏訪神社神職・井上祐住の子として生まれる。お由羅騒動で福岡藩に逃れる。文久2年、許され、京都で弟の井上石見(長秋)(1831〜1868)と共に岩倉具視(1825〜1883)ら倒幕派の公家と藩との連絡にあたっていた。 □井上石見(長秋)は、若くして尊王の志を抱き、万延元年には京都に上って田中河内介ら尊王の志士と交わる。文久2年の島津久光上洛する際に帯同し、国事掛に任ぜられ、以降は、藩命を奉じて粟田宮をはじめとする堂上公卿や諸侯、志士の間を奔走した。また兄の良節と共に岩倉村に蟄居中の岩倉具視を訪問し、薩摩藩との連絡役をも務める。慶応2年、岩倉の命を受けて大原重徳をはじめとする反幕公卿の糾合を計り、二十二卿列参を策す。大政奉還の折には近衛忠房へ入説するなど、重要な政治的役割を果たした。近衛家家士として岩倉具視と倒幕を策したという。明治維新後も新政府に出仕して制度事務局判事加勢を皮切りに、徴士参与・内国事務局判事等を勤めた。その後、函館府判事を拝命して当地に赴き、蝦夷各地を調査。明治元年8月8日、幾多の努力の末に買い入れた箱館丸に乗って根室に行き、その帰路、釧路を出港したがそれ以降行方不明になる。	
	7月26日	■弟たちが遠慮・謹慎などの処分を受け、薩摩藩西郷家の知行高・家財没収となる。	1201
	7月26日	■江戸で、会津藩と越前藩の会盟成る。	1202
	7月27日	■幕府、京都守護職設置決定。京都治安の回復を図る。	1203
	7月28日	■孝明天皇(1831〜1867)、岩倉具視・千種有文・富小路敬直(公武合体派公卿)の近習を免ず。堀河紀子・今城重子は、宮中退出を命ぜられる。	1204

中原猶介宅跡

アーネスト・サトウ

その時、勤王志士・朝廷・慶喜政権・江戸幕府らは、西郷隆盛・大久保利通・薩摩藩年表帖 上巻

西暦1862

7月29日	■尹宮（尊融法親王）を青蓮院門主に再任させる勅が下る。	1205
7月29日	■**大久保一蔵（利通）**(1830〜1878)**、常盤橋の越前福井藩邸に行き、中根雪江**(1807〜1877)**らと国事を論じる。**	1206
8月2日	■安政4年(1857)頃から梁川星巌、西郷隆盛らと国事に奔走し、安政の大獄に座し永押込に処せられた紫野雲林院村の別邸の春日潜庵(1811〜1878)、赦免される。	1207
8月2日	■朝廷、学習院にのぼった長州藩世子・毛利定広（のちの元徳）に、東下周旋を命じる。勅諚下る。「安政戊午の大獄以来国事によって処罰された者は、生者は罪を免じ死者は罪名を除いて葬ること。故水戸烈公に大納言を贈ること」。 □「寺田屋騒動」の闘死者も触れられていることが、薩摩藩を刺激した。	1208
8月3日	■**長州藩江戸番手の来島又兵衛**(1817〜1864)**、薩摩藩御小納戸頭取・大久保一蔵（利通）を訪う。**	1209
8月7日	■**江戸幕府、朝廷に対して従来の失政を謝し、新政を行うことを奏する。**	1210
8月14日	■**薩摩藩が英国から購入したスクリュー蒸気帆船ファイアリ・クロス号（永平丸）の引渡しが、横浜で行われる。** □小松帯刀らが試乗したのをはじめ、大砲・蒸気機関の責任者・中原猶介(1832〜1868)が横浜に出向いて確認した。 □島津久光は購入したファイアリ・クロス号で鹿児島へ帰る予定だったが、幕府老中より他の大名と同様陸路にするよう命ぜられ、蒸気船で行けば2日半ほどで行けるところを、半月かかって帰ることになる。 □中原猶介は、天保3年4月8日、現在の鹿児島市上之園町生まれ。幼少より蘭学や舎密学に熱中し、嘉永2年(1849)18才にして藩命により長崎へ出向く機会を得、蘭国人から蘭学を習得した。嘉永4年、斉彬藩主就任に伴い帰藩を命じられ、22才で島津斉彬に見出され、集成館事業や薩摩藩水軍増兵、軍艦建造、反射炉建設の職にあたり、近代海軍の礎を築いた。また、薩英戦争に備えて日本初の機械水雷を開発したり、斉彬の命により薩摩切子の着色を研究し、紅色薩摩切子の製作に成功するなど、鹿児島県や日本の近代技術の面で大きな功績を残した。そののち江戸に留学し、安政4年(1857)帰藩して兵器軍制の改良、軍隊の指揮等にあたった。斉彬の死後は免職、江戸に出て、江川英龍や安井息軒の門下で学問を取得し、一時帰国を挟んで文久2年(1862)塾頭となる。後進育成に当たった。息軒門下の頃、偶然に薩摩藩の蒸気軍艦が品川へ入港、息軒は猶介の案内にて艦内を一巡した。猶介は、その軍艦は自分が建造に携わったことを、師である息軒に一言も語らなかったのであるが、息軒は後日その事実を知り、太息して猶介の人となりに膝を打ったという。 薩英戦争では長崎にて病気療養中だったが、禁門の変においては軍賦役・大砲隊長に任ぜられ、慶応2年(1866)長州再征伐の際は、長崎にて長州藩の軍備品購入の斡旋をした。慶応3年(1867)英国公使の薩摩藩訪問時には接待役を努め、実弾演習を指揮し披露した。 慶応4年(1868)「鳥羽・伏見の戦い」では、3月に新政府側の海軍参謀に任命されたが病のため一時帰郷。6月に再出征、7月の越後長岡城の戦いに加わるが、そこで、敵弾を右足に受け、それが因となって柏崎病院で慶応4年8月7日、37年の生涯を閉じた。正五位が贈られた。	1211
8月15日	■アーネスト・サトウ（英国通訳見習い）、来日、横浜に到着。	1212

149

西暦1862

| 文久2 | 8月16日 | ■広幡忠礼、三条実美、姉小路公知ら13公卿が、関白近衛忠煕に「四奸二嬪」を「不忠之所為」をもって弾劾する。 | 1213 |

8月18日 ■幕府、島津久光(薩摩藩国父)の叙任拒絶。 1214

8月18日 ■勅使大原重徳(1801～1879)、桂小五郎(のちの木戸孝允)(1833～1877)を呼び出し、改竄の勅諚を授けようとし、辞される。大原、改正の勅諚下賜を京都に請う(背景に薩長の対立)。
□長州藩世子毛利定広の持参した勅諚に島津久光を批判する文字があり、薩長融和の意図から大原重徳は、これを削除した。 1215

8月19日 ■徳之島の大島吉之助(西郷隆盛)(1828～1877)、大島代官所の木場伝内(1817～1891)からの7月17日付、この日着の手紙で、娘菊子(菊草)の誕生を知る。 1216

8月19日 ■薩摩藩国父島津久光、一橋邸で幕政改革に係わる意見書を提出。
■長州藩世子・毛利定広(のちの元徳)(1839～1896)、品川到着。桂小五郎(のちの木戸孝允)ら議して改竄の勅諚受領を決定。 1217

8月20日 ■尊王攘夷派台頭の朝廷、公武合体派の岩倉具視・千種有文・富小路敬直の蟄居・辞官・落飾を請願させる。「四奸二嬪」が排斥された。 1218

8月20日 ■京より江戸に入った長州藩世子・毛利定広(のちの元徳)、勅使大原重徳(1801～1879)を伝奏邸(千代田区丸の内)に訪ねる。長州藩、改竄の勅諚受領。 1219

8月20日 長州藩世子毛利定広(のちの元徳)(1839～1896)、島津久光(薩摩藩国父)(1817～1887)と会見。 1220

8月20日 江戸の会津藩、京都守護職拝命を決める。 1221

8月21日 ■「生麦事件」。国父島津久光、発つ。同日、江戸から京へ戻る久光の行列を乱した英国商人リチャードソンを、武蔵国生麦村で薩摩藩士奈良原喜左衛門(1831～1865)がわき腹と左肩に刀を浴びせ致命傷を負わせ、久木村治休(1843～1937)がさらに右手に太刀を振るい、最後に海江田武次(信義)(1832～1906)が止めを刺す。後の、「薩英戦争」に繋がる。

□随従した利通の『大久保利通日記』は、「夷人生麦村ニ而御行列先キ江騎馬ニ而乗懸、壱人切捨外者逃去候由、神奈川辺別而及騒動候(外国人が生麦村で島津久光の行列を騎馬で横切ったため、1人が斬り殺され他は逃げ去った。神奈川宿周辺は大変な騒ぎになった)」と記す。 1222

8月22日 ■「文久の改革」。幕府、参勤交代の制を緩にする。
□それまで隔年交代制であった大名の参勤交代を三年に一度に改め、江戸在留期間も100日とした。また人質として江戸に置かれていた大名の妻子についても帰国を許可することとなった。 1223

8月23日 薩摩藩江戸三田藩邸の火災が、幕府によって薩摩藩の自作自演であることが発覚。 1224

8月25日 ■内大臣久我建通、蟄居、前関白九条尚忠、落飾謹慎となる。 1225

8月26日 ■愛加那(1837～1902)、息子菊次郎(1861～1928)・娘菊子(菊草)(1862～1909)を伴い徳之島を訪問、大島吉之助(西郷吉之助(隆盛))(1828～1877)と会う。
■大島吉之助(西郷隆盛)、遠島替えで、さらに南の沖永良部島へ遠流の命を、この日、伝えられる。 1226

8月26日 ■幕府、京都守護職を設置。 1227

その時、勤王志士・朝廷・慶喜政権・江戸幕府らは、**西郷隆盛・大久保利通・薩摩藩年表帖 上巻**

西暦**1862**

閏8月1日	■幕府、先の幕政改革の要求に伴い、会津藩主松平容保（かたもり）(1835～1893) を、京都守護職に任命。 [1228]
閏8月3日	■幕府、社寺奉行牧野貞明（常陸笠間藩主）(1831～1887)らを、政事改革用掛となす。 [1229]
閏8月6日	■**勅使大原重徳・島津久光、江戸より帰京。** [1230]
閏8月9日	■伝奏、幕府に責問書。5日の長州藩意見書をうけて、朝廷は、幕府が失政を謝して新政実行を約した上書について責問書を送った。 [1231]
閏8月9日	■**帰京した島津久光（薩摩藩国父）(1817～1887)、参内して幕政改革の成功を復命。** 天顔を拝し太刀を拝受。また、公武合体意見書を議伝両役（議奏・伝奏）に上げる。大久保利通、奈良原喜左衛門、海江田信義、吉井友実ら11人も参内に随従を許された。 □しかし、京都においては長州・土佐の尊攘激派の勢いが伸長していた。 [1232]
閏8月14日	■**大島吉之助（西郷隆盛）(1828～1877)、徳之島から沖永良部島伊延（いのべ）に到着、遠島生活に入る。牢が貧弱で健康を害するが、薩摩藩間切横目・土持政照**(1834～1902)**が自費で座敷牢を提供し健康を取り戻す。** □1年半、西郷は囚人として沖永良部島にいた。この間、西郷は島役人の土持政照に世話になった。西郷の弟・吉二郎(1833～1868)は、兄が良くしてもらっていることに対する丁寧な礼状を土持政照に書いている。なお、土持政照の妻（先妻）マツは、大久保利通の父・大久保利世(1794～1863)が沖永良部島の島役人だったときに島妻・筆（屋号：チカヒルヤ）との間にもうけた娘である。つまり偶然にも、大久保利通の異母妹が、格子牢につながれて衰弱していた西郷の介抱をしたわけである。 □そして、川口量次郎（雪篷）に遇う。 □**川口雪篷**は、江戸居付馬廻役として代々江戸藩邸に詰める薩摩藩士・川口仲左衛門の四男として文政元年（1818）12月26日に種子島西之表村納曽（のそ）に生まれた。本名は初め量次郎、後に明治元年(1868)12月25日に俊作と改名し、さらに明治5年(1872)9月19日に雪篷と改めた。書家としての号は香雲。江戸で菊地五山に入門して漢詩を習得して、書は唐様を得意とした。また陽明学にも通じていた。川口家は父の不始末によりお役御免となって鹿児島に引き揚げた。兄が鹿児島で家を再興したが、罪を犯して名跡を取り上げられたのに連座して、量次郎は沖永良部島へ遠島になったとされる。しかし、別の説では島津久光の写字生として勤めていたが、公の書物を質に入れて焼酎を飲んでいたことが露見して沖永良部島に流されたとされる。さらに、文久2年(1862)に西郷隆盛も同じ島に流されて和泊の牢に入れられたときに、川口は罪人ではないけれども、わざわざ沖永良部へ往って西郷の書や詩作の指導をしたとする説もある。川口家の子孫の間には、種子島出身のいわゆる「島五郎」であるのに久光の書生として重用されたことを周囲に嫉まれて罪を着せられたという言い伝えもある。文久2年、つまり西郷の沖永良部遠島の前から何らかの事情で同じ島に流されて西原村に住み、島の子供たちに読み書きを教えていた。西郷とは初対面から大いに意気投合し、西原から1里弱（3.4キロ）離れた和泊の西郷の座敷牢まで毎日のように通っては、時世を論じ学問を語り、書や詩作を教えるようになった。 [1233]
閏8月14日	■**天皇の「公武一和の思召」が、公卿・堂上に触れられる。** [1234]
閏8月17日	■幕府、二の丸留守居格・軍艦操練所頭取勝義邦（海舟）(1823～1899)を、軍艦奉行並に任命。 [1235]

西暦1862

文久2	閏8月19日	■**勝義邦（海舟）、政事総裁職松平春嶽に、海軍振興のための人材登用の必要性を陳述。** [1236] ■**幕府、琉球の日本領を声明。** □島津久光は「琉球救助を名目にして3年間を限り、天保通宝と同じ形の琉球通宝を鋳造することを幕府から許され、同年12月から鋳造を始めた。担当者の市来四郎によると、3年間に290両をつくり、三分の二の利益を得た」という。
	閏8月20日	■越後国の勤皇志士・本間精一郎（1834～1862）、料亭からの帰途、木屋町通四条上ル東側において、土佐勤皇党岡田以蔵・平井収二郎（隈山）・島村衛吉・薩摩藩士田中新兵衛らに殺害され、翌朝、三条河原で梟首される。 [1237]
	閏8月20日	■軍艦奉行並勝義邦（海舟）（1823～1899）、将軍御前会議において、軍艦配備よりも人材育成の必要性を主張。 [1238]
	閏8月21日	■薩摩藩国父島津久光、12項目の建白書を、関白に就任した近衛忠煕（ただひろ）に提出。 [1239] 破約攘夷は無謀・幕府の旧政改革と武備充実が先、九条尚忠前関白の賞罰など。
	閏8月22日	■幕府、薩摩藩国父島津久光・勅使大原重徳の建言で、参勤交代の改革（3年に1回に緩和・大名妻子の帰国許可）を布告。 [1240]
	閏8月23日	■**政局は一変して、長州藩ら尊攘激派に有利となった京都より、薩摩藩国父島津久光、帰藩に向けて発つ。大久保一蔵（利通）、随従。** [1211] □英国との緊張状態を鑑みともいう。久光が薩摩に向けて帰藩した後、京の町には天誅の嵐が吹き起こることになる。 ■朝廷、左近衛権中将岩倉具視（ともみ）・千種有文（ちぐさありふみ）の差控えを免じる。
	閏8月24日	■浪士清河八郎、政事総裁職松平春嶽あての上書「急務三策」（1攘夷の断行、2大赦の発令、3天下の英材の教育）を、飛脚を使って水戸藩士住谷寅之介に託す。江戸の間崎哲馬・山岡鉄太郎（鉄舟）に春嶽に提出するよう便宜をはかってほしいと依頼。 [1242]
	閏8月25日	■前関白九条尚忠（ひさただ）（1798～1871）、落飾・重慎。 [1243]
	閏8月27日	■朝廷、長州藩に対して攘夷決定の周旋を命じる沙汰を下す。 [1244]
	閏8月28日	■薩摩に「生麦事件」の報が届く。 [1245]
	閏8月28日	■「長土藩の連携決まる」。 [1246] 土佐藩主山内豊範（1846～1886）と大目付小南五郎右衛門（1812～1882）・同高屋友右衛門ら、河原町長州藩邸に藩主毛利慶親（敬親）（1819～1871）を訪問、攘夷実現に協力すること決定。
	閏8月一	■「文久の改革」。幕府、服制を改め熨斗目長袴（のしめ）を廃す。 [1247]
	9月1日	■足軽・中間の帰農令が出される。 [1248]
	9月4日	■山内容堂（前土佐藩主）（1827～1872）に京都守衛の朝命。 [1249]
	9月7日	■**薩摩藩国父島津久光、京より鹿児島に到着。** [1250]
	9月7日	■幕府、翌年2月の将軍家茂上洛を布告。 [1251]
	9月9日	■将軍徳川家茂、三家以下諸侯を召見し、将軍後見職徳川慶喜、尾張藩主徳川茂徳（もちなが）に上洛の随行を、田安家徳川慶頼及び水戸藩主徳川慶篤、紀伊藩主徳川茂承（もちつぐ）に各留守を命ずる。 [1252]
	9月11日	■肥前唐津藩世嗣・小笠原長行（ながみち）（1822～1891）、老中格に就任。 [1253]

西暦 1862

その時、勤王志士・朝廷・慶喜政権・江戸幕府らは、西郷隆盛・大久保利通・薩摩藩年表帖 上巻

9月11日	■幕府、最初の海外留学生として内田正雄、榎本武揚、赤松則良（海軍）・西周（にしあまね）・津田真道（法学）らと共に、伊東玄伯・林研海ら医学生ら総勢11名を、長崎から蘭国（和蘭）に派遣。	1254
9月16日	■京の薩長土有志、攘夷勅旨奏請決議。	1255
9月16日	■幕府、将軍後見職一橋慶喜の上洛による開国上奏を内定。	1256
9月18日	■薩摩・長州・土佐の3藩主、連名にて、朝廷に幕府へ勅使を派遣し、攘夷を決行させるよう建言。	1257
9月19日	■政事総裁職松平春嶽（1828～1890）、開国論から転換し、幕閣に破約攘夷を提議。老中板倉勝静、到底実行できないと反対。	1258
9月20日	■朝儀、薩摩・長州・土佐の3藩の建言を受け、攘夷を決定。朝廷、攘夷勅諚の伝達のため三条実美を別勅使、姉小路公知を副使に任命。	1259
9月21日	■朝廷、攘夷方針を発表。	1260
9月26日	■関白近衛忠煕、公武合体派公卿九条尚忠・久我建通・岩倉具視らに、洛外追放令を発令。	1261
9月27日	■政事総裁職松平春嶽、辞職を決意して登城を停止。が、将軍後見職慶喜の国家百年の計に立つ開国論の主旨を、横井小楠から（中根雪江を経て）聞くと、辞意を翻して登城。	1262
9月30日	■薩摩藩、大久保一蔵（利通）を御用取次見習いに任命。	1263
9月30日	■将軍後見職一橋慶喜（1837～1913）、幕議において攘夷奉勅問題について、政事総裁職松平春嶽らの破約攘夷を断固退け、開国論を主張。	1264

榎本武揚

西暦1862

文久2		
10月1日	■関白近衛忠熙(1808〜1898)、上京を促す宸翰を島津久光(薩摩藩国父)(1817〜1887)に下す。	1265
10月1日	■朝廷、将軍後見職一橋慶喜の上洛延期の沙汰を出す。	1266
10月2日	■薩長土の3藩主、連名にて親兵設置の必要を朝廷に建白。	1267
10月5日	■京都の薩長土有志、連署で親兵設置を建白。	1268
10月6日	■幕府、三都及び諸国商人に、物価抑制・暴利取締を布告。	1269
10月12日	■幕府に破約攘夷を督促するため、攘夷別勅使三条実美・副使姉小路公知、江戸に向けて京都を出立。姉小路の雑掌「柳川左衛門」と名乗った武市半平太、島村衛吉、小笠原保馬、岡本恒之助、弘瀬健太、高松太郎(坂本直)ら、勅使の衛士となり随行。	1270
10月13日	■幕府の勅使待遇改善への対処が不満な松平春嶽、政事総裁職辞表を幕閣に提出。	1271
10月13日	■英国代理公使ニール、水野忠精邸で東禅寺事件の賠償金請求。	1272
10月15日	■朝廷は直接、主要西南諸藩(14藩)に内勅(攘夷別勅使へ協力)を下す。	1273
10月15日	■前土佐藩主山内容堂(1827〜1872)、攘夷奉勅を老中に入説。	1274
10月17日	■講武所剣術教授方・松平主税助、浪士懐柔策を幕府に建策。この案は庄内藩浪士清河八郎が提案し、松平主税助を通して幕府に建策したものという。また、清河八郎が幕府官費による「浪士隊」の設立を上申、老中板倉勝静の許可を得たともいう。政事総裁職松平春嶽に提出した急務三策とも。	1275
10月20日	■幕議、開国上奏から攘夷奉勅に一転、勅使優待を内決。	1276
10月22日	■一橋慶喜(1837〜1913)、開港の持論が容れられずとして、将軍後見職の辞表を提出。受理されず、26日辞意を翻して登城。	1277
10月27日	■攘夷別勅使、江戸に到着。	1278
11月1日	■慶喜、中納言に任ぜらる。	1279
11月2日	■幕府、攘夷の勅旨に従うことを決定。	1280
11月4日	■英国政府、生麦事件賠償請求の訓令を発する。請求は幕府と薩摩藩を明確に分離していた。	1281
11月6日	■薩摩藩が英国から購入した「永平丸」が鹿児島に到着。	1282
11月6日	■「文久の改革」。幕府の軍制改革会議。西洋式の陸軍を編成することになる。	1283
11月12日	■島津久光(薩摩藩国父)を守護職にとの朝命が出る。 ■故島津斉彬に従三位権中納言を追贈される。	1284
11月12日	■薩摩藩士高崎猪太郎(兵部、五六)(1836〜1896)、前土佐藩主山内容堂(1827〜1872)に、長州藩士らの横浜居留地襲撃計画らを内報。	1285
11月13日	■「蒲田梅屋敷事件」。「御楯組」高杉晋作・久坂玄瑞ら長州藩過激派11名、大森の梅屋敷における、世子毛利定広(のちの元徳)(1839〜1896)の説得で横浜襲撃中止。外国公使暗殺計画が同盟を求めた土佐藩士より未然に漏れ、世子が梅屋敷に高杉晋作らを招聘した。江戸に滞在中の三条実美と姉小路公知も諫止の書簡を送り計画に反対した。	1286

その時、勤王志士・朝廷・慶喜政権・江戸幕府らは、西郷隆盛・大久保利通・薩摩藩年表帖 上巻

西暦1862

11月14日	■前土佐藩主山内容堂の知らせで横浜襲撃計画をやめさせた世子毛利定広（のちの元徳）、土佐藩士小笠原唯八・山地忠七らを使者として蒲田梅屋敷を訪ねさせ、長州藩士久坂玄瑞・高杉晋作らと共に、酒宴を開く。そこへ現れた長州藩士周布政之助が、14日未明、酒の勢いで容堂に対して暴言を吐いたため、両藩の間に紛争が生じる（蒲田梅屋敷事件）。土佐藩士が周布引渡しを求めるという騒ぎに発展していくと、周布政之助は、謹慎となり、名を「麻田公輔」と改める。高杉らは、長州江戸桜田邸内に謹慎を命ぜられ、謹慎中の同志は「御楯組」結成の血盟書を作る。 [1287]
11月15日	■慶喜、再び後見職を辞せんと請う。が、26日より登城する。 [1288]
11月15日	■大久保忠寛（のち一翁）（1818～1888）、側御用取次から講武所奉行に左遷。 □大政奉還・諸大名合議制政体などを献策し、側用人の分限を越えているとされた。 [1289]
11月20日	■幕府、戊午以後の失政に対し処аから決定。故井伊直弼（彦根藩十万石削）、元老中内藤信思・間部詮勝（一万石削、隠居謹慎）、堀田正睦（蟄居）、久世広周（蟄居・一万石削）、安藤信正（永蟄居・磐城平藩二万石削）、元京都所司代酒井忠義（蟄居）。 [1290]
11月23日	■大久保忠寛（のち一翁）、京都東町奉行在職中の不束の儀（安政の大獄に関する対応の不備）を咎められ、講武所奉行は御役御免の上、差控謹慎の処分を受ける。 [1291]
11月26日	■薩摩藩、近衛忠熙に、久光国事周旋内勅の降下を要請する。 [1292]
11月26日	■江戸の横井小楠（1809～1869）、前土佐藩主山内容堂（1827～1872）に、薩摩藩を含めた京都会議における国是決定論を説明。 [1293]
11月27日	■勅使三条実美・姉小路公知、江戸城に入り将軍家茂（1846～1866）に対面。攘夷督促・親兵設置の勅旨を伝達。 [1294]
11月28日	■幕府、朝旨を奉じて大赦の令を布き、故水戸藩士安島帯刀、同鵜飼吉左衛門父子、同茅根伊予之介、同長州藩士吉田松陰、同福井藩士橋本左内らの建碑を許し、更に、諸藩に令して国事に殉ぜし者及び刑に服する者を録上させる、また元水戸藩士鮎沢伊太郎ら数十人、逐次、釈放される。 [1295]
11月29日	■政事総裁職松平春嶽（前越前福井藩主）（1828～1890）、幕薩連合による公武合体推進を建議し、老中・将軍後見職一橋慶喜（1837～1913）は、同意した。 [1296]
12月1日	■幕府、薩摩藩に、島津久光（薩摩藩国父）の守護職任命に幕府は異議はないが、尾張・会津・長州の反対により、来春将軍上洛時まで発表を見合わせると伝える。 [1297]
12月3日	■横井小楠、「攘夷実行に関する急務三策」を、政事総裁職松平春嶽に建白。 ■幕府、兵賦令を布達し、歩兵組を編成。 [1298]
12月4日	■江戸の勅使三条実美・副使姉小路公知、早々に攘夷・親兵設置を決定・布告し、攘夷の策略・期限を翌春までに言上するようとの沙汰を伝える。 [1299]
12月5日	■幕府、攘夷を奉答。「臣家茂」と奉答書に署名する。親兵設置は拒否。 [1300]
12月7日	■朝廷役職の叙任権、朝廷に移る。 [1301]
12月8日	■朝廷、内旨を水戸藩主徳川慶篤に下し、家老武田耕雲斎らをして正義の徒を率い、将軍に従って入朝させるよう命ず。 [1302]
12月9日	■大久保一蔵（利通）・吉井幸輔（友実）（大目付役）、国父島津久光の命により上洛の途に就く。 [1303]

西暦1862

文久2		
12月9日	■朝廷、国事御用掛（三条西季知ら上級公卿29名）を置き、新体制を公表。	1304
12月9日	■講武所剣術教授方・松平主税助（忠敏）、浪士取扱となる。	1305
12月10日	■第一回遣欧使節団、品川に帰港。 ■歩兵奉行・勘定奉行小栗忠順、講武所御用取扱兼帯。	1306
12月12日	■「英国公使館焼き討ち事件」。長州藩士高杉晋作・久坂玄瑞・志道聞多（井上聞多（馨））・伊藤俊輔（博文）・品川弥二郎・赤根武人ら13名、幕府の異勅に抗議するため、品川御殿山に完工したばかりの英国公使館を焼き討つ。	1307
12月13日	■「幕府、攘夷を布告」。幕府は諸大名以下に総出仕を命じ、攘夷の勅諚及び親兵設置の沙汰を示達。	1308
12月15日	■徳川慶喜、上京のため江戸を陸路発する。	1309
12月一	■この月、帰藩していた小松帯刀（清廉）（1835〜1870）、28才で薩摩藩家老に昇進。	1310
12月16日	■幕府、関白以下の任免は関東内慮伺いを廃し、宣下後の幕府承認とする旨を奏請。	1311
12月17日	■軍艦奉行並勝義邦（海舟）、幕府軍艦「順動丸」に老中格小笠原長行を乗せ、品川から大坂へ向かう。 ■政事総裁職松平春嶽（1828〜1890）、浪士徴募の計画を発表という。	1312
12月18日	■幕府、陸軍総裁・海軍総裁を設置し、徳島藩主蜂須賀斉裕に兼任させる。 ■将軍徳川家茂、朝旨により、水戸藩主徳川慶篤の江戸留守を止め、先発上京を命ずる。	1313
12月19日	■幕府、浪士取扱松平主税助（忠敏）（1818〜1882）に命じ、尽忠報国の士を選ばせた。主税助は、元水戸藩士堀江芳之助（1810〜1871）、庄内人清河八郎らを録上する。	1314
12月22日	■薩摩藩で鋳銭所（磯の浜に鋳造局を設置）が開業。	1315
12月22日	■薩摩藩士大久保一蔵（利通）、前日、入京し、関白近衛忠煕（1808〜1898）・尊融入道親王（青蓮院宮、中川宮）（1824〜1891）に、島津久光（薩摩藩国父）（1817〜1887）の建白書を提出。	1316
12月24日	■京都守護職松平容保（1835〜1893）、入京。	1317
12月24日	■浪士徴募、「総督」には松平上総介忠敏（主税介から昇進）、「取締頭取」に鵜殿鳩翁・山岡鉄太郎・松岡万が任じられる。	1318
12月25日	■薩摩藩士大久保一蔵（利通）、朝廷の内旨を奉じ、京都を出立、江戸へ向かう。	1319
12月26日	■「長州・土佐排斥運動」。 前伊予宇和島藩主伊達宗城（1818〜1892）・因幡鳥取藩主池田慶徳（1837〜1877）・阿波徳島藩世子蜂須賀茂韶（1846〜1918）、関白近衛忠煕に在京諸侯退去と公武合体の国是決定を建白。	1320
12月28日	■「長州・土佐排斥運動」。 前宇和島藩主伊達宗城・阿波国徳島藩世子蜂須賀茂韶・因幡国鳥取藩主池田慶徳・肥後国熊本藩主弟長岡護美、関白近衛忠煕邸を訪ね、議奏の中山忠能・正親町三条実愛両大納言、飛鳥井雅典・三条実美両中納言、阿野公誠宰相、及び伝奏の坊城俊克大納言・野宮定功宰相らと会して、在京諸侯の退去を主張。	1321

その時、勤王志士・朝廷・慶喜政権・江戸幕府らは、西郷隆盛・大久保利通・薩摩藩年表帖 上巻

西暦1863

文久3	1月3日	■朝廷、江戸の前土佐藩主山内容堂に上洛要請。 ■朝廷、伝奏坊城大納言を通じて、攘夷の勅諚、沙汰書を対馬藩に出す。	1322
	1月3日	■**大久保一蔵（利通）、江戸に入る。松平春嶽、山内容堂らに謁見し、将軍の上洛延期を建策する。**	1323
	1月5日	■将軍後見職一橋慶喜(1837〜1913)、入京、東本願寺に館する。	1324
	1月7日	■老中板倉勝静、松平上総介忠敏に、浪士隊募集の沙汰を出す。	1325
	1月8日	■軍艦奉行並勝義邦(海舟)、大坂に戻り、土佐藩の者多数を弟子にする。	1326
	1月9日	■**大久保一蔵(利通)、将軍上洛延期の朝命周旋のため、江戸を出立。**	1327
	1月11日	■国事御用掛三条実美ら8人、勅を奉じて、将軍後見職一橋慶喜を東本願寺に訪ね、攘夷期限の決定を迫る。	1328
	1月14日	■**朝廷、鹿児島滞在の島津久光に、至急上京を命ずる。**	1329
	1月15日	■薩摩藩士大久保一蔵(利通)・福井藩士中根靭負、入京。大久保、近衛関白に復命。	1330
	1月一	■**この月、薩摩藩、「寺田屋騒動」で謹慎していた藩士を赦免。前年9月とも。**	1331
	1月21日	■島津久光、尊融入道親王（青蓮院宮、中川宮）(1824〜1891)と、前右大臣鷹司輔熙(1807〜1878)より上京を文書で要請される。	1332
	1月21日	■**大久保一蔵（利通）、鹿児島へ向けて京を出立。大坂より薩摩藩船「永平丸」で向かう。**	1333
	1月22日	■前土佐藩主山内容堂（1827〜1872）、大坂において3ヶ条の布告をなし、土佐勤皇党の動きを牽制。	1334
	1月23日	■公武合体派近衛忠熙(1808〜1898)、関白辞表（内覧は継続）。鷹司輔熙(1807〜1878)、新関白に就任。	1335
	1月25日	■前土佐藩主山内容堂、入京。	1336
	1月27日	■西本願寺所有の東山の翠紅館（東山区高台寺桝屋町 料亭京大和）で、長州藩士久坂玄瑞提唱で長州、水戸、熊本、土佐、対馬、津和野藩士ら在京の各藩周旋掛の会合が行われる「翠紅館会議」。	1337
	1月28日	■尊融入道親王(のちの中川宮朝彦親王)、勅命により復飾（還俗）、2月17日に「中川宮」の称号を賜う。	1338
	2月3日	■英国艦隊8隻が横浜入港し示威運動。12日まで継続する。	1339
	2月4日	■軍艦奉行並勝義邦（海舟）の「順動丸」で来た政事総裁職松平春嶽、京に入り、東本願寺東方にある高倉学寮（下京区高倉通五条下ル）を宿舎とする。 □高倉学寮は、大谷大学の前身。	1340
	2月4日	■**「浪士組結成」。** 尊王攘夷論者清河八郎の提唱で、将軍・徳川家茂の上洛の際の警護を目的として、幕府直轄隊編成のための会合が、江戸小石川伝通院付属大信寮行われる。松平上総介忠敏は、「総督」辞任という。	1341
	2月5日	■軍艦奉行並勝義邦（海舟）(1823〜1899)、摂海警衛及び神戸操練所運営を委任される。	1342
	2月6日	■久留米藩士真木和泉（保臣）(1813〜1864)、上洛を命ぜられる。	1343

西暦1863

文久3	2月7日	■関白鷹司輔煕、将軍後見職一橋慶喜に使いを出し、攘夷の期限を定めて奏聞せよと命じられる。慶喜は、松平容保・山内容堂と共に松平春嶽の宿泊の高倉学寮にての会議で、近く上洛する将軍の帰東後にこれを決行する、と返答。	1344
	2月8日	■関白鷹司輔煕、一橋慶喜に再び使いを出し、攘夷決行する日を具体的に定めよ、と告げる。	1345
	2月9日	■国事参与・姉小路公知ら12名、関白邸に列参し攘夷期限の確定を迫る。	1346
	2月10日	■京から戻った薩摩藩士大久保一蔵（利通）、御側役兼御小納戸頭に就任。薩摩藩の最高幹部となる。	1347
	2月11日	■三条実美ら8公卿が駕籠を連ねて渉成園（枳殻邸）に来、将軍後見職一橋慶喜らに、攘夷期限確定の叡慮を伝える。幕府側は、攘夷期限を将軍江戸帰還の月と提示。	1348
	2月13日	■朝廷、国事を議論する場として新たに国事参政・寄人が設置。定員14名中13名に尊攘急進派が任命された。 ■公武合体派公卿九条尚忠・久我建通・岩倉具視・富小路敬直、重謹慎を追刑される。	1349
	2月18日	■朝廷、攘夷につき草莽まで学習院へ意見を述べるよう達する。 ■在京諸大名、攘夷の宣達を受ける。	1350
	2月19日	■「英国は正式に生麦事件の賠償を要求」。英国代理公使ジョン・ニール、生麦事件謝罪と償金（10万ポンド）の返答を要求。返答期限は3月8日。さらに、薩摩藩には幕府の統制が及んでいないとして、艦隊を薩摩に派遣して直接同藩と交渉し、犯人の処罰及び賠償金2万5千ポンドを要求することを通告した。	1351
	2月20日	■長州藩世子毛利定広、賀茂社行幸を建議。	1352
	2月22日	■「足利三代木像梟首事件」。 等持院の足利三代（足利尊氏、同義詮、同義満）木像の首と位牌、この日夜、浪士三輪田綱一郎、同建部建一郎（元牛久藩士）ら平田国学門人や尊王攘夷浪士10数名により持ち去られ、翌23日、三条河原に晒される。（晒されたのは25日ともいう）。	1353
	2月23日	■「浪士組入洛」。 234名の浪士組、京都の壬生村に入り、新徳寺ほかはじめ、各所に分宿。	1354
	2月24日	■浪士組清河八郎、尊王宣言の建白書を、御所学習院へ上呈、受理される。	1355
	2月25日	■「生麦事件賠償」。 薩摩藩士吉井幸輔（友実）（1828〜1891）・藤井良節（1817〜1876）、京都を出発。	1356
	2月26日	■将軍後見職徳川慶喜・政事総裁職松平春嶽・前尾張藩主徳川慶勝、連署の書を関白鷹司輔煕（1807〜1878）に呈する。幕議は、「生麦事件」に関する英国の要求拒否に決したるを以て、必戦の覚悟あるべきを述べ、在京諸侯に帰藩を許し、かつ水戸藩主徳川慶篤に江戸守備の朝命を下さんことを請う。	1357
	2月27日	■朝廷、将軍後見職徳川慶喜に命じて、親子内親王（和宮）守護のため、水戸藩主徳川慶篤の上洛を止め、旅中より江戸へ還返すべきの朝旨を伝えさせる、ついで29日、慶篤の請を許し、上京の直後に帰府させる。	1358
	2月27日	■京都町奉行、激徒捕縛の趣旨を布告。	1359

その時、勤王志士・朝廷・慶喜政権・江戸幕府らは、西郷隆盛・大久保利通・薩摩藩年表帖 上巻

西暦1863

2月27日	■朝廷、親兵設置を発令。朝廷（学習院）は御所警備のため在京諸大名に1万石につき1人の親兵要請。	1360
2月27日	■大原重徳(1801〜1879)、(薩長融和のための)勅書改竄の罪で辞官・落飾・蟄居になる。国事御用掛も解職。	1361
2月29日	■朝廷、清河八郎ら浪士に攘夷実行奨励の勅諚を下す。	1362
2月29日	■幕府、英国代理公使ニールより最終掛合書簡(生麦事件)を受取る。	1363
2月一	■日向国佐土原藩、「寺田屋騒動」で蟄居の曽小川久郷、幽閉の富田孟二郎、池上隼之助を赦免。それぞれ朝廷警備、薩英戦争に従事する。	1364
3月2日	■松平春嶽(1828〜1890)、政事総裁職を辞任。京では長州藩など尊王攘夷派が強く、将軍後見職一橋慶喜が尊攘派と妥協するのに反対したとも、朝廷による攘夷要求に耐えかねてともいう。	1365
3月4日	■薩摩藩国父島津久光、朝旨により2回目の上洛のため、藩兵700余名を率い、鹿児島出立。 福井前藩主松平春嶽と土佐前藩主山内容堂との約束によるもので「公武合体」の実現をめざして尽力しようという目的である。長州藩への巻き返しを図るのだ。	1366
3月4日	■和宮を降嫁する時の条件に、攘夷実行を約束させられていた将軍家茂、井上松五郎など八王子千人同心ら3,000人を率いて入洛、二条城に入る（将軍上洛、寛永11年(1634)家光以来229年振り）。二条城警護は、出雲国松江藩兵ら。 □将軍上洛で京都の物価、高騰。	1367
3月5日	■朝廷、幕府に庶政委任の勅諚を出す。	1368
3月7日	■将軍徳川家茂(1846〜1866)、将軍後見職徳川慶喜、老中板倉勝静、水戸藩主徳川慶篤、その他幕府有司及び在京諸侯を従えて御所に参内、物を献じて天機を伺い、政務委任の恩命を謝す。小御所において孝明天皇(1831〜1867)と対面、勅語を賜る。朝廷は将軍への大政委任を否定する。朝廷は内政に主体的に関わるという意志を表明した。家茂を迎える朝廷の扱いは、家光の時とは違い、露骨なほど家茂を「臣下」として待遇した。 ■幕府、将軍上洛の御祝儀として、京都市民に金六万三千両を振給する。	1369
3月8日	■一橋慶喜、朝廷の諸藩直命に抗議。	1370
3月9日	■松平春嶽、政事総裁職の辞職表を提出。	1371
3月一	■朝廷の蔵人所では航海遠略策を拒否。 □蔵人は律令制下の令外官の一つ。天皇の秘書的役割を果たした。	1372
3月10日	■前尾張藩主徳川慶勝、将軍東帰不可を朝廷に奉上。	1373
3月11日	■孝明天皇、御所清和院門から加茂社(上賀茂社・下鴨社)に行幸し攘夷祈願。天皇の御所の外への行幸は、寛永3年(1626)の後水尾天皇の二条城行幸以来である。前関白近衛忠煕、太宰師熾仁親王、武家伝送坊城俊克の同社に先着し、関白鷹司輔煕、将軍徳川家茂、将軍後見職徳川慶喜、水戸藩主徳川慶篤ら供奉する。在京諸大名らも列に加わる。 □237年振りに群衆の前に姿を現した天皇は、将軍を従え、将軍の上に位置している事を誇示していた。行幸は将軍と天皇の政治的位置関係の逆転を、衝撃的なまでに視覚化していた。この行幸を建議したのが長州藩世子毛利定広だった。	1374

159

西暦1863

文久3	3月12日	■芹沢鴨・近藤勇ら残留浪士、会津藩預りとなり、「壬生浪士組」と名乗る。	1375
	3月13日	■幕府、浪士組の江戸東帰を命じる。清河八郎・浪士取締山岡鉄舟ら多数の帰東浪士組、江戸へ向け京を出立。	1376
	3月14日	■薩摩藩国父・島津久光(1817~1887)、入京。久光は、旅寓として用意された知恩院にも立ち寄らず、小松帯刀と共に、直接近衛邸に向かった。そこには、中川宮朝彦親王・関白鷹司輔煕・一橋慶喜らも待っていた。 □14ヶ条の建議をする。1.攘夷衛決議、軽率之儀不可然事。2.後見惣裁ヲ奴僕之如く御待遇、浮浪藩士の暴説御信用尤不可然、且於御膝下法外之義有之、心ヲ其侭二被召置候義、朝憲幕令も不行姿、只々乱世之基、嘆息二不堪事。3.右二付暴説御信用之堂上方、速二御退、浮浪藩士之暴説家は、幕より処置可有之事。4.宮・前関白・中山・正親町三条等、以前之如く御委任等之事。5.大原御宥免之事。6.天之下の大政征夷江御委任之事。7.長州父子所存、後見より質問之事。8.御親兵一条之事。9.無用之諸大名藩士等都而帰国之事。10.主命之外藩士江御面会無用之事、浮浪は尤不可然事。11.主家亡命之者、御信用不可然之事。12.英夷一条、諸夷一条。13.神宮衛守衛として親王方被差遣候義、尤不可然事、是は其近国之大名江被命至当之事。14.浮浪藩士之心底能々御勘弁有之度事。 □久光の主張は、要約すると次のようなものであった。 「援夷」の決議(破約攘夷の方法と期日の決定を意味する)を軽率に行うべきでないこと。「浮浪藩士(脱藩や草莽の志士など)」の「暴説」を信用しない事、これらの「暴説」を信用する堂上(公家)を朝議から退けること。「浮浪藩士之暴説家」に対して幕府が何らかの処置をすること。中川宮を朝議に加え、前関白・近衛忠煕と前議奏・中山忠能、前議奏・正親町三条実愛を以前の職に復職させる。将軍に大政(政治の全てを)を委任する。朝廷が上京を命じた大名や、京都守衛の任務についている大名とその藩士以外の大名とその家臣は、すべて帰国させること。	1377
	3月15日	■松平春嶽、政事総裁職の再度辞職表を提出。	1378
	3月16日	■夜、島津久光、伊達宗城と対談。18日には帰国する旨を告げる。	1379
	3月17日	■朝廷は将軍東帰延期・滞京の勅旨を出す。松平容保・徳川慶勝の要請があった。	1380
	3月17日	■島津久光、帰国の旨を届け捨てのごとくに近衛家に送る。 □当時、将軍家茂も上洛中だったが、朝廷内は長州藩の影響により攘夷急進論が横行しており、久光一行はすぐに帰藩することとなった。	1381
	3月17日	■英仏公使、幕府に軍事援助を提案。	1382
	3月18日	■大坂で生麦事件交渉の沙汰が出る。	1383
	3月18日	■幕府、朝命を奉じ、10万石以上の諸侯に令し、忠勇強健の士を選び、禁廷の守衛に当たることを命じる。	1384
	3月18日	■長州藩を後ろ盾にした尊攘急進派の専横を抑えられず、英国艦船が鹿児島に向かうとの情報あり、建議が受け入れられなかった島津久光(1817~1887)、帰藩に向けて、京都知恩院を出立、大坂藩邸に退く。	1385
	3月19日	■朝廷、御親兵を徴募。 ■将軍家茂が参内し、天皇は小御所に将軍を召見。	1386
	3月19日	■幕府、攘夷勅諚を列藩に達する。	1387
	3月20日	■島津久光、帰藩のため大坂出帆。	1388

その時、勤王志士・朝廷・慶喜政権・江戸幕府らは、西郷隆盛・大久保利通・薩摩藩年表帖 上巻

西暦1863

3月21日	■松平春嶽（1828〜1890）、政事総裁職辞表届け捨てのまま、福井帰藩に向かう。	1389
3月22日	■将軍家茂の東帰、中止となる。	1390
3月23日	■将軍後見職慶喜（1837〜1913）、老中格・外国御用掛小笠原長行に江戸に帰り、対英交渉を行うように命じる。	1391
3月24日	■水戸藩主徳川慶篤参内、将軍目代として東帰、江戸守備の任に就くべきの命を受け、翌日、京を出発江戸に向かう。	1392
3月25日	■老中格・外国御用掛小笠原長行、江戸に向け、京を出立。 ■松平春嶽、政事総裁職を免じられる。	1393
3月26日	■前土佐藩主山内容堂（1827〜1872）、土佐の海防強化を理由に土佐へ向け、京を立つ。21日とも。	1394
3月27日	■前伊予宇和島藩主伊達宗城、京都を発つ。	1395
4月6日	■老中格・外国御用掛小笠原長行、京より江戸到着。	1396
4月8日	**■幕府、英仏公使よりの軍事援助の申し出を断る。英仏は、日本との通商関係を維持するためには、朝廷支配を打倒する必要がある、と考えるようになった。**	1397
4月11日	**■島津久光、鹿児島に到着。**	1398
4月11日	**■孝明天皇、石清水に幸し八幡宮を拝し、親しく外患を祈禳。**深夜丑刻、攘夷の節刀を賜わらんとして、将軍後見職徳川慶喜を社頭に召す。慶喜、たまたま疾あり、命を辞す。天皇、明け方行在所に入り、ついで、還幸する。	1399
4月11日	■「生麦事件」。水戸藩10代藩主水戸慶篤、賠償金支払い対英交渉協議のため、京より江戸到着。	1400
4月13日	■京都で完全に幕府と対立していた清河八郎（34才）（1830〜1863）、麻布一之橋で幕府の刺客・佐々木只三郎（唯三郎）、窪田泉太郎など6名に暗殺される。	1401
4月14日	■幕府、将軍目代徳川慶篤に、将軍滞京中外交の事を委任する。	1402
4月15日	■朝廷、岡山藩主池田茂政、水戸藩主徳川慶篤弟昭訓、長州藩世子毛利定広（のちの元徳）、土佐藩主山内豊範らを学習院に召し、攘夷、海防等、国是に関する意見を徴す。 □将軍後見職徳川慶喜は、書を上りて権中納言三条実美、左近衛権少将姉小路公知を攘夷実検使として東下させることを奏請した。その可否を諮問したのだ。	1403
4月16日	**■長州藩世子毛利定広（のちの元徳）、参内し10ヶ条の意見書（神道の興隆、人材の抜擢、大学の創設、海軍局の設置、造船所、製鉄所を設けるなど）を朝廷に奏上、前日の諮問に応え、藩主敬親に代わりて攘夷期限布告の嘆願の書を上呈。岡山、水戸、土佐藩らもまた参朝し、奉答書を上る。**	1404
4月17日	■幕府、百万石以上の諸大名に3ヶ月交代で、京都警衛を命じる。	1405
4月18日	■将軍後見職徳川慶喜、書を上りて権中納言三条実美、左近衛権少将姉小路公知を攘夷実検使として東下せしめんことを奏請す、朝廷、その可否を長州、岡山、水戸らの諸藩に諮問する。 ■朝廷、10万石以上の諸侯に3ヶ月交代で京都守護の勅旨を出す。	1406
4月19日	■薩摩藩、日向穆佐の悟性寺にあった藩内最古の梵鐘（南北朝末期鋳造）を、琉球通宝の地金にするために破壊する。	1407

西暦1863

文久3	4月20日	■朝廷、徳川慶喜の攘夷実検使東下の請を却下。 ■将軍徳川家茂、参内、朝廷に攘夷期日を5月10日とする旨、上奉させられる。	1408
	4月21日	■朝廷は武家伝奏を通じてこの日に在京諸藩の留守居を召集、5月10日をもって「醜夷掃壊」することを命じる。	1409
	4月21日	■幕府、「生麦事件」賠償金の支払いを決定。	1410
	4月22日	■前尾張藩主徳川慶勝と右大臣二条斉敬らが引き止めたにもかかわらず、将軍後見職一橋慶喜(1837〜1913)は、攘夷の勅諚を奉じて、江戸に向け京都を出立。大目付岡部長常、水戸藩家老武田耕雲斎ら随従。	1411
	4月22日	■孝明天皇(1831〜1867)、中川宮朝彦親王(1824〜1891)に、薩摩を上京させよとの密勅。	1412
	4月22日	■英国へ賠償金(44万ドル、東禅寺・生麦事件)の支払方法が決まる。	1413
	4月23日	■京で、神戸海軍操練所・造船所建設の幕命がある。	1414
	4月23日	■幕府、攘夷期限を5月10日に決定し布告。諸藩にその実行を命ずる。「自国海岸防御」を厳重にし「襲来候節は掃壊」すべし。	1415
	4月26日	■将軍後見職一橋慶喜、熱田にて江戸の老中に破約攘夷・開戦覚悟の訓令を発する。生麦事件償金の事態は流動化する。	1416
	4月27日	■軍艦奉行並勝海舟、神戸海軍操練所の取締りを命じられ、それに先立ち私塾での海軍教授を許される。	1417
	5月3日	■生麦事件償金支払い期限が来、前日2日の幕府の延期通告で、硬化した英国は戦闘準備に入る。	1418
	5月3日	■尾張藩主徳川茂徳(1831〜1884)、生麦事件償金支払上奏のため江戸を出立。	1419
	5月4日	■「生麦償金」。幕府、海岸守衛諸侯に警戒よびかけ。	1420
	5月6日	■英国海軍司令官、各国公使に対して軍事行動に出ることを予告。	1421
	5月7日	■将軍目代徳川慶篤、書を関白鷹司輔煕に上り、幕議生麦事変償金支払いを拒絶するに決したるを上申。 ■老中格小笠原長行、海路上京の途に就かんとす。将軍目代徳川慶篤は、家老武田耕雲斎を急派してこれを抑留する。	1422
	5月8日	■老中格小笠原長行(肥前唐津藩世嗣)(1822〜1891)、軍艦蟠竜丸に乗り海路横浜に赴き、独断で生麦償金支払い命令。再び江戸で開かれた評議においては、水戸藩の介入もあって逆に支払い拒否が決定された。	1423
	5月8日	■将軍後見職一橋慶喜、京都より神奈川(横浜)に到着。	1424
	5月9日	■老中格・外国御用掛小笠原長行、将軍名代徳川慶篤の反対にも拘らず、軍艦「蟠竜」で横浜に赴き、英国に対し「生麦事件」等の賠償金44万ドルを英国代理公使ジョン・ニールに支払う。また、各国公使に対し、鎖港を通知する文書を発す。	1425
	5月10日	■「長州藩下関砲撃事件(5月10日〜6月5日)─第一回馬関攘夷戦」、はじまる。	1426
	5月11日	■朝廷、英国への償金交付拒絶決定の奏聞嘉納の勅を徳川慶篤に下す。そして、鎖港談判の経過を上奏を命じる。	1427
	5月11日	■川路聖謨(1801〜1868)、外国奉行再出仕を命ぜられる。	1428

その時、勤王志士・朝廷・慶喜政権・江戸幕府らは、西郷隆盛・大久保利通・薩摩藩年表帖 上巻

西暦1863

5月12日	■開明派で長州藩中枢が形成されたため、執政周布政之助の尽力、グラバーの協力で、**藩士井上聞多（馨）・野村弥吉（井上勝）・伊藤俊輔（博文）・山尾庸三・遠藤謹助の5人、水夫に身をやつして、国禁を犯してロンドン秘密留学のため横浜を出発。**	1429
5月14日	■一橋慶喜、攘夷不可能を理由に、将軍後見職の辞職を願う。	1430
5月15日	■京都御所付近出火。朝廷、堂上に非常参内を命じ、翌日、土佐藩主山内豊範に清和院門、水戸藩主徳川慶篤に蛤門、薩摩藩主島津茂久に乾門等の非常警戒を命ずる。	1431
5月17日	■無断帰藩の松平春嶽、逼塞を免ぜられる。	1432
5月18日	■**幕府、英仏両軍の横浜駐屯を許可。**	1433
5月19日	■大久保一蔵（利通）の父、利世(としよ)（1794〜1863）、死去。享年70。 □沖永良部島での島妻・筆の子孫に、シンガーソングライター「トイレの神様」で有名な植村花菜がいる。	1434
5月20日	■**「朔平門外の変・猿ヶ辻の変」。** 国事参政姉小路公知、御所築地の朔平門外（猿ヶ辻）で3人の賊に襲われ暗殺される。墓は清浄華院（上京区寺町通広小路上ル北之辺町395）にある。 □現場には、薩摩鍛冶の刀と薩摩製とおぼしき木履が残されていた。刀の柄頭に、藤原の2字と縁に鎮英の2字が金ではめ込んだもので、鎮英は田中新兵衛の実名であり、さらに刀は田中のものと訴えるものがあり、仁礼源之丞（景範）（1831〜1900）、田中新兵衛（1832〜1863）が逮捕されることになる。	1435
5月21日	■朝廷、姉小路公知暗殺を受けて、諸藩に御所外講九門警備を命令（長州藩に堺町門守衛・会津藩は含まれず）。備前藩（今出川門）、薩摩藩（乾門）、因幡藩（中立売門）、水戸藩（蛤門）、仙台藩（下立売門）、長州藩・熊本藩（寺町門）、土佐藩（清和院門）、阿波藩（石薬師門）。	1436
5月25日	■**老中格小笠原長行ら、英国艦などを借り、1,600名もの大軍を率いて横浜出発、海路大坂に向かう。** □賠償金支払いの事情説明のためと称し、攘夷を唱える朝廷に対し、露骨な力の威嚇をするのだ。	1437
5月26日	■「姉小路暗殺事件」で奉行所で、京都東町奉行永井尚志の取り調べを受けていた薩摩藩士田中新兵衛（1832〜1863）、取り調べ中に自害。**これにより薩摩藩は5月29日乾御門警備を解かれ、九門内への立入を禁止される。以後しばらくの間、京都の政界は長州藩が独占する事になった。** □**中村半次郎（桐野利秋）**（1838〜1877）の中川宮警護も終わる。京都滞在中の半次郎は『京在日記』を遺す。また、半次郎は、四条小橋（高瀬川沿い）東詰南側の煙管屋村田屋の娘おさと（またはお駒）と仲良くなり、たびたび同家に出入りしたという。妻帯者に恋し、傷心のさとは新島襄と八重夫妻に出会い、洗礼を受けてクリスチャンになった。さとの墓は、若王子墓地（左京区鹿ケ谷若王子山町）。	1438
5月27日	■朝廷、武家に六門警備を命令。 □南側の「建礼門」から時計回りに、西側には「宜秋門(ぎしゅうもん)」、「清所門(せいしょもん)」、「皇后門」、北側に「朔平門(さくへいもん)」、東側には「建春門」。	1439

163

西暦 1863

文久3	5月29日	■薩摩藩、「姉小路暗殺事件」らで、京都政界から排除される。朝廷、薩摩藩の乾門警備免除・九門往来禁止。御所乾門の警備を薩摩藩から出雲藩(松江藩)に変更。 ■孝明天皇、島津久光(薩摩藩国父)へ、上京・「姦人(攘夷急進派)を掃除」せよとの勅書を出した。
	5月30日	■老中格小笠原長行軍、大坂上陸。
	6月1日	■朝廷、水戸藩主徳川慶篤の将軍目代を辞するを許し、将軍後見職徳川慶喜の辞職を許さず、なお慶篤に命じ、慶喜と協力、将軍徳川家茂を補佐させる。
	6月4日	■老中首座水野忠精(ただきよ)(1833〜1884)、小笠原長行軍に駆けつけ、勅命及び台命(将軍の命令)による入京の禁止を説得。老中格小笠原長行軍、忠告を無視し淀に入る。
	6月5日	■「四国艦隊下関砲撃事件(5月10日〜6月5日)─第五回馬関攘夷戦」終わる。仏国東洋艦隊「ゼミラミス号」と「タンクレード号」の2艦、長州藩砲台を攻撃し、陸戦隊を上陸させ前田・壇ノ浦両砲台を3日間占領し、「タンクレード号」の修理を済ませ、6月7日横浜に向けて引き上げる。
	6月5日	■中川宮(1824〜1891)、攘夷の期限が過ぎたが、未だ「掃攘之形モ不相見、因循送日」の状態であるから、自分に「攘夷先鋒」を命じられたいと願い出る。
	6月5日	■将軍家茂(いえもち)(1846〜1866)、親筆で、老中格小笠原長行軍入京の禁止を命ずる。
	6月6日	■板倉勝静、小笠原長行軍に駆けつけ、なおも説得に当たる一方、関係者に処罰を申し渡す。長行に免職、水野忠徳、井上清直ら随行した主要官僚に差控を命ずる。軍は江戸に返すことを命じ、クーデターは失敗。 ■朝廷、小笠原長行を厳罰に処すべきとの命を下す。
	6月7日	■下関戦争の後に、藩に起用された高杉晋作ら、藩に奇兵隊結成綱領を建白。長州藩士吉田稔麿、奇兵隊に参加。当初は外国艦隊からの防備が主目的で、本拠地は廻船問屋の白石正一郎邸に置かれた。本拠地は、のちに赤間神宮へ移る。

翠紅館跡

その時、勤王志士・朝廷・慶喜政権・江戸幕府らは、西郷隆盛・大久保利通・薩摩藩年表帖 上巻

西暦1863

6月7日	■二本松薩摩藩邸、ほぼ完成し、藩士数千人がこの日、入ったという。 薩摩藩邸跡碑（上京区烏丸通今出川上る東側（同志社大学西門前））。 ■幕府大軍の上洛に驚いた朝廷、将軍家茂の江戸帰府を承認。	1449
6月8日	■当時における急進的尊攘論の頭目的存在であった久留米藩士・久留米水天宮神官・真木和泉（1813～1864）が入京。	1450
6月9日	■孝明天皇の島津久光召命勅書、薩摩に届く。	1451
6月9日	■将軍家茂、京を発つ。	1452
6月9日	■老中格小笠原長行、勅命によりその職を解かれる。	1453
6月10日	■仏・英・米・蘭の四ヶ国代表、横浜に会合して長州藩攻撃を決定。	1454
6月11日	■薩摩藩士、九門内（築地）の往来を許される。警備は不可。	1455
6月13日	■将軍徳川家茂、江戸へ戻るため、上洛幕府軍の汽船「順動丸」で大坂港を出発。	1456
6月14日	■真木和泉、三条実美に、攘夷を実行した長州藩主毛利慶親を勅使を派遣して賞し、長州藩を慰労すべきを説く。	1457
6月16日	■将軍徳川家茂、老中を伴い、京都から江戸に帰還。	1458
6月17日	■「第二回翠紅館会議」。長州藩尊王攘夷派桂小五郎・寺島忠三郎、京東山の翠紅館で久留米藩士真木和泉（保臣）ら各藩の代表者と攘夷親征や倒幕などの方策を討議。真木和泉は、策論「五事建策」を示し彼等の支持を得る。 □「五事建策」とは、攪攘夷之樺事。標親征部署事。下令算在京之兵事。新天下耳目。収土地人民之樺事。移輝浪華事。 □「移輝浪華事」は、天皇が先頭に立って攘夷を実行するため、浪華（大坂）に輝（天皇が乗る車）を移す。すなわち大坂へ親征行幸を行うべきである。	1459
6月18日	■長州藩、「政事堂」を萩から山口へ移転。	1460
6月19日	■英国代理公使ジョン・ニール、幕府に鹿児島行きを通告。	1461
6月22日	■英国東洋艦隊7隻、横浜を出帆し、鹿児島へ向かう。英国公使代理ジョン・ニールは、薩摩藩との直接交渉のため7隻の艦隊と共に出港。	1462
6月24日	■長州藩兵、小倉藩田ノ浦を占領し、砲台を築いて、外国船攻撃を準備。	1463
6月25日	■朝廷、京都守護職松平容保に東下を命ずる。	1464
6月26日	■外国奉行川路聖謨（1801～1868）ら、再鎖港不可能を答申。	1465
6月27日	■英国艦隊、「生麦事件」の処分を求め、鹿児島に到着、鹿児島城下の南約7粁の谷山郷沖に投錨。	1466
6月28日	■英国艦隊が前進、鹿児島城下前之浜約1粁沖に投錨。艦隊を訪れた薩摩藩の使者に、英国側は国書を提出。生麦事件犯人の逮捕と処罰、遺族への賠償金2万5千ポンドを要求。薩摩藩側は回答を留保、翌日に鹿児島城内で会談を行う事を提案する。	1467
6月28日	■久留米藩士真木和泉（保臣）（1813～1864）、学習院出仕を命ぜられる。	1468
6月29日	■英国代理公使ジョン・ニール、薩摩上陸を拒否。英国側は城内での会談を拒否、早急な回答を求める。	1469
7月1日	■英国艦隊、薩摩藩軍艦3隻を奪取。薩摩藩と英国軍の交渉、決裂。	1470

西暦1863

| 文久3 | 7月1日 | ■朝廷（近衛忠熙ら）、英国襲来は島津茂久にまかせ、久光の上京を要請。 | 1471 |

7月2日 1472

■「薩英戦争」。前年に起きた生麦事件の賠償と実行犯の処罰を求めて艦隊が鹿児島湾（鹿児島市の錦江湾）に侵入。鹿児島湾に繋留していた藩所有の3隻（天佑丸、白鳳丸、青鷹丸）の蒸気船は、すべて英国軍に焼かれてしまった。**この日から4日まで、英国艦隊7隻は、薩摩藩の先行砲撃で、鹿児島を砲撃し応戦。鹿児島市街が大きく焼失、島津斉彬が築いた近代工場を備えた藩の集成館を破壊する。英国艦隊も嵐の中の戦闘がうまくいかず、旗艦・ユーリアラス号のジョスリング艦長死傷者を多数出す。**

□黒田清隆、西郷従道、野津鎮雄、伊東祐亨、大山弥助（巌）、西郷従道、吉原重俊、町田申四郎（実績）、仁礼景範など「西瓜売り決死隊」が参戦。この作戦を考えたのは大久保利通と中山尚之助（実善、のち中左衛門）という。

□天佑丸の船奉行添役五代才助（友厚）(1836〜1885) や青鷹丸船長松木弘安（寺島宗則）(1832〜1893) は、英国海軍の捕虜となるが、その後藩命により英国との貿易に従事する。

□**薩摩藩は、この戦いで外国の強大な力を思い知り、結果的に藩論を大きく転回、攘夷をやめる。そして、英国から軍艦や武器の購入、留学生を派遣、紡績機械を輸入など、親英国政策を取りだす。**

□小松帯刀らは、戦後の集成館を再興に尽力する（蒸気船機械鉄工所の設置）。島津忠義が集成館事業を再興させるが、日本最初の本格的洋式石造建築物、「機械工場」は慶応元年(1865)に竣工した。

	7月4日	■「薩英戦争」。英国艦隊、艦隊側にも損傷が大きく、石炭不足による航行困難も恐れて鹿児島湾から撤退。	1473
	7月6日	■朝廷内接夷強硬論の国事寄人の公家滋野井実在、東園基敬、壬生基修、四条隆謌、錦小路頼徳、沢宣嘉らが連署して、攘夷親征を布告を建白。	1474
	7月7日	■近衛忠熙・忠房父子、二条斉敬、徳大寺公純、連名で関白に差出す。「攘夷親征は慎重を要するものであり、諸大名を召集し衆議の上で決めるべきである」。	1475
	7月9日	■「薩英戦争」の英国艦隊、横浜に戻る。11日着とも。	1476
	7月10日	■小栗忠順、陸軍奉行並に就任。	1477
	7月11日	**■攘夷親征に危機感を募らせた、近衛忠熙・忠房父子と二条斉敬は、島津久光（薩摩藩国父）の上洛要請を決定。**	1478
	7月12日	**■二条・近衛父子連署の手紙等を持って、京都の薩摩藩邸から奈良原幸五郎（喜八郎、繁）(1834〜1918) と税所篤 (1827〜1910) が帰藩のため京都を発する。**	1479
	7月14日	■水戸藩士梶清次衛門、熊本藩士宮部鼎造ら連署して、姉小路公知暗殺者を厳に明らかにせんことを進言し、薩摩藩士の宮門出入解禁及び同藩主茂久、父島津久光召命の、共に早計なるを上申す。	1480
	7月16日	■朝廷は徹夜の朝議。国事御用掛三条実美、島津久光（薩摩藩国父）の上洛要請を取り消す。	1481
	7月18日	■在京の岩国藩士吉川経幹、毛利慶親・定広長州藩主父子の親書を携えて上京した重臣の益田弾正と根本上総および清水清太郎を同道して関白鷹司邸に至る。武家伝秦野宮定功、議奏徳大寺実則、同長谷信篤、国事参政烏丸光徳の列席のもとで、藩主父子の親書の内容を説明し、攘夷親征を決断されたいことを請願。	1482

その時、勤王志士・朝廷・慶喜政権・江戸幕府らは、西郷隆盛・大久保利通・薩摩藩年表帖 上巻

薩英戦争記念碑

祇園之洲砲台跡

西暦1863

文久3	7月19日	■関白鷹司輔煕(すけひろ)(1807~1878)、在京四侯らに攘夷親征を諮問。 ■尊攘浪士、親征反対・島津久光召命派の徳大寺公純の家臣・滋賀右馬大允を暗殺。	1483
	7月20日	■薩摩藩士の奈良原幸五郎と税所篤、鹿児島着。	1484
	7月20日	■佐幕派の近衛忠煕前関白・二条斉敬右大臣・徳大寺公純右大臣邸に脅迫状。 ■朝廷、熊本、水戸などの親兵をして、交番して、建春、平唐、准后、台所門などを守護させる。	1485
	7月21日	■鳥取藩主池田慶徳(よしのり)、岡山藩主池田茂政、徳島藩世子蜂須賀茂韶(もちあき)、攘夷親征は急ぐべきではなく、先ず諸国へ攘夷監察使を派遣するべきであると、親征には基本的に反対を表明。	1486
	7月23日	■**島津久光は、近衛忠煕、二条斉敬らに手紙に記す。** □7月2日から4日にかけての薩英戦争で、藩内が大混乱でありかつ「迅速之蒸気船」もないから今は上京することが難しいと述べている。	1487
	7月23日	■朝廷(武家伝奏)、紀州・播磨防衛の勅命を、直接外様大名に出す。 ■京都御守衛兵8藩、御所唐門の内側を交替警備。薩摩藩、久留米藩、広島藩、因幡藩、小田原藩、佐倉藩、水戸藩、盛岡藩の8藩。	1488
	7月23日	■薩摩藩、英国との和睦使節を、横浜に派遣。	1489
	7月25日	■この頃、朝廷に薩英戦争の報告をするため、高崎左太郎(正風(まさかぜ))(1836~1912)が京都に着く。	1490
	7月26日	■「朝敵松平春嶽へ寄宿」を許したとして、東山高台寺が放火される。 ■**朝廷、薩摩藩の英国艦撃攘を喜び、褒勅を賜う。**	1491
	7月26日	■久留米水天宮神官・真木和泉(1813~1864)、この日と27日、29日と連日のように中川宮(1824~1891)を訪問。	1492
	7月26日	■朝廷、佐久間象山(1811~1864)の御所御召し問い合わせを、信濃松代藩京都留守居に届ける。	1493
	8月3日	■桂小五郎らの在京長州藩士と小倉藩処分案をまとめた真木和泉、攘夷強硬論公家・国事参政萬里小路博房邸で小倉藩処分案を議論。	1494
	8月4日	■**朝廷、三港閉鎖令を幕府に伝達。**	1495
	8月4日	■奈良原幸五郎(喜八郎、繁)(1834~1918)、鹿児島から京に着く。書面を近衛家に届ける。	1496
	8月5日	■**奈良原幸五郎(喜八郎、繁)、京都の状況を、鹿児島の久光側近・中山尚之助(中左衛門)(1833~1878)、大久保一蔵(利通)(1830~1878)に知らせる手紙を認める。**	1497
	8月7日	■孝明天皇(1831~1867)は、中川宮(1824~1891)を鎮撫総督に任命し、西国に派遣して四国、九州の諸藩に攘夷の覚悟を促し、あわせて小倉藩の処分も任せるという内命を宮に伝える。中川宮は、即日辞退の意向を示した。	1498
	8月8日	■**松平容保、朝廷からの命によって再度、会津藩の馬揃え(操練)を天覧。** □孝明天皇(1831~1867)の信頼の厚い容保の一連の様子を見ていた公武合体派の薩摩藩士高崎左太郎(正風)は、国父島津久光の了解をとり、吉井幸輔(友実)(1828~1891)と共に、会津藩に急接近する。	1499

その時、勤王志士・朝廷・慶喜政権・江戸幕府らは、西郷隆盛・大久保利通・薩摩藩年表帖 上巻

西暦1863

8月9日	■中川宮、真木和泉を呼び付けて、鎮撫総督への就任は辞退することを明言し、かつ、真木とは絶縁すると告げる。	1500
8月9日	■徳大寺実則（さねつね）、長谷信篤、西国鎮撫使を命ずる勅命を中川宮に伝える。しかし、中川宮は断固として断った。そして翌10日には、建白書を差しだす。	1501
8月10日	■中川宮(1824～1891)、八幡行幸を建白。	1502
8月11日	■因幡国鳥取藩主池田慶徳（よしのり）、徳島藩主世子蜂須賀茂韶（もちあき）、米沢藩主上杉斉憲（なりのり）、備前岡山藩主池田茂政（もちまさ）は連署して関白鷹司に、中川宮を「鎮撫として西州え御進発」するのではなく「八幡行幸」を望むことを建白。さらに4人は、大幅な小倉藩寛典処分案を起草、連署して武家伝奏に提出。	1503
8月12日	■「攘夷親征」の議論が切迫するのをみた因幡国鳥取藩主池田慶徳、攘夷親征の朝議を中止すべきとの上書を前関白近衛忠煕に提出。	1504
8月12日	■**将軍家茂**(1846～1866)、**諸侯と鎖港を議す。幕府、鎖港交渉開始を奏上。**	1505
8月13日	■**島津久光の率兵上京が発せられる(薩摩藩内)。**	1506
8月13日	■**大和行幸**。孝明天皇の神武天皇陵・春日神社参拝、「攘夷親征の詔勅」が発せられる。長州藩家老の上洛・久留米藩士真木和泉(保臣)・長州藩京都藩邸御用掛久坂玄瑞や国事御用掛三条実美・故姉小路公知ら尊王攘夷激派の公卿の企画・圧力が成立させたのだ。 ■**八月十八日の政変計画「会薩秘密同盟成立」**。京都詰の薩摩藩密使・高崎左太郎（かずなり）(のちの正風)は、会津藩公用方・秋月悌次郎(胤永)を訪問。秋月と広沢富次郎(安任)、大野英馬、柴秀治に「会津藩と薩摩藩とが提携し君側の奸臣を退けて、天皇の御心を安んじ奉りたい」と申し入れた。藩主松平容保の承諾を得て、長州藩排除の会薩秘密同盟成立。	1507
8月13日	■幕府、士庶の俗名・実名に天皇の諱字（いみな）を用いることを禁止。	1508
8月14日	■**島津久光（薩摩藩国父）(1817～1887)、松平春嶽の決起を促す書簡に返書し、越前藩と同時に上京・国事周旋をする決意を示す。**	1509
8月14日	■「**天誅組蜂起—8月14日～9月27日」、はじまる。** 大和行幸の詔が出されると「攘夷親征の奉迎」と称して、討幕急進派の元侍従中山忠光(1845～1864)、吉村寅太郎(虎太郎)(元土佐藩士)(1837～1863)、松本奎堂(謙三郎)(元三河国刈谷藩士)(1832～1863)、渋谷伊予作(元下館藩士)(1842～1864)ら天誅組39名、京都方広寺に集結。 ■益田弾正、桂小五郎、久坂玄瑞(以上長州藩士)、水野正名（まさな）(久留米藩士)、宮部鼎蔵(熊本藩士)、土方楠左衛門(土佐藩士)、平野国臣(元福岡藩士)に学習院出仕が命ぜられる。	1510
8月15日	■中川宮をはじめ佐幕派公卿、因幡国鳥取藩主池田慶徳、備前藩主池田茂政、徳島藩主世子蜂須賀茂韶、米沢藩主上杉斉憲など在京の大名が急ぎ参内して、御親征の中止を切願。 ■真木、桂、久坂、宮部が、三条実美、萬里小路博房、烏丸光徳（みつえ）、東久世通禧（みちとみ）らと共に、学習院で大和親征行幸の歯簿(行列)等について相談。	1511

西暦1863

文久3	8月16日	■大和行幸に供奉する公卿の名前と人員が発表される。	1512
		■**中川宮、孝明天皇に長州排斥を説得、逆に長州追い落としを決める。**	
		■有栖川宮熾仁親王(1835～1895)、西国鎮撫使に補任されるも、19日に辞す。	
		■朝廷、薩摩藩浪士の美玉三平(1822～1863)を学習院に召し、農兵組立てを命ずる。	
		□これは生野及び久美浜代官への公文を伴うもので、お墨付きをもらったわけである。	
	8月17日	■行幸に出発の日が、9月5ないし7か8日であることが発表される。	1513
		■中川宮、会津藩・薩摩藩に宮門の閉鎖を命じる。	
	8月18日	■**「八月十八日の政変──会津、薩摩藩によるクーデター」。**「公武合体派」の会津藩と薩摩藩が共謀して、「尊壌派」の長州藩を京都から追放。	1514
		■午前1時、青蓮院宮尊融親王が参内、守護職松平容保、所司代稲葉正邦が指揮する会津・淀藩兵が入門し、御所の門を閉ざす。	
		■佐幕派の近衛忠煕・忠房父子、二条斉敬、徳大寺公純らが参内。	
		■前関白を通じて、容保の離京は叡慮に副わぬ旨の宸翰が、内々手渡された。	
		□尊攘親征の宿望の達成を目前に控えて、もっぱら宮中への働きかけに熱中していた尊攘派(長州藩と親征派公卿七卿)は、完全に裏をかかれた。	
		■守護職、所司代、薩摩藩に内講六門の警備を命令。	
		■池田茂政(備前藩)、上杉斉憲(米沢藩)、加藤泰秋(伊予大洲藩)、池田仲建(因幡鹿奴藩)、山内兵之助(豊積、容堂の弟)(土佐藩)らが参内。	
		■**孝明天皇、転換して公武合体を表明。**	
		■御前会議(大和親征・行幸の延期、国事参政・国事寄人の廃止、議奏・伝奏・国事御用掛の参内停止と他人面会禁止、議奏の更迭)。	
		■長州藩主毛利慶親(敬親)父子、入京を禁じられる。慶親、国許にて謹慎処分となる。	
		■長州藩への処置は、堺町門の守衛を罷免(堺町門担当は淀藩に変更)、藩兵の京都追放。	
		■七卿や長州藩士らはとりあえず鷹司邸に集り、夕刻、東山の妙法院に集結し、善後策について協議の結果、一旦長州へ戻ることを決した。	
	8月19日	■朝廷、攘夷期限を幕府に督促。	1515
		■**「七卿落ち」。**三条中納言実美27才ら七卿(三条西中納言季知53才、東久世少将通禧31才、四条侍従隆謌36才、錦小路右馬頭頼徳27才、澤主水宣嘉28才、壬生修理大夫基修29才)、岩国領主吉川経幹(監物)(1829～1867)率いる兵600名と清末藩主毛利元純(1832～1875)に護衛され、総勢2,000名で都落ち。	
	8月21日	■**壬生浪士組、武家伝奏より「新選組」の隊名を拝命、市中取締りを下命される。**	1516
	8月24日	■朝廷、七卿の官位剥奪を発表。	1517
	8月25日	■薩摩・土佐、親兵解散を建議。	1518
	8月28日	■朝廷、紀州・津・彦根・郡山藩に天誅組の追討令を出す。	1519
		■**朝廷、薩摩藩国父島津久光、前土佐藩主山内容堂、前佐賀藩主鍋島斉正(直正)に、上洛の勅を下す。**	
	8月29日	■朝廷、将軍家茂に対し、再び上洛せよとの天皇の内意を伝える。	1520
		■朝廷、所司代稲葉正邦に命じて、長州藩主父子へ上洛延引・藩士退京の沙汰書を伝達。	

その時、勤王志士・朝廷・慶喜政権・江戸幕府らは、**西郷隆盛・大久保利通・薩摩藩年表帖 上巻**

西暦1863

8月29日	■一橋の洋書調所(旧蕃書調所)、「開成所」と改称、仏・独・露語科も加わる。 □のち、大学南校、東京開成学校と名が変わり、明治10年（1877）、当時の東京医学校と共に東京大学となる。
9月1日	■朝廷、将軍後見職徳川慶喜に勅して、速やかに鎖港談判に着手を指示。 ■鳥取藩主池田慶徳、岡山藩主池田茂政、水戸藩主徳川慶篤弟・松平昭訓、連署して慶喜に奉勅努力すべきを勧告。
9月4日	■幕府、天誅組討伐を決定。
9月5日	■「親兵解散」。薩摩・土佐両藩の親兵解散の朝廷への建議がいれられ、親兵(京都御守衛）が解散。親兵設置の幕命から200日足らずでの解散。親兵が解散となると同時に、諸藩の京都守衛の場所が定められる。会津藩も賛成。警備上の会津藩単独警備の意義を主張。
9月8日	■薩摩の美玉三平(1822〜1863)、福岡藩浪士平野国臣(1828〜1864)と会見。
9月12日	■「八月十八日の政変」の成功を受けて、勅命もあり、**島津久光（薩摩藩国父）、3回目の上洛のため、1,500名を率い、鹿児島出立。大久保一蔵（利通）、随従。**
9月14日	■幕府老中水野忠精、外国奉行竹内保徳、米国弁理公使・蘭国総領事に横浜鎖港を提議(15日、両国応じず)。
9月18日	■新選組初代筆頭局長・芹沢鴨(1826〜1863)・平山五郎、壬生の八木家にて暗殺される。平間重助、脱走。16日とも。
9月19日	■脱藩の中岡慎太郎、潜行し三田尻(山口県防府市)に入る。 □三田尻では石川清之助という変名を名乗るようになり、三条実美ら都落ちした七卿の警護を務め、高杉晋作(1839〜1867)や薩摩藩士中村半次郎(桐野利秋)(1838〜1877)らと交わり、浪士部隊である「忠勇隊」に池内蔵太ら土佐脱藩同志らと共に所属する。
9月27日	■「天誅組蜂起(大和の乱)—8月14日〜9月27日」、終結。天誅組、大和鷲家口で壊滅。
9月28日	■**第一回薩英和平会談、代理公使ニール**（1812〜1866）**と横浜の英国公使館で開かれる。**薩摩藩は、島津家の重野厚之丞（安繹）(1827〜1910)が主導、補佐として同岩下左次右衛門（方平）(1827〜1900)、佐土原島津家の家老の樺山久舒（舎人）(1831〜1912)、能勢二郎左衛門（直陳）(1821〜1894)などが同席。 □薩摩側は英国艦の薩摩汽船を掠奪した件を追求し、英国側は生麦事件を挙げて紛糾・決裂したが、幕府側の仲裁で次回談判を取り決めた。
9月29日	■島津久光、26日発った豊後鶴崎より兵庫に到着。
10月1日	■伝奏、京都守護職松平容保に、浪士取締の命を幕府親藩に伝えさせる(外様へは朝廷が直接布告)。
10月3日	■**公武合体・開国派の島津久光(薩摩藩国父)(1817〜1887)、軍事力を背景に政治の流れを変えるべく、表向きは「参預会議」の準備のためと称し藩兵1,500を率いて、鹿児島より3回目の京に入り、二本松藩邸に到着。大久保一蔵（利通）、従う。** □朝廷は、政局を主導する公武合体派の有力諸侯(10月18日に前越前藩主松平春嶽、11月3日に前宇和島藩主伊達宗城、11月26日に一橋徳川家当主徳川慶喜が入京。前土佐藩主山内容堂がやや遅れて12月28日に入京)を召し出したのだ。伊達は『伊達宗城在京日記』を遺す。
10月4日	■**第二回薩英和平会談、開かれる。**

西暦1863

文久3	10月5日	■「第三回薩英和平会談」。生麦事件実行犯の捜査と逮捕次第死罪（逃亡中のため処罰不能）。2万5千ポンドの賠償支払は、幕府から借用して11月1日に支払う。幕府と薩摩は対長州政策で協力。 □本家を憂慮する和睦派の佐土原島津家の樺山久general、能勢直陳らは幕府側の説得を受け入れて薩摩側への和睦を促し、重野厚之丞（安繹）らは、英国からの軍艦購入を条件に扶助料を出すべしと議を決した。英国側は軍艦購入の斡旋を承諾。**薩摩藩と英国の協調体制がスタートする。**	1536
	10月6日	■諸藩に対し、公卿入説の藩士・浪士取締の朝命が出る。	1537
	10月7日	■朝廷、一橋慶喜・松平春嶽に上洛を命ずる。	1538
	10月12日	■三条実美等の命を帯び真木和泉守の密書を持って、三田尻招賢閣の松山深蔵（土佐藩）（1837～1864）・原道太（久留米藩）（1838～1864）は、大島吉之助（西郷隆盛）救出の為、三田尻を出発（途中で阻まれ失敗）。	1539
	10月12日	■「生野の変」勃発。議論の中、挙兵強行派が勝利し、平野国臣（1828～1864）・薩摩の美玉三平（1822～1863）ら、討幕を企て但馬生野で挙兵、生野銀山川上猪太郎の幕府代官所占領。 □「天誅組の変」の直後とあって、幕府側の動きは早く、翌日13日、脱走相次ぎ、あっけなく壊滅。平野は京都に投獄される。	1540
	10月14日	■薩摩の美玉三平（1822～1863）、播磨木之谷に逃れも農兵に囲まれ、脱出することが出来ず銃弾を浴びて戦死。42才。 □美玉三平は、文政5年薩摩生まれの薩摩藩士。本名は、高橋祐次郎。兵学に達し、安政末年から京坂に出て国事に奔走。その折、「虎尾の会」に名を連ね、清河八郎の攘夷論に強く感銘し、八郎と行動を共にするようになる。文久2年（1862）「寺田屋事件」に連座して藩邸に囚われの身となるが、逃亡の末、城崎郡湯島で潜伏中に北垣晋太郎と意気投合し、長州にたどり着き長州藩士河上弥市らと交わり、清河八郎暗殺後も尊王攘夷の義兵を挙げ幕府を倒そうと東西に奔走した。周防国三田尻で平野国臣に会い、土佐藩士吉村寅太郎らの「天誅組」大和挙兵に呼応して、平野国臣や但馬の庄屋や豪農層が協力し、朝廷認可の農兵組織を作り上げる。真木・久坂の斡旋による建白によって沙汰書が下りたという。文久3年（1863）10月、七卿の一人沢宣嘉を首領に仰いで但馬生野に義兵を挙げた。約3千の農兵が生野代官所を占拠する。（生野の変）。「節制方」を勤め活躍した。しかし、近隣の諸藩は鎮圧兵を出し、13日夜には反乱軍に鎮圧され解散、失敗に終わる。不幸にも農兵らは激怒し、敗れて中島太郎兵衛らと播磨国宍粟郡木之谷に逃れ、同地で農兵に囲まれ、脱出することが出来ず銃弾を浴びて没した。享年42。贈正四位。	1541
	10月15日	■**生野挙兵に対し、周辺諸藩の出兵がはじまり、内部分裂により3日間で鎮圧される。** 平野国臣、兵を解散して鳥取への脱出を図るが、城崎で但馬国豊岡藩兵に捕縛される。	1542
	10月15日	■謹慎の大久保忠寛（のち一翁）（1818～1888）、松平春嶽に議会制度の採用を説く。	1543
	10月16日	■**大島吉之助（西郷隆盛）、大島の村の惣横目・琉仲為（1820～1870）**に子供に読み書きを教えているなどの近況と、「薩英戦争」の詳細を知らせてくれた礼状を書く。	1544
	10月19日	■島津久光、松平春嶽を訪問し、開国を天下に明示で一致。	1545
	10月19日	■英国代理公使ニール、薩摩の賠償金支払いを催促・詰問する。	1546

その時、勤王志士・朝廷・慶喜政権・江戸幕府らは、**西郷隆盛・大久保利通・薩摩藩年表帖 上巻**

西暦 **1863**

10月22日	■松平春嶽(前越前福井藩主)(1828～1890)、薩摩藩士高崎猪太郎(兵部、五六)(1836～1896)に、長州処分は寛大にすべきこと、幕府は「天下公共の理」に基づき速やかに「私」を脱却すべきだと語る。	1547
10月25日	**■薩摩藩と英国の間で薩英戦争の賠償交渉が成立。**	1548
10月28日	■孝明天皇(1831～1867)、「八・十八政変以来、意のままにならないので三条実美に伝えよ」「天下のことを三条実美に委任したい」と言ったという風説を否定する宸翰を、中川宮(尹宮)(1824～1891)へ出す。	1549
11月1日	**■薩摩藩、生麦賠償金七万五千両(2万5千ポンド)を支払う。** □島津家は2万5000ポンドに相当する7万5千両を幕府から借用して支払ったが、これを幕府に返さなかった。また、講和条件の一つである「生麦事件」の加害者は「逃亡中」として処罰されず。 □英国は仏国との世界政策の対抗上、薩摩藩の軍事力に注目し積極的に支持。	1550
11月1日	**■幕府、生麦事件の償金三十万両(10万ポンド)を英国へ支払う。**	1551
11月1日	■松平春嶽(前越前福井藩主)(1828～1890)、薩摩藩家老小松帯刀(清廉)(1835～1870)に、長州処分は朝議次第と語る。	1552
11月3日	■京都の筑前福岡藩家老・黒田山城(増熊)(1807?～1889)、島津久光(薩摩藩国父)(1817～1887)を訪問し、薩長の間、七卿と中川宮(1824～1891)の和解を図ることを提案。	1553
11月4日	■伝奏より諸藩に、浪士捕縛許可が出る。	1554
11月5日	■幕府、将軍家茂上洛の勅命の奉答書を、朝廷に提出。	1555
11月6日	■朝廷、藩臣浮浪の堂上立入の取調を諸藩に回達する。	1556
	■松平春嶽(前越前福井藩主)(1828～1890)、長州・七卿処分は国是を決定した上で処分あるべきとの島津久光(薩摩藩国父)(1817～1887)の意見に同意する旨を、薩摩藩士高崎猪太郎(兵部、五六)(1836～1896)に告げる。	
11月15日	**■島津久光(薩摩藩国父)、朝廷に永世不抜の基本を立てるよう建白。孝明天皇は、島津久光に政局運営について諮問。**	1557
11月15日	■天璋院(篤姫)、江戸城本丸・二の丸の火災で清水邸に移る。	1558
11月16日	**■孝明天皇、薩摩藩国父島津久光に、近衛前関白を通して宸翰(密勅21ヶ条)を下す。** □八・十八政変は天皇の意思であることの確認、武備不十分の状態での無理な攘夷の否定、激派の唱える王政復古の否定と幕府への大政委任の意向、三条実美ら七卿や鷹司関白への処分などで、旧来の公武合体体制を強く支持するものであった。	1559
11月17日	■幕府の長州征伐に、諸藩反対する。	1560
11月19日	■会津藩邸に松平春嶽・伊達宗城・島津久光ら集会。15日の江戸城火災による将軍上洛延引不可を議決。京都東町奉行永井尚志(1816～1891)の東下を決定。	1561
11月20日	■京の薩藩高崎猪太郎(兵部、五六)(1836～1896)、越前藩邸訪問。	1562
11月26日	**■一橋慶喜(1837～1913)、「参預会議」のため入京、東本願寺枳殻邸に入る。**	1563
11月27日	■幕府、庄内藩主酒井忠篤、結城藩主水野勝知ら江戸府内警備18藩主に命じて、浮浪の徒の暴行を発見せば、捕縛に及ばず、直ちにこれを撃殺させる。	1564

173

西暦*1863*

| 文久3 | 11月29日 | ■島津久光、近衛前関白を通じて、基本的に天皇の意見を支持する奉答書（但し、攘夷については鎖港反対を主張）を提出。 | 1565 |

12月1日　■慶喜・春嶽・宗城・久光ら、伏見に送る者を詮議。会藩秋月悌次郎同席。秋月退席後、朝廷執事と所司代家臣派遣を決定。 1566

12月5日　■薩摩藩、賢明なる諸侯を朝廷に召して、議奏とすべきであると提案。 1567

12月6日　■幕府、長州脱藩士の止宿を禁じる。 1568

12月8日　■小栗忠順、仏国公使ロッシュと練り上げた造船所建設案を幕府に提出。 1569

12月18日　■島津久光義子、斉彬の養女・貞姫（1845〜1920）と近衛忠房（1838〜1873）が婚礼。
□二人の間に慶応3年（1867）9月24日生まれた長女泰子は、6才の明治5年（1872）徳川家達（1863〜1940）と婚約、明治15年（1882）11月16日、家達と結婚する。 1570

12月23日　■三条実美らの帰京を主張の関白鷹司輔熙（1807〜1878）、罷免。親幕府的な二条斉敬（1816〜1878）、左大臣とし新関白に就く。日本史上最後の関白。 1571

12月24日　■長州藩、赤間関で異国船襲撃と偽り、幕府より借用の薩摩船「長崎丸」を砲撃、「長崎丸」、炎上して沈没。船奉行添一代新番・宇宿彦右衛門（1820〜1864）ら9名が死去。
□宇宿彦右衛門は、文政3年10月18日、伊地知季幹の六男として生まれ、宇宿氏を継いだ。薩摩藩士。名は行誼。江戸で造船、電信、写真などの技術を学ぶ。帰藩後、集成館掛として江夏十郎、市来四郎（1829〜1903）、中原猶介（1832〜1868）らと共に、反射炉、溶鉱炉、蒸気船、などを作った。また写真術、電信などの実験を行ったほか、薩英戦争（1863）では日本最初の電気で爆発させる水雷を敷設するなど、斉彬の集成館事業を推進させた技術者であった。万延1年（1860）以降は主として海事に従い、船奉行添一代新番となった。文久3年12月24日、幕府から借用の長崎丸で馬関（関門）海峡を通過中、長州藩の砲撃を受けて沈没し死去。44才。
□薩藩航海者の先達9名が戦死し、元治元年、神戸海軍操練所の閉鎖に伴い、坂本龍馬ら浪士のグループを薩摩が引き取ったのはこの長崎丸事件で海軍の人材を失ったためだとも言われ、また「航海術習得指導者の多くが死亡」として幕臣となっていた中浜万次郎を薩摩へ「三か年借用」を願い、この年にできた洋学校「開成所」にて英語教授・航海術を中心とした教授となり、さらなる蒸気船の購入にも関わっている。 1572

12月25日　■二条城にて初の有力諸侯会議。将軍後見職徳川慶喜は、武家を議奏に加えんと議す。 1573

12月27日　■将軍家茂（1846〜1866）芝御浜御殿より端舟にて品川沖の幕府軍艦「翔鶴丸」乗船。翌日、上洛ため、江戸品川を発ち、大坂に向かう。軍艦奉行並勝義邦（海舟）（1823〜1899）、幕府・諸藩の蒸気船12隻の大艦隊を率いる。 1574

12月29日　■外国奉行・池田長発・河津祐邦ら34名からなる遣欧使節団（**第2回遣欧使節、または横浜鎖港談判使節団**）、仏国軍艦「ル・モンジュ号」で出港。
■幕府、スイスと修好通商条約を締結。 1575

12月30日　■**「参預会議成立」**。将軍後見職一橋慶喜（1837〜1913）・雄藩諸侯（松平春嶽、伊達宗城、山内容堂、松平容保）、朝議参預に任ぜられる。小松帯刀、同座という。翌年1月13日朝議参預に任ぜられた、島津久光の目論見は成功した。3月9日、崩壊。 1576

その時、勤王志士・朝廷・慶喜政権・江戸幕府らは、西郷隆盛・大久保利通・薩摩藩年表帖 上巻

西暦1864

文久4	1月2日	■島津久光と一橋慶喜、鎖港の件で討論。	1577
	1月8日	■将軍家茂を乗せた幕府軍艦「翔鶴丸」、大坂天保湾に投錨。	1578
	1月9日	■参預会議。松平容保の征長副将、松平春嶽の守護職、島津久光の幕議参画等を議定。	1579
	1月13日	■朝廷、無位無官だった島津久光（薩摩藩国父）（1817～1887）に官位（従四位下左近衛権少将）を与え、朝議参預に加える。 □薩摩藩の公武合体論を体現した参預会議が成立した。参預の職務は二条城を会議所とし、二日おきに参内して天皇の簾前にて朝議に参加するというもの。	1580
	1月15日	■参預の容堂・宗城・久光は、政令帰一を急務とし、長州処分は幕府に委任するようにとの建議をすることを合意。	1581
	1月15日	■将軍家茂（1846～1866）、二度目の入京、二条城へ入る。	1582
	1月18日	■松平春嶽（前越前藩主）、山内容堂（前土佐藩主）、伊達宗城（前宇和島藩主）、蜂須賀斉裕（阿波藩主）、二条城に登城し、将軍家茂に公武一和について建策。	1583
	1月21日	■将軍家茂、参内し右大臣宣下を受ける。家茂、公武一和、攘夷の功を奏すべき旨の勅諭を賜う。孝明天皇から参預諸侯の政治参加、公武一和の宸筆を賜る。将軍後見職一橋慶喜、随行。 □最近の情勢は天皇に非があること、天皇と家茂との親睦が天下挽回に重要であること（朕汝を愛すること如子、汝朕を親むこと父の如くせよ）、無謀の攘夷は好まず、幕府で議論した結果に基づき一定不抜の国是を定めたいこと、容保・春嶽・宗城・久光との協力を望むこと。（実は草稿は薩摩藩）。	1584
	1月24日	■二条城参預会議。この日～2月8日まで続く。 中川宮朝彦（1824～1891）、関白二条斉敬（1816～1878）、将軍後見職一橋慶喜（1837～1913）、松平春嶽（前越前福井藩主）（1828～1890）、伊達宗城（前伊予宇和島藩主）（1818～1892）、山内容堂（前土佐藩主）（1827～1872）、島津久光（薩摩藩国父）（1817～1887）、京都守護職松平容保（1835～1893）、政事総裁職松平直克（武蔵川越藩主）（1840～1897）、老中水野忠精（出羽山形藩主）（1833～1884）が参加。 議題は、長州藩処分問題（島津久光は長州討伐と藩主召還を主張）、横浜鎖港問題（慶喜は鎖港実行を主張、島津は鎖港反対を主張。一橋慶喜は、鎖港を希望する孝明天皇（1831～1867）の信任を独占することに成功する。	1585
	1月27日	■将軍家茂（1846～1866）参内。将軍後見職慶喜扈従。家茂、在京諸侯42名の面前で、辰翰（詔書）を受取る（軽率の攘夷及び倒幕を企てた三条実美らと長州藩の「暴臣」は必罰だがその責任は天皇にあること、攘夷のために旧典を改め、冗費を省き、幕府・諸藩の武備充実すること、公武一和によって天下一新をすること）（草稿は薩摩藩）。	1586
	2月1日	■薩摩藩、長崎で、英国から汽船「平運丸」を13万ドルで、「胡蝶丸」を7万5千ドルで受け取る。	1587
	2月2日	■島津久光、一橋慶喜らが二条城で横浜鎖港談判を協議。	1588
	2月上旬	■この頃、「神戸海軍操練所」の建物がほぼ完成。 ■この頃、中岡慎太郎、京に入った再脱藩の高杉晋作・宇都宮藩士太田民吉（広田精一）（1840～1864）らと、薩摩藩国父島津久光暗殺を計画。	1589

西暦1864

文久4	2月9日	■軍艦奉行並勝義邦（海舟）（1823〜1899）、京都に呼ばれ一橋慶喜から長崎出張の命を受ける。仏国艦隊の下関攻撃を阻止する目的である。 ■京都東町奉行永井尚志（1816〜1891）、大目付に任命される。	1590
	2月10日	■**京都市中の警守、幕府が専管。**	1591
	2月11日	■幕府、松平容保の京都守護職を免じ、陸軍総裁職を命ずる。 ■**「第一次征長準備令」。** 幕府、藩主毛利慶親（敬親）を糾問と、長州藩討伐の準備を始める。第一次征長軍の出陣準備が西日本諸藩に命ぜられた。	1592
	2月一	■英国長崎領事、関門海峡閉鎖で長崎貿易停止を報告する。	1593
	2月14日	■将軍家茂、参内し沿海防備強化と横浜鎖港実施を上奏。	1594
	2月15日	■征長戦をにらむ幕府、前政事総裁職松平春嶽を京都守護職に、陸軍総裁職松平容保を名称変更して軍事総裁に任命。春嶽は辞してその着任はない。 ■「参預会議」、攘夷（横浜鎖港）で久光と慶喜が激しく衝突。	1595
	2月16日	■尹宮（中川宮朝彦親王）、参預諸侯を自邸に招いて酒席を設けるが、混乱。 ■**幕府、参預諸侯に老中部屋への出入りを許し、正式に幕政参加が命じる。**	1596
	2月18日	■島津久光（薩摩藩国父）、砲12門を朝廷に献ず。 ■島津久光ら二条城内で大坂湾砲台を協議する。 ■**「横浜鎖港」。幕府、請書提出。久光・春嶽・宗城、同意の意見書提出。**	1597
元治1	2月20日	■**元治に改元。** □1864年は甲子の年にあたり、甲子は徳を備えた人に天命が下される革令の年で、変乱が多いとされることから、先例にならい、甲子革令を防ぐ目的で改元が行われた。この改元は、家茂が上洛した際に行われた。朝廷は幕府に対して「令徳」を提案したが、一橋慶喜が反対、代案の「元治」を幕府が了承し採用された。	1598
	2月20日	■浦上の隠れキリシタン、大浦天主堂を尋ね、信仰を表明する。	1599
	2月21日	■**沖永良部島にいた大島吉之助（西郷隆盛）に、吉井幸輔（友実）・西郷信吾（従道）ら赦免の使者が蒸気船「胡蝶丸」で到着。** 薩摩藩が、「八月十八日の政変」で会津藩と手を結ぶことにより、京坂での薩摩藩の世評の悪化で勤皇藩としての危機を迎えたこと、公武周旋に動く人材の不足が背景であり、大久保一蔵（利通）や小松帯刀（清廉）らの勧めもあって、赦免したという。 □政治的に行き詰まった薩摩藩内に、「この危機を救えるのは西郷吉之助（隆盛）しかいない」という運動が起こり始めた。最初、先頭に立って西郷赦免の運動を起こしたのは、「寺田屋騒動」の生き残りである柴山竜五郎（1835〜1911）や三島源兵衛（後の通庸）（1835〜1888）、沖永良部島郡方書役代官付・福山精蔵（健偉）（1831〜?）といった西郷と縁の深い人々だった。3人は協議した後、大久保や家老の小松帯刀（清廉）といった久光の重臣たちに対し、西郷の赦免を久光に願い出るよう頼んだ。しかしながら、彼ら重臣の誰もが久光の西郷嫌いをよく知っていたので、そんな事を進言すれば自分たちの立場も危なくなると、3人の依頼になかなか首を縦に振らない。そこで3人は、久光のお気に入りの家臣である高崎左太郎（正風）（1836〜1912）と高崎五六（1836〜1896）に対し、久光に西郷赦免を願い出てもらうように頼む。高崎両名は、3人の熱意に心を動かされ、死を決して久光に西郷赦免を申し出たという。	1600
	2月22日	■中岡慎太郎、三田尻の脱藩同志にあて京都情勢を伝えた手紙を書く。活動方針を単なる尊王攘夷論から雄藩連合による武力討幕論に発展させだしたのだ。	1601

その時、勤王志士・朝廷・慶喜政権・江戸幕府らは、西郷隆盛・大久保利通・薩摩藩年表帖 上巻

西暦1864

2月23日	■大島吉之助（西郷隆盛）、沖永良部島より鹿児島に戻る途中、親子の住む奄美大島龍郷に寄り、2月26日まで3泊4日を妻子と過ごす。	1602
2月26日	■蒸気船「胡蝶丸」、奄美大島を出航、これが愛加那（1837〜1902）の、西郷との永劫の別れとなった。このとき菊次郎3才、菊子（菊草）1才。大島吉之助（西郷隆盛）は、奄美大島東の喜界島に寄り、村田新八を乗せる。	1603
2月26日	■「加徳丸事件（上関事件）」。長州藩義勇隊、周防別府浦に停泊中の薩摩船を外国交易の疑い有りとして襲撃して焼き払う。この日、長州義勇隊士に焼き打ちされた薩摩藩船加徳丸船頭の大谷仲之進が、大坂で梟首される。傍らに斬奸状と義勇隊士水井精一・山本誠一郎の割腹した遺体（久坂玄瑞らの強要）。事件は薩摩藩士を激昂させ、同藩の長州藩に対する不信と憎悪を増幅させた。	1604
2月27日	■幕府、洛中洛外の暴徒の捕縛を命じる。	1605
2月28日	■大島吉之助（西郷隆盛）（1828〜1877）、村田新八（1836〜1877）、島津久光より赦免され、沖永良部島より1年8ヶ月ぶりに鹿児島に戻る。	1606
2月28日	■前土佐藩主山内容堂（1827〜1872）、「参預会議」を見限り、朝議参預を辞任。	1607
3月1日	■大島吉之助（西郷隆盛）、村田新八、上京を命じられる。	1608
3月4日	■大島吉之助（西郷隆盛）、村田新八を伴って鹿児島を出帆、京に向かう。	1609
3月5日	■長州藩処分が決定される。	1610
3月9日	■「参預解体」。一橋慶喜（1837〜1913）、参預諸侯の朝議参預辞退を願い出る。鎖港問題で対立した、朝廷参預会議の廃絶へ。小松帯刀、同座という。	1611
3月11日	■大島吉之助（西郷隆盛）・村田新八、鹿児島から大坂に到着。	1612
3月13日	■松平春嶽と伊達宗城、参預を辞任。	1613
3月14日	■島津久光と松平容保、参預を辞任。 ■大島吉之助（西郷隆盛）ら、京二本松薩摩藩邸に入る。	1614
3月16日	■一橋慶喜の禁裏御守衛総督、摂津海防御指揮就任内示。伊達宗城・島津久光、慶喜の総督内願は「姦計」（悪いはかりごと）と嘆く。	1615
3月17日	■島津久光・伊達宗城、御用部屋入り辞退を慶喜に申し出る。参預の幕政参加を断わった。	1616
3月18日	■伊達宗城、慶喜の「京摂守衛総督」就任に関する疑惑を、島津久光に伝える。	1617
3月19日	■薩摩藩士大島吉之助（西郷隆盛）、軍賦役（軍指令官）に任ぜられる。村田新八、京都留守居役付役となる。 □明治維新第一の功臣といわれる西郷隆盛の活躍が、ここからはじまる。	1618
3月22日	■アルジェリアの総督だった駐日仏国公使レオン・ロッシュ、着任。	1619
3月23日	■幕府、守護職・町奉行・新選組に市中守衛を命じ、諸藩の警衛を廃止する。	1620
3月24日	■朝廷は、一橋慶喜の禁裏守衛総督・摂海防禦指揮の沙汰を家茂に下す。	1621
3月24日	■軍艦奉行並勝義邦（海舟）（1823〜1899）、長崎蘭国領事と会見。4月2日まで米国・英国領事と精力的に会見。勝義邦（海舟）は各国の領事や艦長と交渉し延期に成功する。	1622

西暦1864

元治1	3月25日	■「一会桑体制」。一橋慶喜、禁裏御守衛総督、摂津海防御指揮を命ぜられ、将軍後見職を免ぜられる。軍事総裁職・松平容保（会津藩主）、のちの京都所司代・松平定敬（桑名藩主）と共に勤皇の志士や公家の取り締まりにあたる。 □慶喜は、二条城に入って江戸の幕府から距離を置き、独自の行動をとるようになった。	1623
	3月27日	■「天狗党の乱、起こる―3月27日～12月17日」。水戸藩士藤田小四郎（藤田東湖の子）（1842～1865）、田丸稲之衛門、岩谷敬一郎、竹内百太郎ら尊王攘夷過激派63名、勤皇のための義挙という大義で、筑波山で挙兵。 □水戸藩は尊王攘夷の本家。しかし、長州藩に立場を譲るような状況になっていた。	1624
	3月―	■幕府、薩摩藩の兵庫湊川における楠木社創建を喜ばず、自らこれに当たらんとする。	1625
	4月1日	■中岡慎太郎、京都烏丸竹屋町下ル東側の儒学者・中沼了三塾に偽名「西山頼作」で入門。その門人には薩摩の西郷従道（隆盛の弟）（1843～1902）、川村純義（1836～1904）、中村半次郎（桐野利秋）（1838～1877）もいる。 □現在同所に、中沼了三先生講書所の石碑がある。	1626
	4月3日	■京に入った佐久間象山（1811～1864）、幕府の「海陸御備向掛手附御雇」となる。	1627
	4月7日	■松平春嶽が京都守護職の任を、松平容保が軍事総裁職を免ぜられる。容保は守護職辞退も、受け入れさせられる。春嶽の京都守護職は、朝廷の受けも悪く、福井帰藩となるともいう。	1628
	4月8日	■薩摩藩、長崎で「翔鳳丸」を受け取る。	1629
	4月―	■薩摩藩、長崎のグラバー商会にミニエール銃3千挺を発注。	1630
	4月9日	■朝廷、令して、非常時の参内の仕方（宮、摂家、堂上は建春門より、諸藩主は宜秋門より参内）及び御所九門・六門の警備担当を定める。 □禁裏南門（建礼門）を水戸、紀伊、伊予、松山藩に。堺町御門（越前）、中立売門（筑前）、蛤門（会津）、清和院門（加賀）、下立売門（仙台）、寺町門（肥後）、石薬師門（阿波）、今出川門（久留米）、乾門（薩摩）、以上九門。藤堂（津藩）は蛤門内側、彦根藩は朔平門前、戸田（大垣藩）は伏見街道、近江水口、桑名藩は東九条を警衛。	1631
	4月10日	■近衛邸に春嶽・宗城・久光ら参集。議奏の急速鎖港主張、長州藩の藩主父子の上京願・七卿帰京復職要請を議す。	1632
	4月11日	■松平容保の弟、桑名藩主松平定敬（1847～1908）、京都所司代に就任。	1633
	4月14日	■軍艦奉行並勝義邦（海舟）（1823～1899）、京に入る。 ■大島吉之助（西郷隆盛）（1828～1877）、御小納戸頭取・一代小番となる。	1634
	4月16日	■中岡慎太郎（1838～1867）、薩摩藩士肝付十郎（?～1868）・中村半次郎（桐野利秋）（1838～1877）と京で会談。 □土佐の山本頼蔵の『洛陽日記』に「当日石清（中岡慎太郎の変名、石川清之助の略）、薩ノ肝付十郎、中村半二郎ニ逢テ問答ノヨシ。此両人ハ随分正義ノ趣ナリ」とある。	1635
	4月17日	■松平容保、病のため再び、京都守護職辞職願を提出。	1636

西暦 1864

4月18日	■「参預会議」が解体、薩摩藩の推進した公武合体運動は頓挫した島津久光(薩摩藩国父)(1817〜1887)、小松帯刀(清廉)や大島吉之助(西郷隆盛)らに後事を託して、帰藩のため京を出立。大久保一蔵(利通)、随従。 ■大島吉之助(西郷隆盛)(1828〜1877)、「軍賦役兼諸藩応接掛」となり、京都での薩摩藩の信頼回復に努め、「薩会同盟」を結んだ責任者らを帰国させだす。そして、情報収集や軍の教練に努める。	1637
4月19日	■松平春嶽(前越前福井藩主)、退京。	1638
4月20日	■朝廷より幕府への庶政委任(政令帰一)の勅書及び重要事項4ヶ条(横浜鎖港・海岸防御・長州処分の幕府一任・物価安定)に関する勅書(「無謀之攘夷は不可」)。同時に、朝廷尊奉18ヶ条の奏聞への沙汰もある。 □禁裏御守衛総督一橋慶喜は、政治の主導権を握るのに成功したのだが、かつての一橋派は、慶喜を見限って帰藩してしまった。	1639
4月―	■この月、多くの公武合体派の諸侯、離京し、京都は幕府の天下となる。	1640
4月22日	■再々辞退した松平容保(1836〜1893)、京都守護職を拝命。	1641
4月25日	■長州藩攻撃の四ヶ国連合、成立。英米仏蘭の公使、幕府に対して、下関通航と横浜鎖港についての共同覚書を通告する。	1642
4月26日	■幕府、京都見廻組を編成、佐々木只三郎(唯三郎)(1833〜1868)、与頭に抜擢される。	1643
4月29日	■朝廷、全ての政事を更に幕府に委任するとの勅を下す。	1644
4月―	■この月、禁裏守衛総督徳川慶喜、原市之進、梅沢亮を水戸藩より雇用。	1645
5月2日	■将軍徳川家茂、帰東により、政事総裁職松平直克、老中水野忠精及び在京の諸侯を従えて参内。朝廷、直克に水戸藩主徳川慶篤と協力して、横浜鎖港に尽くすべきを命ず。	1646
5月6日	■将軍徳川家茂、江戸に向かうため、二条城を出立。大坂まで新選組警護。	1647
5月7日	■将軍徳川家茂、大坂城に入る。	1648
5月8日	■大久保一蔵(利通)、国父島津久光に従い、鹿児島に到着。	1649
5月9日	■禁裏御守衛総督一橋慶喜、大坂へ下り、摂海を巡視。 ■朝廷、有栖川宮幟仁(1812〜1886)・熾仁親王(1835〜1895)を、国事御用掛に任命。	1650
5月11日	■中岡慎太郎(1838〜1867)、樋口真吉(1815〜1870)・上田楠次(1837〜1868)・門田為之助(1838〜1867)らにあて手紙を書く。樋口真吉には薩摩藩を責める手紙を書く。	1651
5月14日	■勝義邦(海舟)(1823〜1899)、作事奉行次席・軍艦奉行に昇進、「安房守」と称する。	1652
5月16日	■徳川家茂(1846〜1866)、天保山より幕府艦「翔鶴丸」で江戸に向かう、作事奉行次席・軍艦奉行勝義邦(海舟)、随行。	1653
5月20日	■禁裏御守衛総督一橋慶喜、京に戻る。	1654
5月20日	■将軍徳川家茂、江戸帰還。	1655
5月21日	■幕府、「神戸海軍操練所」を正式に発足。勝義邦(海舟)(1823〜1899)を軍艦奉行・海軍操練所総管とする。	1656
5月25日	■幕府、天狗党取締の触書を出す。	1657

西暦1864

元治1	5月29日	■幕府、海軍操練所建設の覚書を出し、諸藩からの修業生を募集する布告を出す。 1658 旗本・御家人や薩摩・土佐・越前の藩士、坂本龍馬除く殆どの「海軍塾」(勝塾)の塾生、浪人も参加。
	6月5日	■「池田屋事件」起こり、海軍塾生北添佶摩(1834～1864)・肥後の宮部鼎蔵(1820～1864)・大高又次郎(播州林田藩脱藩浪士)(1821～1864)・土佐の石川潤次郎(1836～1864)・杉山松助(1838～1864)の6名が討死、23名逮捕される。 1659 □新選組武田観柳斎ら8名、早朝に四条西木屋町の古道具屋(筑前福岡黒田家御用達商人)・枡屋喜右衛門方を捜査連行、実は江州坂田郡出身の尊攘派浪士古高俊太郎である。前川邸土蔵で古高を拷問、この夜、密議(強風の日を選び御所に火を放ち、尹宮(中川宮)を幽閉し、一橋慶喜・松平容保を襲撃して、天皇を長州へと、八・一八の政変の復讐するという)が行われることを探知。新選組、昼頃より三々五々「祇園会所」に集まり、19時頃より、二手に分かれ、探索開始。夜半、新選組、古高捕縛を知り、池田屋で会合中の宮部鼎蔵、吉田稔麿、土佐浪士望月亀弥太ら尊攘派浪士を急襲。
	6月7日	■五条大橋に落書して、摂海防御徳川慶喜を大奸賊と罵り、遠からず旅館に放火せんといふ者あり、翌日また落書して天誅を加えんという者あり。 1660
	6月8日	■大島吉之助(隆盛)(1828～1877)、大久保一蔵(利通)(1830～1878)に、長州が暴発しても薩摩は動かず御所を一筋に守ると手紙を書く。 1661
	6月10日	■長州藩士井上聞多(馨)・伊藤俊輔(博文)、英国ロンドンより3ヶ月かけて帰国して横浜入港。 1662
	6月11日	■大島吉之助(西郷隆盛)、大坂留守居木場伝内(1817～1891)に上坂中の薩摩商人の取締りを命じる。 1663 □攘夷派は攘夷と唱えながら外夷と通商している薩摩藩への悪評は、藩の京都・大坂での活動に大きな支障となっていた。
	6月14日	■「池田屋事件」の悲報、長州藩に伝わる。 1664
	6月14日	■大島吉之助(西郷隆盛)(1828～1877)、中村半次郎(桐野利秋)(1838～1877)を長州に派遣し、内情を探らせる。 1665 □大久保利通宛の西郷隆盛書簡には、「中村半次郎は暴客(尊攘激派)の中へ入って、長州藩邸にも出入りしているので、長州側の事情はよくわかった」とあり、続けて「本人が長州国許へ踏み込みたいというので、小松帯刀と相談の上、脱藩したことにして探索させることにしました。本当に脱藩してしまうかもしれないが、帰ってきたら役にたつだろう」とある。しかし、5日後の西郷書簡には「中村半次郎を長州へ行かせたが、藩境で止められ入国できなかった」とあって、当時の状況では、京都藩邸はともかく、長州本国へ薩摩藩士が入国することは不可能だったと知れる。
	6月14日	■安中藩士・新島襄(1843～1890)、脱藩して箱館(函館)から密かに米国へ出発する。 1666
	6月17日	■朝議、戦いを避けるため、七卿赦免の請願を名目とする長州兵の入京を許可。 1667
	6月18日	■板倉勝静(備中松山藩主)、老中職を退く。 1668
	6月21日	■大島吉之助(西郷隆盛)、長州兵の大挙上洛に対し、薩摩は中立を守り、皇居守衛に専念することを国元に伝える。 1669

その時、勤王志士・朝廷・慶喜政権・江戸幕府らは、**西郷隆盛・大久保利通・薩摩藩年表帖 上巻**

西暦1864

6月24日	■福原越後の軍、伏見長州藩邸に布陣。 ■長州藩の来島又兵衛の隊、嵯峨（天龍寺や法輪寺）に布陣。 ■薩摩藩、淀への出兵を拒否。	1670
6月24日	■寺社奉行阿部正外（あべまさと）（陸奥国白河藩主）、老中就任。	1671
6月25日	■久坂玄瑞・山田顕孝（顕義）・真木和泉（保臣）らの長州軍・浪士軍、天王山宝積寺（京都府乙訓郡大山崎町銭原1）に陣を張る。 ■山城国山崎屯集の浪士真木保臣、長州藩士久坂玄瑞、同入江九一ら、陳情書を尾張、水戸など諸藩京都留守居に致し、上京の趣旨を陳じ斡旋を依頼す。 ■大島吉之助（西郷隆盛）、大久保一蔵（利通）に長州と会津の私闘に、薩摩は軍を動かさないと手紙を書く。 □薩摩藩は御所のみを重点的に守るという方策を立てたのだ。大久保は鹿児島で長州藩への処罰に関する朝廷への建言書を書き上げたり、京都の西郷隆盛と書簡で連絡を取り合うなど留守役に徹していた。	1672
6月27日	■大島吉之助（西郷隆盛）、長州兵の目的が、朝廷へ政治路線の変革を求めることが明確になり、急を国元に報じ、援兵を請う。	1673
6月28日	■長州藩、外国船との戦闘を布告。	1674
6月29日	■幕府に脅された朝廷、禁裏御守衛総督一橋慶喜に長州兵の鎮撫を命じる。	1675
7月4日	■薩摩藩家老小松帯刀（清廉）・大島吉之助（西郷隆盛）、書を在藩士大久保一蔵（利通）に送り、京師の情勢・公武の事情を再報。	1676
7月7日	■国司信濃、800の長州兵を率いて山崎の陣へ到着。 ■禁裏御守衛総督一橋慶喜、京の長州藩士に退去を命じる朝旨を提示。	1677
7月8日	■大島吉之助（西郷隆盛）（1828〜1877）、薩摩は中立して皇居守護に専念すべしとし、家老小松帯刀（清廉）（1835〜1870）と相談の上、禁裏御守衛総督一橋慶喜（1837〜1913）の出兵命令を断る。	1678
7月9日	■大島吉之助（西郷隆盛）、この日付の書を在藩の大久保一蔵（利通）に送り、京師情勢の急迫を報じ、長州追討の朝命が下れば進んで追討すべきと説く。	1679
7月10日	■朝廷、水戸藩主徳川慶篤弟・松平昭武に命じ、亡兄昭訓に継ぎ、京都守衛の任を尽くすよう命じる。	1680
7月11日	■薩摩藩士数百名、京都到着。	1681
7月11日	■「佐久間象山の暗殺」。天皇彦根遷幸に関係していたとの噂が立った、幕府海陸御備向掛・佐久間象山（1811〜1864）（54才）、西三本木の山階宮家を訪れての帰り道、中京区木屋町通御池上ルにおいて、肥後藩浪士河上彦斎・因州藩士前田伊左衛門・平戸脱藩浪士松浦虎太郎・南次郎に暗殺され梟首。	1682
7月13日	■五卿、帰京のため、湯田を出発し、三田尻の招賢閣に入る。長州藩主世子・毛利定広と共に進発し、岩国藩主吉川監物（経幹）もまた新湊を出航。 □讃岐多度津に着船してはじめて京都の敗報を聞き、帰国することとなる。	1683
7月15日	■長州藩益田右衛門介（かねのぶ）（兼施）軍、男山八幡に陣を敷く。	1684
7月16日	■一橋慶喜、禁裏守衛総督として東寺に本陣を置く。	1685
7月17日	■禁裏守衛総督一橋慶喜、長州軍に朝命であると撤兵を通告。長州軍討伐の勅命、諸大名に下る。洛中洛外に6万から7万の兵が配置されたという。	1686

西暦1864

| 元治1 | 7月17日 | ■薩摩藩士大島吉之助（西郷隆盛）(1828〜1877)、諸藩に征伐主張。 | 1687 |

□西郷は、諸藩の重臣らを三本木の清輝桜に集めて、「今日、関白殿下が吉之助を召して命ぜられた。家信卿（大炊御門家信）以下、長州藩を扶ける説は、聖上の断じてこれを斥けたもうところである。よって、汝、諸藩と力を合わせ、長藩をして兵を退けしめよ、とのことであった。長藩の是非は今は措くとして、越後らがみだりに兵衆を率いて、京都に迫り、強訴を企てるなど、天朝を蔑にするその罪は、決して赦すべきではない。諸君が、この上なお寛大な処分に賛成なら、わが一藩の力だけで、これに当ろう」。わが君の主張とまったく同じである。諸藩もことごとくこれに同意した。

| | 7月17日 | ■英国ラッセル外相、オールコックに長州攻撃はするべきではないと訓令。8月18日、下関攻撃禁止の訓令がオールコックに届く。 | 1688 |

| | 7月18日 | ■京都近郊に集結した長州藩軍勢4隊の内、福原越後隊・真木和泉隊(忠勇隊)が郊外から市内に向けて進軍を開始する。福原越後隊は丹波橋付近で敗北。 | 1689 |

■「長州軍討伐の勅命、諸大名に下る」。部署を定めて、それを諸藩に令した。
■有栖川宮熾仁親王(1835〜1895)、長州藩が発した松平容保討伐の決起文を携えて参内、朝廷内で関白の許可を得ず、容保の洛外追放工作を図る。

| | 7月18日 | ■英米仏蘭四ヶ国公使団、長州攻撃出撃を幕府に通告。 | 1690 |

■鎮港条約交渉のために派遣した正使池田長発の遣欧使節、帰国。パリ約定を仏国で押しつけられた池田らは、のち、隠居・謹慎。

| | 7月19日 | ■「禁門の変」。父兄に遺書を書く程の決意を持って参戦の忠勇隊中岡慎太郎、天龍寺から中立売門へ進軍するも途中、負傷。薩摩藩支藩の向日佐土原藩士・鳥居大炊左衛門方を訪れ潜伏、傷の手当を受ける。敗戦後、桂小五郎は京都の対馬藩邸に隠れ、幾松（木戸松子）や対馬藩士大島友之允の助けを借りながら潜行。のちに、対馬藩士多田荘蔵の仲介で但馬に潜伏した。長州藩京屋敷は、幕府に没収されることになる。 | 1691 |

■長州軍勢の国司信濃隊・真木和泉忠勇隊が御所付近で薩摩・会津・桑名3軍と交戦。幹部が多数戦死し、後詰めの益田隊も含めて敗走。

■大島吉之助（西郷隆盛）・伊地知正治(1828〜1886)**らは、乾御門で長州勢を撃退する。薩摩藩兵の強さが際立ち、指揮をとった西郷が、京の町で評判となったという。**
■戦火で京都市内811町に渡る民家27513戸、土蔵1207ヶ所、寺社203などが焼失、21日鎮火(どんどん焼け)。

| | 7月20日 | **■長州の残党を掃討の小松帯刀（清廉）率いる薩摩兵が午前8時頃、天龍寺に着く。天龍寺内には300石ほどの糧米、軍器ほか堂上方や他藩との往復書簡も残されていた。薩摩は寺の什器ともども、薩摩の陣営相国寺に運び込む。午前11時、薩摩藩は嵯峨天龍寺伽藍に向け大砲を発する。そして近隣の法輪寺に放火。** | 1692 |

「法堂・客殿・大小の庫裏・書院・開山堂・侍真寮・養清軒・土蔵4ヶ所・僧堂・多宝院が、塔頭では松厳寺・妙智院・真乗院・永明院・三秀院の六ヶ寺が炎上」。

| | 7月20日 | ■市中の火勢迫るなか六角獄舎にて、平野国臣(1828〜1864)・古高俊太郎(1829〜1864)・古東領左衛門(1819〜1864)ら、30数名が斬首される。 | 1693 |

| | 7月21日 | ■「天王山の戦い」。新選組と会津兵、天王山に敗走した真木和泉(保臣)・忠勇隊らを攻撃。真木(52才)(1813〜1864)、千屋菊次郎(1837〜1864)ら17名自決。 | 1694 |

その時、勤王志士・朝廷・慶喜政権・江戸幕府らは、西郷隆盛・大久保利通・薩摩藩年表帖 上巻

西暦1864

7月22日	■横浜鎖港談判遣欧使節代表の池田長発は鎖港の不可を建白。翌日、池田長発は、職務失敗により処分される。	1695
7月23日	■薩摩藩、長崎で英国より「乾行丸」を受け取る。代金7万5千ドル。大砲6門を有し、3年後に購入した「春日」と並ぶ薩摩藩が誇る軍艦だった。	1696
7月23日	■「第一次長州征討─元治元年7月23日〜12月27日」、はじまる。 孝明天皇、禁門の変(蛤御門の変)に関し、長州軍が「みずから兵端を開き、禁闕(御所)に対して発砲せること、その罪軽からず」とし、幕府および21藩に対し長州追討の勅命を発する。 ■「第一次征長令」。幕府、長州藩主毛利慶親(敬親)父子征討の命を下す。	1697
7月24日	■大久保一蔵(利通)、開成所に関する意見書を藩央に提出する。	1698
7月24日	■「第一次長州征討」。幕府・慶喜、勅命を受け、中国、四国、九州の21藩に出兵の準備を命じる。阿波、土佐、伊予、讃岐、出雲、石見(浜田、津和野)、因幡、安芸、美作、備前、備中、備後、播磨(姫路、竜野)、豊前(中津、小倉)、薩摩、肥後、筑後、越前の諸藩より征長軍を編成した。動員された藩の数は最終的に35藩、総勢15万人とされる。	1699
7月24日	■幕府、英・仏・米・蘭の四ヶ国公使・領事に「パリ約定」廃棄を宣言。	1700
7月25日	■幕府、各地の長州藩邸を没収。26日は江戸長州藩邸。	1701
7月―	■この頃大島吉之助(西郷隆盛)、家老小松帯刀(清廉)と協議し、京の被災者救済のため押収の長州軍兵糧米五百俵を、錦小路薩摩藩邸で放出。	1702
7月27日	■有栖川宮熾仁親王、父幟仁親王と共に参内を差し止められ、面会謝絶、諸動差し控えの措置を受ける。	1703
7月27日	■長州藩攻撃の四ヶ国連合艦隊、横浜を出帆。	1704

開成所跡

183

西暦1864

元治1	7月29日	■「長州藩、外国との講和、幕府には恭順謝罪に決する」。藩主父子、藩重役、および諸隊の主立ったものが宮市大専坊（山口県防府市宮市）で会議。長州藩、外国連合艦隊に対しては和睦を講じ、幕府に対しては毛利藩主父子の知る所ではなかったと弁解することに決定。	1705
	8月1日	■朝廷は七卿の一族に対し、七卿と義絶すべき旨を命ずる。 ■大島吉之助（西郷隆盛）、大久保一蔵（利通）に、長州萩本藩と支藩岩国領を分離させる策を手紙に書く。	1706
	8月2日	■「第一次長州征討」。幕府、諸大名に総登城を命じ、長州親征（第一次長州征討令）を宣言、あらためて薩州以下35藩に出兵を命じる。	1707
	8月3日	■坂本龍馬（1836～1867）、薩摩藩士吉井幸輔（友実）（1828～1891）と共に、神戸から京都に入る。	1708
	8月4日	■山口から出頭命令が来て、高杉晋作ら、山口政事堂で、英米仏蘭連合艦隊との和平交渉役を命じられる。	1709
	8月5日	■「四国艦隊下関砲撃事件―8月5日～8月8日」はじまる。第六次外国船砲撃。午後4時過ぎ、英米仏蘭四ヶ国連合艦隊17隻・兵力5,000人余、長州下関を砲撃。	1710
	8月5日	■和歌山紀州藩第14代藩主・徳川茂承が征長総督、松平容保は征長副総督を命ぜられる。総督は、たった2日で幕府は、前尾張藩主徳川慶勝を総督、越前藩主松平茂昭を副総督に任じる。	1711
	8月6日	■「四国艦隊下関砲撃事件」。四ヶ国の陸戦隊2,000余人が上陸、沿岸砲台を占拠し破壊する。	1712
	8月7日	■前尾張藩主徳川慶勝（1824～1883）、紀州藩主徳川茂承（1844～1906）に代わって征長総督に就任。副総督は越前藩主松平茂昭（1836～1890）が任命された。	1713
	8月8日	■「四国艦隊下関砲撃事件の戦闘終了―講和交渉はじまる」。四ヶ国連合艦隊の旗艦・英国海軍ユーリアラス号に、長州藩から高杉晋作（1839～1867）が家老養子「宍戸刑馬」と称し正使とし、渡辺内蔵太（1836～1865）・杉徳輔（杉孫七郎）（当役用談役）（1835～1920）を副使とし、伊藤俊輔（のちの博文）（1841～1909）、井上聞多（馨）（1836～1915）を通訳として共に降伏使として乗り込み、連合国側のキューパー提督と講和会議を始める。講和反対派の暗殺を恐れ、降伏使を変えつつ、10日、14日と続く。連合国側の通訳はアーネスト・サトウ。四ヶ国の意図は、攘夷が無駄なことを力ずくで教えることにあった。	1714
	8月11日	■幕府、鴻池屋善右衛門・加島屋作兵衛に各六万両、その他京坂の豪商14名に献金を命じる。	1715
	8月13日	■「第一次征長出陣令」。幕府、征長軍の部署を決め、陸路は安芸・石見から、海路は徳山・下関・萩から進軍することを決定。 ■強硬派小栗忠順、勘定奉行・勝手方に就任。	1716
	8月14日	■「四国艦隊下関砲撃事件」。3回目講和会議、講和なる。講和使節宍戸刑馬（高杉晋作）（1839～1867）・井上聞多（馨）（1836～1915）ら、英国軍艦「ユーリアラス号」で、四ヶ国連合艦隊キューパー司令官と、3回目講和会議。連合軍が要求した条件は、1,下関海峡の外国船の通航の自由、2,石炭・食物・水など外国船の必要品の売り渡し、3,悪天候時の船員の下関上陸の許可、4,下関砲台の撤去、5,賠償金300万ドルの支払い。	1717

その時、勤王志士・朝廷・慶喜政権・江戸幕府らは、西郷隆盛・大久保利通・薩摩藩年表帖 上巻

西暦1864

8月中旬	■この頃龍馬(1836〜1867)、軍艦奉行・海軍操練所総管勝義邦(海舟)の使者として京都で大島吉之助(西郷隆盛)(1828〜1877)に会い、幕府の長州征伐を阻止、薩長が手を組むことを説く。 □西郷はのちに語る「天下に有志あり、余多くと交わる。然れども度量の大、龍馬に如くもの未だ嘗て之を見ず。龍馬の度量や到底測るべからず」	1718
8月18日	■「長州藩、四ヶ国連合艦隊と講和条約締結」。講和5ヶ条(300万ドル賠償金、下関海峡の平和通航、石炭・食料・水の物資買得、風波避難碇泊上陸、海岸砲台増強停止)を協定して和睦。 □高杉晋作は交渉で、長州藩による砲撃は、幕府の命令によるもので長州藩の本意ではない、と主張し、朝廷や幕府からの文書の写しを示す。英国公使、攘夷を命じた幕府から、賠償金を取ることにする。	1719
8月21日	■長州藩討伐のため進発を決めた将軍徳川家茂、水戸藩主徳川慶篤、武蔵国忍藩主松平忠誠、姫路藩主酒井忠績に留守を命ずる。	1720
8月23日	■龍馬、京都から神戸へ戻り、軍艦奉行・海軍操練所総管、勝義邦(海舟)に、京都や薩摩藩の情勢を報告。	1721
8月24日	■大久保利通の母・ふく子、死去。62才。	1722
8月24日	■長州藩主毛利慶親(1819〜1871)、「蛤御門の変」により朝敵とされ、幕府の意向により勅命にて官位解官。諱の慶の字を幕府から剥奪され、「敬親」と改める。	1723
8月24日	■有栖川宮熾仁親王(1835〜1895)、7月18日の松平容保討伐の決起文の無許可行動について朝廷より問罪を受ける。	1724
8月25日	■幕府、長州藩への武器・米穀などの移出を禁じる。	1725

杉孫七郎

西暦1864

| 元治1 | 8月26日 | ■四ヶ国艦隊、大坂天保山沖に停泊。攘夷を指示した幕府に対する不信感を、アピールするデモンストレーション。 | 1726 |

■四ヶ国艦隊、大坂天保山沖に停泊。攘夷を指示した幕府に対する不信感を、アピールするデモンストレーション。 1726

8月27日　■前越前藩主松平春嶽、書を前土佐藩主山内容堂及び福岡藩世子黒田慶賛(のちの長知)に寄せ、横浜鎖港談判の経過、同使節池田長発らの処罰、筑波山勢征伐の情状及び前尾張藩主徳川慶勝征長総督の辞任、本藩主松平茂昭の上京などを報ず。 1727

8月28日　■英国ロンドンで第1回インターナショナル(国際労働者協会)成立。創立宣言と規約をマルクスが起草。 1728

8月30日　■長州藩、対幕政策として「武装恭順論」を基本方針とする。 1729

8月一　■朝廷、尾張、紀伊、水戸、会津、桑名、越前の諸藩に令して、京都内外を警守させる。 1730

9月1日　■有栖川宮熾仁親王(1835〜1895)、松平容保討伐の決起文の出処について再度問罪を受ける。
　　　　■幕府、参勤交代制、大名妻子在府制度を文久2年改正以前に復する。 1731

9月3日　■征長総督徳川慶勝、朝命を拝して、ようやく入京、知恩院に館する(21日とも)。 1732

9月6日　■征長副総督松平茂昭(福井越前藩主)、京都の越前藩邸に入る。 1733

9月7日　■四ヶ国の公使、前年の長州藩砲撃事件及び下関戦争の賠償、条約勅許を幕府に求める。 1734

9月11日　■大島吉之助(西郷隆盛)(1828〜1877)、軍艦奉行・海軍操練所総管勝義邦(海舟)(1823〜1899)と大坂にて初めて会談。西郷は幕臣の勝から幕府批判を聞かされ、方針を変更。長州藩の解体を狙う幕府の思惑を阻止し擁護にまわる。
　　　　□越前福井藩の堤正誼(1834〜1921)と青山貞(1826〜1898)の二人が、突然、西郷の元を訪ねてきた。二人は西郷に対し、「今、大坂に幕臣の勝海舟という人物がいるのだが、勝は幕臣中一廉の人物であるので、是非面会なさった方がよい」と進言した。西郷はその話を聞き、早速、勝に面会を申し込んだ。 1735

9月12日　■大島吉之助(西郷隆盛)、京に入る。 1736

9月16日　■大島吉之助(西郷隆盛)、大久保一蔵(利通)に、勝義邦(海舟)の印象を伝える手紙を書く。勝の知略に驚き、頭が下がる思いと記す。 1737

9月19日　■勝塾の塾生の素性について幕府の調査が行われる。勝塾に亡命浪士が多数いることを幕府が察知。 1738

9月20日　■横浜居留地で、英国陸軍と幕兵の初の合同閲兵式が行われる。 1739

9月22日　■幕府、初代駐日英国公使オールコックら四ヶ国代表と、「下関戦争」の賠償金支払いに関する協定に合意(賠償金300万ドルあるいは下関ないしは瀬戸内海1港開港)。
　　　　□幕府は150万ドル支払い、残りは明治新政府が支払った。分割して完済されたのは、明治8年(1875)。 1740

9月28日　■朝廷、外交問題より長州征討を先にすべき朝命を下す。 1741

その時、勤王志士・朝廷・慶喜政権・江戸幕府らは、**西郷隆盛・大久保利通・薩摩藩年表帖 上巻**

西暦1864

9月30日	■福岡藩士喜多岡勇平(1821〜1865)、薩摩藩士高崎兵部(猪太郎、五六)(1836〜1896)は、この日に岩国新湊に入った。岩国領主・吉川経幹(監物)(1829〜1867)と薩摩藩は、征長における交渉に入る。 □征長軍に参加して萩口の先鋒を任されていた薩摩藩は、独自の動きを見せる。	1742
10月2日	■**大島吉之助(西郷隆盛)37才**(1828〜1877)、御側役・代々小番に昇進、大島吉之助から「**西郷吉之助**」に改める。 □役料高50石となる。	1743
10月5日	■徳川慶勝(前尾張藩主)(1824〜1883)、ようやく征長総督の任を正式に受託する旨を幕府へ伝える。	1744
10月8日	■薩摩藩士朝稲兵介(高崎猪太郎、五六)は岩国を訪問し、薩摩藩に長州藩周旋の意のあることを申し入れる。薩摩藩士高崎五六は、西郷吉之助(隆盛)の意を受け、長州藩の謝罪恭順を周旋した。	1745
10月8日	■**在京薩摩藩士西郷吉之助(隆盛)、書を在藩の大久保一蔵に致し、長州藩征討、水戸藩党争の情勢及び幕府の対外措置を報じ、所見を告ぐ。**	1746
10月9日	■幕府、征長を命じた諸藩に、征長総督(尾張藩主徳川慶勝)の指揮を受けるよう指示する。また副総督(越前藩主松平茂昭)に命じて九州の諸侯を督して長州に向かわせることとした。	1747
10月12日	■**薩摩藩御側役・代々小番西郷吉之助(隆盛)、征長総督参謀に任命される。** □西郷は、中国・四国・九州の23藩を総管する連合軍最高指揮官となる。 ■**西郷吉之助(隆盛)、大久保一蔵(利通)に、長州人を以って長州人を裁くと手紙を書く。**	1748
10月一	■**薩摩藩、集成館の再興に着手する。** □島津斉彬が亡くなった後、財政問題などから集成館事業は一時縮小されたが、前年の薩英戦争において英国海軍と交戦した薩摩藩は、集成館事業の重要性を改めて認識した。	1749
10月15日	■征長総督徳川慶勝、京都から大坂に向けて出陣。	1750
10月15日	■新選組近藤勇、加入した新規隊士たちを率いて江戸を発ち、京都へ向かう。加入希望の伊東大蔵(甲子太郎)ら8名も、別途出立。	1751
10月17日	■**薩摩藩、長崎で豊瑞丸(蒸気内車)を英国から受領。**	1752
10月18日	■幕府征長軍、大坂に入る。	1753
10月21日	■**高崎兵部(五六)は岩国へ宛て、「薩摩藩は長州藩のために尽力するが暴徒を処罰し、黒白を明らかとして、悔悟の念を明らかとするのが肝要である。また三条実美ら五卿の追放、時と場合によっては藩主親子が総督府の軍門に自ら出てくる必要があるが、まずは安心してよい」という内容の手紙を送った。** □手紙には、高崎は京都で留守番をするが西郷吉之助(隆盛)が征長軍で交渉を担当するため、遠からず岩国に入るかもしれないと書かれている。	1754
10月21日	■俗論派台頭の長州、藩主毛利敬親(1819〜1871)は、幕府への恭順謝罪のため、藩内の諸隊に解散を論示。	1755

西暦1864

元治1	10月22日	■幕府より大坂城代を通じ、「神戸（摂津）海軍操練所」で尊攘派浪士を養成しているとして、軍艦奉行・海軍操練所総管勝義邦（海舟）に江戸召喚命令下る。 □「池田屋事件」には望月亀弥太らが、「禁門の変」に安岡金馬らが加わっており、幕府と相反する諸藩や志士たちが海軍操練所で練習生として学んでいる状況を幕府は容認出来なかった。勝海舟は、西郷吉之助（隆盛）に海軍操練所生徒を依託する。	1756
	10月22日	■幕府征長軍、大坂城にて軍議。11月18日に総攻撃を行うことを決定し、諸藩にこの日に間に合うよう命じる。	1757
	10月24日	■「第一次長州征討」。征長総督徳川慶勝（前尾張藩主）(1824〜1883)、征長総督参謀西郷吉之助（隆盛）(1827〜1877)を自宿に招いて意見を求める。慶勝はその場で西郷へ脇差一刀を与えて信認の証とし、具申した西郷は、長州処分を委任される。 □西郷、長州自身による自藩三家老の自刃と四参謀の斬罪をもって長州萩藩の服罪と看做し速やかに解兵すべきと述べる。国内での内戦の無意味さを語り、長州支藩・岩国領による本藩説得を進言した。	1758
	10月26日	■征長総督参謀西郷吉之助（隆盛）・吉井幸輔（友実）(1828〜1891)・税所長蔵（篤）(1827〜1910)、大坂を出立し広島に向かう。	1759
	10月27日	■新選組近藤勇ら、新規入隊者と共に京に戻る。伊東甲子太郎らは、しばらく近藤妾宅に寄宿という。	1760
	11月1日	■長州藩主父子、謝罪の態度を表明し幕軍の条件を受け入れる。長州藩内部では「下関戦争」の後に藩論が分裂し、保守派（俗論派）が政権を握っていたのだ。	1761
	11月1日	■征長軍、大坂より広島に向かう。	1762
	11月2日	■征長総督参謀西郷吉之助（隆盛）、吉井幸輔（友実）・税所長蔵（篤）と共に広島に到着。その日の内に岩国へ向かう。	1763
	11月3日	■征長総督参謀西郷吉之助（隆盛）、征長総督の命令により税所喜三左衛門（税所篤）・吉井仁左衛門（吉井友実）を伴い岩国に入り、翌日には長州藩支藩、周防岩国領主・吉川経幹と談判。長州藩の降伏条件（三家老の切腹、四参謀の死、五卿を九州の五藩に引き渡し、山口城の破却、藩主敬親父子の寺院蟄居・自署の謝罪状を呈出）を伝える。	1764
	11月4日	■征長総督参謀西郷吉之助（隆盛）、岩国から広島に帰着。征長総督徳川慶勝に経過報告をする。	1765
	11月5日	■四ヶ国代表、横浜・長崎・箱館3港における外人居留地配分規則協定を締結。	1766
	11月上旬	■薩摩藩、征長のため筑前に出兵。	1767
	11月7日	■長州藩、征長総督参謀西郷吉之助（隆盛）の要求で、恭順を表明し「蛤御門の変（禁門の変）」の首謀者3家老に自刃を命ずる。	1768
	11月10日	■江戸に戻った勝義邦（海舟）(1823〜1899)、軍艦奉行を罷免、寄合席となる。 ■幕府、仏国公使ロッシュに、横須賀製鉄所及びドック建設の斡旋を依頼。	1769
	11月16日	■征長総督参謀西郷吉之助（隆盛）からの報告を受けた征長総督徳川慶勝（前尾張藩主）(1824〜1883)、広島に到着し本営を置く。	1770

その時、勤王志士・朝廷・慶喜政権・江戸幕府らは、西郷隆盛・大久保利通・薩摩藩年表帖 上巻

西暦1864

| 11月16日 | ■総督代理・成瀬隼人正正肥（尾張藩附家老）、幕府全権大使・大目付永井尚志、軍目付・戸川鉾三郎（安愛）ら、広島国泰寺で岩国領主吉川経幹（監物）・志道安房（本藩家老）を詰問。次の間に安芸藩家老辻将曹、西郷吉之助（隆盛）が控えた。 | 1771 |

| 11月19日 | ■「第一次長州征討」。長州藩主父子、萩城を出、毛利家墓所・天樹院に入り蟄居。征長総督参謀西郷吉之助（隆盛）、寛大な処分で長征を終了させる。
□西郷は征長総督徳川慶勝をして、長州藩主父子自筆の伏罪書の提出、「禁門の変」の責任者である三家老（国司信濃・益田右衛門介（兼施）・福原越後）の切腹、四参謀の斬罪、三条実美ら五卿の国外追放（後、西郷・長州諸隊幹部・中岡慎太郎らの奔走で大宰府に移されることに決定）、山口城の破却を撤兵の条件として伝え、長州藩庁はこれに従い恭順を決定。幕府側はこの処置に不満であったが、12月には総督により撤兵令が発せられる。 | 1772 |

| 11月21日 | ■外国奉行ら、横浜居留地覚書21ヶ条に調印。 | 1773 |

| 11月23日 | ■「第一次長州征討」。西郷吉之助（隆盛）(1827～1877)、筑前福岡藩士と共に広島から、小倉に到着。強硬派の征長副総督松平茂昭（福井越前藩主）(1836～1890)に長州処分案と経過を報告。
□総督府の降伏条件は寛大として、副総督府のある小倉にいた松平茂昭や越前藩、九州諸藩より不満があがった。

■西郷が小倉に到着したのは19日ともいい、この日、第11代福岡藩主黒田長溥は、箱崎の別業（箱崎御茶屋）で西郷を饗応、月形洗蔵・建部武彦らも接伴した。この時は、「大島三右衛門」の変名を使うという。 | 1774 |

| 11月26日 | ■この頃、長崎の薩摩藩士五代才助（友厚）(1836～1885)、留学生をヨーロッパに派遣するとの藩命を受ける。 | 1775 |

| 11月26日 | ■この日付けの小松帯刀（清廉）が大久保一蔵（利通）に宛てた手紙で、江戸で坂本龍馬が外国船を借用する交渉がまとまっている、と告げる（成否不明）。その船が来たら乗り込むつもりなので勝塾にいた高松太郎を大坂薩摩藩邸に匿っている、中村半次郎が兵庫入塾を願っているので叶えてやってくれないか、とも報告する。 | 1776 |

| 11月一 | ■この月、筑前藩士月形洗蔵(1828～1865)・早川養敬(1832～1899)、西郷吉之助（隆盛）と平尾山荘（野村望東尼宅）で会見し、薩長和解で意見一致。 | 1777 |

| 11月30日 | ■幕府は、浪士武田正生（耕雲斎）ら西上の聞あるを得て、近江膳所藩主本多康穣、豊後岡藩主中川久昭の遠ヶ辻警守を免じて、康穣には専ら自領の警戒に当たらせ、久昭には稲荷山宝塔寺門前を警戒させた。ついで12月6日、仙洞御所築地警守の講武所奉行をしてこれに代わらせる。12月10日、講武所奉行の警守を元に復し、陸奥白河藩主阿部正外に、猿ヶ辻を警守させる。

■これより先、禁裏守衛総督一橋慶喜、書を上り、浪士武田正生ら西上、京都に迫るの聞あるを得て、出でて鎮定に当たることを請う。朝議、これを許し、慶喜及び水戸藩主徳川慶篤弟・松平昭武に出征させる。 | 1778 |

| 11月30日 | ■福岡藩勤皇党早川養敬、忠勇隊頭中岡慎太郎に「薩長和解と五卿受け取り」を語る。 | 1779 |

| 12月1日 | ■薩摩藩、天狗党に入京を勧める（天狗党は断る）。 | 1780 |

西暦1864

元治1	12月2日	■中岡慎太郎、五卿の筑前渡海について、福岡藩士月形洗蔵・早川養敬(勇)に面談。 □「禁門の変」の敗戦により長州藩の勤皇派は権力を失い、幕府の長州征伐もあり、三田尻にいた公卿らは、大宰府に移されようとしていた。	1781
	12月2日	■浪士武田正生(耕雲斎)らの入京に備えるため、所司代松平定敬は、諸藩に京都出兵を命じ、また在京諸藩兵をして洛中、洛外を警戒させる。	1782
	12月3日	■中岡慎太郎、西郷吉之助(隆盛)が滞在する小倉に至る。	1783
	12月3日	■禁裏御守衛総督一橋慶喜、勅許を得て、武田耕雲斎ら天狗党討伐に京を出陣。 ■伊東甲子太郎一行8名、新選組入隊。	1784
	12月4日	■中岡慎太郎(1838~1867)、筑前福岡藩士早川養敬(勇)の従者「寺石貫夫」と名乗り、小倉で西郷吉之助(隆盛)(1828~1877)と五卿渡海移座の件で初めて会見(薩長連合画策の始まり)。 □早川養敬は、禁門の変の後、三条実美たちが長州へと落ちるときに随従していた中岡慎太郎と長州で知りあい、早川の仲介でこの日に西郷隆盛、中岡の会談へと結びつく。さらに、同年12月11日に早川、月形洗蔵の斡旋で西郷、高杉晋作の会談が実現する。ここから、長州にいた三条たち五卿は、元治2年(1865)1月14日、筑前大宰府の延寿王院(現在の太宰府天満宮境内にある)に移動を開始した。	1785
	12月5日	■長州藩、幕府に謝罪書を提出。	1786
	12月7日	■この日付の小松清廉(帯刀)の大久保利通宛書簡。中村半次郎(桐野利秋)は、「天狗党の乱」に際して偵察に赴いた。これは、半次郎が小松清廉に嘆願して実現したという。天狗党の首領である武田耕雲斎と藤田小四郎に面会したとされる。	1787
	12月8日	■薩摩藩御流儀砲術の成田正右衛門正之(鳥居平七)(1803~1865)、死去。享年62。	1788
	12月11日	■秋月藩(福岡藩の支藩)士の肩書きで西郷吉之助(隆盛)・吉井幸輔(友実)・税所篤ら、五卿動座の談判のため、小倉から赤間関(下関)に到着。福岡藩尊攘派の月形洗蔵、五卿の附士の土方久元・中岡慎太郎・長州藩諸隊長と会見、征長軍解兵後、五卿を福岡に移す妥協案を出す。西郷隆盛と高杉晋作との固い握手(馬関・稲荷町大阪屋対帆楼会談)とされる。 □高杉は、大島(西郷)に対し傲然として「甘藷掘男哉」と言い、大島(西郷)は笑って肯い、この日薩長和解(同盟)の端緒が開かれたという。	1789
	12月15日	■「功山寺挙兵」。高杉晋作(1839~1867)ら、俗論派を討つため功山寺で挙兵、総督石川小五郎(のちの河瀬真孝)・軍監高橋熊太郎率いる遊撃隊・伊藤俊輔(のちの博文)率いる力士隊の二隊を率いて、挙兵。この時、長府藩主毛利元周が領内の行軍を牽制したため、有志が船を手配し海路にて新地へ移動したとされる。力士隊は新地に進み会所を襲撃して役人を追い払い、大坪了円寺に屯した。	1790
	12月17日	■「天狗党の乱(筑波山事件)―3月27日~12月17日」終結。天狗党、福井まで到り、加賀藩に降伏。	1791
	12月18日	■禁裏守衛総督一橋慶喜、書を熊本藩主細川慶順弟・長岡良之助(護美)に寄せ、浪士武田正生(耕雲斎)ら追討のため出陣を告げ、征長総督徳川慶勝の、長州(萩)藩処分の甘さを非難。	1792
	12月20日	■西郷吉之助(隆盛)、岩国で岩国領主吉川経幹に再び謁見。	1793

その時、勤王志士・朝廷・慶喜政権・江戸幕府らは、西郷隆盛・大久保利通・薩摩藩年表帖 上巻

西暦1864

12月26日	■天狗党討伐出陣の禁裏守衛総督一橋慶喜、京に戻る。	1794
12月27日	■「第一次長州征討―元治元年7月23日～12月27日」、終了。征長総督徳川慶勝(前尾張藩主)、長州征伐軍の撤兵令を発布。武力衝突なしに征討軍を解散した。	1795
12月28日	■西郷吉之助(隆盛)、広島の総督本営を出立し、小倉へ向かう。	1796

西暦1865

元治2			
	1月1日	■西郷吉之助(隆盛)、広島より小倉に到着。	1797
	1月2日	■毛利敬親父子、服罪。 ■高杉晋作、討奸檄を伝え、俗論党討滅の主意を宣言。遊撃隊30名を率い、俗論党打倒のため、伊崎の会所を襲撃、占拠。	1798
	1月4日	■禁裏守衛総督一橋慶喜、所司代松平定敬ら在京の諸侯、参内し正を賀す。特に慶喜が去冬、筑波勢鎮定の功を賞して末広を賜う。	1799
	1月6日	■「長州藩内訌戦―1月6日～2月14日」、はじまる。「大田・絵堂の戦い(1月6日～16日)」。夜半、河原宿にいた諸隊は、天宮慎太郎を斥候隊司令として、奇兵隊2隊・南園隊・八幡隊2隊・(庸懲隊)の約150～200名が河原宿を出立して赤間関街道中道筋を進軍し、萩政府軍本陣である美祢郡の絵堂(山口県美祢郡美東町)の村里で萩政府軍と開戦。山県狂介(有朋)ら、撰鋒隊に夜襲をかける。隊長粟屋帯刀を走らし俗論党軍、大半が逃亡。	1800
	1月10日	■中岡慎太郎、下関に入り、山県狂介(有朋)、高杉晋作と会見。その後、早川養敬(勇)と料理屋にいたところ、真木菊四郎(真木和泉次男)の訪問を受ける。	1801
	1月15日	■第一次征長を収拾した西郷吉之助(隆盛)、鹿児島に帰り、藩主父子に報告。	1802
	1月15日	■幕府、長州藩へ、藩主親子の服罪で、「長州征討中止の令」を布告。	1803
	1月18日	■薩摩藩庁、藩内から4名の使節団と、森有礼(1847～1889)ら15名の藩士を選抜し、英国への留学を命じる(3月22日、薩摩国串木野羽島(鹿児島県いちき串木野市)を出港)。	1804

若き薩摩の群像

191

西暦*1865*

元治2	1月20日	■薩摩藩渡英留学生15名、鹿児島城下を出発。	1805
	1月22日	■薩摩藩士新納時升(にいろときます)(1779〜1865)、死去。87才。 □安永7年12月生まれ。文政2年大坂詰めとなり藩財政の再建にあたる。同10年藩政改革を藩主に直訴しようとして解職される。嘉永3年(1850)「お由羅騒動」に連座して徳之島に流罪。赦免後、藩校造士館助教などをつとめた。字は伯剛。通称は弥太右衛門。号は如泉など。	1806
	1月24日	■大浦天主堂完成。	1807
	1月25日	■薩摩藩士大久保一蔵(利通)(1830〜1878)、吉井幸輔(友実)(1828〜1891)・税所篤(さいしょあつし)(1827〜1910)を伴い鹿児島を出立、京都へ向かう。	1808
	1月27日	■薩摩藩士大久保一蔵(利通)ら、長崎到着、翌日、博多へ向かう。	1809
	1月28日	■長州内戦、休戦となる。	1810
	1月28日	■西郷吉之助(隆盛)(1827〜1877)、薩摩藩家老座書役・岩山八太郎直温の次女・イト(糸子)(1843〜1922)を娶る。小松帯刀(清廉)(1835〜1870)の媒酌という。隆盛は3回目、糸子は再婚。 □結婚後、上之園の4間の借家で暮らす。下加治屋町にあった西郷隆盛の生家(259坪半)は、借金返済のために西郷28才のときに売却していた。 □西郷糸子は、寅太郎・午次郎・酉三の三人の子供に恵まれ、また、西郷が奄美大島に流刑になっていた際に設けた菊次郎(1861〜1928)も引き取った。明治維新最大の立役者でありながら、西郷家は非常に貧しく、また西郷自身は鹿児島の家にはほとんどいなかったため、イト(糸子)が大家族を支え、子供達を立派に育てた。	1811
	1月29日	■中岡慎太郎、前日博多に来着した薩摩藩士大久保一蔵(利通)・吉井幸輔(友実)らに面会、筑前藩(福岡藩)の不当を述べ、使いを赤間に送る。	1812

西郷糸子

その時、勤王志士・朝廷・慶喜政権・江戸幕府らは、西郷隆盛・大久保利通・薩摩藩年表帖 上巻

西暦1865

1月29日	■内戦状態の長州藩で中立派が台頭し、俗論党を更迭。	1813
1月29日	■幕府、仏国公使ロッシュに対し、横須賀製鉄所建設約定書を交付。 □見積総額は240万ドルで、その裏づけは日仏合弁商社設立による仏国への生糸の専売権であったが、この仏国の抜けがけに諸外国から非難続出で、結局商社設立は流れる。	1814
1月30日	■**大久保一蔵(利通)・吉井幸輔(友実)・税所篤、五卿の待遇について論じるため久留米へ出立。**	1815
2月1日	■薩摩藩、長崎で英国から汽船「平運丸」を13万ドルで購入する。	1816
2月1日	■大宰府に五卿を訪ねた大久保一蔵(利通)・吉井幸輔(友実)、博多に戻る。	1817
2月2日	■中岡慎太郎、薩摩藩士吉井幸輔(友実)の宿を訪ね、五卿の待遇改善を求める。次いで、**大久保一蔵(利通)は、蒸気船で京坂に向けて出発。**	1818
2月2日	■奇兵隊、大田絵堂の内訌戦に勝利。内戦状態の長州藩で中立派波多野金吾(広沢真臣)らが台頭し、藩論は「武備恭順」に統一される。	1819
2月4日	■水戸藩・天狗党の首領・武田耕雲斎、敦賀の来迎寺で処刑。	1820
2月5日	■中岡慎太郎、博多から赤間に帰着し、土方楠左衛門(久元)を訪ね面談。三条実美より土方と共に上洛の命じられ、土方・吉井幸輔(友実)らと赤間から小倉へ至る。	1821
2月5日	■高杉晋作ら率いる正義派、再び、長州藩の政権を握る。	1822
2月5日	■**老中阿部正外(陸奥白河藩主)・本庄(松平)宗秀(丹後国宮津藩主)、京都の攘夷派公家・浪士らの牽制として、4,000名を率兵して上洛。**	1823
2月6日	■結婚8日目の西郷吉之助(隆盛)、鹿児島を出立し京都へ向かう。	1824
2月7日	■**大久保一蔵(利通)(1830~1878)、京都二本松薩摩藩邸に入る。大久保は、関白二条斉敬(1816~1878)らに、長州藩を寛典に処すべきと要請。** □この年前半、一蔵は「利通」と改名という。	1825
2月8日	■中岡慎太郎ら、長府藩士井上少輔・原田順次より面談を要請され、長府役所に赴く。中岡、船で下関白石正一郎方に至り、土方楠左衛門(久元)・吉井幸輔(友実)・井上少輔・長原順次・赤根武人(長州奇兵隊長)・三好内蔵助・大庭伝七(白石正一郎の弟)らと薩長同盟について会談。同日夜に、京都へ向かうため港を出帆。	1826
2月8日	■阿部正外、本庄宗秀、禁裏守衛総督一橋慶喜に帰府の台命を伝える。慶喜、従わず。	1827
2月9日	■**大久保利通、小松帯刀と参内し、参勤交代停止の朝命を請う。** ■**大久保利通、賀陽宮朝彦親王および近衛忠熙父子に謁見し、長州藩主父子および五卿の進退について建言する。**	1828
2月11日	■勤仕並寄合・大久保忠寛(1818~1888)の隠居願いが許可され、「一翁」となる。	1829
2月11日	■征長総督府、福岡・久留米・佐賀・熊本・鹿児島の5藩に令し、再び元権中納言三条実美ら5人及びその従士を5藩に分置を命じる。次いで14日令して、従士を5藩適宜に分監するよう命じる。	1830
2月13日	■中岡慎太郎ら、淀川から伏見を経て夜になってから入洛、京都二本松薩摩藩邸に入る。	1831

西暦1865

元治2	2月14日	■「長州藩内訌戦—1月6日〜2月14日」、正義派の勝利に終わる。 □「**長州藩、革新派が実権を握る**」。	1832
	2月14日	■中岡慎太郎、在京の人々から情報を集めた薩摩藩士吉井幸輔(友実)に面談し、京都情勢を聞く。のち、鳥取因州藩邸に向かい同藩の松田正人から天狗党の挙兵について情報を得る。中岡は、土佐勤皇党橋本鉄猪・千屋金策、公卿正親町三条実愛などに関するの情報を得る。	1833
	2月16日	■中岡慎太郎、土方楠左衛門(久元)と共に、内田仲之助(政風)・大久保利通(一蔵)・住谷寅之介親子・丹羽豊前守らをそれぞれ訪ねる。中岡、吉井幸輔(友実)の訪問を受け面談。	1834
	2月18日	■中岡慎太郎ら、薩摩藩京都留守居役・内田仲之助(政風)(1815〜1893)を訪ねる。 □内田政風は、文化12年12月2日生まれの薩摩藩士。江戸留守居添役、京都留守居役をつとめる。禁門の変や戊辰戦争では軍需品の供給にあたる。	1835
	2月19日	■中岡慎太郎、夜に薩摩藩士伊地知正治(1828〜1886)を訪ねる。	1836
	2月20日	■中岡慎太郎、薩摩藩士吉井幸輔(友実)と面談したのち、鳥取因州藩士松田正人を訪ねるも不在。水戸藩の住谷七之允(住谷寅之介の子)・山口徳之進(正定)(1843〜1902)・酒泉彦太郎(直)・岩間金平(1838〜1896)を訪ね面談。	1837
	2月22日	■**中岡慎太郎、京薩摩藩邸へ戻り大久保利通(一蔵)を訪ね、吉井幸輔(友実)・伊地知正治らと会談。**	1838
	2月23日	■紛糾していた五卿移転とその待遇問題、西郷吉之助(隆盛)(1827〜1877)、中岡慎太郎(1838〜1867)らの周旋で、太宰府天満宮の延寿王院に落ち着かせることで収束。中岡慎太郎、土方楠左衛門(久元)を京都に残し、薩摩藩士吉田清右衛門(清基)(1831〜1867)と大坂に向かう。 □吉田清基は、天保2年生まれの薩摩藩士。山崎闇斎に傾倒し、三島通庸、大山綱良、柴山竜五郎(景綱)らと親交をむすぶ。「寺田屋騒動」に関係して帰藩謹慎となる。薩英戦争では決死隊となり英国艦を攻撃。太宰府に移された三条実美らの警護にあたった。慶応3年8月19日死去。37才。	1839
	2月24日	■**老中阿部正外、京都より江戸に帰府。** □22日に参内し朝廷との交渉にあたる。軍事力を背景に朝廷を牽制、一会桑政権の解体を目論んだが、朝廷の反感を買い逆に関白二条斉敬に家茂が上洛しないことを叱責され、朝廷側の要請を一旦江戸に戻って家茂に伝えた。	1840
	2月25日	■中岡慎太郎、京薩摩藩邸の留守居役・内田仲之助(政風)(1815〜1893)が大坂へ至り面談、朝廷内の情勢を伝えられる。	1841
	2月26日	■中岡慎太郎、内田仲之助(政風)・吉田清右衛門(清基)らと大坂から兵庫に至り、楠正成の墓を詣で同地から薩摩藩船「胡蝶丸」乗船、博多に向かう。	1842
	2月28日	■正義派が主力となった長州藩主毛利敬親(1819〜1871)、藩是を一変させる。「武備恭順」「富国強兵」である。	1843
	3月2日	**朝廷は五卿及び長藩父子の江戸召喚中止を命ずる。**	1844
	3月3日	■中岡慎太郎、博多より大宰府に入り五卿に拝謁。 ■中村半次郎(桐野利秋)(1838〜1877)、土佐脱藩浪士・五卿衛士土方楠左衛門(久元)を訪ねる。土方久元『回天実記』に「中村半次郎、訪。この人真に正論家。討幕之義を唱る事最烈なり」と見える。	1845

その時、勤王志士・朝廷・慶喜政権・江戸幕府らは、**西郷隆盛・大久保利通・薩摩藩年表帖 上巻**

西暦1865

3月4日	■中岡慎太郎、大宰府で、京薩摩藩邸留守居役・内田仲之助（政風）らに会う。	1846
3月5日	■中岡慎太郎、博多へ至り、内田仲之助・多田荘蔵・筑紫衛らと面談。 ■長州藩、対幕決戦の大方針を決定。	1847
3月9日	■中岡慎太郎、諸藩の人々と面談後、薩摩藩士黒田嘉右衛門（清綱、画家黒田清輝の養父）（1830～1917）に、面談を願う手紙を書く。	1848
3月10日	■幕府、四ヶ国公使に、下関取決め書による開港が困難なため、償金支払う旨を通達。	1849
3月11日	**■大久保利通（一蔵）・吉井幸輔（友実）らと共に、九州諸藩連合のために久留米藩・福岡藩などを遊説していた西郷吉之助（隆盛）、京に入る。**	1850
3月12日	■幕府の神戸（摂津）海軍操練所、閉鎖。	1851
3月14日	■老中本荘宗秀、召に依り参内。朝廷、東下を命じて大将軍の上洛を促さしめ、かつまた水戸藩の興廃に間する措置は朝裁を経べきを令す。翌日、宗秀、東都を発し、帰府の途に就く。	1852
3月17日	■長州藩主毛利敬親（1819～1871）、倒幕論を決定し、尊穣激派の主張する「武備恭順」を藩論とする。	1853
3月18日	**■「神戸海軍操練所」、廃止される。** 勝安房に知らせが届いたのは6日後の18日。	1854
3月一	■この頃幕府、グラバーに、27門のアームストロング砲注文。	1855
3月22日	■グラバーの尽力（持ち船のオホスタライエン号）で、**薩摩藩遣英使節団、幕府の許可を受けることなく、英国留学のため、羽島浦**（鹿児島県串木野市）**から蒸気船に乗り込み、香港に向けて密航。**使節団長・大目付新納刑部久脩（新納中三）（1832～1889）、通訳の堀孝之（長崎出身）、引率者の五代才助（友厚）（1836～1885）、松木弘安（寺島宗則）（1832～1893）に伴われて、東京国立博物館の設立者・町田久成（1838～1897）、森有礼（1847～1889）、米国のぶどう王・磯永彦輔（長沢鼎）（1852～1934）、開拓使ビール（サッポロビールの前身）の創設者・村橋久成（直衛）（1842～1892）、東京開成学校（東京大学の前身の一つ）、東京外国語学校（東京外国語大学の前身）の校長、東京書籍館（国立国会図書館の前身の一つ）、東京博物館（国立科学博物館および小石川植物園の前身）の館長を歴任した畠山義成（1842～1876）、名越時成（平馬）（1847～1912）、在仏特命全権公使を任じられた鮫島尚信（1845～1880）、生野銀山所長となった田中（朝倉）盛明（1843～1925）、貴族院勅選議員に任じられた中村博愛（1844～1902）、枢密顧問官となった吉田清成（1845～1891）、海軍兵学（久成の弟）校の第3代校長になった市来和彦（勘十郎）（松村淳蔵）（1842～1919）、戊辰戦争死の東郷愛之進（1840?～1868）、薩英戦争で西瓜売り決死隊として参戦した町田実積（申四郎）（久成の弟）（1847～1910）、町田清次郎（清蔵）（久成の弟）（1850～?）ら薩摩藩士15人（薩摩藩第一次英国留学生）。その中には、土佐出身の高見弥市（吉田東洋暗殺の土佐勤皇党大石団蔵）（1831～1896）もいた。3日経った日、船上で留学生達は、髻を切り、断髪したという。 □当時、幕府は日本人の海外渡航を禁止していたため、甑島・大島その他島々へ出張と称し、それぞれ改名した上で串木野の羽島浦を出発。彼らは近代草創期の留学生として近代国家を形成する礎となった。のち、ヨーロッパに留学した長州五傑のうち井上聞多と伊藤俊輔を除く遠藤謹助、山尾庸三、野村弥吉（井上勝）らと交遊。	1856
3月22日	**■大久保利通（一蔵）、京都を出発、鹿児島に向かう。**	1857

西暦1865

元治2	3月26日	■中岡慎太郎、博多で黒田嘉右衛門（清綱）の寓居を訪ね会談。のち、伊丹真八郎の訪問を受ける。	1858
	3月27日	■中岡慎太郎、黒田嘉右衛門（清綱）を訪ねたのち、太宰府へ帰着。	1859
	3月27日	■幕府、諸物価の引下げを命じ、諸品の買占め売惜しみを禁ず。	1860
	3月29日	■徳川家茂（1846～1866）、長州藩再征討の将軍進発を布告。	1861
	4月3日	■**大久保利通（一蔵）、京都から鹿児島に帰藩。**	1862
	4月5日	■坂本龍馬、薩摩藩士吉井幸輔（友実）の京都屋敷に滞在中、土方楠左衛門（久元）と再会。 □楠左衛門はのちに語る「その言行すこぶる意表に出で、時としては大いに馬鹿らしき事を演じたれど、また実に非凡の思想を有し、之を断行し得たり」。	1863
慶応1	4月5日	■龍馬、薩摩藩士吉井幸輔（友実）方で土方久元と面談。	1864
	4月7日	■「禁門の変」や社会不安などの災異のため、**慶応に改元。**	1865
	4月12日	■**幕府、諸藩に長州征伐を布告。**尾張藩主徳川玄同茂徳（のち茂栄）（1831～1884）が第二次長征総督に、紀州和歌山藩主徳川茂承（1844～1906）が副総督に任命される。	1866
	4月13日	■大久保利通（一蔵）三男・利武（1865～1943）、生まれる。幼名、三熊。	1867
	4月13日	■中岡慎太郎、博多へ至り、薩摩藩士黒田嘉右衛門（清綱）（画家黒田清輝の養父）（1830～1917）・対馬藩攘夷派浪士多田荘蔵・伊丹真八郎らに面談。	1868
	4月13日	■**「第二次長州征討令」。**長州藩の「武備恭順」を知った幕府、諸藩に長州再征を発令。また、その部署を定める。	1869
	4月18日	■薩摩藩士黒田嘉右衛門（清綱）、博多より太宰府へ至る。	1870
	4月19日	■中岡慎太郎、武中貫太郎と別杯を酌み、黒田嘉右衛門（清綱）に面談。大野某が京都より帰着、長州藩浪士赤禰武人・久留米藩の淵上郁太郎に関する情報と、福岡藩士早川養敬（勇）・筑紫衛（義門）が帰藩した旨を知らされる。	1871
	4月19日	■幕府、長州征伐のため、将軍家茂自らが5月16日に進発すると発表（第二次長州征伐）。	1872
	4月22日	■**家老島津伊勢（諏訪広兼）と交代した小松帯刀（清廉）、西郷吉之助（隆盛）、京を出て、大坂に向かう。**西郷・小松は、長州出兵拒否の藩論まとめるための鹿児島行きである。龍馬もその頃、京を発つ。	1873
	4月25日	■龍馬、大坂薩摩藩邸に匿われていた千屋寅之助（菅野覚兵衛）ら元「神戸海軍操練所」の同志と共に、大坂を出立する。	1874
	4月25日	■幕府、製鉄所建設及び軍制調査のため、柴田剛中らを仏国に派遣を決定。	1875
	4月26日	■**龍馬・西郷・小松帯刀（清廉）ら、大坂天保山で薩摩藩船「胡蝶丸」乗船、鹿児島に向かう。**	1876
	4月28日	■小御所で第二次征長の朝議。	1877
	4月29日	■天璋院（篤姫）、清水邸から江戸城二の丸へ移る。	1878
	4月30日	■中岡慎太郎、桂小五郎の帰藩を知り、馬関（下関）の桶屋久兵衛の家で桂小五郎と会見、薩長同盟実現の意志を伝える。	1879
	4月30日	■前福井藩主松平春嶽、第二次征長反対の建白書提出。	1880

その時、勤王志士・朝廷・慶喜政権・江戸幕府らは、**西郷隆盛・大久保利通・薩摩藩年表帖 上巻**

西暦1865

4月—	■禁裏守衛総督一橋慶喜、京都に学問所を建て、在京の家臣に就学させる。
5月1日	■中岡慎太郎、下関より乗船、薩長同盟実現のため京に向かう。
5月1日	■龍馬、近藤長次郎（上杉宋次郎）、高松太郎（坂本直）、千屋寅之助（菅野覚兵衛）ら土佐脱藩者・元「神戸海軍操練所」の同志、西郷吉之助（隆盛）・小松帯刀（清廉）・大山成美（彦八）（妻は隆盛女・安）(1835〜1876)らに伴われ、鹿児島に入国。龍馬は西郷吉之助（隆盛）方に滞在し、後に小松帯刀（清廉）方に移る。 ■西郷、京都情勢を藩首脳に報告、その後、幕府の征長出兵命令を拒否すべしと説いて藩論をまとめる。
5月5日	■英国公使パークスが駐日公使として長崎に到着。2日とも。
5月12日	■幕府、長州再征で、江戸・大坂はじめ全国幕府領の寺社・豪商・豪農に献金を命ずる。幕府、和歌山紀州藩主徳川茂承を征長先鋒総督に任命、茂承はこれを再三に渡って、辞退。
5月13日	■長州藩士桂小五郎、藩政に関する建言書を上呈、薩摩藩との接触を進言。
5月16日	■元「神戸海軍操練所」の同志、薩摩藩家老小松帯刀（清廉）に同行し長崎出立。この頃、元「神戸海軍操練所」の同志、薩摩藩と豪商小曽根家の援助を受け、社中設立を計画する。薩摩藩集成館を見学した龍馬は、薩摩名義で長崎を拠点に海運業を商う事を小松帯刀（清廉）に提案しており、薩摩藩は龍馬らの航海術を評価していた事から話しは進んだという。
5月16日	■西郷吉之助（隆盛）、長州藩と交渉するために斎藤佐次右衛門（脱藩して薩摩の庇護を受ける水戸の浪士）と坂本龍馬(1836〜1867)をそれぞれ派遣。 ■龍馬は西郷吉之助（隆盛）の配慮で、薩摩藩士児玉直右衛門と同行、薩長同盟実現のため薩摩を出立し長州へ向かう。
5月16日	■将軍徳川家茂(1846〜1866)、自ら指揮を執っての「第二次征長」のため陸路、江戸城を進発、三度目の京都に向かう。和宮との今生の別れとなる。
5月18日	■文久2年(1862)「生麦事件」を起こした薩摩藩士奈良原喜左衛門(1831〜1865)、京都二本松の薩摩藩邸で死去。35才。 □**奈良原喜左衛門**は、天保2年6月23日生まれ。名は清。奈良原喜八郎（繁）(1834〜1918)の兄。薬丸自顕流剣法の達人。尊攘派として精忠組（精忠組）に入る。文久3年(1863)7月に起きた薩英戦争では、海江田信義と共にスイカ商人に扮して敵艦を奪おうと画策するも失敗。その後は主に京都で活動し、元治元年(1864)の禁門の変では、出水隊の物主（隊長）として活躍した。
5月19日	■龍馬、熊本沼山津の横井小楠を3回目の訪問。勝海舟・西郷吉之助（隆盛）らの人物論に話が及んだという。
5月21日	■薩摩藩御側役大久保利通、長州再征対処のため鹿児島を出立、京都へ向かう。途中、時事切迫の報（長州再征）に接し、筑前より西郷吉之助（隆盛）に書を送り、京へ出ることを促す。
5月23日	■龍馬ら、大宰府に至り、西郷吉之助（隆盛）紹介の太宰府駐在の薩摩藩士渋谷彦助と会い、五卿拝謁への橋渡しを依頼。

西暦1865

慶応1	5月24日	■坂本龍馬(1836〜1867)、太宰府で三条実美ら五卿に拝謁、薩摩の事情を語り、薩長連合策を進言。龍馬、三条卿衛士である黒岩直方（安芸守衛）(1837〜1900)を介して、長州藩内使・小田村素太郎(吉田松陰の妹婿、のちの楫取素彦)(1829〜1912)と会い、小田村に長州藩の橋渡しを依頼。	1894
	5月24日	■中岡慎太郎、京都で再会した土方楠左衛門（久元）と共に、薩長連合説得に鹿児島に向かうため、京出立、伏見に入る。	1895
	5月27日	■龍馬、大宰府で三条実美ら五卿に、三度目拝謁、薩長連合策を再び説く。「同二十七日再び謁するや、其の抱持する所の薩長和解の胸算を述べて退出し」。	1896
	5月28日	■中岡慎太郎ら、薩摩藩船「胡蝶丸」に乗船、大坂から鹿児島に向かう。	1897
	5月28日	■英仏米蘭の四ヶ国、下関海峡の自由通行及び日本内乱不干渉を決議。	1898
	閏5月01日	■幕府、米価引下げのため、米・雑穀の自由売買を許す。	1899
	閏5月02日	■ハリー・パークス、二代目駐日英国公使になり、長崎に到着。	1900
	閏5月03日	■「第一次慶応遺欧使節団」。製鉄所建設及び軍制調査のため、幕府渡欧正使・柴田剛中(日向守)(1823〜1877)ら、出港。	1901
	閏5月05日	■龍馬、長府藩士時田少輔（光介）、京都から白石正一郎邸に到着の浪士土方楠左衛門（久元）と会談。土方は京都で将軍長州親征のため江戸発を聞き込み、薩摩が長州と手を組むことを提案。 ■龍馬、楠左衛門から聞いた将軍の江戸進発を、太宰府駐在の薩摩藩士渋谷彦助に伝える手紙を書く「玉里島津家文書」。	1902
	閏5月06日	■中岡慎太郎、「胡蝶丸」で鹿児島に入る。中岡は、西郷吉之助（隆盛）と会見して、下関での桂小五郎との会見を了承させたのだ。	1903
	閏5月06日	■龍馬、時田少輔・土方楠左衛門（久元）と共に、桂小五郎と面談、薩長和解と、西郷吉之助（隆盛）との会見を説く。 ■龍馬、小五郎らの退去後、長州藩の野村靖之助(和作・靖)を訪ね、「薩長同盟」について面談するも拒絶される。	1904
	閏5月06日	■薩摩藩御側役大久保利通、鹿児島から大坂に入る。	1905
	閏5月08日	■龍馬、土方楠左衛門（久元）と共に、桂小五郎と会談。連日の会談により長州側が薩長和解案に理解を示した。	1906
	閏5月09日	■西郷吉之助（隆盛）(1827〜1877)、薩摩藩大番頭・一身家老組となる。	1907
	閏5月09日	■大久保利通、伏見で薩摩藩士吉井幸輔（友実）と会う。	1908
	閏5月10日	■二代目駐日英国公使ハリー・パークス、長崎から横浜へ赴任の途次、下関で長州藩の桂小五郎・伊藤俊輔(博文)・井上聞多(馨)と会見。	1909
	閏5月10日	■薩摩藩御側役大久保利通、京都に入る。直ちに再征の不可を論して、朝議の確定を当路(重要な地位についている人)の公卿に勧説する。	1910
	閏5月11日	■「吉田東洋暗殺事件」に関与していないと押し通し、土佐で入牢中の武市半平太(37才)(1829〜1865)、切腹、久松喜代馬、村田忠三郎、岡本次郎は牢内での打ち首、岡田以蔵は獄門刑となる。 □維新後、前藩主山内容堂は、薩長に対抗しうる逸材、武市半平太を殺してしまったことを何度も悔いていたという。	1911

その時、勤王志士・朝廷・慶喜政権・江戸幕府らは、西郷隆盛・大久保利通・薩摩藩年表帖 上巻

西暦1865

閏5月16日	■中岡慎太郎、西郷吉之助（隆盛）(1828〜1877)・岩下左次右衛門（方平）(1827〜1900)・三島弥兵衛（通庸）(1835〜1888)らと「胡蝶丸」で、薩長連合を協議するため下関に向けて鹿児島を出立。 1912
閏5月16日	■英国公使パークス、横浜に着任。 1913
閏5月18日	■中岡慎太郎、西郷吉之助（隆盛）に下関寄港を要請するが、大久保利通から書簡を受け取った西郷は、京都に向かってしまう。佐賀関（現、大分県）で大久保から西郷に至急上洛を求める知らせが入ったという。中岡は佐賀関で下船。 1914
閏5月20日	■西郷吉之助（隆盛）と別れた中岡慎太郎、漁船を雇い佐賀関を出港、下関に向かう。 1915
閏5月21日	■中岡慎太郎、単身下関に入り、西郷吉之助（隆盛）が下関に入らず京都に直行した旨を、坂本龍馬、桂小五郎・三条卿衛士黒岩直方（安芸守衛）らに報告。下関にとどまり、長く西郷を待った桂小五郎、憤慨し両藩和解せず。 1916
	□慎太郎は桂小五郎に詫び、龍馬と共に再度説得して薩摩名義で武器などの購入を条件に再び交渉を持つ約束を交わす。「下関戦争」で四ヶ国連合艦隊と戦った経緯から、外国商人が四ヶ国覚書（日本国内への干渉をしない）と、幕府の圧力によって、武器を長州藩へは売らなかった。長州藩は、来るべき対幕戦争に欠くことのできない新式の洋式武器の購入ができずにいたのだ。
閏5月22日	■将軍家茂(1846〜1866)、三度目の入洛、「施薬院」で衣冠を改め、参内し長州再征を強硬に奏上、施薬院で館する。禁裏御守衛総督一橋慶喜 (1837〜1913) 随行。その後、二条城に入る。 1917
閏5月23日	■西郷吉之助（隆盛）、佐賀関から京に入る。そして、大久保利通と共に、長州再征不可を当路に説く。 1918
閏5月25日	■将軍家茂、大坂城に入り、第二次長州征伐の大本営とする。 1919
閏5月29日	■龍馬、中岡慎太郎、下関を出航し、西郷吉之助（隆盛）を追いかけ京に向かう。 1920
閏5月一	■この頃龍馬ら、「神戸海軍操練所」の解散をきっかけに、長崎伊良林の亀山に、薩摩藩と豪商小曽根英四郎の出資で「社中」（軍事的・政治的かつ商業的組織）を設立。そして、薩摩藩に藩所有の汽船を任された龍馬が同志と商社を設立し、通商航海業をはじめる（亀山社中を設立）。 1921
	□亀山は宿舎のある長崎の地名から取った。社中には甥高松太郎（坂本直）や関雄之助（沢村惣之丞）ら多くの土佐脱藩者、紀州藩浪士陸奥陽之助（のちの宗光）ら勝塾以来の同志を中心に結成され、薩摩藩より月3両2分の手当てが支給されたという。
6月2日	■禁裏守衛総督一橋慶喜、下坂、備前藩邸に館す。5日筑前藩邸に移る。これより後、下坂する毎にこれを旅館とする。14日帰京。 1922
6月5日	■長州藩主毛利敬親、家中に第二次長州征伐に対する徹底抗戦令を出す。 1923
6月5日	■第二次長州征伐軍、大坂城を出陣。 1924
6月11日	■京都の西郷吉之助（隆盛）(1828〜1877)、幕府の長州再征に協力しないように大久保利通に伝え、そのための朝廷工作を進めさせる。 1925
6月17日	■禁裏守衛総督慶喜 (1837〜1913)、参内し、長州藩老臣の嘆訴状を奏上。長州藩処分案を奏上し、勅許を得る。 1926

西暦1865

慶応1	6月21日	■禁裏守衛総督一橋慶喜、下坂。	1927
	6月23日	■仏国公使ロッシュ、パリ万国博に幕府の参加を要請する。	1928
	6月24日	■龍馬・中岡慎太郎、京に入り京薩摩藩邸で西郷吉之助(隆盛)と会見。先の違約を鑑み、長州藩のため、銃火器・軍艦の薩摩藩名義購入を要請。 □西郷は、早速、長崎の小松帯刀(清廉)に、武器購入周旋を連絡。また、薩摩藩は長州藩との和解の為に、黒田了介(清隆)(1840~1900)を長州へ向かわせることとなる。	1929
	6月26日	■薩摩藩家老小松帯刀(清廉)、長崎に向けて鹿児島を発つ。	1930
	6月27日	■長州藩主毛利敬親(1819~1871)、領内士民に、対幕府徹底抗戦令を発する。	1931
	6月—	岩倉具視、秘かに井上石見(長秋)に託し、時事意見書「叢裡鳴虫」を、小松帯刀および大久保利通に送る。 □岩倉は朝廷の執政を正すため再び列参を画策、薩摩藩の井上石見(長秋)(1831~1868)と藤井良節(1817~1876)らが、工作に当たったという。 □叢裡鳴虫は、朝廷から追放令の蟄居中に、自らを草むらで鳴く無力な虫に例え、幕府に代わる朝廷権力の確立を論じたもの。	1932
	7月2日	■幕府、仏国公使ロッシュの勧めに応え、パリ万国博覧会への参加を決定。	1933
	7月6日	■禁裏守衛総督一橋慶喜、帰京。	1934
	7月8日	■大久保利通、京都を発ち帰藩。	1935
	7月10日	■薩摩藩家老小松帯刀(清廉)、長崎に入る。	1936
	7月15日	■幕府、「下関戦争」償金第一回分50万ドルを支払う。	1937
	7月19日	■龍馬、薩摩藩士黒田了介(清隆)らと共に、京都から長州へ向かう中岡慎太郎・田中顕助(光顕)・池内蔵太らを伏見まで見送る。	1938
	7月21日	■長州藩の井上聞多(馨)(1836~1915)と伊藤俊輔(のちの博文)(1841~1909)、太宰府から三条卿衛士楠本文吉(土佐藩浪士)同行して、武器・軍艦購入のために密かに長崎に到着。長崎の社中・上杉宋次郎(近藤長次郎)(1838~1866)の紹介で薩摩藩家老小松帯刀(清廉)(1835~1870)に会い、薩摩藩士と称して長崎薩摩屋敷に匿われ、滞在。 □長州藩は抗戦武装のため小銃1万丁を求め青木郡平を長崎に派遣していたが、坂本龍馬は、薩摩藩の名義で長州藩が英国より購入できるように薩摩藩へ運動。薩摩が同意したため、桂小五郎は藩政庁の承諾が無いまま井上、伊藤を長崎へ派遣した。千屋寅之助、多賀松太郎(高松太郎)、上杉宗次郎、新宮馬之助は、協議の上で小松帯刀に薩摩藩で伊藤・井上を潜匿させるように依頼した。そして、井上・伊藤は、英商グラバーより銃砲を購入することに成功した。	1939
	7月22日	■禁裏守衛総督一橋慶喜、下坂、24日帰京。	1940
	7月27日	■長州藩、幕府が上坂を命じた「藩主召還令及び支藩主召還令」を拒否。	1941
	7月27日	■幕府ロシア留学生6人(会津藩の山川大蔵(浩)ら)、箱館を出発。	1942
	7月28日	■長州藩士井上聞多(馨)、薩摩藩家老小松帯刀(清廉)・上杉宋次郎(近藤長次郎)に伴われ、密かに鹿児島を訪問。側役大久保利通(1830~1878)や家老桂久武(1830~1877)と面会し、両藩の融和を図った。	1943

その時、勤王志士・朝廷・慶喜政権・江戸幕府らは、西郷隆盛・大久保利通・薩摩藩年表帖 上巻

西暦 1865

8月3日	■長州藩参政首座山田宇右衛門 (1813〜1867)、御用談役前原彦太郎 (のちの前原一誠) (1834〜1876)、薩摩藩名義での武器購入を正式に決定させる。	1944
8月5日	■中岡慎太郎 (1838〜1867)、山口の長州藩国政方用談役・桂小五郎 (のちの木戸孝允) (1833〜1877) を訪問、経緯と情勢を説明。	1945
8月6日	■中岡慎太郎、自身の尽力を桂小五郎に伝え、辞任を思いとどまるよう激励した手紙を書く。刀を送ったともいわれる。	1946
8月7日	■中岡慎太郎 (1838〜1867)、薩摩藩士伊地知正治 (1828〜1886) から頼まれていた吉田松陰の「孫子評注」を借用できるよう依頼する手紙を、桂小五郎 (のちの木戸孝允) (1833〜1877) と前原彦太郎 (のちの前原一誠) (1834〜1876) にあてに書く。	1947
8月8日	■幕府、京坂間の八幡・山崎に関所、検船所を設ける。	1948
8月11日	■中岡慎太郎、桂小五郎 (木戸孝允) にあて手紙を記し、京都へ向かう旨を伝える。	1949
8月15日	■禁裏守衛総督一橋慶喜、これより先、下坂、この日、帰京。	1950
8月21日	■将軍家茂、参内し防長処分の事を上奏。	1951
8月24日	■幕府横浜製鉄所完成。	1952
8月26日	■薩摩藩士新納刑部 (新納中三) (1832〜1889) と五代友厚、ブリュッセルでフランス人モンブランと貿易商社設立の契約を交わす。	1953
9月3日	■中岡慎太郎、京都より下関に帰着。	1954
9月7日	■幕府、仏国人技師・フランソワ・レオンス・ヴェルニー (1837〜1908) の技術によって勘定奉行小栗忠順指揮のもと、横須賀製鉄所 (造船所) を着工。	1955
9月8日	■長州藩士井上聞多 (馨) (1836〜1915) は、島津久光 (薩摩藩国父) と茂久 (忠義) (薩摩藩主) 父子へ送る書簡を、上杉宋次郎 (近藤長次郎) (1838〜1866) へ託した。 □長州藩主毛利敬親・世子広封は、書を薩摩藩主島津茂久・国父久光に寄せ、藩士井上聞多らの銃器・軍艦購入の際に於ける厚意を謝し、益々両藩の厚誼を厚くせんことを願う。また、物を同藩家老小松帯刀 (清廉)・同桂右衛門らに贈る。	1956
9月8日	■この月上京した大久保利通、書を在坂の西郷吉之助 (隆盛) に送り、内外形勢いよいよ迫るを以て、速やかに有力諸藩と結合し、朝権確立を謀るべきことを説く。	1957
9月9日	■長州藩、藩内に令して、薩摩藩所属船舶に薪水欠乏品等を供給させる。	1958
9月12日	■老中阿部正外、条約勅許らのため上洛。	1959
9月16日	■幕府の反対にも拘らず、英仏米蘭の公使 (パークス、仏国公使ロッシ、米国代理公使ポートマン、蘭国公使ファン・ポルスブルック)、孝明天皇に圧力をかけるべく、将軍家茂に条約の勅許、兵庫の先期開港・関税率の引下げを求めて、軍艦9隻で、横浜から兵庫沖に来る。	1960
9月16日	■徳川家茂、二条城に入り長州征伐の勅許を請う。	1961
9月19日	■仏国公使レオン・ロッシュ、幕府に征長意見、条約の勅許、兵庫の先期開港を勧説。	1962
9月20日	■征長可否の朝議。	1963

西暦 1865

慶応1	9月21日	■薩摩藩蒸気船「胡蝶丸」有川船長ら、西郷吉之助(隆盛)(1828〜1877)の指示で、兵庫沖の英国艦隊に訪問、鹿児島に来たことのあるアーネスト・サトウに会う。	1964
	9月21日	■**薩摩藩御側役大久保利通**(1830〜1878)、**関白二条斉敬**(1816〜1878)**に長州再征阻止を説く。** □大久保は、朝議の開催直前まで賀陽宮（中川宮朝彦親王）(1824〜1891)、内大臣近衛忠房 (1838〜1873) にも、長州再征勅許の内定を覆すべく精力的に説得工作を続け、そして関白に説いたのだ。 ■将軍徳川家茂、参内し、兵庫開港と長州再征を奏上。 ■**朝議で防長の幕府委任（将軍進発）。幕府、武力を背景にした圧力で、長州再征（第二次征長）の勅許、ようやく下りる。**	1965
	9月22日	■将軍徳川家茂、参内し、長州再征勅許を賜る。	1966
	9月23日	■**大久保利通、大坂の西郷吉之助（隆盛）に万民が納得しない謝罪した者を討つような非義の勅命に、薩摩藩は従うべきでないと手紙を書く。** □9月21日将軍家茂に長州再征の勅命が下ったことに対し、それを阻止すべく動いていた大久保は大いに失望し、「天下万人御尤ト奉存候trso 勅命ト可申候得ハ非義 勅命ハ 勅命ニ有らす候故不可奉所以ニ御坐候」と記した。つまり天下万民が納得する正義のない勅命は真の勅命ではないと言い放ったのである。天皇の権威すら単純には絶対視せず、決して目標を見失わないリアリストの姿を示している。大久保が関白に対し征長反対を猛烈に働きかけていたことは一橋慶喜の耳にも入り、「一匹夫ノ言」によって朝議が左右されるとはけしからんと激怒したという。 ■**西郷吉之助（隆盛）、入京、大久保利通・吉井友実らと長州再征不可に尽力。** □遂に西郷は、薩摩藩に帰り、吉井は宇和島に赴き、勧説するに至る。	1967
	9月23日	■老中阿部正外、兵庫開港につき英仏蘭と交渉、条約勅許が未だ得られずと述べる。 ■勅許を得た将軍家茂、大坂城へ帰還。新選組、大坂行きの見送りに出動。	1968
	9月24日	■シーボルトとアーネスト・サトウ、薩摩藩蒸気船「胡蝶丸」を訪問、有川船長、春山副船長と会う。	1969
	9月24日	■**西郷吉之助(隆盛)、龍馬と京を出立し、大坂へ向かう。**	1970
	9月25日	■**3ヶ国の強硬姿勢に、禁裏御守衛総督一橋慶喜抜きの老中阿部正外・松前崇広らの大坂城の幕府、無勅許で兵庫開港決定。**	1971
	9月25日	■禁裏守衛総督一橋慶喜、将軍徳川家茂の促により下坂、27日帰京。	1972
	9月26日	■**長州へ向かう龍馬、西郷吉之助（隆盛）と共に、兵庫に至り、薩摩藩蒸気船「胡蝶丸」に乗船する。西郷は、薩摩藩御側役大久保利通からの征長拒否の書翰「非義勅命は勅命に有らず」を、国父島津久光に披露すべく、また、久光の挙兵上洛を要請するため鹿児島に向かう。** □アーネスト・サトウ、有川船長を訪問、龍馬・西郷は変名で会っている。	1973
	9月27日	■**薩摩藩御側役大久保利通、福井に到着し、前福井藩主松平春嶽に拝謁、上京を促す。翌日、帰京する。**	1974
	9月27日	■幕府横須賀製鉄所、起工式。	1975

その時、勤王志士・朝廷・慶喜政権・江戸幕府らは、**西郷隆盛・大久保利通・薩摩藩年表帖 上巻**

西暦1865

9月29日	■24日、大坂を出た坂本龍馬（1836〜1867）、上関に上陸後、柳井市阿月の長州藩の元江戸家老、浦靫負（1795〜1870）宅に行き、西郷吉之助（隆盛）が今度こそ会談を持つことを約束した旨、報告。	1976
9月29日	**■西郷吉之助（隆盛）、「胡蝶丸」で鹿児島に向かう。**	1977
9月29日	■朝議、開港決定の老中阿部正外（陸奥国白河藩主）・松前崇広（蝦夷松前藩主）の官位を剥奪し、改易を命令。	1978
10月一	**■蟄居中の岩倉具視（1825〜1883）、この頃より、朝廷や薩摩藩の同志に手紙を送るなどの活動を行うようになった。そしてのち、薩摩藩の動向に呼応する形で従来の公武合体派だった立場を倒幕派へ変更。**	1979
10月1日	■朝廷処分に怒り、将軍徳川家茂は、前尾張藩主徳川慶勝を通じて、朝廷に条約勅許と兵庫開港を願い出、尾張藩主徳川茂徳に託して将軍職の辞表を言上。	1980
10月1日	■前福井藩主松平春嶽、大久保利通の福井来訪もあり、上洛の途に就く。	1981
10月2日	**■前宇和島藩主伊達宗城（1818〜1892）、薩摩の吉井幸輔より上京を要請されるが断る。**	1982
10月2日	■徳川家茂、将軍辞任を上表、一橋慶喜に譲り退隠せんと請う（許されず）。	1983
10月3日	■三田尻へ入った坂本龍馬（1836〜1867）、吉田松陰の妹婿で長州藩士小田村素太郎（のちの楫取素彦）（1829〜1912）と会談し、薩摩藩への兵糧米供給を要請する。小田村と共に宮市より山口に入る。 □薩摩は幕府の長州再征出兵拒否し兵を大坂に送り幕府の長征を阻止する方針を決め、長州との和解、連合に向けて動き出した。 ■同日池内蔵太（1841〜1866）にこのことを手紙で報告する。	1984
10月4日	**■西郷吉之助（隆盛）（1828〜1877）、薩摩藩蒸気船「胡蝶丸」で鹿児島到着。**	1985
10月4日	■龍馬、長州藩参政広沢藤右衛門(真臣)・松原音三(山縣九右衛門)（1841〜1910）・小田村素太郎（のちの楫取素彦）らと面談し、大久保利通書翰の写し「非義勅命は勅命に有らず」を渡し、薩摩への糧米提供の確約を得る。 □龍馬はこうした経済的な結びつきにより、両藩の感情的な障壁を取り除こうとした。結局、西郷吉之助（隆盛）は第二次長州征伐を鑑み、糧米を受け取らず、亀山社中のものとなった。	1986
10月4日	■将軍家茂（1846〜1866）、京都に帰還。家茂は病と称して慶喜（1837〜1913）の相続を請うた。 ■禁裏守衛総督一橋慶喜・松平容保ら、参内、条約勅許を奏請。4〜5日に御前会議。幕府・朝廷・在京諸藩代表が集まって朝議が開かれた。薩摩藩の大久保利通らは、違勅である幕府の条約は公認してはならないと主張。公卿達は本能的に外国嫌いで、対外関係では幕府に頑固に拒否した。徳川慶喜は、条約勅許しなければ列国は戦争を仕掛け、外国と戦えば必ず敗れて国家滅亡となる、その責任は全て朝廷にあると脅迫した。しかし、廷臣達は無言で抵抗。これに対し慶喜は、自分は責任取って切腹するが、家臣達は黙ってはいまい、その覚悟はあるのかと言い席を立つ。	1987

西暦**1865**

慶応1	10月5日	■大久保利通、兵庫開港に関する交渉は、諸侯の京都に来会するのを待って、開始されんことを近衛内大臣に建言する。同日、朝廷、開港延期談判のため勅使を兵庫の外国艦に差し遣わせんとし、利通に大原勅使の輔行（同行）を命じるも、朝議はまた一変し、遂に条約を勅許せらる。	1988

	10月5日	■幕府の奏請を受けた朝廷、妥協して長崎・横浜・箱館の開港、兵庫開港は不許可とする勅許を下す。	1989

□京都に近い兵庫の港を開港すれば、夷人たちが、京都になだれ込んでくることを天皇・朝廷は恐れた。また幕府に対し条約改正の勅命が出される。税率もそれまで20％前後だった輸入税が、翌年5月には一律5％に引き下げられ、日本は清国なみの税率を押しつけられ、植民地化に一歩近づくことにもなった。日本が関税の自主決定権を回復するのは、ほぼ半世紀を経た明治44年（1911）になってからである。

	10月6日	■幕府、3港開港勅許と条約改正の勅命について、四ヶ国に通知する。	1990
	10月8日	■薩摩藩、ジャーディン・マセソン商会より1万ドルを融通される。	1991
		□このマセソン商会の日本代理人として着任したのがグラバーである。	
	10月10日	■禁裏守衛総督一橋慶喜、政務輔翼を命ぜられる。	1992
	10月12日	■龍馬、印藤聿（後の豊永長吉）に手紙を送る。前日の対立した内容について妥協を求める。薩長融和の方策あるいは桜島丸条約の件か。	1993
		■英国公使パークス、下関で谷潜蔵（高杉晋作）・伊藤俊輔（博文）と面会。薩摩の船舶が荷揚げをしており、開港が不要になったと理解する。	
	10月12日	■大久保利通、会津藩公用人外島機兵衛と会談。会津が幕府協力要請をする。	1994
	10月14日	■10月4日に鹿児島に戻った西郷吉之助（隆盛）・小松帯刀（清廉）、幕府の兵力に対抗するため、薩摩兵を率いて鹿児島を出立。	1995
	10月16日	■隆盛弟・西郷吉二郎（1833〜1868）の妻マス、病死。幼い2人（ミツ、西郷隆準）の子が遺る。	1996
	10月18日	■亀山社中、近藤長次郎（上杉宋次郎）（1838〜1866）の尽力と、長州藩士井上聞多（馨）（1836〜1915）と伊藤俊輔（のちの博文）（1841〜1909）の協力で、英国商人グラバー（1838〜1911）から蒸気船「ユニオン号」（薩摩藩桜島丸、のち長州藩乙丑丸）を薩摩藩名義で購入。	1997

□上杉宋次郎（近藤長次郎）と井上聞多（馨）の間で、11月「桜島丸条約」を密約する。「船価は長州藩が支払い、名義は薩摩藩とし、その運営は亀山社中が行う」。のち、長州藩海軍当局とこの条約をめぐり紛糾する。

	10月22日	■板倉勝静、老中に再任される。	1998
	10月23日	■月形洗蔵（1828〜1865）は、幕府が再度の長州征討を決定すると、反対勢力の佐幕派が復権して福岡藩論が一変し、罪を問われ身柄を親類に預けられた後、この日に桝木屋（福岡市中央区唐人町）において海津幸一ら13名と共に斬首される（乙丑の獄）。建部武彦は切腹、野村望東尼は姫島遠島、野村助作は玄界島遠島であった。	1999
	10月25日	■西郷吉之助（隆盛）・小松帯刀（清廉）、兵を率いて上洛。	2000

その時、勤王志士・朝廷・慶喜政権・江戸幕府らは、**西郷隆盛・大久保利通・薩摩藩年表帖 上巻**

西暦1865

10月下旬	■長崎海軍伝習所に学んだ佐賀藩士石丸虎五郎(安世)・馬渡八郎、広島藩士村田文夫(野村文夫)と共に、英国に向かうグラバーの貿易帆船「チャンティクリーア号」に乗り込み、密航留学。藩主鍋島斉正(直正)の命を受けての密出国である。村田は、明治2年(1869)『西洋見聞録』を著す。	2001
11月2日	■禁裏守衛総督一橋慶喜、摂海防衛指揮を辞す、許されず。	2002
11月3日	■一橋慶喜、政務輔翼を辞す、また許されず。	2003
11月7日	■**幕府、ようやく長州征討従軍の32藩の部署を決定**。固辞する紀州藩主徳川茂承を、征長先鋒総督に無理やり任命。	2004
11月15日	■「横須賀製鉄所」(後の海軍工廠)の建設がはじまる。	2005
11月16日	■永井尚志ら長州訊問使一行、広島到着。	2006
11月20日	■長州訊問使永井尚志(1816～1891)、国泰寺(広島市西区己斐上)で長州藩使者・宍戸備後助・小田村素太郎を、8ヶ条をもって尋問。家老格宍戸備後助は、実は山県半蔵(のちの宍戸璣)であった。	2007
11月24日	■亀山社中が気になる龍馬、長崎に向けて「桜島丸」に乗り込み、大坂を出港。	2008
11月―	■この頃龍馬、西郷吉之助(隆盛)に兵糧米の調達が解決したことを伝え、薩摩藩はそれに対する使者として黒田了介(清隆)らを長州へ派遣して、薩摩の誠意を、長州藩諸隊に弁明しようとしたのだ。	2009
11月30日	■幕府と長州、正使同士の会談が国泰寺で開かれる。	2010
12月3日	■龍馬、「桜島丸」運用権についての紛議のため長州藩下関到着。	2011
12月―	■**この頃、西郷吉之助(隆盛)の命で、薩摩藩和解使・黒田了介(清隆)、密かに長州に赴く。**黒田は、土佐脱藩浪士池内蔵太に案内されて、馬関(下関)で木戸貫治(桂小五郎)と面会する。黒田と会った谷潜蔵(高杉晋作)は、小五郎の京都行きには異論を唱えなかった。	2012
12月9日	■長州藩主毛利敬親父子、待命書を提出。	2013
12月11日	■薩摩の桂右衛門(久武)と英国領事ガウワーが、グラバー邸で会談。	2014
12月14日	■**龍馬、薩摩藩士岩下左次右衛門(方平)**(1827～1900)・**吉井幸輔(友実)らにあて、黒田了介(清隆)と共に上洛する意志を伝え、長州訊問使・大目付永井尚志の動向を知らせた手紙を書く。**永井は第一次長州征伐の際の大目付で、長州側に寛大な処置をしたという。 ■龍馬、同日、長州藩海軍局総官中島四郎と会見し、「桜島丸新条約」を結ぶ。	2015
12月16日	■長州藩の返答を了解し、長州訊問使永井尚志(1816～1891)、広島を発ち帰途に就く。	2016
12月18日	■薩摩藩家老桂久武(1830～1877)、鹿児島から海路、大坂を経て、この日、京に入る。	2017
12月19日	■**西郷吉之助(隆盛)の和解使・黒田了介(清隆)**(1840～1900)、**赤間関(下関)で木戸貫治(桂小五郎)**(1833～1877)**に上洛を促す。**桂小五郎は黒田との上京を拒絶した。	2018
12月21日	■長州藩主毛利敬親(1819～1871)、京都の形勢視察を名目に、木戸貫治(桂小五郎)に上洛を命じる。品川弥二郎、これに従う。	2019

西暦1865

慶応1	12月27日	■長州藩御用所役国政方・海軍興隆用掛、木戸貫治(桂小五郎)(1833〜1877)と諸隊代表の「御楯隊」の品川弥二郎(1843〜1900)・「奇兵隊」参謀の三好軍太郎(重臣)(1840〜1900)・「遊撃隊」の早川渡・田中顕助(光顕)(土佐浪士)(1843〜1939)ら、迎えにきた薩摩藩士黒田了介(清隆)(1840〜1900)と共に三田尻より、薩摩藩船「三邦丸」に乗船、京に向かう。	2020
	12月29日	■龍馬、長府藩士印藤聿(後の豊永長吉)に薩長同盟の成り行きと、自身の上洛予定、その同伴者を求めた手紙を書く。	2021

西暦1866

慶応2	1月2日	■薩摩藩御側役大久保利通、新選組伊東甲子太郎(のちの御陵衛士盟主)と会見。	2022
	1月3日	■龍馬(1836〜1867)、長州藩上関代官・久保松太郎(清太郎・断三)(1832〜1878)に、薩長同盟の成否を気遣って桂小五郎宛てに書いた書簡を託す。久保は『久保松太郎日記』を残している。	2023
	1月4日	■木戸貫治(桂小五郎)ら、三田尻から大坂に入る。 □木戸手記「而して高杉晋作、井上聞多等、亦、余をして上京せしむることを論じ、終に公命下るに至る。依って余、恥を忍び、意を決し、諸隊中、品川弥二郎、三好軍太郎、早川渡、土人田中顕介、薩人黒田了介と同船、浪華に至る。時に正月四日なり。」。	2024
	1月8日	■長州藩御用所役国政方・海軍興隆用掛、木戸貫治(桂小五郎)(1833〜1877)ら、薩摩藩士黒田了介(清隆)らと共に、淀川を遡って伏見に入り、西郷吉之助(隆盛)(1827〜1877)・村田新八(1836〜1877)・薩摩藩伏見邸留守居役大山成美(彦八)(1835〜1876)の出迎えを受ける。桂と西郷の初対面である。	2025
	1月9日	■木戸貫治(桂小五郎)ら、京都二本松の薩摩藩邸に到着、歓待を受ける。以後は毎日ご馳走攻めにされるばかりで、具体的に連合の話が出ず。 □薩摩藩邸跡碑(上京区烏丸通今出川上る東側(同志社大学西門前))。	2026
	1月14日	■薩摩藩家老小松帯刀(清廉)の邸(上京区室町通鞍馬口下ル森之木町、近衛家の別邸)で桂久武をまじえて会談が開かれ、西郷吉之助(隆盛)は黒縮緬の紋付羽織を着て下座にすわり、木戸貫治(桂小五郎)らを丁寧に応接した。	2027
	1月14日	■高島秋帆(1798〜1866)、長崎江戸講武所砲術師範役の現職のまま病死。69才。 □武具奉行格として後進の指導と武備の充実に貢献し、「火技中興洋兵開基」と称えられ、日本の軍事近代化に大きな足跡を残した。	2028
	1月—	■この頃中岡慎太郎、木戸貫治(桂小五郎)と会い、京都情勢を聞く。	2029
	1月18日	■龍馬、三吉慎蔵、新宮馬之助、池内蔵太と共に大坂薩摩藩邸に入り、留守居役木場伝内(1817〜1891)から薩摩の船印を借りる。夜、三吉慎蔵と共に、幕臣大久保一翁(1818〜1888)を訪問し身の危険を通告される。この日龍馬は疲れのためか風を引いている。	2030
	1月18日	■木戸貫治(桂小五郎)、小松帯刀(清廉)邸で、薩摩藩の老臣島津伊勢(諏訪甚六)(1829〜1898)、西郷・大久保・吉井らと共に、互いに国事を談じて深夜にまで及ぶ。桂、薩摩藩がこの時点で討幕を視野に入れていることを確信。	2031

その時、勤王志士・朝廷・慶喜政権・江戸幕府らは、**西郷隆盛・大久保利通・薩摩藩年表帖 上巻**

西暦1866

1月19日	■幕府、長州処分を決定、藩主毛利敬親（たかちか）の蟄居隠居、世子広封の永世蟄居、三家老（益田、福原、国司）のお家断絶。	2032
1月20日	■別宴が開かれ、木戸貫治（桂小五郎）らは長州に帰ることになる。	2033
1月20日	■龍馬、池内蔵太、新宮馬之助と共に二本松薩摩藩邸に入る。薩長同盟未締結を知る。	2034
1月21日	**■大久保利通、京都を出立、鹿児島に向かうため大坂に赴く。**	2035
1月21日	**■「薩長同盟成立」。** 薩摩藩の黒田了介（清隆）、土佐藩浪士の坂本龍馬・中岡慎太郎・土方楠左衛門（久元）が斡旋、龍馬が立会い、京都小松清廉邸で、西郷吉之助（隆盛）（1827～1877）、薩摩藩家老の小松帯刀（清廉）（1835～1870）と長州藩の木戸貫治（桂小五郎）（1833～1877）が、討幕運動に協力する6ヶ条の密約、「薩長同盟」成立。他の薩摩側出席者は、島津伊勢（諏訪甚六広兼）、桂久武、吉井友実、奈良原繁。□1,幕長戦が開始された際には、薩摩は2,000の兵を畿内に送って京都、大坂の守りを固めること（幕府軍を牽制）。2,長州が勝利したら、朝廷に告げて（政局を有利に導くように）尽力のこと。3,万一負けても、一年や半年で壊滅することはないので、その間に（薩摩は長州藩のために）必ず尽力すること。4,幕府軍が兵を引いた場合には、朝廷に長州の冤罪を告げて、許しを得るように尽力すること。5,兵力をもって一橋、会津、桑名らが朝廷を擁し、正義を拒み、周旋尽力の道をさえぎった際には、もはや決戦のほかないこと。6,冤罪も晴れたら、双方誠意をもって協力し、皇国のため、皇威回復に尽力すること。	2036
1月22日	**■禁裏御守衛総督一橋慶喜、松平容保、松平定敬、板倉勝静、小笠原長行参内し、長州処分案（削封十万石、藩主父子は隠居と蟄居など）を上奏し、翌日勅許される。**	2037
1月23日	■木戸貫治（桂小五郎）、大坂から盟約6ヶ条を記した書簡・盟約書の裏書を求め、坂本龍馬に発送。	2038
1月23日	■龍馬、夕刻、京都より伏見寺田屋に戻る。	2039
1月24日	**■大久保利通、大坂において越前藩の家老・中根雪江に会見して、国事を談する。**	2040
1月24日	■「寺田屋事件」。八ッ半（午前3時）頃、龍馬（1836～1867）はお龍（1841～1906）の知らせを受け、伏見奉行配下の包囲を知る。谷潜蔵（高杉晋作）から上海土産として貰った短銃を発射し、宝蔵院流槍の名手・三吉慎蔵（1831～1901）は、槍を持って応戦する。龍馬は左右の指を負傷。捕吏がひるんだ機に脱出し、三吉は龍馬を木場に潜ませる。お龍、伏見薩摩屋敷に急報する。傷の浅かった三吉が伏見薩摩屋敷に龍馬の無事を伝える。留守居役・大山成美（通称は彦八）（大山巌の実兄）（1835～1876）が藩の船印を立てた船の救出を受け、保護される。西郷吉之助（隆盛）の出番を押し留めた吉井幸輔（友実）が小隊で京都から駆け付け、30日に京薩摩屋敷に入る。西郷は医者を差し向ける。高杉晋作の上海土産のスミス＆ウェッソン・型アーミー32口径（回転弾倉付き6連発）短銃は、事件の際応戦するが、手に刀傷を受け紛失するという。□薩摩島津伏見屋敷跡碑（伏見区東境町530（松山酒造付近））。	2041
1月26日	■長州藩御用所役国政方・海軍興隆用掛、木戸貫治（桂小五郎）（1833～1877）・品川弥二郎（1843～1900）、薩摩藩士黒田了介（清隆）（1840～1900）と共に、海路広島に入る。	2042
1月27日	■木戸貫治（桂小五郎）、広島で宍戸備後助（山県半蔵、璣（たまき））（1829～1901）と会談。	2043

西暦1866

慶応2	1月30日	■龍馬、三吉慎蔵、お龍が、吉井幸輔（友実）らに護衛され京薩摩藩邸に移り、1ヶ月ほど、お龍らの看病で療養する。	2044
		□2月、長府藩士・三吉慎蔵は、寺田屋事件後、薩摩藩邸で静養する坂本龍馬を毎日のように見舞った主要薩摩藩士の一人として、中村半次郎（桐野利秋）の名を挙げている。	
	2月1日	■薩摩藩御側役大久保利通、京都から鹿児島に到着。	2045
	2月5日	■龍馬、木戸貫治（桂小五郎）の求めで、薩長同盟確約に朱の裏書きをし、同盟の保証人になる。「表に御記入しなされ候六条は小、西両氏および老兄龍等も御同席にて談論せし所にて、毛も相違これなく候。将来といへども決して変わり候事これなきは、神明の知る所に御座候。」返書が、寺田屋の遭難で遅れたのだ。□龍馬が朱で裏書したものは、宮内庁書綾部所蔵。	2046
	2月5日	■英国と幕府の軍事大演習が行われる。	2047
	2月6日	■木戸貫治（桂小五郎）ら、薩摩藩士黒田了介（清隆）と山口に入り、同盟成立と京都情勢を、藩主親子に報告。	2048
	2月6日	■同盟裏書きを持った薩摩藩士村田新八と川村与十郎（のち純義）(1836〜1904)、京都を発ち長州へ向かう。	2049
	2月8日	■長州処置の全権・老中小笠原長行ら、広島到着、長州藩重臣を召喚するも、いずれも病気と称して応ぜず、宍戸備後助、実は山県半蔵（のちの宍戸璣）と小田村素太郎にあしらわれる。	2050
	2月10日	■中岡慎太郎、三田尻より乗船、京に向かう。	2051
	2月21日	■薩摩藩御側役大久保利通、西郷吉之助（隆盛）と交代のため鹿児島を出立、京坂に向かう。	2052
	2月22日	■薩摩藩士村田新八らが山口で、木戸貫治（桂小五郎）に会い盟約書と龍馬の「寺田屋遭難事件」を報告した手紙を渡す。	2053
	2月27日	■長州藩、谷潜蔵（高杉晋作）・伊藤俊輔（博文）を、「桜島丸」の長州藩移譲のための親書伝達の使者として、鹿児島に遣わすことを下命。□高杉・伊藤は、英国公使パークスが鹿児島を訪問するという情報をつかみ、長州にきた薩摩藩士村田新八と川村与十郎（のち純義）と内談したのだ。	2054
	2月28日	■幕府、開港場への出稼ぎ、自由交易、商人の外国船購入を許可。	2055
	2月29日	■龍馬・お龍、帰国する西郷らに連れられて薩摩へ行くことになった。西郷吉之助（隆盛）・小松帯刀（清廉）らと共に、伏見より舟で大坂に向かう。龍馬は籠に乗りお龍は人目を避けるため男装して行列に加わった。	2056
	2月―	■薩摩藩遣英使節団・五代才助（友厚）、薩摩の山川港に帰着。直ちに、御納戸奉行にて勝手方御用席外国掛に任ぜられる。	2057
	3月1日	■龍馬・西郷ら、大坂薩摩藩邸に至る。	2058
	3月4日	■龍馬・お龍、西郷吉之助（隆盛）・小松帯刀（清廉）・桂久武・吉井幸輔（友実）・中岡慎太郎・三吉慎蔵らと共に川船で下り、薩摩藩蒸気船「三邦丸」に乗船。これが龍馬夫妻の新婚旅行となる。	2059
	3月5日	■龍馬・中岡・西郷、薩摩藩蒸汽船「三邦丸」で大坂出航。	2060

その時、勤王志士・朝廷・慶喜政権・江戸幕府らは、西郷隆盛・大久保利通・薩摩藩年表帖 上巻

西暦1866

3月6日	■龍馬ら、「三邦丸」、下関に寄港し、三吉慎蔵・中岡慎太郎が下船する。三吉は、長府藩に情勢の急転を報告。	2061
3月10日	■「三邦丸」鹿児島到着。龍馬とお龍は「茶会」に宿泊。	2062
3月11日	■西郷吉之助（隆盛）、龍馬とお龍を上町の一軒家に移し、日々、部下の者に警護させた。	2063
3月16日	■龍馬とお龍、吉井幸輔（友実）と共に、傷療養を兼ねて、日当山温泉に行く。龍馬とお龍がそれぞれ、スミス＆ウエッソン第Ⅰ型22口径の短銃を所持していたという。「鳥を撃って面白かった」と手紙に書かれている。	2064
3月20日	■薩摩藩、藩名義で、英国商人グラバーから帆船「ワイルウェフ号」（木造・159トン）を6千3百両で購入、亀山社中に貸与する。	2065
3月21日	■谷潜蔵（高杉晋作）、伊藤俊輔（博文）を連れて長崎（三度目）に入り、薩長同盟に加わるため、長崎銅座町の薩摩屋敷へ向かう。「三邦丸」同乗を図るも間に合わず、長崎薩摩藩蔵屋敷の留守居役・市来六左衛門に親書を手渡したのだ。	2066
3月28日	■「薩摩藩第二次米国留学生」。薩摩藩6名の藩士、長崎から密航出国し米国へ渡る。江夏蘇助（仲左衛門）(1831〜1870)、仁礼景範(1831〜1900)、湯地定基(1843〜1928)、吉原重俊(1845〜1887)、種子島敬助(1844〜?)、木藤市助(?〜1867)。	2067

右より伊藤博文 高杉晋作 三谷国松

209

西暦1866

慶応2	3月28日	■龍馬とお龍、迎えに来た吉井幸輔（友実）の案内で、霧島栄之尾温泉で湯治中の小松帯刀（清廉）を見舞い、晩は霧島山温泉所に泊まる。	2068
	3月30日	■龍馬とお龍、霧島温泉に戻ると、吉井幸輔（友実）が待っていた。	2069
	4月2日	■木戸貫治（桂小五郎）（1833～1877）、幕府の内情を伝える薩摩藩御側役大久保利通の手紙を受け取る。 □3月、木戸は書を大久保利通に寄せ、薩長連盟のため上京中の歓待を謝した。	2070
	4月4日	■薩摩藩黒田嘉右衛門（のちの清綱）（1830～1917）、五卿護衛のため太宰府到着。	2071
	4月7日	■幕府、学校修業や貿易目的の海外渡航を一般に解禁。	2072
	4月10日	■小松帯刀（清廉）、西郷吉之助（隆盛）・坂本龍馬・お龍らが鹿児島到着。龍馬・お龍ら、小松帯刀別邸の宿泊。	2073
	4月14日	■龍馬、薩摩藩校の洋学校「開成所」参観、海軍養成の必要性を説く。	2074
	4月14日	■目付役の小林甚六郎、幕府の命に依り、三条実美以下の五卿に対し京都へ帰還を迫る。薩摩の大山格之助、黒田嘉右衛門（清綱）ら、西郷吉之助（隆盛）に代って頑として五卿を渡さず。 □後、小林甚六郎、数回、五卿との面会を求めるも拒絶される。一方、薩摩藩は、五卿の大宰府・延寿王院を35名と藩士と大砲3門で護る。	2075
	4月14日	■薩摩藩御側役大久保利通、大坂城に老中板倉勝静を訪問。大坂薩摩藩邸留守居役・木場伝内名義の書面を渡す。受け取りを拒否する板倉に、大久保は朝命に反した幕罪6ヶ条を挙げ、長州征討の非を論じ、出兵を拒否。 □広島藩主浅野安芸守も、長州征討の大義名分を問題にして出兵を辞退、ほかに宇和島藩、佐賀藩も出兵を止める。 ■大久保利通、再び、板倉勝静に会見し、幕府の不尊奉六ヶ条をあげて論難する。	2076
	4月15日	■薩摩藩主島津茂久（のち忠義）（1840～1897）、書面で征長不可を解き、出兵を拒否。	2077
	4月中旬	■この頃西郷吉之助（隆盛）（1828～1877）、藩政改革と陸海軍の拡張を進言。	2078
	4月18日	■薩摩藩士大山格之助（綱良）（1825～1877）、兵30数名、砲3門を率いてこの日、太宰府に入り、三条実美以下五卿の動座に反対。薩摩藩の五卿警備担当・大山格之助の威嚇、そして、争いも辞さぬ見幕に、幕府目付役小林甚六郎は、ほうほうの態で引き揚げる。	2079
	4月一	■この頃、「桜島丸」（ユニオン号）、糧米500俵を積み下関出航、長崎に寄港。	2080
	4月一	■この月、京都の薩摩藩邸を訪れた河田小龍は、近藤長次郎が死去した事情を、中村半次郎（桐野利秋）から聞いた。	2081
	4月22日	■幕府、大坂の商人に献納させる。	2082
	4月28日	■命名式をひかえた「ワイルウェフ号」、荒鉄や銅地金、大砲、小銃等の積荷を搭載し、「桜島丸」（ユニオン号）に曳航され長崎出港、鹿児島に向かう。	2083
	5月1日	■西郷吉之助（隆盛）、小松帯刀（清廉）・桂久武らと、藩政改革にあたる。	2084
	5月1日	■幕府、芸州（広島）にて老中小笠原長行をして、長州支藩の名代（宍戸備後助ら）に、「禁門の変」等処罰の命を伝達。長州藩の所領10万石を削り、毛利敬親父子に蟄居を命じた。	2085
	5月2日	■暴風雨に巻き込まれ、「桜島丸」との引き綱をはずされた「ワイルウェフ号」が、五島列島中通島の潮合崎沖にて沈没。	2086

その時、勤王志士・朝廷・慶喜政権・江戸幕府らは、**西郷隆盛・大久保利通・薩摩藩年表帖 上巻**

西暦1866

5月3日	■中岡慎太郎、木戸貫治（桂小五郎）にあて、近々行われるであろう幕府軍との戦いについて手紙を書く。中岡、三吉慎蔵にあて、薩摩藩士らの尽力ぶりを伝えた手紙を書く。
5月4日	■谷潜蔵（高杉晋作）、オテント丸（のちの丙寅丸）を独断で購入して、長崎より下関に入る。
5月7日	■幕府、長州藩に対し、筑前福岡藩に五卿引き渡しを命ずる。
5月8日	■薩摩藩士黒田嘉右衛門（清綱）(1830～1917)、幕府の長州（萩）藩処置を報ぜんが為、帰藩せんとし、元権中納言・三条実美等に謁す。実美、萩藩救援に関する意見書を之に付す。翌日、嘉右衛門、太宰府を発す。
5月9日	■幕府、長州藩に対し、十万石の減封、藩主の隠居、世子広封は永蟄居、家督は長男の興丸に継がせることを改めて告げ、5月29日を回答の最終期限とし、命に服さなかった場合には6月5日をもって開戦とする旨を通告。広島に赴いていた長州藩士河北一は、藩主名代に縄をかけた幕府の処置を長州本藩・支藩に報告。
5月11日	■中岡慎太郎、西郷吉之助（隆盛）に、土佐藩の乾（板垣）退助を紹介し会談。
5月13日	■幕府、老中水野忠精（出羽国山形藩主）をして、英仏米蘭と改税約書12ヶ条に調印（江戸条約）。
5月14日	■慶喜側近・川村恵十郎（のちの川村正平）(1836～1898)、洛北岩倉村に幽棲中の岩倉具視(1825～1883)を訪問。薩摩をして長州と戦わしめるべく、岩倉に薩摩藩への斡旋を依頼したという。
5月15日	■4月末頃上京の中岡慎太郎、長州藩御用所役国政方・木戸貫治（桂小五郎）に宛て、五卿らの安全を保護する薩摩藩士らの尽力ぶりを伝えた手紙を書く。
5月17日	■公卿中御門経之（岩倉の姉婿）(1821～1891)らから要請を受けた薩摩藩士井上石見、蟄居中の岩倉具視を訪問。
5月21日	■英国公使パークス、英艦3隻で横浜出港、長崎、鹿児島、宇和島に向かう。
5月25日	■西郷吉之助（隆盛）、書を大久保利通に送り、出兵拒絶の尽力を謝す。
5月26日	■長崎にいる薩摩藩士五代才助（友厚）(1836～1885)、長州藩士谷潜蔵（高杉晋作）(1839～1867)に書状を書き送り、桜島丸（乙丑丸）を長州へ廻航させること、武器入手のことなどを知らせる。
5月28日	■老中松平伯耆守（本庄宗秀）（丹後国宮津藩主）、広島に入る。
5月28日	■勝義邦（海舟）(1823～1899)、町奉行次席・軍艦奉行に再任。 ■米価高騰により、江戸で窮民暴動、騒擾数日におよぶ。この日以降、大坂、兵庫で打ち壊しが頻発する。
5月29日	■龍馬、西郷吉之助（隆盛）らと会談。
6月2日	■龍馬ら、「桜島丸」を長州藩に引き渡すため、鹿児島を出航。
6月3日	■幕府軍先鋒総督徳川茂承（紀州藩主）、広島に入る。
6月4日	■英国公使パークス、グラバーの仲介で、英艦3隻で鹿児島に向かう途中下関に寄港し、「レパード号」を訪ねてきた木戸貫治（桂小五郎）・谷潜蔵（高杉晋作）・伊藤俊輔（博文）・井上聞多（馨）らと会見。木戸らは、戦争が近いことを告げ、下関開港の意向を否定。

211

西暦1866

慶応2		
6月5日	■幕府、来る6月8日を以って、征長軍進撃の期とする事を発令。	2106
6月7日	■「四境戦争（第二次長州征討）、幕府軍艦の周防大島砲撃より始まる」。「大島口開戦—6月7日～19日」。幕府軍艦長崎丸、上関と安下庄を砲撃。 □大島は北は宮島のある安芸灘に、東と南は伊予灘に面した東西に長い防予諸島の一つである。 □四境とは、上関口（四国方面）、芸州口（山陽道方面）、石州口（山陰道方面）、小倉口（九州方面）の四方向。 □「四境戦争」には、長府藩報国隊軍監・福原往弥（和勝）(1846～1877)の配下に砲一門の小隊長として乃木無人（希典）(1849～1912)が参戦したという。	2107
6月7日	■禁裏守衛総督一橋慶喜、参内。長州藩裁許に服さざるを以て征討する旨を奏す。勅して速やかに追討の功を奏上。	2108
6月8日	■幕府、勅諚を征長諸軍に伝達し、再征を布告。	2109
6月10日	■木戸貫治（桂小五郎）、大久保利通宛てに、第二次長州戦争について述べた書を送る。	2110
6月10日	■町奉行次席・軍艦奉行勝義邦（海舟）、江戸より陸路大坂に向かう。薩摩藩の出兵拒否を穏便に処理するための下坂という。	2111
6月14日	■英国公使パークス、長崎を発し、鹿児島に向かう。	2112
6月14日	■龍馬、下関に到着し、谷潜蔵（高杉晋作）と面談。「桜島丸」、長州船「乙丑丸」と名を改め、千屋寅之助（菅野覚兵衛）を船将に、石田英吉（伊吹周吉）ら亀山社中員と共に、長州藩海軍総督・谷潜蔵（高杉晋作）の指揮下に入る。	2113
6月14日	■幕府、米価騰貴に伴い、諸園の酒造高を三分二（八州は四分三）とすることを命ず。	2114
6月15日	■龍馬、木戸貫治（桂小五郎）と会談し、搬送して来た兵糧米を報国の資としてもらい受ける。	2115
6月16日	■英国公使パークス・東洋艦隊司令官キング、「プリンセスロイアル号」ら3隻で鹿児島訪問。	2116
6月16日	■「四境戦争（第二次長州征討）」。石州口の戦い始まる。	2117
6月17日	■「パークス・英国と薩長との和解と理解のはじまり」。パークス、薩摩藩国父島津久光(1817～1887)と会談、歓待を受ける。斡旋したグラバーも随行。	2118
6月17日	■「四境戦争（第二次長州征討）」。小倉口の戦い始まる。亀山社中運用の「乙丑丸」、長州藩軍艦「丙寅丸」など4隻と共に小倉藩領門司浦と田野浦を艦砲射撃、長州軍逆上陸作戦を支援する。 ■龍馬、「乙丑丸」（桜島丸）に乗船し、幕府軍との海戦に参戦する。	2119
6月18日	■西郷吉之助（隆盛）、パークスと「プリンセスロイアル号」で会談、「王政のもと、雄藩連合による日本統治」を話し、兵庫開港は勅許が下りず、差し止められていると告げる。	2120
6月19日	■薩摩藩主ら、英国艦を訪問し標的射撃を見学。	2121
6月20日	■パークス、鹿児島を出帆、宇和島に向かう。	2122
6月21日	■薩摩藩、征長出兵を拒否。	2123
6月24日	■仏国公使ロッシュ、老中小笠原長行と、小倉で秘密会談を持つ。	2124

その時、勤王志士・朝廷・慶喜政権・江戸幕府らは、**西郷隆盛・大久保利通・薩摩藩年表帖 上巻**

西暦1866

6月25日	■龍馬、山口に至り7月3日まで滞在する。龍馬、薩摩藩士として長州藩主・毛利敬親より短刀、羅紗生地などを拝領。 [2125]
6月—	■薩摩藩、この月、海軍所を設置。 [2126]
6月—	■この頃、伊予国大洲藩、混沌の時代に対応すべく、鉄砲300丁を購入することを計画し、郡奉行・国島六左衛門を長崎に派遣。国島は砲術の達人で、銃器選択には適任と目されたのだ。国島は長崎で、土佐脱藩の志士坂本龍馬を知る。亀山社中を興し、貿易業を計画していた龍馬は、国島に鉄砲の代わりに蒸気船を買うことを勧めた。国島は同意し、薩摩藩士五代才助(友厚)の斡旋で、蘭国人ボードインから蒸気船アビソ号を購入、「いろは丸」と改名。 [2127]
6月—	■幕府、米価騰貴による京都の在米不足のため、諸藩に命じ、大坂からの廻米を令す。 [2128]
6月29日	■前福井藩主松平春嶽(1828〜1890)、京に入る。春嶽は、禁裏御守衛総督一橋慶喜(1837〜1913)と会見すると、再征断念・征長軍解兵を説く。 [2129]
7月2日	■仏国公使ロッシュ、兵庫沖の艦上で老中板倉勝静と会見し、征長作戦を協議し、軍艦買い付けを約束する。 [2130]
7月3日	**■長州藩士伊藤俊輔(博文)、下関より長崎に入る。薩摩藩士五代才助(友厚)**(1836〜1885)**に交渉し、薩摩藩名義で、グラバーより汽船2隻購入の契約を結ぶ。** [2131]
7月4日	■征長総督徳川茂承(紀州藩主)、兵をまとめ宮島より撤兵。 [2132]
7月7日	■中岡慎太郎(1838〜1867)、薩摩藩士伊集院直右衛門(兼寛)(1838〜1898)と馬関到着、戦況実見、有志との会合を果たし太宰府帰還。 [2133]
7月9日	**■薩摩藩、朝廷に、長州再征抗議の文書提出。幕府に対しは、藩主名で出兵拒否する。** [2134]

バークス

213

西暦1866

慶応2	7月12日	■**西郷吉之助(隆盛)嫡男・寅太郎**(1866〜1919)**が誕生。陸軍大将西郷隆盛の嫡男で、母は糸子**(1843〜1922)。	2135

□寅太郎は、薩摩国鹿児島城下上之園通町で出生。東京俘虜収容所長・習志野俘虜収容所長・貴族院議員等を務める。階級位階勲等功級爵位は、陸軍歩兵大佐従三位勲二等功五級侯爵。妻は園田実徳の子・信子(1877〜?)。元帥海軍大将西郷従道(1843〜1902)侯爵は叔父にあたる。庶兄の菊次郎は宜蘭支庁郡守、京都市長等を務める。

明治10年(1877)父・隆盛が「西南の役」で自刃する。隆盛は西南戦争の首魁として官位を褫奪され、一族は鹿児島で密かに暮らしていた。

明治17年(1884)吉井友実や勝海舟等の働き掛けが功を奏し、明治天皇の思召しからポツダム陸軍士官学校留学を命ぜられ、13年もの間ドイツで学び、その間プロイセン陸軍少尉となる。帰国後、陸軍戸山学校射撃科を経て明治25年(1892)陸軍少尉に任じられる。明治35年(1902)6月3日、父隆盛の維新の功により侯爵を授かり華族に列せられ、貴族院議員(侯爵議員)に就任する。隆盛は大日本帝国憲法発布の大赦で赦され、隆盛に正三位が贈られた。

第一次世界大戦中の大正3年(1914)11月11日、東京俘虜収容所長に就任、翌大正4年9月7日、習志野俘虜収容所長に移る。大正8年(1919)1月1日、スペイン風邪(インフルエンザ)による肺炎が元で在職中に死去。同年1月5日、特旨により従三位に叙せられる。侯爵だったため、皇族並みの「薨去」の言葉が使われた。読売新聞の「大西郷の遺子」という見出しから、復権を果たした西郷隆盛の人気ぶりもうかがえる。墓所は東京都・青山霊園。

家督は次男の隆輝(1900〜1920)が継ぐが、隆輝に継嗣がいなかったため、その後を寅太郎の三男・吉之助(1906〜1997)が継ぐ。同年、西郷家の窮状を理解できずに浪費を続けていた妻・ノブ(信子・隆輝、吉之助の母)は、実家の園田家に返されることとなった。吉之助は貴族院議員・参議院議員となり法務大臣を務める。ちなみに、妻・ノブの父・園田実徳(北海道の富豪であった元薩摩藩士)(1849〜1917)は、競馬騎手、武豊・武幸四郎の曾祖父・武彦七の兄にあたるため、彼らは遠縁関係となる。

	7月16日	■禁裏守衛総督一橋慶喜、下坂、19日帰京。22日下坂、24日帰京。	2136
	7月18日	■広島藩主浅野長訓(茂長)、岡山藩主池田茂政、徳島藩主蜂須賀斉裕の外様雄藩、連署して征長の非と解兵を、幕府と朝廷に建言。	2137
	7月19日	■幕府、軍艦操練所を「海軍所」と改称。	2138
	7月20日	■**将軍家茂**(1846〜1866)、**治療のかいなく、大坂城内で病没。享年21。喪を秘す。**(8月20日発喪、慶喜の徳川宗家家督相続を布告)。	2139
	7月20日	■**薩摩藩、島津久光、茂久(忠義)連名により征長軍解体の建白書を提出。しかし孝明天皇・賀陽宮(中川宮朝彦親王)・関白二条斉敬ら朝廷首脳は、なおも征長軍の続行を主張。**	2140
	7月21日	■薩摩藩主島津茂久(のち忠義)(1840〜1897)及び国父久光(1817〜1887)、一揆・打こわし激発に言及し、政体変革と征長解兵の建言書を、関白二条斉敬に提出。	2141
	7月―	■長州藩士小田村素太郎(のちの楫取素彦)(1829〜1912)、来藩中の薩摩藩士黒田了介(清隆)(1840〜1900)、篠原国幹(1837〜1877)のたっての希望で、藩主の許可を得て芸州口の戦場に案内する。	2142
	7月25日	■将軍家茂の訃報、江戸城に届く。	2143

西暦1866

7月27日	■「四境戦争（第二次長州征討）」。長州軍、小倉城本陣を総攻撃、熊本藩兵、陣屋に火を放ち退却。	2144
7月27日	■**薩摩藩（島津久光）、長州救解を上奏。**	2145
7月27日	■禁裏御守衛総督一橋慶喜(1837〜1913)、徳川家相続の意向を示す。	2146
7月28日	■龍馬、長府藩士三吉慎蔵へ手紙を送る。亀山社中の窮乏を訴え、大洲藩が、薩摩藩士五代才助（友厚）(1836〜1885) に依頼し、水夫と機関士の借用を亀山社中へ申し入れて来た旨を伝える。「水夫らに泣々いとま出したれバ、皆泣々に立チ出るも在り、いつ迄も死共に致さんと申者も在候」 ■長州藩士伊藤俊輔（博文）にグラバーより、契約の汽船2隻が幕府の強制買い入れになったと連絡が入る。伊藤は、同月29日、薩摩藩士村田新八 (1836〜1877) と上海に行き、汽船2隻購入の契約を結んだという。	2147
7月28日	■幕府、慶喜に宗家を相続させ、名代として長州に出陣させんことを、朝廷に奏上。29日勅許得る。	2148
7月29日	■**薩摩藩、朝廷に対し、長州再征に文書で抗議。**	2149
7月30日	■一橋慶喜、禁裏御守衛総督、摂海防御指揮を辞す。	2150
8月2日	■谷潜蔵(高杉晋作)指揮下の長州奇兵隊、孤立した幕府軍の本拠地・小倉城を陥落させる。	2151
8月2日	■**一橋慶喜、徳川宗家相続に奉られる。** ■一橋慶喜、仏軍顧問団の派遣を依頼(27日、同様趣旨で督促)。	2152
8月4日	■朝廷(天皇)、長州再征反対を却下する。	2153
8月5日	■中岡慎太郎、薩摩藩士伊集院直右衛門（兼寛）(1838〜1898) と共に、大宰府より長州に向かう。	2154
8月5日	■長州征伐の敗報に怒る一橋慶喜、「長州大討込」出征を宣言。	2155
8月7日	■目付役の小林甚六郎、丸腰で五卿と謁見。逆に京での投獄者の釈放を求められ、9月、目的果すことなく博多港より帰途。	2156
8月7日	■中岡慎太郎、伊集院直右衛門（兼寛）と共に、広寿山(北九州市小倉北区)に在陣する奇兵隊陣営を訪問。	2157
8月7日	■「四境戦争(第二次長州征討)」。幕府軍、芸州口から広島に撤退する。	2158
8月7日	■一橋慶喜、禁裏御守衛総督、摂海防御指揮を辞、勅許得る。	2159
8月8日	■朝廷は慶喜に長州追討の勅諚を下す。徳川慶喜、長州出陣につき御暇参内。	2160
8月8日	■幕府、老中板倉勝静、若年寄大河内正質、同本多思紀らに命じ、将軍名代徳川慶喜進征に随従させる。ついで、名吉屋、水戸、加賀金沢、鹿児島等十余藩の重臣にまたこれを命ず。	2161
8月11日	■中岡慎太郎(1838〜1867)、薩摩藩士伊集院直右衛門（兼寛）(1838〜1898) と共に、下関の白石正一郎邸で谷潜蔵(高杉晋作)(1839〜1867) と会談。	2162
8月11日	■老中小笠原長行により、小倉城落城の報告、一橋慶喜に届く。慶喜、俄に明日の長州出陣を止める。	2163
8月11日	■勘定奉行・勝手方小栗忠順、海軍奉行並を兼帯。	2164
8月13日	■**敗戦処理と将軍継嗣問題を片づけるべく、一橋慶喜、「長州大討込」中止宣言。**	2165

西暦 *1866*

慶応2	8月16日	■薩摩藩、本丸の陸軍方に替わり陸軍操練所を創設する。	2166
		□翌年、陸軍所と改称して、18才から40才を隊伍に編入する。	
	8月16日	■一橋慶喜、書を上げ不利な戦況を報告し、征長軍解散と諸藩召集を奏請、勅許を得る。休戦協定の締結を目論む。	2167
	8月18日	■勝義邦(海舟)(1823～1899)、一橋慶喜より、休戦交渉の内命を受ける。	2168
	8月19日	■朝廷、一橋慶喜に対し、政務従前の通り取り扱ふべき旨を命ずる。	2169
		■所司代松平定敬、書を武家伝奏に呈し、水戸藩主徳川慶篤、謹慎既に3年に及び、家政の整理緒に就くを以て、其謹慎を解かんことを請い、朝旨を伺う、9月3日、朝廷これを許さず、なお後命を待つよう命じる。	
		■勝義邦(海舟)、京より広島に向かう。	
	8月20日	■幕府、徳川家茂の喪を発し、一橋慶喜(1837～1913)の徳川宗家を相続を公布。	2170
		■徳川慶喜、大坂に向かい、城代屋敷に入る。宗家を相続したが、将軍就任は拒む。	
	8月21日	■朝廷、前日の将軍家茂の喪につき征長休戦の御沙汰を幕府へ伝達(征長停止令)。	2171
		■幕府、第二次征長戦停止、決定。	
	8月25日	■龍馬、長崎出張中の越前福井藩士下山尚の訪問を受け会談し、大政奉還を説く。下山は、「龍馬氏、状貌雄偉、眉間一黒子ある。風采閑雅、音調清朗、一見凡夫に非るを知る」と記す。下山は、熊本の横井小楠に龍馬の説を話し、横井も前福井藩主松平春嶽が大政奉還を建白することに賛成を示した。10月24日帰藩した下山は、春嶽に奉還論を進言したが取り上げられなかったという。	2172
	8月28日	■朝廷で朝命伝達方法の朝議、朝命は幕府経由に決定。	2173
	8月30日	■「廷臣二十二卿列参事件」。	2174
		蟄居中で参内禁止の岩倉具視と結んだ中御門経之(岩倉姉婿)・大原重徳ら22卿、連なって参内。朝廷主導での諸侯召集、賀陽宮(中川宮朝彦親王)・関白二条斉敬ら奸臣の追放、反幕府派近衛忠熙の関白再任、鷹司はじめ幽閉状態の公卿たちを赦免して朝議に復帰させること、朝廷政治の改革などを掲げる。	
		□吊るし上げを不安な中川宮・二条斉敬は、共に無理やり職を辞す。孝明天皇は、自らの方針に反対するこの事件に激怒し、10月に中御門ら列参に参加した公卿らに閉門・差し控え等を命じた。	
	9月2日	■「幕長休戦協定締結」。	2175
		幕府の敗色濃厚の中、軍艦奉行勝義邦(海舟)は、安芸厳島大願寺で長州全権使・広沢兵助(真臣)・応接附添の太田市之進・長松文輔・高田春太郎(井上聞多(馨))らと会談、撤兵協議。長州藩は和議を拒否したが、幕府軍の撤収にあたって追撃しないという約束をする。	
	9月2日	■伊達宗城、徳川慶勝らに諸侯上洛令が布達される。	2176
	9月2日	■徳川慶喜、施政の大方針を8ヶ条に記して老中に授ける。	2177
	9月4日	■「征長軍の解兵」が発布され、幕府第二次征長軍、撤兵開始。	2178
	9月6日	■幕府、遣英留学生監督・中村正直とし、外山正一・菊池大麓・林董・川路太郎(寛堂)ら14人に英国留学を命じる。	2179
		□幕府崩壊により志半ばにして帰国することになる。	

その時、勤王志士・朝廷・慶喜政権・江戸幕府らは、**西郷隆盛・大久保利通・薩摩藩年表帖 上巻**

西暦1866

9月7日	■朝廷（天皇）、24藩に召集の命を下す。決議の次第は徳川慶喜を以て奏聞するよう命じる。	2180
9月8日	■島津久光らに、諸侯上洛令（指名）が布達される。	2181
9月一	■大久保利通、山階宮晃親王（1816～1898）および内大臣近衛忠熙（1808～1898）に入説して、諸侯の来会するまでは、国事は大小となく、これを延期されるべきであるとする。	2182
9月24日	■中岡慎太郎、薩摩藩士西郷信吾（従道）（隆盛弟）と共に、京二本松薩摩藩邸に入り長州の情勢を伝える。	2183
9月25日	■中岡慎太郎、薩摩藩御側役大久保利通と面談し、土佐藩に上洛を、薩摩藩から促すよう依頼する。	2184
9月26日	■朝廷、徳川慶喜の除服出仕（喪が明けたのちに役所に出仕すること）の宣下。	2185
9月27日	■大久保利通、近衛家において、家臣と同じく自由に出入りを許される。	2186
9月一	■西郷吉之助（隆盛）（1828～1877）、大目付・陸軍掛・家老座出席に任命される。10月、病気を理由に大目付は返上。	2187
9月一	■パークス、賠償金の代わりとして8ヶ所の灯台設置を要求。	2188
10月1日	■幕府、江戸市内と五街道に輸送馬車の使用を許可。	2189
10月2日	■勝安芳（勝海舟）、幕府に用いられずの書を大久保利通に送り、大坂より江戸へ帰還。	2190
10月3日	■龍馬ら亀山社中の7人、薩摩藩から一人当たり月給3両2分を受け取る。 □この時期は、社中の営業だけではまだ運営できずに、薩摩藩の庇護を受けていた。	2191
10月5日	■龍馬、薩摩藩士吉井幸輔（友実）に謝礼の手紙を書く。	2192
10月5日	■大久保利通、倒幕派公卿・中御門経之（岩倉具視の姉婿）（1821～1891）より、正式の協力要請を受ける。 □利通は、中御門より諸事、腹臓（隠し事）なく進言すべきだとの懇命を受ける。この年利通は、居を石薬師御門外に移し、隣地に長州藩のために一小宅を構え、広沢兵助（真臣）、品川弥二郎、福田侠平ら交々、密に滞宿する。また、同年より岩倉具視と陰かに謀を通じ、王政復古のことを議論したという。	2193
10月6日	■松平春嶽、福井に帰藩。	2194
10月6日	■大久保利通、内大臣近衛忠熙に至り、徳川慶喜、将軍を就任を辞退するを幸いとし、諸侯に来会するまでは、宣下せられんことを進言する。	2195
10月6日	■小笠原長行、老中職を免ぜられる。	2196
10月12日	■幕府、諸国凶作のため、外国米の輸入販売を許可。 ■国境交渉の遣露使節小出秀美（箱館奉行兼外国奉行）、ロシア留学生を伴ない横浜を出港。マルセイユ経由で12月12日にロシア帝国の首都ペテルブルグ到着。	2197
10月14日	■小松帯刀（清廉）、西郷吉之助（隆盛）、国父島津久光に代わりて鹿児島を出立し、京都へ向かう。	2198
10月15日	■島津久光・忠義父子、親書を長州藩主父子に送り、幕兵との戦勝を祝す。	2199

217

西暦1866

慶応2	10月15日	■長州藩御用所役国政方・木戸準一郎(桂小五郎)(1833〜1877)、馬関(下関)で薩摩藩士五代才助(友厚)(1836〜1885)と会見。 2200 □長州藩士広沢兵助(真臣)(1834〜1871)も同席した薩長商社計画という。
	10月15日	■朝廷(天皇)は、徳川慶喜参内妨害ならずとの勅命を下す。 2201
	10月15日	■元薩摩藩士で土佐に逃れた中井桜洲(弘)(1839〜1894)ら、土佐藩参政後藤象二郎の尽力で横浜を出帆し英国へ向かう。 2202 □中井弘は、鹿児島城下に薩摩藩士・横山休左衛門(詠介)の長子として生まれ(幼名休次郎、元服後休之進)、藩校の造士館に学ぶ。祖父の代までは藩の重職にあったが、父の代には没落し経済的に困窮した。16才のときに家を飛び出し関所を破って江戸に上り、22才のころ捕縛されるが、文久2年(1862)に解放されると再び脱藩。この時、国境まで見送ったのが、中村半次郎(後の桐野利秋)、ただ一人という。そして京都に行き浪人となるが、土佐藩の後藤象二郎や坂本龍馬らにその剛毅な性格を愛され、彼らが工面した資金で、土佐の結城幸安と共に、英国へ密航留学する。翌慶応3年帰国した中井は、宇和島藩主伊達宗城に招かれて、同藩の周旋方として京都で活躍、「弘蔵」と改名する。中井は、名前も横山休之進から始まり、田中幸助(幸介)、後藤休次郎、中井弘蔵、鮫島雲城とたびたび変名し、晩年は桜洲山人と号した。
	10月16日	■徳川慶喜、除服後はじめて参内。 2203
	10月19日	■薩長同盟の薩摩使節黒田嘉右衛門(清綱)ら、馬関に到着。 2204
	10月21日	■「四境戦争―小倉口戦」。長州軍と戦う小倉藩家老・島村志津摩(貫倫)(1833〜1876)、金辺峠から後退。 2205 □限界と感じていた小倉藩首脳は、大宰府の都落ちの五卿を護衛している肥後藩士と、同地に滞在している薩摩藩士に、止戦の調停を依頼した。22日、狸山峠を守っていた軍も後方に退く。
	10月24日	■中浜(ジョン)万次郎(1827〜1898)、薩摩藩の汽船を買い付けるため上海へ向かう。 2206
	10月24日	■龍馬、薩摩藩長崎留守居役・汾陽五郎右衛門を訪ねる。 2207
	10月24日	■藩士黒田嘉右衛門(清綱、画家黒田清輝の養父)(1830〜1917)、山口湯田御殿で長州藩主・毛利敬親(1819〜1871)に謁見。薩摩藩は、正式に薩長連合の意を表わした。 2208 □薩摩藩国父・島津久光(1817〜1887)は、藩士黒田嘉右衛門(清綱)を正使として山口に派遣した。
	10月25日	■幕府英国留学生14名(取締2名、留学生、川路聖謨その嫡孫の川路太郎・中村敬宇・外山正一・菊池大麓・福沢英之助ほか12名)、横浜を出港。 2209 □幕府瓦解後、志半ばにして、パリに在留していた徳川昭武の尽力で他の留学生と共に帰国できた。
	10月26日	■中岡慎太郎、土佐の同志に宛て「竊に知己に示すの論」(第2回目の「時勢論」)を執筆。土佐藩の公武合体策を批判し、大政奉還論を説く。しかしこの後、中岡は武力討幕路線を推進。 2210 ■薩摩藩士小松帯刀(清廉)、西郷吉之助(隆盛)、入京。
	10月27日	■「廷臣二十二卿列参事件」、謹慎等の処分を下す。 2211
	10月28日	■島津斉興の側室・お由羅の方(江戸の町娘)(1795〜1866)、玉里邸で死去。72才。 2212

その時、勤王志士・朝廷・慶喜政権・江戸幕府らは、**西郷隆盛・大久保利通・薩摩藩年表帖 上巻**

西暦1866

10月28日	■亀山社中、プロシアの商人チョルチーから、薩摩藩の保障で、兵庫商人名義の西洋帆船を購入。のちの「大極丸」である。
10月30日	■長州藩、木戸準一郎(桂小五郎)(1833〜1877)・河北一(1833〜1907)に、薩摩への答礼使節を命ずる。
11月9日	■小笠原長行(ながみち)、再び老中となる。
11月10日	■薩摩藩、家老岩下左次右衛門(方平)(みちひら)(1827〜1900)を使節団長として、パリ博覧会使節兼博覧会御用が、鹿児島を出航(慶応3年1月2日パリ着)。 □1867年にパリで第5回万国博覧会が開催。日本は幕府の他に薩摩藩・佐賀藩が出展。薩摩藩は幕府とは別に区画を設け、独自に出展したため、幕府と対立する。結局、「日本薩摩太守政府」の名で列に出展することが認められたが、これによりヨーロッパ諸国において幕府の権威が低下することとなったという。薩摩藩は、琉球産物や調度品など128品目、約400箱を出品し、特に薩摩焼は絶賛される。薩摩藩は参加記念章として「薩摩琉球国」の勲章を作り、ナポレオン3世をはじめフランス高官に贈った。その返礼としてナポレオン3世から記念メダルを貰っている。
11月11日	■幕府、窮民対策として施米と備兵を布告する。
11月15日	■土佐藩大監察福岡藤次(孝悌)(たかちか)・大目付小笠原唯八、前藩主容堂の上洛免除の答礼使者として上洛。薩長の動向等、京都の政情を視察、中岡慎太郎の登用を建議する。
11月16日	■長州藩答礼使木戸準一郎(桂小五郎)・河北一、「丙寅丸」で薩摩に向かう。
11月18日	■幕府、講武所を廃止、陸軍所に吸収されて砲術訓練所となる。 □砲術師範らは陸軍所修業人頭取となり、残りの剣槍師範と職員らは遊撃隊に編入される。
11月20日	■中岡慎太郎、土佐藩目付毛利荒次郎(恭助)の訪問を受け面談、西郷吉之助(隆盛)を訪ね面談。
11月25日	■木戸準一郎(桂小五郎)ら答礼使節一行を乗せた長州藩船「丙寅丸」が鹿児島湾に入る。(28日とも)。
11月下旬	■この頃龍馬、薩摩藩貿易責任者・五代才助(友厚)と下関に入り、長州藩重臣・広沢兵助(真臣)を説き、下関に薩長合弁の商社の設立を計画(実現せず)、共に「商社示談箇条書」作成する。
11月一	■長州藩士広沢兵助(真臣)(1834〜1871)と薩摩藩士五代才助(友厚)(1836〜1885)と「商社示談箇条書」を結ぶ。**長州と薩摩との間で「商社示談箇条書」が作成され、互いに国名を名乗らず、商家の名号、つまり屋号を用いることとされた。**
11月27日	■アーネスト・サトウら、英国軍艦「アーガス号」で鹿児島に到着。島津図書(久治)(ずしょ ひさはる)(1841〜1872)、新納刑部(新納中三)(にいろ ちゅうぞう)(1832〜1889)、島津伊勢(諏訪甚六)(すわ じんろく)(1829〜1898)と交流。アーネスト、鹿児島にいた木戸準一郎(桂小五郎)とは会えず。
11月28日	■中岡慎太郎、深瀬仲麿(1841〜1874)の訪問を受ける。 □深瀬仲麿は、十津川郷の出身で、緒方洪庵の適塾に学び、薩長間を奔走した志士。
11月28日	■徳川慶喜、異母弟・徳川(清水)昭武に、パリ万国博覧会に向けて、仏国渡航を命ず。

2213
2214
2215
2216
2217
2218
2219
2220
2221
2222
2223
2224
2225
2226
2227

西暦1866

慶応2		
11月29日	■長州藩正副両使の木戸準一郎(桂小五郎)(1833〜1877)と河北一(1833〜1907)、鶴丸城二の丸に登城し、島津久光(薩摩藩国父)(1817〜1887)父子の引見を受ける。	2228
12月3日	■幕府、水戸藩主徳川慶篤弟・松平昭武に内命し、清水家を継がせ、徳川家主徳川慶喜の営内に住まわせる。この日、昭武、これに移る。 □12月9日、松平昭武は清水家を継ぐ。	2229
12月5日	■大久保利通、外国艦が摂津攝海来航の説あるを以て、観察のため下坂する。	2230
12月5日	■「最後の征夷大将軍」。将軍就任を拒み続けた徳川慶喜(1837〜1913)、ようやく、正二位・権大納言兼右近衛大将に任ぜられ、家光以来途絶していた二条城で、第15代将軍宣下を受け、最後の征夷大将軍となる。	2231
12月一	■この頃、アーネスト・サトウら、大坂で、薩摩藩家老の小松帯刀(清廉)らと面会。2等書記官ミットフォードも薩摩寄りになる。大坂薩摩藩邸にいた、薩摩藩士を名乗る井上聞多(馨)、アーネスト・サトウらを、長州へ招待をする。	2232
12月6日	■中岡慎太郎、小松帯刀(清廉)を訪問(8日も)。	2233
12月6日	■幕府、浪人取締令を令達。	2234
12月7日	■西郷吉之助(隆盛)、兵庫に至り、アーネスト・サトウと会談。	2235
12月7日	■中岡慎太郎、松原通の板倉筑前介(淡海槐堂)を訪ねる。 □薬種商・武田家の筑前介は、政変落ちの七卿や、天誅組・長州藩に資金援助を行い、京に出入りする志士たちから慈父のごとく敬慕されたという。知恩院勢至堂に板倉槐堂墓。	2236
12月7日	■一橋家臣・渋沢栄一、仏国出張を命ぜられる。	2237
12月8日	■長州藩正副両使の木戸準一郎(桂小五郎)と河北一、鹿児島から山口に戻る。	2238
12月10日	■中岡慎太郎、薩摩藩士大山弥助(巌)(1842〜1916)を訪ねたのち、土佐藩浪士望月清平らと会う。	2239
12月14日	■中岡慎太郎、西郷吉之助(隆盛)を訪問。	2240
12月23日	■中岡慎太郎、西郷吉之助(隆盛)を訪ね面談。	2241
12月25日	■中岡慎太郎、薩摩藩士吉井幸輔(友実)を訪問。	2242
12月25日	■孝明天皇(1831〜1867)、崩御(36才)、死因は天然痘と診断された。天皇の崩御が公にされたのは29日。昭和15年(1940)10月19日、「平安神宮」に皇紀2600年を記念して奉祀される。 ■西郷吉之助(隆盛)が留守中、一人宿舎に戻る途中の徳嶋仲祐、新選組土方歳三らによって、西郷と誤って斬り殺される。 □西郷隆盛が自ら揮毫した徳之島出身の琉仲祐の墓は、林光院(相国寺塔頭)。	2243
12月26日	■英国公使パークス、江戸薩摩屋敷を訪問する。	2244
12月27日	■中岡慎太郎、孝明天皇の崩御を知り、西郷吉之助(隆盛)を訪問。	2245
12月28日	■陸前、陸中、羽前、岩代、上野、下野、武蔵、越後、信濃、越前、飛騨、三河、近江、伊勢、摂津、但馬、和泉、美作、石見、紀伊、播磨、伊予、豊前、豊後等で、米価騰貴、凶作、課役苛重、村役人非違などのため、一揆・打ちこわし起こる。	2246
12月29日	■中岡慎太郎、西郷吉之助(隆盛)の訪問を受け、土佐藩の奮起について面談。中岡はその後、大坂に入る。	2247

その時、勤王志士・朝廷・慶喜政権・江戸幕府らは、西郷隆盛・大久保利通・薩摩藩年表帖 上巻

西暦1866

12月29日	■孝明天皇崩御御発喪。	2248
12月一	■幕府、英・仏・米・蘭4国の公使に上坂を求む。	2249
12月一	■11月10日、幕臣前島錠次郎の跡目相続し、幕臣となった前島来助（のちの密）（1835〜1919）、徳川慶喜に「漢字御廃止之議」を建白。 □民の間に学問を広めるためには、難しい漢字の使用をやめるべきだという趣旨のもので、わが国の国語国字問題について言文一致を提言した。 □巻退蔵（前島密）は、慶応元年には、薩摩藩士（薩摩藩の留学生の一員）で、長崎奉行所の英語稽古所の学頭・何礼之（1840〜1923）の学舎「倍社」の一員である鮫島誠蔵（尚信）（1845〜1880）を通じて薩摩藩から開成学校の英語教授として招かれ、藩の汽船で鹿児島に赴いた。開成学校の生徒の数は日が立つにつれ増えてきたため、倍社の塾生2名を呼びよせ助手とした。鹿児島では手厚く処遇されたが、藩内の情勢は倒幕となり、開国主義の退蔵の考えとは異ってきた。兄又右衛門死去の知らせを受けたのを機に鹿児島を去り帰郷の途に就いたという。	2250

西暦1867

慶応3			
	1月3日	■幕府、横浜に語学所を開設し、諸藩士の英仏語修学を許可。	2251
	1月9日	■「明治天皇即位」。睦仁親王（祐宮）（1852〜1912）は践祚して第122代明治天皇即位、摂政に二条斉敬（1816〜1878）。 □有栖川宮幟仁親王（1812〜1886）・熾仁親王（1835〜1895）父子は許されて謹慎を解かれた。参内を止められていた公卿らが復帰し、佐幕派で占められていた朝廷の顔ぶれは大きく様変わりする。	2252
	1月11日	■横井小楠、越前福井藩に「国是十二条」を提出。 □龍馬が作成した有名な「船中八策」と「新政府綱領八策」は、小楠が幕府に提出した「国是七条」とこの「国是十二条」をそれぞれ下敷きにしており、由利公正が起草した「五箇条の御誓文」も、この「国是十二条」の影響が色濃いという。	2253
	1月11日	■仏国公使ロッシュの提案を受け、幕府遣欧特使徳川昭武（慶喜の弟）・随行員渋沢栄一ら、パリ万国博覧会に向け横浜を出港。2月29日、マルセイユ着。	2254
	1月13日	■龍馬、松井周助・溝淵広之丞の周旋により長崎「清風亭」で、土佐勤皇党の盟主・武市半平太らを追いこんだ土佐藩参政・後藤象二郎と会見（清風亭会談）。「伯一笑坂本を迎へ、一見旧の如く紅燈緑酒の間、互に胸襟を被きて、一夕の歓を遊せり」『坂本龍馬日記』。	2255
	1月14日	■中岡慎太郎、三条実美に拝謁後、五卿衛士・吉田清右衛門（清基）（薩摩藩士）（1831〜1867）と会う。	2256
	1月14日	■長州藩士井上聞多（馨）・遠藤謹助、京都に入り、薩摩屋敷に潜伏する。長州藩士品川弥二郎と共に、薩摩藩の西郷吉之助（隆盛）・大久保利通らと密議。品川弥二郎は、人質として薩摩藩邸に留まっていた。	2257
	1月15日	■中岡慎太郎、五卿衛士・吉田清右衛門（清基）（薩摩藩士）の訪問を受け面談。	2258
	1月15日	■朝廷、大喪による大赦を発表、公卿30余名を恩赦（25日も）。関白の内覧職権を一時停止されていた公武合体派九条尚忠は赦免されたが、岩倉・久我・千種・富小路ら列参事件関係の、日米条約反対派公卿は赦免されず ■征長軍解兵決議した将軍慶喜、朝廷への征長解兵奏請使者として松平容保・定敬を任命。	2259

西暦1867

慶応3		
1月16日	■摂政二条斉敬、朝紀振粛の布達十ヶ条を廷臣に示す。	2260
1月17日	■江戸市中の治安維持の警察が目的で、町兵制が具体化され、町兵掛が設置される。	2261
1月20日	■「四境戦争」ようやく終わる。豊前小倉新田藩(千束藩)の第9代藩主小笠原近江守貞正(1840~1906)の願に長州が回答し、小倉藩との講和が成立する。長州藩と小倉藩が、佐賀藩と薩摩藩を仲介して講和。	2262
1月21日	■中岡慎太郎、五卿衛士・吉田清右衛門(清基(薩摩藩士)(1831~1867)を訪ね、参殿。	2263
1月21日	■朝廷、長州征討解兵の沙汰を下す。	2264
1月22日	■西郷吉之助(隆盛)、「四侯会議」の実現を求めて、薩摩藩主父子の上洛を促すために京都出立。勅許を得ずに兵庫開港を声明した将軍慶喜を糾弾するためである。	2265
1月23日	■将軍慶喜、勅許を得て征長軍解兵を令す。	2266
1月24日	■中岡慎太郎、五卿衛士・吉田清右衛門(清基(薩摩藩士)を訪ねる。	2267
1月24日	■西郷吉之助(隆盛)(1828~1877)、鹿児島に向かう途中、宇和島で前藩主伊達宗城(1818~1892)に上洛を督促。	2268
1月25日	■朝廷、有栖川宮熾仁親王・中山忠能らの参朝を許可。面会謝絶、諸行動差し控え等が解除されたのだ。	2269
1月27日	■仏国公使ロッシュ、兵庫港に入る。	2270
1月27日	■孝明天皇の大葬挙行、将軍慶喜供奉。	2271
2月1日	■西郷吉之助(隆盛)、京より鹿児島へ帰着。その後、藩主父子の「四侯会議」での上洛を説得。薩摩・越前・土佐・宇和島藩の「四侯会同案」が決定され、島津久光(薩摩藩国父)(1817~1887)も同意する。	2272
2月2日	■中岡慎太郎、五卿衛士・吉田清右衛門(清基)(薩摩藩士)を訪ね、長州から来た使者について面談。大宰府で水戸藩士を称する伊東甲子太郎と会ったという。中岡、土方楠左衛門(久元)・水野渓雲斎と共に、長州からの使者に応接。 ■水戸藩士を称する、新選組伊東甲子太郎ら、兵庫から筑前の大宰府に到着。天神参詣後、三条実美警備の久留米藩の真木外記・水野渓雲斎と面会し、五卿衛士・吉田清右衛門(清基)(薩摩藩士)宅に宿泊。	2273
2月上旬	■この頃、薩摩藩の小松帯刀(清廉)・吉井幸輔(友実)、大坂英国公使宿舎を訪問、アーネスト・サトウに会う。	2274
2月6日	■将軍徳川慶喜、大坂城で仏国公使ロッシュと引見、老中板倉勝静が同席。慶喜はロッシュに「統治の全権は天皇ではなく自分にある」ことを主張。また、幕府改革の意見を聴く。ロッシュ、六局構想(内閣制)を説く。また、郡県制を説いたともいい、薩長と英国との策謀を慶喜に警告(7日も)。8日、帰京。	2275
2月13日	■西郷吉之助(隆盛)、高知・宇和島へ行くため鹿児島を出立。	2276
2月15日	■中岡慎太郎、土佐の島村寿太郎にあて、西郷吉之助(隆盛)の四国行を伝える手紙を書く。	2277
2月15日	■西郷吉之助(隆盛)、鹿児島から土佐到着。	2278

その時、勤王志士・朝廷・慶喜政権・江戸幕府らは、西郷隆盛・大久保利通・薩摩藩年表帖 上巻

西暦 1867

2月15日	■朝廷は大喪により大赦を決定。	2279
2月16日	■西郷吉之助（隆盛）、高知城下の散田邸で、前土佐藩主山内容堂と会見、「四侯会議」参加のための上洛を督促。	2280
2月17日	■西郷吉之助（隆盛）、山内容堂と再び会見。	2281
2月18日	■将軍慶喜、下坂。この日再び、仏国公使ロッシュを引見、21日帰京。	2282
2月20日	■龍馬、薩摩藩士大山格之助（綱良）（1825〜1877）の訪問を受ける。	2283
2月23日	■中岡慎太郎、五卿衛士・吉田清右衛門（清基）（薩摩藩士）へ手紙を送り、三条の衛士の黒岩直方（安芸守衛）・平川和太郎の訪問を受ける。	2284
2月24日	■西郷吉之助（隆盛）、宇和島で前藩主伊達宗城と会見、上洛を再び督促。	2285
2月25日	■中岡慎太郎、薩摩藩士大山格之助（綱良）を訪ねる。	2286
2月25日	■薩摩藩、小島四郎（相楽総三）に約定書（心得）を渡す。	2287
2月下旬	■この頃、大監察福岡藤次（孝悌）（1835〜1919）ら土佐藩、諸藩周旋に動く坂本龍馬、中岡慎太郎の国外での活動を認める。	2288
2月26日	■中岡慎太郎、大宰府で、薩摩行について二度参殿、土方楠左衛門（久元）と別杯を酌む。	2289
2月27日	■西郷吉之助（隆盛）、四国等の周旋を終えて帰藩。	2290
2月27日	■中岡慎太郎、薩摩藩士大山格之助（綱良）と共に、太宰府より薩摩に向かう。	2291
2月27日	■パリで万国博覧会開催、幕府・佐賀藩・薩摩藩が出品。	2292
2月30日	■永井尚志（1816〜1891）、大目付兼外国奉行から若年寄格になる。	2293
2月一	■隆盛弟・西郷吉二郎（1833〜1868）が再婚し、後妻として園子が西郷家に入る。園子は、隆盛妻・糸子より2才上の25才。	2294
3月2日	■中岡慎太郎、薩摩に到着し、大山格之助（綱良）宅に入る。薩摩藩士、天文方・磯永孫四郎（彦助）（長澤鼎の父）らの訪問を受ける。	2295
3月3日	■中岡慎太郎、吉井幸輔（友実）を訪問、四侯会議について面談。後、薩摩藩士黒田嘉右衛門（清綱）を訪ね、さらに西郷吉之助（隆盛）を訪ね、四国出張の首尾について面談し、西郷宅で泊まる。	2296
3月4日	■中岡慎太郎、肝付七之丞と面談、伊地知正治、吉井幸輔（友実）にそれぞれ面談。	2297
3月5日	■中岡慎太郎、村田新八を訪問。	2298
3月5日	■将軍徳川慶喜、兵庫開港の勅許を奏請（許されず）。	2299
3月5日	■勝義邦（海舟）（1823〜1899）、海軍伝習掛兼帯を命じられる。	2300
3月6日	■中岡慎太郎、薩摩藩士川畑伊右衛門に面談。	2301
3月7日	■中岡慎太郎と西郷吉之助（隆盛）、村田新八との会談後、黒田了介（清隆）を訪問し、宿泊。	2302
3月7日	■勝義邦（海舟）、海軍伝習について英国公使パークスと会見。	2303
3月8日	■中岡慎太郎、川畑伊右衛門・大山格之助（綱良）・磯永孫四郎（彦助）らと面談。	2304
3月9日	■中岡慎太郎、薩摩藩国父津久光に謁見し、五卿への伝言を受ける。	2305

西暦1867

慶応3	3月10日	■中岡慎太郎、薩摩藩士村田新八らと共に、鹿児島を出港。 □西郷吉之助（隆盛）が、肥前国大村藩・平戸藩などの遊説を指示したのだ。	2306
	3月10日	■土佐藩大監察福岡藤次（孝悌）、坂本龍馬・中岡慎太郎の脱藩罪赦免を伝える等のため、長崎出張を命じられ、土佐藩船となった「空蝉丸（原名胡蝶丸）」で土佐を出立。	2307
	3月10日	■新選組から御陵衛士となった伊東甲子太郎・新井忠雄、2ヶ月余の九州遊説から大坂着、翌日帰京。	2308
	3月10日	■伊東甲子太郎ら14名、武家伝奏により山陵奉行戸田忠至に属して、孝明天皇御陵衛士を拝命（山陵掛御用議奏柳原光愛からともいう）。 □衛士拝命には、歴代及び孝明天皇御陵のある泉涌寺の塔頭戒光寺長老・堪然（前泉涌寺住職）の尽力があったといわれる。戒光寺（東山区泉涌寺山内町29）。	2309
	3月15日	■中岡慎太郎・薩摩藩士村田新八ら、時津から大村へ至り、肥前国大村藩士渡辺清・渡辺昇兄弟らと面談。	2310
	3月17日	■中岡慎太郎・薩摩藩士村田新八ら、大宰府に入り五卿に拝謁、薩摩の情勢を報告。薩摩藩の情勢や「四侯会議」について土方楠左衛門（久元）と面談。 ■木戸準一郎（桂小五郎）、長州に身を寄せていました土佐勤王党の後藤深蔵（上田宗児）（1842～1868）を供に大宰府に入る。 ■薩摩藩士中村半次郎（桐野利秋）（1838～1877）、伊集院金次郎（正雄）（1837～1868）と共に、太宰府の三条実美ら五卿のもとを訪れる。長州藩医竹田祐伯（竹田庸伯）（1809～1895）も来会わせる。	2311
	3月19日	■朝廷、慶喜の兵庫開港の奏請を却下。	2312
	3月20日	■中岡慎太郎・薩摩藩士村田新八ら、小倉から下関に入り、坂本龍馬、伊藤俊輔（博文）とそれぞれ会見。慎太郎は、高杉晋作の病が重く会えなかったという。 ■龍馬、三吉慎蔵に、西郷吉之助（隆盛）が前土佐藩主山内容堂へ上洛を進言し、それが実現しそうな旨を伝える手紙を書く。	2313
	3月20日	■伊東甲子太郎一派10数人、新選組離脱、のちに言う「高台寺党」が発足。斎藤一、間者として御陵衛士に加わるという。屯所を出て、ようやく探しあてた城安寺（東山区東大路通三条西入一筋目下ル南西海子町424）に入る。翌日、五条橋西の善立寺に移る。	2314
	3月21日	■長州藩医竹田祐伯、高杉晋作が重病になったというので長州に呼び返される。	2315
	3月21日	■西郷吉之助（隆盛）（1828～1877）、前土佐藩主山内容堂（1827～1872）に、亀山社中の土佐藩外郭組織への改組を提案。	2316
	3月22日	■薩摩藩士中村半次郎（桐野利秋）、伊集院金次郎（正雄）、薩摩に向かう。	2317
	3月22日	■将軍慶喜、兵庫開港勅許再奏請、なお許されず。この日、下坂。	2318
	3月23日	■中岡慎太郎・村田新八ら、長州藩主謁見ののち、陸路東上のため出立、京に向かう。	2319
	3月24日	■各大名、兵庫開港の可否建議。	2320
	3月25日	■薩摩藩国父島津久光、「四侯会議」と京都警備のため、西郷吉之助（隆盛）と兵700を率いて、4回目の京に向けて、「三邦丸」で鹿児島を出航。	2321

西暦1867

その時、勤王志士・朝廷・慶喜政権・江戸幕府らは、西郷隆盛・大久保利通・薩摩藩年表帖 上巻

3月25日	■将軍徳川慶喜、大坂城で英国公使ハリー・パークスと会見。28日まで四ヶ国代表と会見し、条約履行(兵庫開港)を確約。	2322
3月26日	■将軍徳川慶喜、大坂城で蘭国総領事ポルスブルックと会見。	2323
3月26日	■幕府の新造軍艦「開陽」、留学生榎本武揚、沢太郎左衛門らを乗せて、蘭国(和蘭)より回航して横浜に入港。	2324
3月28日	■将軍徳川慶喜(1837～1913)、英仏蘭三ヶ国公使と公式会見を行う。慶喜、兵庫開港を宣言する。	2325
3月29日	■将軍徳川慶喜、米国公使ファルケンバーグと会見(4月1日も)。	2326
3月29日	■「廷臣二十二卿列参事件」の正親町三条実愛(おおぎまちさんじょうさねなる)(1820～1909)・中御門経之(なかのみかどつねゆき)(1821～1891)・大原重徳(しげとみ)(1801～1879)ら24卿、赦免される ■岩倉具視(1825～1883)、入洛の禁を解かれる(参内は禁止)。 ■朝廷、兵庫開港再要請を却下。	2327
4月—	■「海援隊発足」。この月、長崎の土佐藩大監察福岡藤次(孝悌)(1835～1919)は、後藤象二郎と共に、苦しい経営を強いられていた龍馬が率いる「亀山社中」を、「海援隊」として土佐藩傘下に新設する事と、中岡慎太郎率いる「陸援隊」を併設する事を目指したという。 □海援隊発祥の地「小曽根邸の跡碑」は長崎市万才町。	2328
4月1日	■中岡慎太郎・薩摩藩士村田新八ら、大宰府から陸路及び船を乗り継いで大坂に入る。	2329
4月2日	■中岡慎太郎、大坂で薩摩藩士吉井幸輔(友実)と会談。 ■御側役大久保利通、薩摩藩国父島津久光を大坂に迎える。	2330
4月3日	■徳川慶喜、帰京。	2331

沢太郎左衛門

西暦1867

慶応3	4月5日	■中岡慎太郎、薩摩藩士内田仲之助(政風)(まさかぜ)(1815～1893)・新納刑部(新納 中三)(にいろちゅうぞう)(1832～1889)に面談後、土佐藩大目付小笠原唯八を訪ねる。	2332
	4月6日	■アーネスト・サトウ、大坂で西郷吉之助(隆盛)・小松帯刀(清廉)を訪問し、将軍慶喜の外国公使謁見の経緯を報告し助言。	2333
	4月10日	■龍馬、土佐藩参政福岡藤次に、長崎で正式に海援隊隊長を命ぜられる。	2334
	4月12日	■薩摩藩国父島津久光、小松帯刀、西郷吉之助(隆盛)を従えて、京都警備のため兵700を率いて京に入る。 □二本松藩邸に収容できなかった薩藩兵の屯所となっていたのが浄福寺(上京区浄福寺通一条上ル西側)である。	2335
	4月13日	■薩摩藩の小松帯刀(清廉)・西郷吉之助(隆盛)・吉井幸輔(友実)、英国公使パークスを訪ね会談。	2336
	4月13日	■仏国公使ロッシュ、呈書して日本の政体を各国に弁明すべき旨を建議する。将軍慶喜は、国律を起草させる。	2337
	4月13日	■長州藩士伊藤俊輔(博文)・土佐藩浪士田中顕助(光顕)、情勢視察のため下関から京都に到着。京薩摩藩邸で中岡慎太郎、大久保利通、村田新八らと時事について話し合う。	2338
	4月14日	■谷潜蔵(高杉晋作)(1839～1867)、下関新地の商家・林算九郎邸にて肺結核で病死(29才)。	2339
	4月14日	■中岡慎太郎、西郷吉之助(隆盛)と会見。	2340
	4月15日	■前宇和島藩主・伊達宗城、「四侯会議」のため京都に到着。	2341
	4月16日	■中岡慎太郎、薩摩藩士吉井幸輔(友実)を訪ね、後に土佐藩の山中敬造の訪問を受ける。 ■前福井藩主松平春嶽、「四侯会議」のため京都に入る。	2342
	4月17日	■中岡慎太郎、倒幕派公卿・正親町三条実愛を訪ね、朝廷内の情報を集める。	2343
	4月17日	■朝廷で幕府寄り議奏・伝奏が免ぜられる(パークスの伏見近郊通過の見逃し)。	2344
	4月18日	■将軍慶喜、二条摂政を訪ねる。朝廷が英公使敦賀旅行の件につき議奏広橋胤保など4人を退役させ、薩因備三藩に京都警備を命じたことを難詰する。 ■中岡慎太郎、公卿鷲尾隆聚を訪ねる。	2345
	4月21日	■薩摩藩士伊集院金次郎(正雄)(1837～1868)、酔っぱらって、三条実美の宿舎に押しかけ狂態を見せるという。「薩藩伊集院金次郎於満盛院酔狂之挙動有之」土方久元の「回天実記」。	2346
	4月21日	■島津久光、伊達宗城、松平春嶽が兵庫開港問題で会談(久光屋敷)。	2347
	4月21日	■中岡慎太郎、大和十津川郷士・前田雅楽(うた)と、初めて洛北の岩倉具視邸訪問。岩倉と三条実美を取り次ぐ、初めとなる。 □土佐藩の橋本鉄猪が、慶応2年頃に入洛して岩倉具視と面会して、見識の高さに驚き、中岡に紹介したともいう。	2348
	4月22日	■薩摩藩士中村半次郎(桐野利秋)、伊集院金次郎(正雄)、太宰府を発し下関へ向かう。	2349
	4月22日	■中岡慎太郎、西郷吉之助(隆盛)と会談。	2350

その時、勤王志士・朝廷・慶喜政権・江戸幕府らは、**西郷隆盛・大久保利通・薩摩藩年表帖 上巻**

西暦**1867**

4月23日	■**「いろは丸沈没事件」**。瀬戸内海の備中・六島沖で、龍馬が率いる海援隊の雇船「いろは丸」、紀州和歌山藩船「明光丸」とが衝突し沈没する。日本最初の「蒸気船同士の衝突事故」であった。	2351
4月24日	■中岡慎太郎、西郷吉之助(隆盛)を訪ね、長州の進退や兵制などについて面談。	2352
4月24日	■朝廷は兵庫開港を勅許。	2353
4月24日	■幕府、外国総奉行を設置。	2354
4月―	■幕府(小野友五郎を代表とする江戸幕府の訪米使節)、米国から「東艦(あずまかん)」(ストーンウォール(CSS STONEWALL))を購入。	2355
5月―	■島津久光、紡織器械を英国より購入し、磯に初の洋式機械紡績所を開設。	2356
5月1日	■中岡慎太郎、薩摩藩家老小松帯刀(清廉)と会談。 ■前土佐藩主山内容堂、「四侯会議」のため入京、河原町藩邸に入る。	2357
5月2日	■上洛の命を受けた長州藩士山県狂介(有朋)(1838～1922)と鳥尾小弥太(1848～1905)は、薩摩藩士中村半次郎(桐野利秋)(1838～1877)・伊集院金次郎(正雄)(1837～1868)に護衛され、馬関(下関)を出立。	2358
5月2日	■中岡慎太郎、土佐藩大目付小笠原唯八・土佐藩目付毛利荒次郎(恭助)・谷守部(干城)らに会い、広島藩士船越洋之助を訪ねる。**のち、中岡、西郷吉之助(隆盛)・大久保利通と会談。**	2359
5月4日	■京都若州小浜藩邸で、薩摩藩主導に四侯会議(松平春嶽・島津久光・山内容堂・伊達宗城)。兵庫開港問題、長州処分問題をめぐり、四侯連携のもとで将軍慶喜と協議することを確認。	2360

旧鹿児島紡績所技師館

227

西暦1867

慶応3	5月6日	■四侯、摂政二条斉敬邸で、摂政と対談。 ■島津久光、朝廷に人材登用の急を建言する。	2361
	5月6日	■老中稲葉正邦(山城国淀藩主)、国内事務総裁に任じられる。	2362
	5月7日	■中岡慎太郎、西郷吉之助(隆盛)を訪ね、昨日も行われた「四侯会議」について面談。	2363
	5月8日	■幕府、前福井藩主松平春嶽以下、山内容堂・島津久光・伊達宗城の諸侯に登城を命ずるも応ぜず。	2364
	5月10日	■中岡慎太郎、土佐藩参政福岡藤次(孝悌)・大目付小笠原唯八・目付毛利荒次郎(恭助)・谷守部(干城)らと会談。のち、中岡慎太郎、3回目の岩倉具視訪問、「四侯会議」報告か。 ■長州藩士山県狂介(有朋)・鳥尾小弥太、薩摩藩士中村半次郎(桐野利秋)ら、黒田了介(清隆)・川村純義や、薩摩藩邸潜伏の品川弥二郎・田中顕助(光顕)らに迎えられて京薩摩藩邸に入る。 ■四侯、再び二条斉敬邸で摂政と対談(容堂は欠席)。	2365
	5月12日	■四侯、京土佐藩邸で会談、二条城登城を議す。	2366
	5月12日	■幕府、官制を改革、全官職を専従制にする。 ■火薬製造機、初めて輸入される。	2367
	5月13日	■第1回四侯会議開催(兵庫開港の勅許と長州処分、幕政改革)。	2368
	5月14日	■四侯、将軍慶喜と会見(慶喜と1回目)。第5回会談。慶喜は、勅許獲得の周旋を依頼。島津久光は、長州藩主父子の官位復旧・幕府反省が先、全国会議の上で開港勅許と主張。山内容堂は、王政復古を説く。また、官位復旧と開港勅許は同時にと主張。(四侯の分裂)。	2369
	5月15日	■中岡慎太郎、小野惇輔(高松太郎・坂本直)方にて土佐藩目付毛利荒次郎(恭助)に会い、広島藩士船越洋之助を訪ねる。後、薩摩藩の西郷吉之助(隆盛)・吉井幸輔(友実)に会い、行われた「四侯会議」の模様と「いろは丸事件」について面談。	2370
	5月16日	■木戸準一郎(桂小五郎)、京薩摩藩邸潜伏中の長州藩士品川弥二郎に、討幕を急がねばと手紙を書く。	2371
	5月17日	■中岡慎太郎、小野惇輔(高松太郎・坂本直)と共に、土佐藩参政福岡藤次(孝悌)・側用役神山佐多衛・目付毛利荒次郎(恭助)・谷守部(干城)らと会う。 □土佐藩脱藩中の中岡が、土佐藩幹部と本格的会合を持ったのだ。 ■四侯、京土佐藩邸で会談。	2372
	5月18日	■西郷吉之助(隆盛)(1828〜1877)、長州藩士山県狂介(有朋)と大坂薩摩藩邸で会談。	2373
	5月18日	■中岡慎太郎、板倉筑前介(淡海槐堂)を訪ねたのち、芸州広島藩士船越洋之助を訪ねる。中岡、土佐藩の参政福岡藤次(孝悌)・乾(板垣)退助・谷守部(干城)・目付毛利荒次郎(恭助)、福岡藩士船越洋之助らと三本木料亭に至り、武力討幕について面談。	2374
	5月19日	■松平春嶽(前越前福井藩主)(1828〜1890)、伊達宗城(前伊予宇和島藩主)(1818〜1892)、島津久光(薩摩藩国父)(1817〜1887)らと将軍徳川慶喜(1837〜1913)が、二条城にて第7回会談。(慶喜と2回目)。老中の板倉勝静(備中松山藩主)(1823〜1889)と老中稲葉正邦(山城淀藩主)(1834〜1898)も参加。	2375

その時、勤王志士・朝廷・慶喜政権・江戸幕府らは、西郷隆盛・大久保利通・薩摩藩年表帖　上巻

西暦1867

5月19日	■中岡慎太郎、京薩摩藩邸にて西郷吉之助(隆盛)と会い、品川弥二郎・山県狂介(有朋)・鳥井小弥太・田中顕助(光顕)らとも会す。のち、京三本木料亭で乾(板垣)退助・土佐藩目付毛利荒次郎(恭助)・谷守部(干城)らと会したのち寓居に戻る。	2376
5月21日	■中岡慎太郎の周旋で、相国寺付近の薩藩家老小松帯刀(清廉)の宿舎において、土佐藩武闘派の乾(板垣)退助・毛利荒次郎(恭助)と、薩摩藩の西郷吉之助(隆盛)・家老小松帯刀(清廉)、討幕決行を会談。「薩土討幕の密約」を交わす。土佐藩の藩論は統一されず、土佐藩上士の中にも時勢や諸外国の絡みから武力討幕を支持する者もあり、その筆頭格乾(板垣)退助は土佐藩の兵制改革に着手する ■四侯、二条城で将軍慶喜と対談(3回目)(容堂は欠席、帰藩声明を出す)。	2377
5月23日	■「四侯会議」の瓦解を受けた将軍慶喜、老中を引連れて参内し、強硬に兵庫開港・長州藩処分の勅許を奏請。 ■四侯、連名の建言書(長州寛大措置願・兵庫開港願)提出。 ■兵庫開港問題の朝議、御所虎ノ間で行われる。	2378
5月24日	■中岡慎太郎、薩摩藩邸を訪ね情報を集める。中岡、片岡源馬(那須盛馬)を訪ね、橋本鉄猪・田中顕助(光顕)・山中敬造らに会う。 ■朝議、時勢止む無しと「兵庫開港勅許」のみを決定し、摂政二条斉敬が将軍慶喜に伝奏。幕府、朝廷に15万俵を増貢せんことを奏す。	2379
5月25日	■薩摩藩(小松・西郷・大久保ら)、長州藩と共に討幕決挙を内決。 ■小松・大久保、土佐藩邸において山内容堂・松平春嶽に謁見する。	2380
5月25日	■幕府、江戸・大坂の開市と兵庫の開港を公表。	2381
5月26日	■四侯、武家伝奏に伺い、書を連署で提出し、征長戦責任を追及。 ■幕府、広島藩(芸州藩・安芸藩)に命じ、長州藩に諭して謝罪の嘆願書を提出させんとするも、行われず。	2382
5月27日	■「いろは丸事件」の紀州藩、英国海軍提督の裁定を嫌い、密かに薩摩藩士五代才助(友厚)(1836〜1885)に調停を依頼。	2383
5月27日	■幕府、広島藩(芸州藩・安芸藩)に命じ、長州藩に諭して謝罪の嘆願書を提出せしめんとするも、行われず。 ■中岡慎太郎、乾(板垣)退助の帰藩に際し西郷吉之助(隆盛)を訪ね、乾・土佐藩目付毛利荒次郎(恭助)・谷守部(干城)らの討幕の決意を伝える(討幕同盟成立)。 ■四侯、長州処分の具体的内容は不明確なままであり、将軍慶喜に抗議の上書を提出。 □慶喜との政治的妥協の可能性を最終的に断念した島津久光の決断により、薩摩藩は武力討幕路線を確定。山内容堂、病気を口実に京を去ることを告げる。容堂は、「四侯会議」の行き詰まりに業を煮やしたのだ。	2384
5月28日	■中岡慎太郎、樋口真吉・森新太郎・池知退蔵らと送別の宴を「明保野亭」で開く。前土佐藩主山内容堂の帰藩に随従する乾(板垣)退助らに、別れを告げる。	2385
5月29日	■中岡慎太郎、薩摩藩の西郷吉之助(隆盛)・吉井幸輔(友実)と会談。中岡、土佐藩の二川元助・岩村精一郎(高俊)の訪問を受ける。 ■京薩摩藩邸御座の間にて、列侯会盟が頓挫した小松帯刀(清廉)、西郷吉之助(隆盛)、大久保利通ら、緊急重臣会議を設け、在京薩長藩士の武力討幕決行の議決定。西郷・大久保、薩摩本国に兵力を上洛させる準備をするように指令。	2386
6月2日	■「四侯会議」の前土佐藩主山内容堂、病気を理由に京を離れる。	2387

西暦1867

慶応3	6月3日	■長崎の龍馬、後藤象二郎と面談。小銃の代価について薩摩藩士五代才助（友厚）のもとに、龍馬を派遣して依頼する。同日、龍馬、岩崎弥太郎を訪ねる。	2388
	6月3日	■**中岡慎太郎、樋口真吉と共に、西郷吉之助（隆盛）・大久保利通と会談。**	2389
	6月5日	■幕府、大坂の豪商20名に、商社結成、兵庫開港資金の醸出、貿易取締りを命じる。 ■小笠原壱岐守長行、外国事務総裁に任じられる。	2390
	6月6日	■**中岡慎太郎、西郷吉之助（隆盛）・吉井幸輔（友実）を訪ね、幕府・尾張・会津に関する情報を得る。**	2391
	6月6日	■幕府、兵庫開港を12月7日とし、同日に江戸・大坂に外国人の居留を許すと布告。	2392
	6月8日	■龍馬・岩崎弥太郎、前土佐藩主山内容堂、智鏡院（候姫）の書を、長崎薩摩藩邸へ届ける。渡したのは中江兆民（1847〜1901）少年という。 □智鏡院は、第13代土佐藩主山内豊熈の正室で、父は薩摩藩主島津斉興。豊信（容堂）は、智鏡院の養子となり藩主となった。	2393
	6月8日	■伊東甲子太郎ら御陵衛士（のち、高台寺党と呼ばれる）、善立寺から高台寺塔頭月真院（京都市東山区高台寺通下河原町）に移り屯所とする。	2394
	6月9日	■龍馬、後藤象二郎と共に、土佐藩船「夕顔丸」に海援隊書司・長岡謙吉らと乗船、長崎を出航、京都に向かう。土佐商会岩崎弥太郎ら、餞別として龍馬に馬乗袴を贈り、見送る。 □この間の船中で、日本の危機を打開する道として、大政奉還の基本案「船中八策」を示し、後藤象二郎とまとめたという。薩摩藩や乾（板垣）らが推し進める武力討幕を避ける事が出来る案で、幕府に政権を返上させ、天皇を中心とした統一国家を作る新国家体制の基本方針とされる。この大元は、横井小楠が幕府へ建策の「国是七条」、福井藩へ建策の「国是十二条」の思想とも、上田藩士で軍学者の赤松小三郎（1831〜1867）の構想ともいう。	2395
	6月10日	■幕府、陸軍所に歩・騎・砲の三兵士官学校を設置。	2396
	6月13日	■長崎にて耶蘇教徒68名、捕縛される（浦上四番崩れ）。	2397
	6月13日	■乾（板垣）退助、土佐藩大監察に復活。	2398
	6月13日	■島津久光、山県狂介（有朋）らを京本陣に招き、山県に六連発銃を与える。 ■土佐藩参政後藤象二郎、京都に入り、夜遅くには大政奉還を、藩論としてまとめ上げる。	2399
	6月14日	■島津久光が四侯会議に出席する。	2400
	6月14日	■**西郷吉之助（隆盛）、大久保利通、後藤象二郎ら「王政復古」を議す。** ■中岡慎太郎、参政後藤象二郎と面談、大政奉還建白策を聞き、土佐の藩論が「大政奉還」に定まった旨を伝えられる。 ■幕府、二条城で親藩会議、近藤勇出席。近藤は、四侯の建白書を激しく批判、この月、建白書を摂政二条斉敬に上呈する。	2401

その時、勤王志士・朝廷・慶喜政権・江戸幕府らは、**西郷隆盛・大久保利通・薩摩藩年表帖 上巻**

西暦1867

6月15日	■龍馬、中岡慎太郎を訪ね、いろは丸一件、紀州が賠償金を出す旨伝える。中岡は、前日土佐の藩論が大政奉還に決したことを、後藤象二郎から聞いていた。中岡は前日から東山の明保野亭に泊っており、田中光顕(光顕)も来ていた。龍馬もここに同席。 **■西郷吉之助(隆盛)、長州藩士山県狂介(有朋)を訪問し、初めて武力討幕の決意を告げる。** ■薩摩藩国父島津久光、ようやく、諜報員として京薩摩藩邸に潜伏していた長州藩士山県狂介(有朋)・鳥井小弥太・品川弥二郎を引見し、王政復古での両藩連合と、西郷吉之助(隆盛)の長州派遣を伝える。
6月16日	**■西郷吉之助(隆盛)・小松帯刀(清廉)・大久保利通・伊地知正治、長州藩の山県狂介(有朋)・品川弥二郎らが会し、改めて薩長同盟の誓約をする。** ■中岡慎太郎、西郷吉之助(隆盛)・吉井幸輔(友実)を訪問し、山県狂介(有朋)・品川弥二郎・田中顕助(光顕)らが、明日長州帰藩のため京都を出立する旨を伝えられる。中岡、田中顕助(光顕)を訪ね、太宰府に届けるよう手紙を渡す。
6月17日	■山県狂介(有朋)・品川弥二郎ら、京を出発し、薩摩藩船で長州に向かう。
6月19日	**■木戸準一郎(桂小五郎)、薩摩藩士黒田了介(清隆)より、西郷吉之助(隆盛)が長州に入り打ち合わせをしたいとの手紙を受ける。**
6月19日	■中岡慎太郎、土佐藩参政後藤象二郎を訪ね、京薩摩藩邸に向かう。
6月20日	**■後藤象二郎、小松帯刀(清廉)を訪ね、大政奉還建白を打診する。**
6月22日	■山県狂介(有朋)・品川弥二郎、山口に至り、長州藩主親子に薩摩藩の決意を伝える。
6月22日	■乾退助、前土佐藩主山内容堂(1827~1872)に拝謁。
6月22日	■京の三本木料亭吉田屋にて「薩土盟約」成立。薩摩藩の小松・西郷・大久保、土佐藩の後藤象二郎・福岡藤次(孝悌)・寺村左膳・真辺栄三郎が出席。坂本龍馬・中岡慎太郎も陪席。大政奉還と公議政体の樹立を目的としている。 □『新納立夫日記』よると会議の出席者は、関山糺(大目付兼家老事務取扱)(?~?)、小松、西郷、大久保、田尻務(1829~1884)、蓑田伝兵衛(1812~1870)、吉井友実(1828~1891)(以上側役)、内田政風(仲之助)(1815~1893)、新納立夫(?~?)(以上留守居)。 □しかし、この盟約は、思惑の違いで実行されることなく、9月7日、2ヶ月半で解消された。
6月23日	■龍馬、前藩主容堂側近・佐々木高行の招きで、中岡慎太郎、土佐藩目付毛利荒次郎(恭助)と、薩土盟約の修正について会々堂にて密談。
6月24日	■龍馬、兄権平に、西郷吉之助(隆盛)に託した「陸奥守吉行」の礼を述べると共に、「いろは丸事件」の顛末を初めて国もとに伝える手紙を書く。 ■龍馬、姉乙女、おやべ(春猪の別称)に、後藤象二郎との和解についての弁明、中岡慎太郎を褒め、脱藩してきた坂本清二郎(春猪の夫)に失望し、乙女の脱藩計画を戒める手紙を書く。「今日もいそがしき故 薩州やしきへ参りにかけ…」京都国立博物館蔵。
6月25日	**■坂本龍馬・中岡慎太郎、早朝、洛北岩倉村の岩倉具視を訪ねる。中岡と共に武力討幕論の岩倉は、「王政復古」を口にしたという。** ■朝廷、ようやく、兵庫開港勅許。兵庫は翌年1月1日から開港とされる。

西暦1867

慶応3	6月26日	■西郷吉之助（隆盛）に、薩土盟約の修正加筆版が届けられる。 ■土佐藩士福岡藤次（孝悌）、22日の「薩土盟約」約定書を芸州藩代表辻将曹（維岳）に見せ、修正確認をとる。土佐藩・薩摩藩・芸州藩（安芸国広島藩）、王政復古実現のため約定を結ぶ（**薩土芸三藩約定成立**）。	2414
	6月28日	■中岡慎太郎、土佐藩目付毛利荒次郎（恭助）・下村鏡太郎と共に、因州鳥取及び薩摩の京藩邸を訪ねる。のち、土佐藩参政後藤象二郎にあて手紙を記し、陸援隊への資金提供を願う。	2415
	6月―	■武力討幕を目指す土佐藩大監察・乾（板垣）退助は、この6月に土佐へ帰藩して、軍事総裁に就任して土佐藩を銃隊中心の兵制改革に着手。大目付小笠原唯八と共に同志を増やす。中岡慎太郎は土佐の旧勤皇党同志へ手紙を書き、乾（板垣）の熱意を記し協力を求め、旧勤皇党同志らの賛同を得て着々と討幕へ向けて土佐藩の兵制の整備、訓練など準備を進めていく。	2416
	6月―	■この頃龍馬、大政奉還論を説き、土佐藩参政後藤象二郎と共に武力討幕論を抑えにかかる。	2417
	6月29日	■長州藩士井上聞多（馨）、木戸準一郎（桂小五郎）と薩長同盟に芸州藩（安芸藩）を加えることを相談。	2418
	7月1日	■薩摩藩より土佐藩側で成文化した「薩土盟約」に賛同する旨の返答が届けられる。 ■龍馬、中岡慎太郎と共に、京都十津川屋敷に行く。 ■龍馬・中岡慎太郎、この日終日松本楼にいる土佐藩参政後藤象二郎、寺村左膳を訪ねる。	2419
	7月2日	■西郷吉之助（隆盛）、土佐藩参政後藤象二郎に、京都柏亭で有志らと集会を開きたい旨を伝える。象二郎は、武力討幕も大政奉還も、結果は王政復古に繋がる事を説く。中岡慎太郎、この日のその集会で小松帯刀（清廉）・大久保利通らと面談。	2420
	7月4日	■土佐藩の後藤象二郎と真辺栄三郎、薩土芸三藩約定を持ち、前藩主山内容堂に大政奉還建白を進言のため、伏見より土佐に向かう。	2421
	7月5日	■**中岡慎太郎、西郷吉之助（隆盛）・大久保利通を訪問**。中岡、清岡半四郎・平川和太郎らと会し、そこで土佐藩参政福岡藤次（孝悌）・容堂側近佐々木三四郎（高行）・目付毛利荒次郎（恭助）らと出会い、長州の模様について談ずる。	2422
	7月6日	■長崎丸山「花月」付近で、英国軍艦「イカルス号」乗組員2名斬殺事件が起こり、海援隊士が疑われる。	2423
	7月7日	■**薩摩藩士村田新八**（1836～1877）、「薩土盟約」の事情を記した西郷吉之助（隆盛）の書簡を持って、山口を訪問。 □西郷吉之助（隆盛）（1828～1877）は、村田新八を長州に遣わし、土佐藩との盟約を打診した。	2424
	7月8日	■後藤象二郎・真辺栄三郎、藩船「空蝉丸」で土佐に入り、前藩主容堂に、大政奉還建白を提言。兵制改革を進めていた武闘派の大監察乾（板垣）退助、反対する。	2425
	7月8日	■幕府、物価騰貴・物流停滞取締りのため、「国産改所」を江戸及び大坂に設置して、物産検査の制を定める。	2426

その時、勤王志士・朝廷・慶喜政権・江戸幕府らは、西郷隆盛・大久保利通・薩摩藩年表帖 上巻

西暦1867

7月9日	■土佐藩重臣・寺村左膳、大政奉還策を、藩主山内豊範に伝える。寺村は『寺村左膳道成日記』、『寺村左膳手記』を遺す。 ■土佐藩首脳緊急会議で大政奉還藩論に決定し、後藤象二郎・寺村左膳・真辺栄三郎ら、藩庁に有司（役人）を集め大政奉還策の推進を声明。	2427
7月9日	■龍馬、薩摩藩士黒田了介(清隆)(1840～1900)・永山弥一郎(1838～1877)の訪問を受ける。	2428
7月10日	■江戸の四門、品川、千住、板橋、新宿の四駅廃され、江戸の出入り自由となる。	2429
7月13日	■前土佐藩主山内容堂(1827～1872)、後藤象二郎らに大政奉還建白案に内意を伝え、建白準備を命ずる。	2430
7月14日	■三河の牟呂八幡社(愛知県豊橋市)に伊勢神宮のお札が降り、「ええじゃないか」騒動、始まる。	2431
7月15日	■西郷吉之助(隆盛)の代理・村田新八、山口に入り西郷の長州入りが遅れると、木戸準一郎(桂小五郎)(1833～1877)に報告。 □その後、村田新八は、帰りに品川弥二郎・世良修蔵を伴って上京した。	2432
7月17日	■中岡慎太郎、西郷吉之助(隆盛)から知らされ、上洛した大山格之助(綱良)と面談。のち、土佐大監察・佐々木三四郎(高行)と共に、正親町三条実愛を訪ねる。	2433
7月18日	■大久保利通四男、達熊(1867～1894)生まれる。後、利夫と称す。	2434
7月19日	■後藤象二郎、前土佐藩主山内容堂に大政奉還を説明。	2435
7月19日	■中岡慎太郎、京薩摩藩邸を訪ねる。	2436
7月22日	■中岡慎太郎、大政奉還を批判し、武力討幕への決意を促す手紙を土佐藩重臣・本山只一郎にあて書く。のち、毛利荒次郎(恭助)と共に、土佐大監察・佐々木三四郎(高行)を訪ねる。	2437
7月23日	■幕府、芸州藩をして、長州藩に末家、及び吉川経幹、並びに家老一人の上坂の命を伝える。	2438
7月25日	■前日下坂した将軍慶喜、仏国公使ロッシュを引見し、仏艦を訪問。26日、将軍慶喜、またロッシュを引見。27日、パークスを引見。28日、帰京。	2439
7月25日	■龍馬、西郷吉之助(隆盛)を訪問、「大極丸事件」(大極丸の水夫が殺人事件を起こした)の対処方について相談。	2440
7月27日	■前宇和島藩主伊達宗城(1818～1892)に、坂本龍馬と福岡藤次(孝悌)が拝謁する。	2441
7月27日	■「陸援隊発足」。中岡慎太郎が長州で見聞した奇兵隊を参考に「陸援隊」が、柳馬場の寓居で発足し、中岡自らが隊長に就任する。海援隊と同じく「脱藩の者、陸上斡旋に志ある者、皆この隊に入る」と規定され形に拘られず、陸援隊には土佐出身者では田中顕助(光顕)や中島作太郎(信行)らが参加。	2442
7月28日	■西郷吉之助(隆盛)、淀川を下り大坂に赴き、アーネスト・サトウと会談。大坂交易を仏国が独占しているとの情報を入れる。 □西郷はサトウが漏らした英国の軍事援助提案を断る。	2443
7月29日	■土佐大監察・佐々木三四郎(高行)、土佐へ戻る船の遣り繰りがつかず、大坂の西郷吉之助(隆盛)を訪問して、薩摩藩船「三邦丸」を借用する交渉をし、快諾される ■西郷吉之助(隆盛)、アーネスト・サトウと会談。	2444

西暦1867

慶応3	7月29日	■中岡慎太郎、柳馬場の寓居から白川土佐藩邸（陸援隊）に移る（土佐陸援隊発足日ともいう）。	2445
	8月3日	■薩摩藩士伊地知季安（いじちすえやす）(1782〜1867)、死去。享年86。 □天明2年4月11日、藩士伊勢貞休の子として鹿児島城下に誕生。父はかつて島津家久の筆頭家老であった伊勢貞昌の末裔家に婿養子で、その実家・本田家は、薩摩藩の記録奉行を輩出していた家系であった。寛政2年(1790)父の実家方の従兄弟に当たる、記録奉行本田親孚を烏帽子親として元服。享和元年（1801）20才の時に伊地知季伴が死去した後の養子に入り「小十郎」と改名。同2年御作事下目付、翌年に横目助となる。が、文化5年の「近思録崩れ」（秩父事件）に連座し、免職の上、喜界島に流刑される。近思録派のリーダーであった秩父季保が、伊地知家の本家筋に当たっていたのが理由であった。文化8年(1811)鹿児島に帰還したものの、文化13年（1816）まで自宅謹慎を命じられた。この間、独力で藩内の史料をまとめ『旧記大苑』という目録を作成している。文化13年に謹慎処分は解除されたが、なお仕官することは認められず、従兄弟・本田親孚の遺作である『称名墓誌』を修訂増補するなどの作業を行っていた。著作が垂水家分家で藩の要職を歴任していた末川周山の目に留まり、その後は藩内の多くの人の援助により書籍史料を博捜し、在野の史学者として名声を高め、昌平坂学問所の佐藤一斎とも交流するようになった。しかし、このことが藩の記録所に嫉妬される所となり、天保14年(1843)には藩命によりそれまでの著作すべてを上納させられる。が、このことによって季安の博識ぶりが当時の藩主・島津斉興の目に留まることとなり、弘化4年(1847)10月に御徒目付・軍役方掛として再仕官がかなう。その後、嘉永元年(1848)5月、家老調所広郷により軍役方掛に置かれた軍賦役に任命された。その後、嘉永5年(1852)島津斉彬によって記録奉行に任命される。島津氏700年間の歴史の編さんにあたり、子の季通と親子二代かけて『薩藩旧記雑録』を完成させる。	2446
	8月3日	■中岡慎太郎、西郷吉之助（隆盛）を訪問。	2447
	8月4日	■朝廷、四侯へ、長州親子官位復旧と兵庫開港の拒否を勅答。	2448
	8月6日	■中岡慎太郎、洛北の岩倉具視を訪問し、西郷吉之助（隆盛）・品川弥二郎にそれぞれ会う。 ■島津久光・伊達宗城、将軍慶喜と松平容保に、在京を直々懇願。 ■前福井藩主松平春嶽、京都を出立し福井へ向かう。	2449
	8月13日	■幕府、ベルギーと通商条約締結。	2450
	8月14日	■西郷吉之助（隆盛）、大久保利通、小松帯刀（清廉）、京薩摩藩邸で討幕挙兵の密議し、武力討幕を背景とする新政府樹立の政変計画を長州藩の使者へ伝える。 使者は、長州藩参政・御堀耕助（みほりこうすけ）(太田市之進)(1841〜1871)と直目付・柏村数馬（のち信（まこと））(1823〜1895)であった。 ■大久保利通、芸州藩辻将曹らを王政復古の挙に加盟させる。	2451
	8月15日	■病身の島津久光、京より大坂へ移る。	2452
	8月17日	■中岡慎太郎・田中顕助（光顕）、京薩摩藩邸で長州藩士品川弥二郎と会談。	2453
	8月18日	■伊達宗城が京都出発、帰国の途に就く。	2454
	8月18日	■中岡慎太郎、陸援隊隊長横山勘蔵として、御陵衛士の高台寺月真院訪問。	2455

その時、勤王志士・朝廷・慶喜政権・江戸幕府らは、西郷隆盛・大久保利通・薩摩藩年表帖 上巻

西暦1867

8月19日	■薩摩藩士吉田清基(1831~1867)、死去。37才。	2456
	□吉田清基は、天保2年生まれの薩摩藩士。山崎闇斎に傾倒し、三島通庸、大山綱良、柴山竜五郎(景綱)らと親交をむすぶ。「寺田屋騒動」に関係して帰藩謹慎となる。薩英戦争では決死隊となり英国艦を攻撃。太宰府に移された三条実美らの警護にあたった。	
8月20日	■龍馬、料亭「多摩川」で、土佐大監察・佐々木三四郎(高行)に、長崎滞在中の長州藩士木戸準一郎(桂小五郎)を紹介し会談。	2457
8月20日	■「土佐藩論が大政奉還に決する」。土佐藩主山内豊範、藩内に対し倒幕論や攘夷論を唱えないよう諭告。前藩主容堂・藩主豊範、大政奉還策推進について全権を後藤象二郎・寺村左膳に委任する旨を布告。	2458
8月23日	■賀陽宮（中川宮朝彦親王）(1824~1891)、倒幕の宣旨降下を請い、必死に且つ精力的に活動する薩摩藩御側役大久保利通に怒り、探索命を出す。	2459
8月24日	■アーネスト・サトウ、長崎薩摩藩邸に新納刑部(新納中三)(1832~1889)を訪ねる。	2460
8月24日	■賀陽宮（中川宮）、会津藩公用人小野権之丞と紀州藩三浦休太郎に対し、浪士を使った薩摩藩の陰謀を伝える。	2461
8月25日	■後藤象二郎、前土佐藩主山内容堂の大政奉還建白の命を受け、土佐浦戸を出立、京に向かう。	2462
8月28日	■仏国公使ロッシュ、将軍慶喜に政治改革意見書を呈す。	2463
9月1日	■前土佐藩主・山内容堂の大政奉還建白の命を受けた後藤象二郎、土佐より上洛して根回し工作をはじめる。	2464
9月1日	■中村半次郎（桐野利秋）(1838~1877)、同年12月10日までの間、一日も欠かさず日記を記す。通称『京在日記』。	2465
9月3日	■薩摩藩国父島津久光の四男・島津備後(珍彦)(1844~1910)、1,000余の兵を率いて鹿児島出港。	2166
9月3日	■薩摩藩で陸軍教練をしていた公武合体派の軍学者・信州上田藩の洋学者赤松小三郎(1831~1867)、東洞院通四条において、薩摩藩士中村半次郎(桐野利秋)・田代五郎左衛門に、幕府のスパイと看做され暗殺される。小説の題名から「人斬り半次郎」と言われることになる。	2467
	□赤松小三郎は、この年、薩摩藩の依頼により『英国歩兵練法』を改訂していた。	
9月4日	■後藤象二郎、小松帯刀(清廉)・西郷吉之助(隆盛)に、大政奉還建白の了解を求める。	2468
9月6日	■幕府、イタリアと通商本条約締結。	2469
9月7日	■朝廷警備と聞かされていた島津備後(珍彦)、兵約1,000名を率いて大坂に到着。	2470
	■西郷吉之助(隆盛)・小松帯刀(清廉)、土佐藩参政後藤象二郎より大政奉還案の提出を聞く。西郷、賛成せず「薩土盟約」を破棄。薩摩は武力討幕に方針切り替える。	
	□薩土盟約では土佐藩も兵を上洛させることを約束していたが、公平に周旋するに兵の後ろ盾は不要として容堂はこれを拒否したのだ。	
9月8日	■大久保利通、大坂で、島津久光の急ぎ帰国を請い、久光四男・珍彦を久光代わりにしてくれるよう請う。	2471

西暦1867

慶応3		
9月8日	■中岡慎太郎、京薩摩藩邸に長州藩士品川弥二郎を訪問、土佐藩が武力討幕に否定的な旨を伝える。	2472
9月9日	■土佐藩参政後藤象二郎・福岡藤次(孝悌)ら、薩摩藩の小松帯刀(清廉)、大久保利通、西郷吉之助(隆盛)と会見し、大政奉還案提出を述べ、幕府に対する武力牽制の延期を求める。土佐藩は兵を出さないと告げたのだ(西郷吉之助(隆盛)は拒否)。	2473
9月10日	■薩摩藩邸を後藤象二郎が訪ね奉還建白を主張し薩摩と決裂。しかし、薩摩の武力行使を土佐は妨げないと表明。 ■小松帯刀(清廉)(1835〜1870)、芸州藩辻将曹に、武力(薩長芸)で大政奉還を迫るべきと説得する。	2474
9月11日	■薩摩藩国父久光の四男・島津備後(珍彦)、1,000余の兵を率いて京都に入る。	2475
9月12日	■江戸・大坂間に飛脚船開始される。	2476
9月13日	■龍馬、岡内俊太郎と共に帰国のため、小銃の代金を整えて、買付けを陸奥陽之助(のちの宗光)に任せる。 □佐々木三四郎(高行)を通じて、薩摩藩より5千両の大金を引き出させたという。	2477
9月15日	■薩摩藩国父島津久光、病気療養のため大坂から、鹿児島に向かう。	2478
9月15日	■長州藩士品川弥二郎(1843〜1900)・伊藤俊輔(のちの博文)(1841〜1909)、薩摩藩御側役大久保利通(1830〜1878)・大山格之助(綱良)(1825〜1877)を案内して、長州へ向けて京を出立。	2479
9月16日	■小松帯刀(清廉)、島津久光を送り、大坂から伏見に帰る。	2480
9月17日	■薩摩藩御側役大久保利通・大山格之助(綱良)、三田尻に入り、長州藩士木戸準一郎(桂小五郎)、広沢兵助(真臣)と会談。	2481
9月18日	■芸州船「震天丸」、田辺藩士、海援隊士らと兵器を満載して長崎を出港。	2482
9月18日	■大久保利通・大山格之助(綱良)、山口城表御書院において毛利敬親父子に謁し、京都情勢を伝える。藩主父子に討幕挙兵を告げ出兵を要請する。	2483
9月19日	■「薩長出兵盟約」成る。大久保利通・木戸準一郎(桂小五郎)ら、赤間関(下関)に入り、討幕挙兵の順序について約した薩長攻守同盟を成立さす。	2484
9月20日	■長州藩士広沢兵助(真臣)らの奔走で、芸州広島藩士植田乙次郎、山口を訪れ、「長芸出兵盟約」を結ぶ。	2485
9月20日	■芸州船「震天丸」、下関入港。伊藤俊輔(博文)、坂本龍馬と会見し、薩長芸三藩連合出兵を説明する。	2486
9月20日	■土佐藩参政後藤象二郎、若年寄格・永井尚志に呼び出され、「大政奉還建白書提出」を督促される。 □永井は武力討幕を避けようとしたのだ。後藤はその時、永井の紹介で新選組近藤勇に会う。その後、後藤は、芸州(安芸)藩・薩摩藩の穏便派を動かし、西郷吉之助(隆盛)が「反対しない」ことを確かめた。	2487
9月21日	■薩摩藩国父島津久光、大坂より鹿児島に到着。	2488
9月21日	■将軍慶喜、内大臣に任ぜられる、右近衛大将もとのごとし、この月、二条城に移る。	2489

その時、勤王志士・朝廷・慶喜政権・江戸幕府らは、西郷隆盛・大久保利通・薩摩藩年表帖 上巻

西暦1867

9月22日	■龍馬、「震天丸」下関出航、土佐に向かう（これがお龍との永遠の別れになる）。 ■中岡慎太郎、薩摩や長州の兵制などを記し、軍制改革を説いた「兵談」を認め、土佐にいる大石弥太郎に送る。
9月22日	■大久保利通ら、乙丑丸で山口から大坂到着。
9月23日	■土佐藩参政福岡藤次（孝悌）、建白書草稿を西郷吉之助（隆盛）に示す。 ■薩長二藩の出兵交渉をまとめた、薩摩藩御側役大久保利通ら、大坂から京都に戻る。
9月25日	■芸州藩辻将曹、大久保利通を訪問。
9月26日	■幕府、万石以上の知行取の軍役を金納に改め、10年間の貢租半額上納を命じる。
9月27日	■後藤象二郎、大久保利通を訪問。大久保は、西郷・小松も建白案同意と伝える。 □しかし、薩長は裏では、大久保利通・広沢兵助（真臣）らが、中山忠能・岩倉具視らと、薩長合同して討幕を決行することを謀議。
9月28日	■島津父子、討幕否定を家老に申し渡す（芸州（広島藩）・長州の出兵見合せ）。
10月2日	■在京薩摩藩、後藤象二郎に大政奉還建白同意を表明、その旨を小松帯刀（清廉）が土佐側に書翰で通知。了解を取り付けた後藤象二郎・福岡藤次（孝悌）、幕府老中板倉勝静に、面会を督促する。
10月3日	■土佐藩参政後藤象二郎・福岡藤次（孝悌）、前土佐藩主山内容堂の署名本文と後藤ら幹部署名の副書2通の「大政奉還建白書」を、老中板倉勝静に提出。 □龍馬の「船中八策」を元にしたものという。のち、明治新政府の大方針を示す「五箇条の御誓文」へと繋がり、新政府樹立後の国政の指標となる。
10月3日	■将軍徳川慶喜（1837～1913）、土佐藩主山内豊範（1846～1886）の大政奉還の建白書を採用。
10月4日	■土佐藩の寺村左膳・神山佐多衛、大政奉還建白書の写しを摂政二条斉敬へ提出。 ■土佐藩参政後藤象二郎ら、会津藩公用人外島機兵衛（義直）・手代木直右衛門（勝任）と面会、大政奉還建白書提出を通知。 ■将軍徳川慶喜、大政奉還建白書を読み、前福井藩主松平春嶽に意見を聞く手紙を書く。 ■長州藩士品川弥二郎、薩摩藩御側役大久保利通を訪問。
10月5日	■薩摩藩御側役大久保利通、宮中に復帰した倒幕派中御門経之に討幕続行を約束。 ■新選組近藤勇、大政奉還建白書の写しを一覧したい旨の書翰を後藤象二郎に送る。
10月6日	■武力討幕挙兵の薩摩藩士大山格之助（綱良）（1825～1877）、軍艦に兵を乗せ、長州三田尻（山口県防府市）に入港。
10月6日	■長州藩士品川弥二郎と薩摩藩御側役大久保利通、岩倉具視・中御門経之らに会い、武力討幕・王政復古の方略を謀議。岩倉具視から王政復古の詔勅と職制案、錦旗の図案を受け取る。 □大久保利通は、品川弥二郎と謀り、秘かにこれを製作し、鳥羽伏見の開戦まで一半は山口に、一半は京都二本松藩邸に匿蔵したという。 ■芸州広島藩主浅野茂長（長訓）、土佐藩に続き、家老辻将曹（維岳）を遣わせ、大政奉還建白を幕府に提出。

西暦1867

慶応3	10月8日	■龍馬ら、「空蝉丸」で兵庫に到着。龍馬一行、ただちに大坂入りして「薩摩屋」で同志と面談する。	2504
	10月8日	■「薩・長・芸三国同盟が結ばれる」。長州藩の品川弥二郎、上洛した広沢兵助(真臣)と共に、薩摩藩の小松帯刀(清廉)、西郷吉之助(隆盛)、大久保利通、芸州藩の辻将曹(維岳)・植田乙次郎(1825〜1893)と寺尾生十郎(小八郎)(1834〜1894)らと共に、中立売薩摩藩控邸に会合して、三藩合同し討幕の事(王政復古のクーデター)を議決する。 ■朝廷、三条実美らの官位を復し、入京を許可。 ■10月初旬、土佐陸援隊に潜入した新選組の密偵・村山謙吉、10月15日二条城へ薩摩兵、所司代邸へは陸援隊と十津川浪士、新選組屯所には他の浪士たちが襲撃、討幕挙兵する計画との諜報をもたらす。	2505
	10月9日	■薩摩の兵859名が軍艦「翔鵬丸」・「平運丸」で長州小田浦(山口県防府市向島)に到着。	2506
	10月9日	■薩摩藩御側役大久保利通、武力討幕の宣旨降下を請う書を作成し、小松帯刀(清廉)、西郷吉之助(隆盛)連署で、薩摩、長州、芸州三藩の討幕連盟成立の顛末につき、奏上し、宮中に復帰した公卿中山忠能・中御門経之らに提出。 □「討幕の密勅」を下すよう奏請したのだ。 ■大政奉還建白に先越され、長州出兵延期の使者、上洛、薩摩藩と協議。 ■洛北の岩倉具視(1825〜1883)、王政復古の意見書を中山忠能(1809〜1888)らに密奏。 ■幕府若年寄格となった永井尚志(1816〜1891)、土佐大監察後藤象二郎に、大政奉還建白書採用内定と伝達。	2507
	10月10日	■龍馬、海援隊士中島作太郎(信行)・岡内俊太郎と共に、白川土佐藩邸・陸援隊屯所に中岡慎太郎を訪ねる。中岡、龍馬らの訪問を受け、武力討幕への準備が整ったさまを実見させ、何時でも討幕に立てる旨を伝える。	2508
	10月10日	■西郷吉之助(隆盛)から江戸撹乱の命を受けた相楽総三(小島四郎)ら、江戸三田薩摩藩邸において浪士隊の決起大会を開く。 □薩摩藩士益満休之助と相楽総三、権田直助が騒乱を計画した。	2509
	10月11日	■薩摩藩、即時挙兵を見合わす。	2510
	10月12日	■徳川慶喜、老中以下京都駐屯幕府役人を二条城黒書院に集め、大政奉還の已むを得ざる旨を通達。 ■新選組近藤勇ら、大政奉還は尾張藩・越前福井藩の陰謀と非難。	2511
	10月13日	■老中板倉静勝、将軍慶喜の命で、在京10万石以上の40藩の重臣を二条城大広間に集め大政奉還を告げ、諮問する。そののち、慶喜は大政奉還について意見ある者を募った。その時応じたのは、土佐藩参政後藤象二郎・福岡藤次(孝悌)、薩摩藩家老小松帯刀(清廉)、安芸広島藩家老辻将曹(維岳)(1823〜1894)、宇和島藩士都築荘蔵(温)(1845〜1885)、備前岡山藩国事周旋御用・牧野権六郎(1819〜1869)の6名で、将軍慶喜に謁見。 ■前右近衛権中将岩倉具視(1825〜1883)により、薩摩藩士大久保利通に「討幕と会津(京都守護職松平容保)・桑名(京都所司代松平定敬)討伐の密勅」、長州藩士広沢真臣に「藩主官位復旧の宣旨」がそれぞれ秘密裏に下る。 □この「討幕の密勅」は、鹿児島県歴史資料センター黎明館で展示されている。	2512

西暦1867

その時、勤王志士・朝廷・慶喜政権・江戸幕府らは、西郷隆盛・大久保利通・薩摩藩年表帖 上巻

10月14日	■将軍徳川慶喜(1837〜1913)、二条城に諸藩代表を集め「大政奉還」を発表し、高家旗本・大沢基寿(1847?〜1911)をして、大政奉還上表文を朝廷に提出。慶喜は、朝廷に行政能力が無いと判断し、列侯会議を主導する形での徳川政権存続を模索していたという。 ■長州藩主父子に、「討幕の密勅」が下るが、「大政奉還」に先を越される。 □この「討幕の密勅」は、山口県防府市の毛利博物館で展示されている。 ■老中板倉静勝に依頼された土佐藩参政福岡藤次(孝悌)、小松帯刀(清廉)や芸州広島藩家老・辻将曹(維岳)らと共に、摂政二条斉敬を訪問し、将軍の大政奉還奏請は、すぐ勅許するよう勧告。
10月15日	■「大政奉還」。朝廷、摂政二条斉敬をして、将軍慶喜に大政奉還勅許の沙汰書を渡す。岩倉具視(1825〜1883)を除く倒幕派公卿は、了承。 ■朝廷、10万石以上の諸侯に対し上京を命令。徳川慶勝(尾張藩主後見)(1824〜1883)、前越前福井藩主松平春嶽(1828〜1890)、前伊予宇和島藩主伊達宗城(1818〜1892)、前土佐藩主山内容堂(1827〜1872)、広島藩主浅野茂長(長訓)(1812〜1872)、前佐賀藩主鍋島閑叟(直正)(1815〜1871)、池田茂政(備前藩主)(1839〜1899)、島津久光(薩摩藩国父)(1817〜1887)は指名召集。
10月一	■この頃、新政府の人事案「新官制擬定書」を、三条卿衛士戸田雅楽(尾崎三良)(1842〜1918)が作成。 □龍馬、中島作太郎(信行)、岡内俊太郎と共に参議として候補にあげられている。 □雅楽は、山城国西院村の郷士として生まれ。この「新官制擬定書」は、戸田が西郷吉之助(隆盛)に渡したという。
10月16日	■龍馬、土佐藩士神山佐多衛と土佐藩参政後藤象二郎を訪問。宇和島藩士となった田中幸助(中井弘)(元薩摩藩士)(1839〜1894)、福岡藤次(孝悌)、辻将曹(維岳)、小松帯刀(清廉)らと料亭「松力」で酒を酌み交わす。 ■岩倉具視、薩摩藩御側役大久保利通に対して、会津・桑名の薩土芸三藩攻撃の動きを知らせる。
10月17日	■龍馬、薩摩藩士吉井幸輔(友実)より手紙で、近江屋から二本松の薩摩藩邸への宿替えを勧められる。 ■「討幕の密勅」を携えた西郷吉之助(隆盛)・大久保利通・小松帯刀(清廉)、国父島津久光の率兵上洛を促すために、京を出立、山口・鹿児島に向かう。 ■三条卿衛士戸田雅楽(尾崎三良)、「新官制擬定書」と「新政府綱領八策」を、鹿児島に向かう西郷に渡し、下関まで同行。「新政府綱領八策」は、「船中八策」をもとに坂本龍馬が起草して土佐藩重臣に示した政体案。 ■有栖川宮熾仁親王、国事御用掛に復任。 ■将軍徳川慶喜、朝召の諸大名の上洛まで、在京都の諸大名及び藩士を召し、衆議を尽くさんことを建議。 ■新選組、西郷吉之助(隆盛)・大久保利通・小松帯刀(清廉)らを、大坂までつける。

西暦1867

慶応3	10月18日	■正親町三条実愛、大久保利通を訪問。	2518
		■岩倉具視(1825～1883)、中岡慎太郎(1838～1867)と共に、京薩摩藩邸を訪問し、伊地知正治(1828～1886)・吉井幸輔(友実)(1828～1891)と会見。	
		■龍馬、望月清平に、転居先の周旋を依頼する。「吉井幸輔から薩摩藩邸来る様誘われているが海援隊隊長を務める土佐藩士であるから薩摩屋敷に入るのはいやである。お国表の不都合にて土佐屋敷には入れてもらえない。もしもの時は主従共に一戦の上、屋敷に引き取り申すべしとの決心をした。」と伝える。が、望月に帰国命令が出た。手紙は、高知県文教協会蔵。	
	10月19日	■西郷吉之助(隆盛)・大久保利通・小松帯刀(清廉)、討幕の密勅を持ち大坂出帆。	2519
	10月19日	■老中兼外国事務総裁小笠原長行、英国公使パークスに「大政奉還」を伝える。パークスは一等書記官ミットフォードとアーネスト・サトウを、大坂に派遣することとする。	2520
	10月20日	■土佐藩参政後藤象二郎の内意を受けた龍馬、長岡謙吉を、宇和島藩士・田中幸助(中井 弘)(元薩摩藩士)(1839～1894)と共に、横浜に派遣する。	2521
		□英国外交官アーネスト・サトウから議院設立に関する知識を得るのが目的。	
		■将軍徳川慶喜、参内、御委任の権限につき8ヶ条の伺書を提出。	
	10月20日	■江戸に「大政奉還」が伝わる。	2522
		■幕府、関東諸国の御用金献納者に献納高と同額の金札を交付し、その通用を布告する。	
	10月21日	■西郷吉之助(隆盛)・大久保利通・小松帯刀(清廉)、京都から長州三田尻に到着。	2523
		■長州藩政務役・広沢兵助(真臣)(1834～1871)と、福田侠平(1829～1868)・品川弥二郎(1843～1900)が、三田尻に到着、「討幕の密勅」を山口の長州藩主毛利敬親に提出。この時品川は、岩倉具視の内意により、薩摩藩御側役大久保利通から託せられた西陣からの帯地に使う大和錦および紅白の絹地を山口にもち帰り、水ノ上養蚕局有職師・有吉春(芳春)に「錦御旗」を製造させたという。	
	10月21日	■朝廷の指示を受け、公卿中山忠能、「討幕密勅の撤回」の沙汰書を、薩摩藩士吉井幸輔(友実)へ渡す。	2524
	10月21日	■幕府、諸大名に総登城を命じ、「大政奉還」を伝える。	2525
	10月22日	■西郷吉之助(隆盛)(1828～1877)・大久保利通(1830～1878)・小松帯刀(清廉)(1835～1870)、山口に入り長州藩主父子に謁見、討幕の密勅を呈し上洛出兵を促す。さらに木戸準一郎(桂小五郎)(1833～1877)と会談、薩長出兵を協議し討幕挙兵を確認。	2526
	10月22日	■朝廷、将軍徳川慶喜に庶政を当分委任する。	2527
	10月22日	■老中小笠原長行、各国駐日代表に対して政権返上の旨を通告。	2528
	10月23日	■西郷吉之助(隆盛)・大久保利通・小松帯刀(清廉)、山口から鹿児島に向かう。	2529
	10月23日	■中岡慎太郎、討幕派公卿・正親町三条実愛を訪ね、薩摩への「討幕密勅撤回」の沙汰書などについて面談	2530
		■名古屋、和歌山、水戸、福井、熊本、佐賀、福岡、鳥取、徳島、津、彦根、仙台、其他、徳川氏一門・譜代諸藩の重臣、京都円山に会し、外交措置に関する朝裁に就き協議。	
	10月24日	■徳川慶喜(1837～1913)、京都所司代・松平定敬(桑名藩主)を参内させ、征夷大将軍職返上を奏請。	2531

その時、勤王志士・朝廷・慶喜政権・江戸幕府らは、西郷隆盛・大久保利通・薩摩藩年表帖 上巻

西暦1867

10月25日	■薩摩の平運丸、大坂出帆、長崎へ向かう。	2532
10月25日	■江戸薩摩藩邸が焼き討ちされ、90人が戦死。	2533
10月26日	■薩長同盟を既に結んでいた長州藩、出兵を完了。	2534
10月26日	■西郷吉之助(隆盛)・大久保利通・小松帯刀(清廉)、「討幕の密勅」を持ち鹿児島に入り、久光父子に率兵上洛を入説。	2535
10月26日	■朝廷、将軍慶喜に、諸藩上京まで外交・内政これまで通りの沙汰を下す。	2536
10月27日	■朝廷、慶喜の征夷大将軍職返上を却下。	2537
10月28日	■長州藩主毛利敬親(1819～1871)、出兵を藩議決定とする。敬親は毛利内匠(藤内)(徳山藩家老)・国貞直人(のちの廉平)に上坂出兵の旨を授け、諸隊にも告示。三藩連合軍は12月28日を期して京都に兵力を投入する事になった。	2538
10月28日	■薩摩藩(島津久光・忠義父子)、率兵上洛を了承する。	2539
10月29日	■土佐大監察後藤象二郎、横浜のアーネスト・サトウに、建白の写しの手紙を届ける。	2540
11月1日	■中岡慎太郎、倒幕派公卿・正親町三条実愛を訪ね、武力討幕について面談。■京都守護職松平容保、将軍慶喜に進退伺いを提出。	2541
11月1日	■龍馬、松平春嶽は代を譲っていたために、福井藩主松平茂昭に拝謁(春嶽に拝謁とも)し、後藤象二郎からの春嶽の上洛要請を伝える。そして正式に、当時蟄居・謹慎中の三岡八郎(由利公正)(1829～1909)との面会を望む。	2542
11月2日	■島津斉彬の死後に藩を離れて幕臣となり、そして英国から帰国後、薩摩藩開成所教授となった寺島陶蔵(宗則)、藩主島津茂久(のち忠義)(1840～1897)に封建制を廃止し王政の基礎確立の意見書を上呈。□寺島は、文久1年(1861)幕府第一次遣欧使節の一員として渡欧、元治2年(1865)には、五代友厚ら薩摩藩士一行19名と共に英国に密航をしている。	2543

寺島宗則

西暦1867

慶応3	11月2日	■龍馬、「莨屋旅館」で三岡八郎（由利公正）の来訪を受け、朝から深夜まで来たるべく新政府財政策を聞く。三岡は、横井小楠に師事し、藩財政を研究し改革に尽力、「殖産興業策」提唱。維新後、「五箇条御誓文」の草案を起草する。	2544
	11月3日	**■薩摩藩、長崎で英国艦キャンスー（春日丸）を購入。**	2545
	11月5日	■龍馬（1836〜1867）、京都に到着。坂本龍馬、「新政府綱領八策」と「新官制擬定書」を提示。 □龍馬直筆の「新政府綱領八策」は、現在二葉残っており、国立国会図書館と長府博物館が所蔵。 □「新官制擬定書」は、龍馬が慶応3年（1867）10月16日に、三条実美側近・戸田雅楽（尾崎三良）（1842〜1918）の協力を得て作成した新政府の職制案。	2546
	11月6日	■土佐大監察後藤象二郎、京都政情の報告と、前藩主山内容堂の上洛要請のため、土佐に到着。	2547
	11月8日	■アーネスト・サトウ、大坂に入り、生玉中寺の本覚寺に泊まる。	2548
	11月8日	**■洛中居住の勅許下り、洛北岩倉村に幽居していた岩倉具視（1825〜1883）、京に入る。** ■前福井藩主松平春嶽、率兵せずに入京。	2549
	11月9日	■朝廷、徳川慶喜に対し長州家老の上坂見合わせを沙汰する。	2550
	11月9日	■土佐藩参政福岡藤次（孝悌）、京越前福井藩邸を訪問し、将軍慶喜の英断を称賛し、会津藩の「大政奉還」不同意を語る。	2551
	11月10日	**■大久保利通、鹿児島を出港。**	2552
	11月10日	■将軍慶喜、二条城で、大政奉還自重論を説いた松平春嶽に謁見、政権返還は本懐であると告げる。	2553
	11月11日	■龍馬、若年寄格永井尚志（1816〜1891）を訪問し会談。幕臣永井は、長崎の海軍伝習所の伝習総取締役を務め、勝義邦（海舟）とも旧知の仲。見廻り組や新選組に対して、龍馬を殺さないように命令を下していたといわれている。 ■龍馬、林謙三（のちの安保清康）に、永井との会談を伝える手紙を書く。 □「シュラか極楽かお供します」と決意を語っている。当時の緊迫した情勢がうかがえる。高知県立歴史民俗資料館蔵。	2554
	11月12日	■薩摩藩からの出兵要請を受けた討幕のための長州全軍（防長軍）総督毛利内匠（藤内）（長州萩藩一門右田）（1849〜1885）、参謀国貞直人（のちの廉平）（1841〜1885）、東征軍先鋒隊・山田顕孝（のちの顕義）（1844〜1892）ら、尾道に上陸。	2555
	11月12日	**■薩摩藩御側役大久保利通、薩摩藩船「豊瑞丸」で鹿児島から高知に入る。山内容堂の上京を要請する。**	2556
	11月13日	■密勅を持ち帰った西郷吉之助（隆盛）・小松帯刀（清廉）らは、西郷の流刑中から交流のあった家老桂久武らの協力で、藩論をまとめた。病の国父久光に代わって、**薩摩藩主島津茂久（のち忠義）（1840〜1897）、西郷を参謀に3,000の薩摩藩兵と鹿児島を出発（23日入京）。**	2557
	11月15日	■「近江屋事件」。坂本龍馬（1836〜1867）と中岡慎太郎（1838〜1867）が、京都河原町近江屋井口新助邸において京都見廻組に襲われる。坂本龍馬、暗殺される。享年32。 **■薩摩藩御側役大久保利通、高知から京に入る。**	2558

西暦 1867

その時、勤王志士・朝廷・慶喜政権・江戸幕府らは、西郷隆盛・大久保利通・薩摩藩年表帖 上巻

11月16日	■薩摩藩参謀西郷吉之助（隆盛）、藩主島津茂久（のちの忠義）と三田尻（防府市の古称）に入り、翌日、毛利内匠（1849〜1885）、木戸準一郎（桂小五郎）（1833〜1877）らと協議。薩・長・安芸三藩兵出兵の手順を決める。
11月17日	■中岡慎太郎（1838〜1867）、絶命（30才）。
	□龍馬・慎太郎・藤吉の3名、海援隊・陸援隊の合同葬にて東山の霊明神社境内に埋葬される。葬列には海援隊士らが棺を担いで向かったといわれている。二年坂から霊明神社に向かう坂道は、現在「龍馬坂」と名づけられている。明治政府の方針により霊明神社境内の大半を没収され、それが隣地の現霊山護国神社に引き渡されたという。
	■摂政二条斉敬、徳川慶喜・諸大名に、「太政官八省」（中務省、式部省、民部省、治部省、兵部省、刑部省、大蔵省、宮内省）再興を諮問。将軍慶喜、公議与論で決すべきと返答。
11月18日	■「薩長土三藩、三ヶ条からなる出兵協約を結ぶ」。薩摩藩主島津茂久（のちの忠義）（1840〜1897）、西郷吉之助（隆盛）（1828〜1877）、三田尻で長州藩世子毛利広封（のちの元徳）（1839〜1896）と会見し、薩長土三藩の出兵時期を調整・部署を決定する。三藩連合軍は12月28日を期して京都に兵力を投入する事となる。

京都霊山護国神社にある坂本龍馬・中岡慎太郎の墓

西暦1867

慶応3	11月18日	■中村半次郎（桐野利秋）（1838〜1877）、葬儀のあと、石薬師御門外の大久保利通邸に向かう。	2562
		■**「木津屋橋・油小路事件」**。御陵衛士伊東甲子太郎（1835〜1867）、近藤勇の謀略にかかり油小路木津屋橋において、新選組隊士・大石鍬次郎らに斬殺される。翌日未明、伊東の亡骸を引取りに来た高台寺党、待伏せする新選組により藤堂平助・服部武雄（三郎兵衛）・毛内有之助（監物）の3名も殺害される。鈴木三樹三郎、加納道之助、富山弥兵衛、血路を開き、二本松薩摩藩邸に庇護される。中村半次郎（桐野利秋）が大久保利通と相談して邸内に匿ってくれたという。篠原泰之進は、今出川の桂宮家権太夫・尾崎刑部の屋敷に匿われる。篠原はその夜、二本松薩摩藩邸に合流。4人の遺体は3日間現場に放置された後、新選組の手で仮埋葬された。のち、光縁寺に葬られる。	
	11月19日	■吉井幸輔（友実）、薩摩軍迎えのため大坂に下り、アーネスト・サトウを訪問、薩摩・土佐・宇和島・芸州の4藩連合が成立している、才谷（坂本龍馬）が数日前殺害されたことを告げる。	2563
	11月19日	■**岩倉具視（1825〜1883）、石薬師御門外の大久保利通邸を訪問。大久保、岩倉に、龍馬暗殺は新選組に違いないと述べる。**	2564
	11月20日	■薩摩藩士東郷実友（東郷平八郎の父）（1805〜1867）、鹿児島城下で死去。	2565
		□実友は、文化2年、東郷家6代目当主の東郷実愛の子として誕生。父の実家の親族である篠崎七郎左衛門正心より水野流居合を学び、皆伝す。家格初め御小姓与。のち一代小番。天保10年（1839）郡奉行見習に、弘化4年（1847）郡奉行になる。嘉永4年（1851）島津斉彬の藩主就任以来初の入国に、徒目附として御供する。安政6年（1859）4月、島津斉彬が指宿で行った井戸の増設を記念する碑を指宿郷の上山氏や郡奉行所の同僚と共に二月田温泉に建てる。文久元年（1861）12月、藩に指宿郷の防砂事業に関する上申書提出。文久2年、5男四郎左衛門を除く子と共に薩英戦争に出陣。実友、山川郷（指宿市山川町）の山川砲台に配置され、子の四郎兵衛実猗（1835〜1887）、壮九郎（のち小倉壮九郎）（1841〜1877）、平八郎（1848〜1934）らは鹿児島城下藩主本営に詰める。元治元年（1864）3月、高奉行になり一代小番に昇格。後年、納戸奉行になる。慶応3年（1867）6月11日、平八郎と四郎左衛門（1852〜1868）が分家する。	
	11月20日	■薩摩軍勢、大坂に入る。	2566
	11月20日	■行き場を失った御陵衛士の妻たち・伊東甲子太郎の宮川町の妾ら、薩摩藩京藩邸を頼る。	2567
	11月21日	■**アーネスト・サトウ、西郷吉之助（隆盛）・岩下左次右衛門（方平）（1827〜1900）を訪ねる。**	2568
	11月21日	■御陵衛士生き残りの鈴木三樹三郎ら、中村半次郎（桐野利秋）らにより、伏見薩摩藩邸に送られる。	2569
	11月22日	■**アーネスト・サトウ、西郷吉之助（隆盛）・岩下左次右衛門（方平）を訪ねる。**	2570
		■土佐藩参政後藤象二郎ら、入京。	
	11月23日	■**薩摩藩主島津茂久（忠義）、西郷吉之助（隆盛）・品川弥二郎らと共に、3,000の兵と入京し、相国寺に本営を置く。小松帯刀（清廉）、持病の足痛で随行できず。**	2571

その時、勤王志士・朝廷・慶喜政権・江戸幕府らは、西郷隆盛・大久保利通・薩摩藩年表帖 上巻

西暦1867

11月24日	■薩摩藩御側役大久保利通、岩倉具視と、朝廷大改革につき協議する。 ■西郷吉之助（隆盛）ら、徳川氏処分案をつくる。
11月24日	■薩摩藩江戸屋敷から下野国流山挙兵組が出発。挙兵組は30名程で竹内啓（本名、小川節斉）が隊長。
11月25日	■薩摩藩からの討幕のための出兵要請を受けた長州藩主毛利敬親の命で、総督毛利元功（もといさ）（徳山藩世子）(1851〜1900)・隊長毛利内匠（藤内）（徳山藩家老、長州萩藩一門右田）(1849〜1885)とする防長兵1200名、蒸気船、帆船6隻で三田尻を出発。楫取素彦(1829〜1912)も諸隊参謀として従軍。(29日に摂津国打出浜に上陸)。 □早朝、出動全軍が鞆府に会し、総督毛利内匠の軍令を伝え、八咫烏神社に参拝して武運長久を祈った。次いで総督及び参謀等は鞆府艦に、その他の属員は丙寅艦に搭乗し、整武、振武の両隊は葵亥艦に、鋭武隊は丙辰艦に、第二奇兵隊は乙丑艦に、鋭武隊は満珠艦に、奇兵、遊撃、膺懲の三隊は庚申艦に分乗し各艦一画三星の藩旗を翻し、空砲七発をもって征途に上った。戦勝祈願には藩主父子も木戸孝允・御堀耕助を従えて参列し、式刀を山田市之允に授けた。
11月26日	■薩摩藩の申し入れにより、若年寄格永井尚志、新選組局長近藤勇から、「近江屋事件」(龍馬ら暗殺)について事情聴取し、近藤は犯行を否定。 ■在京会津藩士、水戸、岡山、島原、盛岡、浜田、仙台の諸藩士と会し、時事を議す。
11月27日	■大久保利通、越前藩京都藩邸で、松平春嶽と大政奉還後を議論。
11月28日	■西郷吉之助（隆盛）、諸侯会議と簾前会議の開催について、土佐藩の後藤象二郎・福岡藤次（孝悌）と会談。
11月28日	■幕府、江戸で露国領事と改税約書に調印。 ■江戸の鉄砲洲を外人居留地とする。
11月29日	■長州藩兵1,200名、摂津打出浜に上陸して、西宮に進出。 ■英国公使パークス、12隻の英国艦船と共に、大坂到着。
11月29日	■幕府、樺太の漁業を民間に奨励し、旗本・大名にして同地希望者へは割与すると布告。
11月一	■西周、徳川慶喜のために議題（憲法）草案を起草。
12月1日	■西郷吉之助（隆盛）・大久保利通・桑下方平（みちひら）・吉井幸輔（友実）・山田顕義・品川弥二郎ら会合し、王政復古の大号令発布日を決め、岩倉具視に連絡。
12月2日	■西郷吉之助（隆盛）と大久保利通、後藤象二郎に小御所会議の開催を伝え、「王政復古」を12月8日とする旨伝える。 □後藤提案の諸侯会議と簾前会議の開催は、反故にされた。
12月3日	■英国軍艦アーガス号の林謙三（のちの安保清康）、アーネスト・サトウを訪ね、長州兵1,200が西宮に上陸、後藤と西郷が平和の維持に努めていると告げる。
12月3日	■朝廷、将軍徳川慶喜に命じて、水戸藩主徳川慶篤の上洛を促す。
12月4日	■薩摩藩士黒田了介（清隆）(1840〜1900)・村田新八(1836〜1877)、長州藩士山田顕孝（のちの顕義）(1844〜1892)、京都より西宮に至り、王政復古の発令が近いことを長州藩兵に告げる。長州軍、山崎に兵を進める。 ■大坂のパークス、開港開市の件等で老中板倉勝静と会見。アーネスト・サトウ同席。
12月4日	■西郷吉之助（隆盛）、河原町土佐藩邸に後藤象二郎を訪問。

西暦1867

慶応3

12月5日	■前土佐藩主山内容堂(1827~1872)、京都へ向け出立。		2588
12月5日	■英国公使パークス、幕府老中板倉勝静と若年寄格永井尚志に、大名の部隊を大坂から撤退させるよう要求。		2589
12月5日	■後藤象二郎、大久保利通に、山内容堂の入京を待つため、大号令の10日までの延期を要請。		2590
12月6日	■パークスの命で、アーネスト・サトウ、大坂薩摩藩留守居木場伝内(1817~1891)を訪ね、撤退要求の理由を説明。		2591
12月6日	■西郷吉之助(隆盛)・大久保利通・岩下方平・吉井幸輔(友実)、長州の山田顕義・品川弥二郎らと会合して、王政復古の大号令発布日を決める。さらに西郷は、岩倉具視・伊地知正治・岩下方平・吉井幸輔(友実)ら大久保利通邸で会合し、王政復古のクーデターを9日に決定。前土佐藩主山内容堂の入洛が遅れたのだ。 ■将軍慶喜、前福井藩主松平春嶽により、薩長土芸の王政復古のクーデター計画を知る。		2592
12月7日	■龍馬・中岡暗殺の報復事件「天満屋事件」が起こる。 ■朝廷、兵庫港開港、大坂の互市場開市を勅許。		2593
12月7日	■幕府、兵庫(神戸)・新潟を開港、大坂を開市。神戸運上所で開港式。		2594
12月7日	■朝廷(武家伝奏)、各藩邸に召集令(8日正午)を出す。		2595
12月8日	■前土佐藩主山内容堂、京に入る。 ■御学問所において、宮・公卿・在京の諸藩主・重臣が参加した朝議、開かれる。賀陽宮(中川宮)・二条斉敬・九条道孝・近衛忠煕・正親町三条実愛・中山忠能・大原重徳ら公卿と、有栖川宮熾仁親王・山階宮晃親王・仁和寺宮嘉彰親王ら皇族、徳川慶勝・浅野茂勲(長勲)・島津茂久(忠義)・山内容堂ら大名、そして大久保利通らが参加という。事前に岩倉たちの計画をつかんでいた慶喜は病と称して欠席。この日、午後からはじまり、翌日、朝まで開かれる。議題は八月十八日政変で長州藩主と七卿の受けた追放の赦免と、王政復古発令の奏上であった。 ■三条実美、三条西季知、四条隆謌、東久世通禧、壬生基修ら五卿岩倉具視、久我建通、千種有文、富小路敬直ら4卿の蟄居宥免らす。長州藩主毛利敬親父子及び徳山、長府、清末の各藩主の官位を復し、入京を許す。毛利敬親、従四位上参議に復位復職。 ■西郷吉之助(隆盛)、大久保利通、岩下方平、岩倉具視に意見書徳川(処分案)を提出。 ■佐幕派諸藩、二条城へ登城。		2596
12月9日	■朝廷(勅使千種有任)は、岩倉具視(1825~1883)の蟄居免、復職参朝の宣旨を授ける。午前10時過ぎ岩倉は衣冠を着け王政復古の勅制を持ち参朝。		2597
12月9日	■午前10時過ぎ薩摩・土佐・安芸(芸州)・尾張・越前に宮中警護のための出兵命令が出され、会津(唐門・蛤御門)・桑名兵(公家門(宜秋門))とこれら5藩兵が宮中警護を交替。薩摩藩兵、警備を名目に御所内に入り宮門内を制圧。会津・桑名兵は二条城に入る。 ■大久保利通、参内した岩倉具視ら討幕派の主導において「王政復古の大号令」を発し、「新政府樹立」を宣言。 □王政復古は、1.将軍職辞職を勅許、2.京都守護職、京都所司代を廃止、3.江戸幕府を廃止、4.摂関制度を廃止、5.三職を設置(総裁・議定・参与)。		2598

その時、勤王志士・朝廷・慶喜政権・江戸幕府らは、西郷隆盛・大久保利通・薩摩藩年表帖 上巻

西暦**1867**

12月9日 ■「徳川内府大政返上将軍辞職ノ請ヲ允シ摂関幕府ヲ廃シ仮ニ総裁議定参与ノ三職ヲ置ク」。夜、「小御所会議」で、徳川慶喜の「辞官・納地」を命ずる。
討幕を目指していた薩摩藩や長州藩、倒幕・尊攘派公卿達に対して、山内容堂・松平春嶽は、最後のギリギリまで、幕府を擁護する言動や行動を取ったという。
□総裁は有栖川宮熾仁親王、議定は中山前大納言忠能、正親町三条前大納言実愛、中御門中納言経之、仁和寺宮嘉彰親王(小松宮彰仁親王)、山階宮晃親王。尾張大納言徳川慶勝、越前宰相松平慶永(春嶽)、安芸少将浅野茂勲(長勲)、土佐前少将山内容堂、薩摩少将島津茂久(忠義)。
□参与は大原宰相重徳、岩倉前中将具視、萬里小路右大弁宰相博房、長谷三位信篤、橋本少将実梁。尾張藩士の丹羽淳太郎(賢)、田中不二麻呂、荒川甚作(尾崎良知)(欠席)、越前藩士の中根雪江、酒井十之丞、毛受鹿之助(洪)(欠席)、安芸藩士の辻将曹(維岳)、桜井元憲、久保田秀雄(欠席)、土佐藩士の後藤象二郎、神山郡廉(左多衛)、福岡孝悌(藤次)(欠席)、薩摩藩士の岩下方平、西郷吉之助(隆盛)、大久保利通。
■王政復古の勅を起草したのは、岩倉具視の謀臣・玉松操(真広)(1810〜1872)という。

下巻に続く

徳川慶喜

247

主な参考文献

『京都の歴史(10) 年表・事典』 京都市 編 学藝書林 1976

『日本の歴史(19) 開国と攘夷』 小西四郎 中央公論社 2006

『西郷隆盛』(全9巻) 海音寺潮五郎 朝日新聞社 2007-2008

『幕末の大奥—天璋院と薩摩藩』 畑尚子 岩波書店 2007

『勝海舟と西郷隆盛』 松浦玲 岩波書店 2011

『かくて維新は終りぬ 私説 西郷隆盛外伝』 大田嘉直 1995

『偉大な教育者西郷隆盛 沖永良部島の南洲塾』 本部廣哲 海風社 1996

『一箇の大丈夫西郷吉之助 人間の強さと大きさと高さを求めた明治維新の英雄西郷隆盛の大いなる安心を!』
　早川幹夫 学生サービスセンター 2010

『鹿児島県史料 旧記雑録追録七』 鹿児島県歴史資料センター黎明館 編 鹿児島県 1976

『鹿児島県史料 大久保利通史料一』 鹿児島県歴史資料センター黎明館 編 鹿児島県 1988

『薩藩の文化』 鹿児島市 編 鹿児島市教育会 1935

『華族のアルバム』 倉持基 KADOKAWA 2015

『幕末明治の肖像写真』 石黒敬章 角川学芸出版 2009

『愛加那記』 木原三郎 1977

『維新前夜・動乱と変革の時代 (転換期の戦略)』 尾崎秀樹 経済界 1988

『高崎正風先生伝記』 北里闌 啓文社印刷工業 1959

『志士と官僚—明治を「創業」した人びと』 佐々木克 講談社 2000

『龍馬の手紙』 宮地佐一郎 講談社 2003

『大久保家秘蔵写真』 大久保利泰 国書刊行会 2013

『幕末志士 是枝柳右衛門』 黒木弥千代 是枝翁顕彰会 1963

『川畑彦四郎あて西郷隆盛の手紙』 鶴田順久 西郷南洲顕彰会 2003

『池上四郎貞固系譜 薩摩藩密貿易と西郷隆盛の密貿易対策を含めて』
　友野春久 西郷南洲顕彰会 2004

『青山墓地の西郷家墓所』 平田信芳 西郷南洲顕彰会 2004

『沖永良部島の西郷と薩英戦争 琉球在番の米良助右衛門あて書簡』 山田尚二 編 西郷南洲顕彰会 1989

『あんご愛加那』 小石房子 作品社 2010

『幕末三傑・乱世の行動学』 尾崎秀樹 時事通信 1994

『龍馬(4) 薩長篇』 津本陽 集英社 2009

『明治維新 英傑の秘話』 田部井昌子 出版文化社 2001

『新幕末風雲録(4) 西郷隆盛の密命』 峰隆一郎 祥伝社 1990

『島津久光と明治維新』 芳即正 新人物往来社 2002

『西郷隆盛写真集』 福田敏之 新人物往来社 1987

『人斬り半次郎 幕末編』 池波正太郎 新潮社 1999

『図説 幕末維新の歴史地図』 河合敦 青春出版社 2004

『徳川慶喜の見た明治維新 歴史の激流の中で、その運命の選択』 早乙女貢 青春出版社 1998

『西郷隆盛全集』 西郷隆盛 大和書房 1976-1980

『芋侍奔る』 芳即正 高城書房 2005

『天を敬い人を愛す－西郷南洲・人と友－』 芳即正 高城書房 2003

『徳川慶喜と賢侯の時代』 会田雄次 中央公論社 1997

『王政復古—慶応三年十二月九日の政変』 井上勲 中央公論社 1991

『図解 日本を変えた幕末・明治維新の志士たち 知的にひらめく!』 河合敦 永岡書店 2008

『幕末・維新 図解雑学』 高野澄 ナツメ社 2005

『名越左源太の見た幕末奄美の食と菓子』 今村規子 南方新社 2010

『南西諸島史料集(2)』 松下志朗 編 南方新社 2008

『維新の英雄西郷隆盛』 塩田道夫 日新報道 1989

『大久保利通日記』(全2巻) 大久保利通 日本史籍協会 1982

『気張りもんそ 西郷隆盛の生涯』 鷲尾村夫子 日本文学館 2008-2009

『「善玉」「悪玉」大逆転の幕末史』 新井喜美夫 PHP研究所 2010

『器量と人望 西郷隆盛という磁力』 立元幸治 PHP研究所 2010

『十五代将軍慶喜 先が見えすぎた男』 綱淵謙錠 PHP研究所 1997

『龍馬を超えた男 小松帯刀』 原口泉 PHP研究所 2010

『中岡慎太郎—維新の周旋家』 宮地佐一郎 PHP研究所 1993

『王政復古大戦争—徳川慶喜VS西郷隆盛』(全3巻) 霧島那智 双葉社 1998

『伊集院兼寛関係文書』 山崎有恒・尚友倶楽部 編 芙蓉書房出版 1996

『幕末維新 奔流の時代』 青山忠正 文英堂 1998

『完本南洲残影』 江藤淳 文藝春秋 2016

『寺田屋騒動』 海音寺潮五郎 文藝春秋 2007

『徳川慶喜公伝』 渋沢栄一 平凡社 1967-1968

『明治天皇の生涯』(上下) 童門冬二 三笠書房 1991

『鹿児島大百科事典』 南日本新聞社鹿児島大百科事典 編纂室 編 南日本新聞社 1981

『桂久武日記と西郷隆盛』 村野守治 村野守治 1986

『明治政府の胎動 (物語日本の歴史27)』 笠原一男 木耳社 1993

『レンズが撮らえた幕末維新の志士たち』 小沢健志 山川出版社 2012

『維新の巨人 西郷隆盛』 芳賀登 雄山閣 1970

『幕末政治と薩摩藩』 佐々木克 吉川弘文館 2004

『岩倉具視(幕末維新の個性5)』 佐々木克 吉川弘文館 2006

『幕末維新人物100話』 泉秀樹 立風書房 1987

『えらぶの西郷さん』 和泊西郷南洲顕彰会 1989

弊社刊「維新年表帖(上・下)」「京都幕末年表帖」掲載の参考文献は割愛しております。

その日、その時何が起きていたのか？

事件・出来事を日付まで追える！ユニプランの年表帖シリーズ

歴史の舞台京都を中心に、「その日、その時何が起きていたのか？」日付までを丁寧に掲載した年表帖シリーズでは、時代の主役たちの行動はもちろん、刻一刻と変わってゆく状況・戦況をお楽しみいただけます。

各シリーズともに、写真・図版など多数掲載

戦国武将年表帖シリーズ

上巻（信長誕生～本能寺の変）

◆仕様 A5判 384頁
定価：本体1200円＋税
戦国末期、織田信長・武田信玄・上杉謙信たちが京を目指し、そして「本能寺の変」で信長が滅びるまでを追います。その時、秀吉・光秀・家康らはどうしていたのか。

中巻（信長後継～天下取り～江戸幕府成立）

◆仕様 A5判 416頁
定価：本体1600円＋税
「本能寺の変」後、豊臣秀吉の活躍と死、そして徳川家康が全国を掌握する「江戸幕府成立」までを追います。その時、上杉や政宗、そして毛利や如水はどうしていたのか。

下巻（家康後継～豊臣家滅亡～徳川長期政権）

◆仕様 A5判 272頁
定価：本体1300円＋税
「江戸幕府成立」から豊臣家の滅亡を経て、徐々に戦国時代が終わってゆきます。長期政権をめざす徳川幕府の改革と3代将軍徳川家光の最後の入洛までを追います。徳川将軍家による親族・譜代・外様等の配置はどうだったのか、大名転籍データも拾い集めました。

その時、甲・信・越・相・駿・遠・三らは、武田家三代年表帖（上巻）

◆仕様 A5判 208頁
定価：本体1500円＋税
甲斐の信玄、越後の上杉謙信、信濃の国衆や真田幸隆・昌幸父子、相模の北条氏康・氏政父子、駿河・遠江の今川義元・氏真父子、三河の松平広忠・徳川家康父子ら戦国大名たちは？

その時家康・景勝・氏政は、そして秀吉は、武田家三代年表帖（下巻）

◆仕様 A5判 240頁
定価：本体1500円＋税
武田勝頼の家督相続からの苦難な歩みと、真田昌幸・信之・信繁ら真田一族が、信長、秀吉、家康、氏政、景勝ら戦国大名の狭間で、どのようにのぞみ活躍をしたのか。様々な戦いとその後を詳述

その時、黒田・毛利・大友・立花・島津は 西日本の戦国武将年表帖

京都観光基本データ帖9

◆仕様 A5判 200頁 定価：本体1500円＋税
黒田官兵衛誕生から戦国時代の終焉までを扱った年表帖。主に西日本の「戦い年表」を中心に記述しています。信長や秀吉の他、特に官兵衛・竹中半兵衛・大友義統・立花宗茂について詳しい。

その時、龍馬は、新選組は
維新の胎動　幕末年表帖
京都観光基本データ帖3

◆仕様　A5変形　312頁　定価：本体1143円＋税
NPO法人京都龍馬会理事長　赤尾博章氏　龍馬関連一部監修協力
新選組記念館館長　青木繁男氏　新選組関連一部監修協力

坂本龍馬の事跡を軸に、幕末・明治初期の動乱期、さらには戊辰戦争の終結までを追います。人物写真など、貴重な古写真を多数掲載。

その時 清盛は、後白河院は、頼朝は、
院政・源平年表帖
清盛誕生〜後白河院政〜武家政権鎌倉幕府成立
京都観光基本データ帖7

◆仕様　A5判　288頁
定価：本体1500円＋税

平清盛が生きた時代は、古代から中世への変革の時代であり、次々に歴史的な大事件が起こっています。平安時代の末期から鎌倉幕府の成立までの、複雑だからこそ面白い時代を追います。

嵐の中、復興京都の行政・産業・教育は
明治維新・大正ロマン
文明開化の京都年表帖
ダイナミックな近代京都が時系列でわかる！
京都観光基本データ帖8

◆仕様　A5変形　320頁
定価：本体1500円＋税

京都御府の初動施策と東京明治新政府の統治と文明開化の諸施策、京都府・市の町施策や学校の成り立ちなど、さらには新島襄・八重、山本覚馬の生涯や近代建築物を加えた年表で、初めての人物写真や当時の珍しい古写真も豊富に掲載しています。

その時、幕末二百八十二諸藩は？
戊辰戦争年表帖
鳥羽伏見戦〜箱館戦争の同時進行・多発戦を追う

◆仕様　A5判　416頁　定価：本体1500円＋税

鳥羽伏見戦いの幕開けから甲州戦争、船橋の戦い、宇都宮城の戦い、上野戦争、北越戦争、会津戦争、秋田戦争ら、そして翌年明治2年の箱館戦争までの「戊辰戦争」が、どのように、そして同時代的に進んで行ったのか、また、維新政府の成立で幕末諸藩はどのような立場で処そうとしていたのかを追っています。

その時、長州は、勤王志士は、朝廷は、江戸幕府は、
黒船騒動・鎖国から開国、その顛末を集めた
維新年表帖 上巻

◆仕様　A5判　320頁
定価　本体1500円＋税

幕末維新期における倒幕派・佐幕派の動向を収録！それぞれの動きをまとめ、同時期に何が行われていたかが分かる！
この年表は黒船来航から始まる明治維新。後に官軍となった長州藩について藩政の動向、支藩等の動き、藩にまつわる事件、藩士のプロフィールも充実させました。

その時、長州は、勤王志士は、朝廷は、
慶喜政権は、江戸の幕閣は、
尊王攘夷、開国、佐幕派　その顛末を集めた
維新年表帖 下巻

◆仕様　A5判　304頁
定価　本体1500円＋税

上巻に引き続き、この年表は「八月十八日の政変後」からの幕末、明治維新を取り上げ、後に官軍となった長州藩については、藩政の動向、支藩等の動き、藩にまつわる事件、藩士のプロフィールも充実させました。

京都幕末ファンに読んで欲しい！
「こんな話があるんじゃが、知っとったかー？」

調べ・知り・聞いた秘話を語る！

京都幕末おもしろばなし百話

好評発売中！

著者　京都史跡研究家・ふるさと探訪クラブ代表
　　　青木繁男（幕末史家）

仕様　定価　本体**1500円**+税
　　　A5判　304ページ

勤王攘夷、尊王開国と政治動乱の渦に見舞われた幕末京都。時代に翻弄された多くの幕末の人々の子孫の方々が、新選組記念館を訪問されたり連絡されたりして、伝えられた話や秘話を語っています。それらを、幕末研究家の著者が、九章に分けて100話を記します。

内容

一、幕末女性群像
二、新選組もろもろ話
三、龍馬の話
四、幕末の暗殺
五、禁門の変の話
六、戊辰戦争の話
七、幕末のよもやま
八、幕末の群像
九、NHK大河ドラマ
　　「花燃ゆ」の主人公たち

おもしろばなしシリーズ第三弾!
「こんな話があるんじゃが、知っとったかー?」

調べ・知り・聞いた秘話を語る!

新選組おもしろばなし百話

好評発売中!

著者 京都史跡研究家・ふるさと探訪クラブ代表
青木繁男(幕末史家)

仕様 定価 本体**1500円**+税
A5判 248ページ

新選組にまつわる選りすぐりのエピソード満載!
青木氏による初公開の秘話も必見です。
新選組活躍の裏話や隊士の顛末など、まさに著者のライフワーク集大成!

主な内容

- ■新選組結成前
- ■新選組初期〜芹沢暗殺
- ■野口の切腹
- ■池田屋事件
- ■禁門の変
- ■色々な事件(慶応元年)
- ■河合耆三郎切腹事件
- ■油小路の変と周辺
- ■天満屋事件と新選組の衰退
- ■甲陽鎮撫隊
- ■近藤勇斬首
- ■新選組逸話
- ■隊士たちの逸話
- ■箱館戦争
- ■新選組の最後とその後

おもしろばなしシリーズ第四弾!
「こんな話があるんじゃが、知っとったかー?」

調べ・知り・聞いた秘話を語る!
龍馬百話
おもしろばなし

好評発売中!

著者 京都史跡研究家・ふるさと探訪クラブ代表
青木繁男（幕末史家）

仕様 定価 本体**1500円**+税
A5判 272ページ

龍馬にまつわるとっておきの100話!
龍馬の隠し子、異色の海援隊士山本龍二郎、龍馬の友-望月亀弥太の謎、祇園歌人吉井勇と龍馬の関係、いろはのお龍見参などの秘話も必読です。

内容		
一	龍馬のルーツとエピソード	五 龍馬を巡る女たち
二	影響をあたえた人々	六 龍馬と事件
三	龍馬の同志たち	七 近江屋事件
四	龍馬の海	八 龍馬の死後と一族
		九 文献の中の龍馬(大正期)

平清盛・源平時代の京都史跡を歩く 13 コース
定価 本体 648 円+税
978-4-89704-302-9　C2026
A4 判　34 頁
平安時代末期、世に言う源平時代のゆかりの史跡や社寺を中心に紹介したコース本。白河・鳥羽らの院政、藤原摂関家の争い、保元・平治の乱、平氏の台頭と滅亡などなど、複雑だからこそ面白い時代の古都を歩いてじっくり味わえる一冊。

龍馬・新選組らの京都史跡を歩く 13 コース
定価 本体 552 円+税
978-4-89704-266-4　C2026
A4 判　34 頁
幕末・明治維新の舞台となった京都の史跡や社寺を中心に紹介したコース本。安政年間から・慶応・明治に至る十年余りの間、激動の舞台となった京都には今もなお洛中洛外に史跡・史話が残っており、多くのファンを魅了しています！そんな幕末好き京都好きの方にオススメの一冊です！

ベテランガイド
青木繁男が京を歩く！
地図と親しみやすいイラストを配した
青木節の史跡解説文で"歩く"歴史コース！

戦国時代の京都の史跡を歩く 13 コース
定価 本体 600 円+税
978-4-89704-331-9　C2026
A4 判　34 頁
動乱の中心だった戦国の京都の史跡や社寺を中心に紹介したコース本。信長・秀吉・家康など京都に生きた権力者ゆかりの地を紹介。戦国時代の旅人の一人となって、約 450 年前の京都を歩いてみませんか？

明治・大正時代の京都史跡を歩く 13 コース
定価 本体 600 円+税
978-4-89704-319-7　C2026
A4 判　34 頁
近代都市として発達した京都の明治の面影や大正ロマンを感じさせる建造物を紹介したコース本。疏水事業により日本で初めて電車が走り、いくつもの大学が誕生した京都。寺社仏閣とは違う、「近代化していこうとした京都」の痕跡をたどってみて下さい。

あとがき

　この本は、約200年続いた鎖国から一挙に開国を迎え、王政復古までの時代を切取り、その軌跡を薩摩藩中心に追ってみようと企画いたしました。編集に当たって、鹿児島県大阪事務所様や鹿児島市様、鹿児島市観光交流局明治維新150年・西郷どん推進室様などから写真のご提供を受けました。詳細な年表掲載し、時代の風景・幕末の時代を垣間見て頂けましたら幸いです。

編集にあたり、別記参考図書や自治体・各団体WEB等、大いに活用させていただきました。

しかし、資料による違い、異説、物語などあらゆる事項があり、すべては、弊社の編集責で掲載しております。

最後になりましたが、ご協力いただきました取材先様、スタッフの皆々様に、厚く御礼申し上げます。

その時、勤王志士・朝廷、慶喜政権、江戸幕府らは、

西郷隆盛・大久保利通・薩摩藩年表帖 上巻
ペリー来航から王政復古まで、時系列でわかる！

第1版第1刷

発行日	2018年1月1日
年表	ユニプラン編集部
編集	ユニプラン編集部（鈴木正貴　橋本豪）
デザイン	岩崎宏
発行人	橋本良郎
発行所	株式会社ユニプラン　http://www.uni-plan.co.jp
	（E-mail）info@uni-plan.co.jp
	〒604-8127　京都市中京区堺町通蛸薬師下ル　谷堺町ビル1F
	TEL（075）251-0125　FAX（075）251-0128
	振替口座／01030-3-23387
印刷所	為國印刷株式会社

定価はカバーに表示してあります。

ISBN978-4-89704-443-9　C0021